JN273017

# 空港経営と地域

―航空・空港政策のフロンティア―

一般財団法人 関西空港調査会 監修
加藤一誠・引頭雄一・山内芳樹 編著

成山堂書店

本書の内容の一部あるいは全部を無断で電子化を含む複写複製（コピー）及び他書への転載は，法律で認められた場合を除いて著作権者及び出版社の権利の侵害となります。成山堂書店は著作権者から上記に係る権利の管理について委託を受けていますので，その場合はあらかじめ成山堂書店（03-3357-5861）に許諾を求めてください。なお，代行業者等の第三者による電子データ化及び電子書籍化は，いかなる場合も認められません。

# まえがき

## 1 本書のねらい

　21世紀にはいり、航空と空港は交通のなかでも最も大きな変化を遂げた領域といってよいだろう。わが国では1986年の航空政策審議会の答申を端緒に、2000年には需給調整規制が撤廃され、運賃は事前届出制となった。その後、航空業界では時をおかずにイベントが立て続けに起こった。アメリカ同時多発テロ、インフルエンザ、SARSおよび金融危機はいずれも航空需要の減少につながり、日本航空（JAL）は経営破綻に至った。他方、2012年にはわが国においても低費用航空会社（LCC）が就航し、航空運賃はますます多様化した。21世紀前夜、誰がこのような変化を予想できたであろうか。

　こうした激動に呼応するように、航空や空港に対する世間の注目度は高まっている。ビジネス誌では年に数回は特集が組まれるし、多くの関連書籍が出版されている。空港は外国との接点であり、希望や期待に胸が高まる旅立ちの出発地でもある。それゆえ、空港、とりわけターミナルビルは「ハレ」の場であり、非日常の喧噪に包まれている。当然、雑誌にとりあげられる情景は、ターミナルビルがほとんどである。

　しかし、ターミナルビルは空港の一部にすぎず、ビル事業者の基本は不動産事業である。つまり、大部分の人は不動産業としての空港をみているにすぎない。むしろ、利用者は空港到着前やセキュリティゲートに並んで空港の本源的な機能に触れているのに、である。このような錯覚が生じる理由はいくつかあるだろう。まず、空港にはさまざまなプロ集団がいるにもかかわらず、利用者が全体を掌握することができないことがある。そして、空港を扱った一般向け書籍は航空をメインにし、しかもノウハウ本が多いこともここに影響を与えているだろう。

　そこで、本書はこれまでとは異なる空港本として企画された。具体的には、空港と航空会社の関係、政策が空港に与える影響、空港とそれが立地する地域や路線の就航地域との関係という視点が設定されている。地域という名前を冠したのは、空港は地域抜きには語れないからである。くわえて、本書には理論・実証研究や政策分析の成果を取り込んでアカデミックな香りを残しつつ、できるだけ平易な言葉で読者に空港と航空の正しい知識を持ってもらおうとい

う壮大な意図もある。

　就職を考える大学生には航空を憧れの世界と考える人もいる。そのような学生には夢ばかりではなく、業界の現状や客観的評価を知って空の世界に飛び込んで汗を流してもらいたい。夢を壊すようで申し訳ないが、航空輸送産業は相対的に経営リスクの高い産業であることを認識してほしい。たとえば、アメリカの主要航空会社が破綻を経験していることは周知のとおりであり、社債格付けで最上位にあるサウスウエスト航空ですら、投資適格ぎりぎりの水準にとどまる。そして、航空会社が空港に人を運ばなければ、ターミナルビル会社の経営は悪化する。つまり、大部分のビル会社は破綻確率の高い企業に依存する不動産業といってよい。

## 2　扱うテーマと記述の視点

　取り扱うテーマは人びとの生活や政策上重要であるものを選び、記述はジャーナリスティックにならないことを心掛けた。また、誤認や一面的な評価しかなされていない事柄は別の観点からとりあげている。たとえば、「赤字空港」問題である。東日本大震災以前にはマスコミを中心として赤字空港に対するムダ批判が繰り広げられた。「赤字＝悪」という記者の先入観から記事が展開されたことも少なくない。大手航空会社とほとんどの空港ターミナルビルは利益を出しているのに、赤字になる空港は経営効率が悪い、というお決まりのパターンであった。そして、最後に決まって赤字は税金の無駄遣いということになった。

　他方、自治体は路線を誘致しなければならず、担当者は航空会社に陳情する。そして、県から利用促進と称したインセンティブを支出するか、利用促進協議会に予算をつけ、協議会は旅行会社のツアー代金の割引やキャンペーン広告のために支出する。マスコミは基本施設や附帯施設の整備・運営費用の赤字は批判するのに、地域が受け取る便益を上回るかもしれないインセンティブには批判の眼を向けない。不思議な現象であった。

　それにしても、東日本大震災における福島、山形およびいわて花巻空港の活躍のインパクトは大きかった。これらの空港は震災後、東北の救済物資配送の拠点となり、自衛隊や報道機関の基地ともなった。また、東北各空港と羽田の初便は人びとの足の確保に寄与し、空港と地域の関係を再認識することにもなった。このような空港の活躍を目のあたりにしたためか空港の利用方策を考

える風潮が出てきており、赤字空港の廃港論はあまりみられなくなった。

　いまひとつの例は、「空港民営化」論である。2013年、改正PFI法（民間資金等の活用による公共施設等の整備等の促進に関する法律）にもとづき「民間の能力を活用した国管理空港等の運営等に関する法律」が成立した。同法によって民間事業者による国管理空港や地方管理空港の運営が可能になった。空港は純粋な公共財ではないから、程度の差こそあれ、民営化することは論理的には誤りではないし、実際に民営化できる空港もあろう。しかし、ほとんどの空港が民営化でき、それによって社会的厚生が改善するという主張は、机上の空論ではないだろうか。

　まず、財務指標のみで空港を評価し、空港収支を企業経営と同様に扱うことに違和感がある。空港は航空ネットワークの両端にある出発地と目的地であり、その赤字や黒字は基本的にネットワークの成果を反映している。航空会社が路線を張りたいのは、十分な需要があり、客単価の高い（新幹線との競争がない）地域の空港である。したがって、空港の業績は、みずからの経営努力よりも航空路線の路線数や便数という航空会社の意思決定に左右される。

　また、すべての空港で着陸料を含めた使用料の割引によって航空会社が路線や便数を増やすかどうかも疑問である。筆者がみるかぎり、現実の路線や便数の決定要因は価格のみではないからである。もし、使用料の割引が効果的であれば、すでに大幅に割引を実施しても路便が増えない地方管理空港の現状をどう考えるのか。そもそも使用料の弾力化が効くのは、大規模な空港のオフ・ピークの時間帯であろう。ところが、大規模な空港には容量制約のあるところが多く、容量拡大による収入最大化にはキャップがかかっている。つまり、現実の空港経営にはさまざまな制約があり、しかも後背地の需要という初期条件に経営の成果が左右される。

　したがって、公的部門が管理する現状において空港関係者がなすべきことは、「もし、民間であれば」と考えて行動することである。それは効率化に集約され、国管理空港にも地方管理空港にも共通である。ここでの関係者とは地元自治体や空港ビル事業者などである。国管理空港の場合、これまで運営を国任せにしていた自治体も少なくないから、地元のために民間事業者が運営したいと思える空港にするよう努力することが重要である。そして、民間事業者への運営委託を視野にいれた空港では、民間事業者にアドバンテージがあることには手を出さないという節度も必要で、ランドサイドのターミナルビル等にお

ける過大な投資は抑制すべきである。本書にはこうした事柄に関するヒントも多く含まれている。

## 3 本書の構成

　読者は本書のタイトルから何を想像されるだろうか。いうまでもなく、航空需要は派生需要的な性質が強い。したがって、地域の力が航空需要の大きさを決め、それが空港の使われ方を決定する。他方、地域が空港をどのように位置づけ、また、空港が地域に対してどのような影響を与えているのか、という問いに対する解答はひとつではない。それが本書の内容であり、読者に知ってもらいたい点である。本書の構成は以下のようになっている。

　まず、本書は第1部「空港と航空会社」、第2部「空港経営」および第3部「空港と地域」の3部から構成されている。

　第1部は航空政策を空港の立場から検討し、第1章が本書の総論となっている。わが国では成田空港が外国航空会社の国際線の結節点である際際ハブである。国際線が増えたとはいえ発着枠に余裕がなく駐機スペースも不足している羽田空港は際際ハブとはなりえず、成田と羽田のふたつの空港が補完しながら国際と国内の航空需要に応えるしかない。しかし、2009年の政治家による羽田空港ハブ発言以降、「ハブ」の乱用ともいえる状況があった。そこで第2章では基本的なハブの考え方が説明される。第3章ではオープンスカイの経済的意義と航空会社の戦略が経済学における寡占市場の理論を用いて解説される。オープンスカイをめぐっては、空の自由の定義や歴史に紙幅が割かれることが多かったが、ここでは、簡単な数値例にもとづいて航空会社の戦略を説明している。第4章ではLCCの紹介にとどまらず、LCCの運賃の変化や地域との関係が論じられる。LCCは格安航空会社と通称されているが、それが誤解であることも明らかにしている。

　第2部「空港経営」の第5章では空港の機能が紹介される。これは、空港がターミナルビルだけではないことを読者にご理解いただくための1章である。第6章では空港の経済的な効率性の考え方と計測結果が示されている。空港の黒字と赤字のみに注視する人には非常識と映るが、「生産」の意味を考えて出された結果も一読に値する。そして第7章では空港の財務構造がとりあげられる。この章の筆者は航空政策研究会（2009）『今後の空港運営のあり方』で空港収支の推計にあたったメンバーである。本来はこの章だけで1冊の書物が必

要であり、この紙幅におさめるために大変なご苦労をお願いした。第8章では最近の民間資金導入の動きの背景や今後空港にかかわると思われるプレイヤーが紹介されており、大変時宜を得た内容となっている。

　第3部では目を空港から地域との関係に転じ、第9章では伊丹空港の存在意義とアメリカの同一都市圏における空港の相互作用の事例をとりあげている。関西空港と伊丹空港は統合されたが、伊丹空港をさらに活用すれば空港の価値は上がる。空港の活用には、利用実態や航空会社の意向を無視することはできず、新関西空港会社の価値を高めるためには伊丹のさらなる活用にも目を向ける必要がある。また、首都圏には依然として伊丹空港周辺地域に対して誤解がある。すでに周辺自治体の政策は空港との共生にシフトしており、9.1節では1980年代の存廃調査から伊丹空港は空港として使用することが、地域にとって最大の利益であることが明らかにされている。9.2節ではアメリカの都市圏内の空港の国際化が他の空港の旅客増加につながった事例を紹介している。

　第10章は航空需要の発生源が地域であること、また地域の多様性を超えて普遍的な需要予測の手法が確立されていることを論じている。需要予測はあたりはずれに注目されるが、需要予測は過去のデータから導かれた予測モデルによって推計された数値であり、将来の諸計画を検討する際の「検討材料」の提供が役割であることが説明されている。第11章では、観光も派生需要の一部ではあるものの、空港があるために時間距離が短縮され、当該地域に観光商品が設定される効果が論じられている。そして、他の交通機関では行きづらい地域にある空港の後背圏が大きいことも示されている。

　空港アクセスは空港の利用可能性までも変えてしまう。新幹線であれば乗り遅れても次の列車に乗れるかもしれないが、航空、とりわけ国際線に乗り遅れた場合のコストは極めて大きいから早めに到着しようとする。第12章ではこのような人びとの行動が分析されている。

　空港経営は地域経営そのものといってよい。13.1節では空港整備にあたった実務家の観点から世界のいくつかの空港と地域の関係が紹介されている。そして、13.2節では空港周辺にはさまざまな施設や産業が立地することが示されている。成田空港周辺の物流施設の集積は空港として不可欠な機能であるが、関西空港でも地域整備計画とセットで空港整備が行われ、臨空型産業が立地したことが説明されている。そして、空港の経済効果についても言及されている。13.3節では航空貨物がとりあげられている。空港の立地する自治体は貨物を空

港振興策と考えるところが少なくない。関西空港の FedEx、小松空港の Cargolux のように貨物専用便が定期的に飛ぶ空港があるものの、全国の空港が航空貨物を集めることは難しい。そこで、航空貨物や自治体の貨物戦略の考え方が平易に解説されている。

## 4 一般財団法人関西空港調査会と空港研究

　交通研究者は現実の政策に接し、実務家と交流することを通じて新しい研究テーマを発見することがある。関西空港調査会は関西における空港の調査研究機関という性質のほかに、航空・空港研究者や実務家の研究インキュベーターの役割を担ってくださった。とりわけ、関西の研究者に研究発表やディスカッションの場を提供してくださったことに厚く御礼申し上げる。多くの政府機関やシンクタンクが集まる首都圏に比べて関西の研究会の数は少ない。そのようななかで、筆者も含め、多くの若手研究者が恩恵に浴してきた。

　さて、そのような調査会の足跡のひとつが 2006 年 3 月に刊行された『航空の経済学』(ミネルヴァ書房) である。これは同会に設置された航空交通研究会 (主査：故榊原胖夫同志社大学名誉教授) の研究成果であり、幸いにも多くの読者を得て 4 刷を重ねた。本書にはその姉妹篇という位置づけも与えられている。本書の編集にあたった 3 名のほかにもっと適切な方がおられたように思えるが、諸般の事情から私どもが本書の企画と編集にあたらせていただくことになった。3 名が編集方針や内容について議論を重ねた結果、ひとつの方向性が見えてきた。それは、航空・空港研究者の裾野を広げるべく、若手研究者に執筆者として参加してもらうということであった。

　もっとも、著者数が多くなればなるほど 1 冊の著書としてのまとまりを欠くことになるのは承知している。けれども、事前の研究会や意見交換会を通じて出版意図を理解してもらうことで、ある程度その懸念を払拭できるのではないかと考えた。そこで、2012 年度には数度の研究会を開催し、その成果は論文集として先に刊行された。そして、論文集を大幅に加筆、修正するだけではなく、新たに数名の執筆者に加わってもらって完成にこぎつけたのが本書である。

　まず、研究には北風が吹くご時世にこのような贅沢な企画をお認めいただいた関西空港調査会と黒田勝彦理事長に御礼を申し上げる。黒田理事長は論文集を精読したうえで、本書の方向性や不足あるいは論究が不十分なテーマを示唆

され、研究会が始まると、温かく見守ってくださった。また、原稿の不揃いや私どもの編集作業の遅れを辛抱強く見守ってくださった成山堂書店編集グループのスタッフに心から謝意を表したい。

　なお、このような経緯を経て上梓される本書であるが、空港という大きなテーマに関して検討不足の箇所もあるだろうし、執筆に濃淡があってそれに不満をいただく読者もおられるだろう。読者の今後のご批評をいただきたいと考えている。

　平成26年7月

編者を代表して
加藤　一誠

# 目　　次

まえがき

## 第1部　空港と航空会社

第1章　航空・空港政策の枠組みと変遷 …………………………… *2*
　1.1　航空政策の変遷 ………………………………………………… *2*
　1.2　空港政策の変遷 ………………………………………………… *15*

第2章　エアライン・ハブとネットワーク・ハブ ………………… *38*
　2.1　エアライン・ハブの地域経済 ………………………………… *38*
　2.2　ネットワーク・ハブ …………………………………………… *49*
　2.3　ハブと地域 ……………………………………………………… *60*

第3章　オープンスカイ協定と空港 ………………………………… *62*
　3.1　オープンスカイ協定 …………………………………………… *62*
　3.2　オープンスカイ政策の経済分析 ……………………………… *65*

第4章　LCCと空港 …………………………………………………… *76*
　4.1　LCCの概要―諸外国と日本 …………………………………… *76*
　4.2　LCCの戦略―運賃を中心に …………………………………… *82*
　4.3　LCCと空港・地域の関係 ……………………………………… *95*

## 第2部　空　港　経　営

第5章　空港の機能・施設 …………………………………………… *102*
　5.1　空港の機能と施設の関係 ……………………………………… *102*
　5.2　空港施設の管理・運営の状況 ………………………………… *108*
　5.3　空港に関連する事業主体の状況 ……………………………… *110*
　5.4　空港計画―整備から運営の各段階における関連事業者の状況 …… *113*

## 第6章 空港の経済的評価 ………………………………………………… 114
- 6.1 空港の効率性―経済と経営 ……………………………………… 114
- 6.2 効率性の測定方法 ………………………………………………… 115
- 6.3 効率性の計測 ……………………………………………………… 116
- 6.4 空港の効率性の評価 ……………………………………………… 125

## 第7章 空港経営の財務構造と資金調達 …………………………… 128
- 7.1 航空系収入 ………………………………………………………… 128
- 7.2 非航空系収入 ……………………………………………………… 141
- 7.3 資金調達 …………………………………………………………… 150

## 第8章 新たな空港運営のあり方 …………………………………… 162
- 8.1 空港経営改革の潮流 ……………………………………………… 162
- 8.2 新たな空港運営の可能性 ………………………………………… 165
- 8.3 諸外国の事例からみた官民連携のあり方 ……………………… 168
- 8.4 新たな空港運営に向けて ………………………………………… 169

# 第3部 空港と地域

## 第9章 空港が地域に及ぼす影響 …………………………………… 172
- 9.1 空港の存在による経済効果―存廃調査の事例より …………… 172
- 9.2 LCCの国際線進出の地域への効果 ……………………………… 177

## 第10章 地域と航空需要 ……………………………………………… 185
- 10.1 航空機に乗る理由 ………………………………………………… 185
- 10.2 交通需要をどうとらえるか―派生的需要としての特性 ……… 186
- 10.3 航空需要の「キーポイント」 …………………………………… 189
- 10.4 航空需要をどう予測するか ……………………………………… 199
- 10.5 空港経営とは航空需要の追求である …………………………… 204

## 第11章　航空・空港と観光 ………………………………………… 205
11.1　航空と観光 ……………………………………………………… 205
11.2　空港の魅力と観光 ……………………………………………… 211

## 第12章　空港アクセス ……………………………………………… 228
12.1　わが国における空港アクセスの概要 ………………………… 228
12.2　アクセス手段選択の要因 ……………………………………… 231
12.3　地方都市から国際ハブ空港へのアクセス手段のケース …… 238
12.4　空港アクセスの今後の課題 …………………………………… 247

## 第13章　地域振興と空港経営 ……………………………………… 250
13.1　地域と空港 ……………………………………………………… 250
13.2　空港と地域整備 ………………………………………………… 264
13.3　航空貨物と地域経済 …………………………………………… 275

## 第14章　結びにかえて──グローバル時代の航空・空港政策 … 284
14.1　わが国の航空政策と関西 ……………………………………… 284
14.2　首都圏の空港政策と地方路線 ………………………………… 286
14.3　空港経営と地域 ………………………………………………… 289

あとがき ……………………………………………………………… 293
索　　引 ……………………………………………………………… 295
執筆者一覧 …………………………………………………………… 301

# 第1部　空港と航空会社

# 第1章　航空・空港政策の枠組みと変遷

　わが国の航空輸送は、フラッグキャリアとして国の出資を得て設立された日本航空（JAL）と民間航空会社の合併によって生まれた全日本空輸（ANA）によって、戦後の高度経済成長とともに大きく発展した。旺盛な航空需要に対応するために、空港整備も精力的に進められたが、無駄な空港がつくられてきたと揶揄されることもある。

　しかし、航空輸送とこれを支える空港整備は、切っても切り離せない関係にある。わが国における航空規制緩和も、航空政策と空港政策の連携によって実現に至ったといえる。

　ここでは、航空輸送と空港整備に対する政策を概観することによってわが国の航空が発展してきた経緯を明らかにする。

## 1.1　航空政策の変遷

### (1) 第1期　航空輸送確立の時代（1950年～69年）

　1945年8月の太平洋戦争終結と同時に、連合軍総司令部（GHQ）により、わが国では航空輸送を含むすべての航空活動が停止され、飛行場や航空保安施設はすべて連合軍管理下におかれた。朝鮮戦争の勃発にともない1950年6月に「日本国内航空運送事業運営に関する覚書」が発令され、航空輸送が解禁されることとなった。しかし、この覚書では当時日本へ乗り入れていた外国航空会社が運航する方針が示されており、これは国際民間航空条約において定められているカボタージュ（外国の航空会社による国内運航の制限）を侵すものであった。そのため、日本国は自国の航空会社による運航を主張した結果、1951年1月には「日本資本による国内航空運送事業許可の覚書」が発令され、日本の航空会社が外国の航空会社へ運航委託を行うという条件で許可された。その結果、（旧）日本航空株式会社が設立された。営業活動は（旧）日本航空が担当、運航はアメリカのノースウエスト航空に委託し、同年10月から東京－大阪－福岡線の運航を開始した。

　しかし、運航開始半年後の1952年4月に羽田空港を飛び立ったマーチン202A「もく星号」が伊豆大島の三原山に激突し、全員死亡するという事故を起こした。当時の日本の空はGHQによって支配され、事故原因も明確にされ

ないまま調査が打ち切られたため、外国社への運航委託ではなく自主運航を求める声が高まった。ちょうど時を同じくしてサンフランシスコ平和条約の発効によって日本が独立を果たしときであった。1952年7月には航空法が公布され、日本の航空会社による自主運航の体制が整ったため、同年10月にDC4型機による国内線の自主運航が開始された。

　一方、同年8月には日米航空協定が調印されて国際線の運航が可能になり、(旧)日本航空を含む3社の競願となった。そこで、国は航空審議会に諮問し、1952年11月に「我が国の民間航空の再建方策」の答申を受けた。本答申では、①事業者の保護育成、②事業者間の市場調整という2つの政策が盛り込まれ、国による航空会社の設立、運営に対する関与、航空市場への調整介入という枠組みが確立した。また、わが国の航空会社については、国際線1社、国内線は市場を東西ふたつに分けて2社の参入を認めるという基本政策が示された。

　これを受けて、国は国際線運航の基盤を確立させるため、1953年3月に日本航空株式会社法を国会に提出し、従来の(旧)日本航空を国の出資を入れた国策航空会社として再生させることとした。この結果、(旧)日本航空と国が折半して20億円の資本金を拠出し、同年10月に新たに日本航空株式会社(JAL)が設立され、翌1954年2月にはサンフランシスコに向けてDC-6B(36席)による国際線の運航が開始された。

　一方、国内線では「我が国の民間航空の再建方策」にもとづいて、幹線(札幌－東京－大阪－福岡)についてはJALが運航を担当し、ローカル線については1953年10月に大阪以東を日本ヘリコプター輸送株式会社に、大阪以西は極東航空株式会社に対して定期航空運送事業免許を付与し、両社は相次いで運航を開始した。JALは需要の多い幹線を運航したことから国内線の運営は順調であったが、国際線は大幅な赤字を計上することとなり、会社としては赤字が継続した。ローカル線を担当した2社も需要の低迷、営業範囲の限定、小型機材による運航等により赤字が続き、苦しい経営を強いられていた。

　そこで、国ではローカル線を東西に分けていた方針を1955年10月に改め、両社を合併させることとした。こうした国の方針を受けて両社は合併を目指して協議を重ね、1958年3月に全日本空輸株式会社(ANA)として再スタートした。同社は1959年には幹線にも進出し、新鋭機CV440(52席)を導入してJALに立ち向かった。

　1960年には池田内閣が「国民所得倍増計画」を提唱し、日本経済は急速な

経済発展を遂げ、航空需要も急増していくこととなる。1955年には全国で34万人だった航空旅客需要は、わずか5年後の1960年には3.3倍の112万人となった。

　一方、地方では飛行機を飛ばしたいという熱心な人びとが、北は北海道から南は九州に至るまで全国各地で6社の航空会社を立ちあげていた。これらの航空会社は「定期航空輸送は2社に限定する」という国の方針により、不定期航空運送事業免許を取得して遊覧飛行等を行っていた。しかし、徐々に地域限定的な旅客輸送に業務を拡大し、各社とも定期的な航空輸送を熱望した。その結果、1961年3月の航空審議会において「小型航空機による二地点間輸送の解禁方針」が明示され、国は同年6月に全国を7ブロックに分けて、各ブロック1社に定期航空免許を交付した。しかし、需要の少ない地方路線を市場とするこれらの航空会社の経営状況は好転しなかった。

　このような事態を受けて、航空審議会は1962年5月に「国際航空の振興並びに国内航空の整備に関する方策」を答申し、幹線を運航するJAL、ANAの協調を促すとともに、中小航空会社に課していたブロック区分を廃止した。各航空会社はブロックを超えてネットワークを拡大したものの、体力の弱い中小航空会社では事業の好転がみられなかったため、ローカル線を運航する事業者間の業務提携または合併を促進することとなった。この方針を受けてANAは1963年11月に藤田航空を吸収合併し、1965年2月には中日本航空、1967年12月には長崎航空の定期航空部門を吸収した。これと並行して、1964年4月には北日本航空、富士航空、日東航空の3社が合併して日本国内航空が誕生したが、ローカル線しか持たない同社に対して、経営基盤を安定化させるために東京－札幌、東京－福岡の路線免許を付与した。この結果、幹線の運航は2社から3社体制となった。

　この間航空需要はさらに増して1965年には518万人となり、わずか5年間で4倍になった。航空需要の急増に対応するために、航空機の大型化、高速化が進められ、1961年には国内線で最初のジェット機CV880（110席）が導入された。引き続き国際線に使用していたDC8（141席）も国内線に就航することとなった。

　国内では、1964年の新幹線開通や1966年の連続航空機事故などが一時的に航空需要に影響を及ぼしたものの、経済成長と相まってその需要は急増した。それを支えたのは、ANAが1964年に、JALが1965年に導入したB727（129

席)、1969年に導入されたB737（115～126席)、国際線から転用して1972年の沖縄県本土復帰とともに国内線に投入されたB747などのジェット機だった。これらの航空機が日本の空の主役となって活躍した。またローカル線においても1964年には初の国産旅客機であるYS11（60席）が就航し、急増する航空需要に対応した。

しかし、新機材の導入は航空会社にとって大きな負担ともなり、需要の増大に応じて収入は増えるものの経費も増大するため、恩恵の多くを受けるのは体力のあるJALとANAであり、ローカル線主体の日本国内航空、東亜航空の経営は苦しい状況が続いた。

一方、東京オリンピックが開催された1964年からは海外渡航が自由化され、わが国の経済発展とともに航空需要は急増した。国は、航空審議会に対して「我が国定期航空運送事業のあり方」について諮問し、1965年2月に答申を得た。このなかで、国際線はJALの1社、国内線はJALとANAの2社が適当であるとし、3番目の日本国内航空についてはJALと統合、1社だけ残っていたローカル専門航空会社の東亜航空はANAとの統合方針が示された。しかし、国による強権的な合併は調整に手間取ったことと、その間に航空需要の急増によって日本国内航空、東亜航空とも経営状況が好転したことから、両社とも当初の吸収合併案に対して難色を示すようになった。

### (2) 第2期 「45/47体制」の時代 (1970年～85年)

このような時代背景を踏まえて、国は航空審議会に「今後の航空輸送の進展に即応した航空政策の基本方針」を諮問し、1970年10月に答申を受けた。ここでは、同一路線に2社が運航するダブルトラックを幹線以外でも導入することが示されるとともに、航空需要が集中する東京国際空港（羽田空港）の拡張整備が思うように進まないことを受けて、航空機の大型化、ジェット化の推進、高度な安全性の確保が盛り込まれた。この方針は1970年11月に閣議了解された。

経営の好転を受けて、1971年5月には日本国内航空が東亜航空と合併して東亜国内航空が生まれた。国が当初目論んだ国内2社体制は崩れて3社体制となり、空港整備では地方空港のジェット化が促進されることとなった。

国内航空会社が3社体制になったことから、1972年7月に運輸大臣通達が示達され、閣議了解の内容がより具体的な方針として示され、3社の事業分野

表1-1　45/47体制下における航空会社の役割分担

| 航空会社 | 国際 | | 国内 | |
|---|---|---|---|---|
| | 定期 | チャーター | 幹線 | ローカル |
| 日本航空（JAL） | ◎ | ◎ | ◎ | × |
| 全日本空輸（ANA） | × | ○（近距離） | ◎ | ◎ |
| 東亜国内航空（日本エアシステム） | × | × | ○ | ◎ |

（出所）国土交通省資料にもとづき筆者作成

が明確に示された。この結果、JAL は国際線と国内幹線、ANA は国内幹線とローカル線、そして近距離区間の国際線チャーター便の運航が認められ、ANA 悲願の国際線進出が実現した。東亜国内航空については国内ローカル線に加えて経営基盤強化の観点から 1974 年から国内幹線の運航も認められた。

3社の枠組みを提示した 1970 年の閣議了解と 1972 年運輸大臣通達は「45/47 体制（航空憲法）」と呼ばれ、その後長年にわたってわが国の航空政策の根幹となった。

航空需要はわが国の経済成長とともに急速に増大した。大阪万博が開催された 1970 年からは国際線に B747 ジャンボ機（350〜500 席）が導入された。その結果、座席供給量が一気に増大したため、旅行代理店には安価な団体包括運賃の座席が大量に供給され、これにホテル、現地観光を組み合わせたパッケージツアーが発売されるようになり、海外旅行の大衆化が一気に進むことになった。

わが国の経済成長は 1980 年代も継続し、航空需要も増大した。しかし、国内線では 1979 年の第二次オイルショックの影響による航空運賃の大幅な値上げ、1982 年の東北・上越新幹線の開通、1985 年の御巣鷹山の航空機事故の影響によって 1985 年から 1990 年までの 6 年間は、国内線需要が横ばい傾向を示した。その一方で、国際航空需要は順調に増加した。

国内線で企業体力をつけてきた ANA は、国際航空旅客の増大を横目でみながら、次の舞台として国際定期路線への進出を強く望むようになった。また、海運会社の日本郵船は国際航空貨物分野への進出を表明し、1978 年に国際航空貨物専門の日本貨物航空を設立したが、これは 45/47 体制を覆すものであり、ただちに国の認可を得るに至らなかった。

45/47 体制とは、路線開設、運賃・便数設定に国の認可が必要となる規制政

策であるが，既存企業にとっては新規参入を妨げる保護政策でもあった。この保護の下で既存航空3社は順調な経営を維持し，企業体力をつけてきたともいえる。

わが国が規制によって秩序ある航空輸送の維持に努めていたころ，アメリカは1978年に航空規制撤廃政策を採用し，国内線の路線，運賃，運航便数等の規制をすべてなくし，1985年には許認可官庁であったCABまでも廃止した。国内に続いて国際線でも1980年に国際航空競争法を施行して，オープンスカイを推進し，自国の航空会社の強化に力を入れた。この流れに乗って，アメリカは日本に対しても，より多くの航空会社の乗り入れを迫ってきた。

アメリカの強い圧力に対抗するために，国は日米航空交渉の切り札のひとつとして国際線運航会社を育成する政策に切り替え，事業認可を留保してきた日本貨物航空に対して1983年に事業免許を交付した。同社は日米航空交渉の妥結が遅れたため，当初計画よりも1か月遅れの1985年5月に成田－サンフランシスコ－ニューヨーク線の運航を開始した。

このような背景から，国は航空政策を根本から見直すことを決意し，1985年7月に運輸政策審議会に諮問，同年12月に発表された中間答申に従い，15年間続いた45/47体制を廃止することとした。

### (3) 第3期　規制緩和移行期（1986年～99年）

45/47体制が廃止されたとはいえ，わが国の航空行政はアメリカのような劇的な規制撤廃を行わず，国内，国際ともに徐々に競争を促進していく規制緩和政策が採用された。

国際線では日本貨物航空に続いて，かねてより国際線進出を要望していたANAが1986年3月に成田－グアム線で定期国際線の運航を開始し，その後ロサンゼルス，香港，ソウル，バンコクへとネットワークを拡大していった。東亜国内航空も国際線進出に際して1988年に日本エアシステムと社名を変更し，成田－ソウル線に進出した。

さらに，国際線に複数の本邦キャリアが参入したこともあり，公正な競争を促進するために，国の資本がはいった特殊会社のJALを民営化することとした。同社は1987年11月に完全民営化を果たした。

国内線ではこれまで幹線と一部のローカル線で採用されていた同一路線に複数の航空会社が運航する制度をローカル線にも採用することで競争を促した。

表 1-2 ダブルトラック・トリプルトラック参入基準

| | ダブルトラック | トリプルトラック |
|---|---|---|
| 1986（昭和61）年 7月 | 70万人～ | 100万人～ |
| 1992（平成 4）年10月 | 40万人～ | 70万人～ |
| 1996（平成 8）年 4月 | 20万人～ | 35万人～ |
| 1997（平成 9）年 4月 | 廃　　　止 | |

（出所）国土交通省資料にもとづき筆者作成

　年間需要が100万人を超える路線では、3社が参入するトリプルトラックを、70万人を超える路線では2社が参入できるダブルトラックを可能とした。この結果、これまでローカル線の運航がなかったJALは1986年7月より羽田－鹿児島線に参入し、同路線は3社運航となるトリプルトラック路線となった。その後、参入基準は1992年10月にトリプルトラックが70万人、ダブルトラックが40万人に、1996年4月には35万人と20万人まで段階的に引き下げられた。

　そのころ、最大の航空旅客を扱う羽田空港では、沖合展開事業の進展により1997年3月にはA滑走路の沖合1.7kmの地点に3本目の新C滑走路が供用開始された。発着枠が大幅に増加したこともあり同年4月からダブル・トリプル参入基準は廃止となり、原則として航空会社の自由意思によって路線の開設が可能となった。しかし、今後とも需要が拡大すると見込まれる羽田空港の発着枠規制は継続され、路線の参入基準は廃止されたものの、羽田空港の発着枠獲得が航空会社の経営に大きな影響を及ぼすことになる。

　また、航空運賃についても規制緩和が進められた。総括原価方式（適正原価＋適正利潤）によって路線ごとに認可運賃が定められていた運賃制度が改められ、1990年には路線ごとの標準原価（平均費用＋適正利潤）にもとづいて、上下10％の範囲で運賃が設定されるようになった。

　さらに1996年5月からは標準原価を最高額として25％の範囲内で季節、時間帯、路線の特性、旅客の移動目的等を加味して航空会社が自由に航空運賃を設定できる幅運賃制度に代わった。これによって、航空会社は経営判断にもとづく自主的な運賃設定が可能となり、標準原価が一定の目安（ヤードスティック）となった。航空各社による経営合理化が促進されるという効果や航空運賃に対する公平感の確保も期待された。

　この制度の採用により、各社は事前購入割引、早期購入割引、特定便割引等の新たな割引制度を導入したため、旅客1人あたりの収入（イールド）は次第

に下がった。その一方では従来から親しまれていた往復割引を廃止したため、ビジネス客を中心とする利用者は割高な運賃を強いられ、不満も高まった。このような背景から、航空業への新規参入を促して一層の競争促進を図り、運賃の低廉化を求める声が高まってきた。

羽田空港の新C滑走路供用開始により、空港周辺に対する騒音の影響が軽減されたことから、1997年7月からは24時間空港として運用が開始された。この結果、発着枠が年間3万回増えて24万回となり、1日あたりの発着枠は40便（80発着）増えることとなった。この発着枠拡大を見込んで新規航空会社設立の動きがあったことから、国は新規発着枠のうち6便を新規航空会社に優先的に配分する方針を示した。残り34便が従来の航空3社に割り当てられ、1997年7月と1998年3月の2回に分けて増枠が実施された。

新たに設立された航空会社は3社であった。1996年11月に旅行代理店エイチ・アイ・エスが出資するスカイマークエアラインズが設立され、同社は1998年9月に羽田－福岡線の運航を開始した。同じく1996年11月に北海道の養鶏業者の経営者が呼びかけ人となり「道民の翼」と称して北海道国際航空が設立され、同社は1998年12月に羽田－札幌線の運航を開始した。一方、九州の福岡では1997年にパンアジア航空が設立され、運航開始時点では宮崎に拠点を移し、スカイネットアジア航空（現ソラシドエア）として2002年5月に羽田－宮崎線の運航を開始した。

一方、国際線では本邦キャリアが3社に増加して競争が激しくなったが、1985年のプラザ合意後の急激な円高の影響によって海外旅行が割安になり、その後のバブル経済の影響もあって国際旅客は一気に増加した。しかし、国際線の起点となる新東京国際空港（成田空港）と大阪国際空港（伊丹空港）は、いずれも発着枠に余裕がなく、需要増に対応した増便ができない状況が続いた。このような状況を打開するために国は運輸政策審議会に対して「今後の国際航空政策のあり方」を諮問し、1991年6月に答申を受けた。本答申では、発着枠に余裕のある地方空港の活用を促し、地方空港からの国際定期便の就航促進と国際チャーター便の拡大を提示した。

これを受けて本邦キャリアによる地方発の国際定期便が次々と開設された。しかし、地方空港を利用する旅客の多くが観光目的のためイールドが低く、使用機材を地方空港まで回航する必要もあり、採算が合わなかった。航空会社は次第に撤退し、国際ネットワークを成田、関西等の基幹空港へ集中させるよう

になった。国際線は本来であれば相互主義にもとづいて両国の航空会社が就航するところを、地方空港に限っては海外航空会社の一方的な就航が認められた。その結果、韓国の大韓航空とアシアナ航空が競って地方空港への路線を開設し、後にソウルがわが国の地方空港のハブ空港になっているという論議を招くこととなった。

### (4) 第4期　規制緩和時代（2000年〜11年）

わが国では、1986年以降徐々に進められてきた規制緩和を受けて、2000年には航空法が大幅に改正された。戦後の民間航空再開以降、航空輸送の枠組みの根幹であった路線認可制度が大幅に改められ、従来の免許認可制は事前届出制に移行された。これによって従来は路線ごとに運賃、便数を申請して路線運航免許を得ていたものが、航空会社の意思により路線、運賃を決定することが可能となった。この結果、運賃は多様化し、インターネット割引、バースデー割引、介護帰省割引、突然割引・タイム割引等、利用者を引き付けるために数多くの割引運賃が誕生した。

1990年代後半に設立された新規航空会社は、機内サービスの簡略化、グランドハンドリング業務やカウンター業務等の委託により低コストの実現に努めた。こうして既存航空会社の半額から4割引きといった低運賃でサービスを提供したため、地元客を中心として人気を集めた。これに対し既存の航空会社は新規航空会社が運航する前後の便については、ほぼ同額の特定運賃で対抗するマッチング運賃を採用し、旅客獲得に努めたがこれは後に「既存航空会社による新規航空会社潰し」と批判をあびた。また、新規航空会社は創業当初には自社整備体制を築くことが困難であったため、ライバルとなる既存航空会社に整備を委託していた。その結果、割高な整備費を負担することとなり、経営状態は次第に悪化していった。

その結果、2002年には北海道国際航空が民事再生法の適用を申請した。そして2004年にはスカイネットアジア航空が産業再生機構に支援を要請し、いずれもANAの支援を受けることによって存続を図った。スカイマークエアラインズも業績不振からIT企業の支援を受けて再生するなど、新規航空会社は苦難の再出発を強いられることとなった。

一方、世界では航空自由化が進展し、し烈な価格競争を繰り広げていた最中の2001年9月11日に航空機をビルに激突させるというテロがニューヨークで

起こった。国際航空需要は激減し、スイス航空とザベナ航空が経営破綻に追い込まれ、アメリカのユナイテッド航空（UA）は連邦倒産法（CAP11）の適用を申請した。

　9.11テロは日本にも大きな影響を及ぼし、JALはドル箱だった太平洋路線で壊滅的な打撃を受け、赤字に転落した。一方、日本エアシステムは国際線が少ないため直接の影響は小さかったが、数多くの不採算ローカル路線を運航していたため、慢性的な負債を抱えていた。こうした経営危機を背景として両社は2002年10月に経営統合して、持ち株会社、日本航空システム株式会社の傘下に入り、大手3社体制は事実上2社体制となった。

　一方、路線の参入・撤退が航空会社の裁量にゆだねられた結果、需要が少なく、採算性に劣る地方空港では路線の休廃止、航空会社の撤退現象が相次いでみられるようになった。特に東京を挟んで西日本と東北、北海道を結ぶ直行路線で休止された路線が多かった。これらの路線は、観光需要が主体のため、季節変動が大きくイールドが低い路線であった。このような路線については、東京で乗り継ぐことにより、旅客にとっては乗り換えが発生して不便になるものの実質的に利用機会が増える区間も多く、航空会社も乗り継ぎ割引を提供することによって既存路線の利用率を高めることができた。この結果、羽田空港は首都圏の需要をまかなうだけでなく、国内線のハブ空港としての機能も一層重視されることとなり、航空会社にとって羽田空港の発着枠拡大の要望は一層強くなった。

　一方、従来の路線免許制の下では一旦路線認可を得ると発着枠が既得権化され、他の航空会社の参入機会がなくなっていた。そこで、発着枠が増えたとはいえ、供給量が十分ではないため常に満杯状態の羽田空港、騒音対策のために発着枠の上限が定められている伊丹空港、国際線の拠点であり混雑の激しい成田空港に、関西国際空港（関西空港）も含めた4空港を「混雑空港」と指定し、5年ごとに配分を見直すこととなった。

　また、規制緩和によって利便性の高い伊丹空港への志向が高まり、関西空港では航空会社が相次いで撤退したため、国内線需要は激減した。このため、国土交通省は、2005年より伊丹空港における長距離路線と大型機の就航規制を課すことによって関西空港の国内需要の回復を図った。

　一方、2005年に開港した中部国際空港（中部空港）においては開港当初、多くの路線が開設されたものの、首都圏、関西圏と比較すると空港勢力圏が小

さく、航空旅客数も関西圏の3割程度であった。物流の点ではわが国有数のものづくり拠点であるため、輸出貨物は多いものの輸入貨物が少ない片荷状態であり、リーマンショック後の需要減退により路線統合が進められた。その結果、多くの貨物がネットワーク力のある成田、関西両空港へ流れ、中部空港では大幅な減便を強いられることとなった。

　さらに、2005年以降の燃料の値上がりによる航空運賃の高騰、2008年のリーマンショックによる世界的な経済不況は航空界にも大きな影響を及ぼし、国際、国内ともに大幅な需要減少に見舞われ、路線の運休と撤退が相次いだ。単に採算性が悪い路線に留まらず一定の搭乗率を確保しているにもかかわらず休廃止される路線もあり、地方空港では航空会社の完全撤退も見受けられた。JALは2009年1月に福島空港から、2010年6月にはANAが丘珠空港から全面撤退した。これは一部の路線の撤退によって空港で必要な固定費を残った路線で負担するため、採算性が悪化するという負のスパイラルに陥ることを避けるためであった。また、空港を集約し、コスト削減を図るためでもあった。

　リーマンショック以降、航空需要の大幅な減退の影響を受けて、経営不振が伝えられていたJALは2010年1月に会社更生法を申請した。企業再建のリーダーとして京セラの創業者の稲盛和夫氏を代表取締役会長に迎え、再建に際しては稲盛氏の提唱する「部門別採算性」を徹底実践し、コスト削減に努めた。その一環として、国際線では15路線86往復、国内線では30路線、58往復もの大幅な減便と路線削減、海外11空港、国内8空港からの全面撤退によって、国際線4割、国内線3割もの輸送量を削減した。加えて、従業員の1.7万人削減、年金・給与の3割削減、株式の無価値化、民間債権5,240億円放棄、公的資金として企業再生支援機構から3,500億円の出資をあおいだ。この結果、わずか1年3か月後の2011年3月に会社更生を終了し、再建1年目にして1,884億円の営業黒字を計上した。さらに、2012年9月には再上場を果たし、その際に企業再生支援機構はすべての株式を売却し、3,000億円あまりの売却益を得ることができた。

　規制緩和によって、航空会社はみずからの裁量によって路線への参入撤退が行えるようになった。その一方ではリーマンショックを契機とした世界的な経済不況の影響により航空需要は大幅な減少に見舞われたため、各航空会社は、輸送量の拡大よりも収益性を重視する方針に転換した。不採算路線からの撤退、就航空港の絞り込みを行うとともに、大型機による大量輸送からダウンサ

イジングによる航空機の小型化を一層進め、収益性の向上を重視するようになった。

一方、日本航空の経営破綻は、国の持つ事業者行政という役割を再び意識させる契機にもなった。規制緩和とともに、国は関与を弱めてきたが、企業再生、公租公課の減免、発着枠の配分等、国が航空会社経営に大きな影響を及ぼす場面がみられるようになった。

国は2011年度から3年間にわたって航空機燃料税を3分の2に減免し、航空会社の負担を減らしたが、これは同時に空港整備勘定の歳入の減少も意味した。当然、さまざまな歳出も減らされるため、空港整備や維持管理の規模は縮小している。なお、航空機燃料税の減免は2014年度以降も継続される。

### (5) 第5期　低費用航空会社（LCC）の時代（2012年〜）

少子高齢化時代を迎えたわが国の将来に向けて、海外との交流を増大させ、アジアの成長を取り込むために2010年に「国土交通省成長戦略」が発表された。そのなかの航空戦略では、①オープンスカイの推進、②首都圏空港の発着

表1-3　わが国へのLCCの進出状況

| 年 | 航空会社 | 路線 |
| --- | --- | --- |
| 2007年 | ジェットスター | 関西−ブリスベン−シドニー |
| 2008年 | セブパシフィック | 関西−マニラ |
| 2009年 | チェジュ航空 | 関西−ソウル（仁川） |
| 2010年 | エアプサン | 釜山−福岡、釜山−関西 |
|  | ジェットスター・アジア | 関西−台北−シンガポール |
|  | 中国春秋航空 | 茨城−上海 |
| 2011年 | イースター航空 | 成田−ソウル、新千歳−ソウル |
|  | ジンエア | 新千歳−ソウル |
|  | エアアジアX | 羽田−クアラルンプール |
|  | ティーウェイ航空 | 福岡−ソウル |
|  | 中国春秋航空 | 高松−上海 |
| 2012年 | スクート | 関西−シンガポール |
|  | イースター航空 | 関西−ソウル |
|  | ティーウェイ航空 | 佐賀−ソウル |
| 2013年 | 香港エキスプレス | 羽田−上海 |
|  | ティーウェイ航空 | 佐賀−ソウル |

能力の拡大、③関西空港と伊丹空港の経営統合、コンセッション（運営権売却）による経営の立て直し、④「民間の知恵と資金」を活用した地方空港の管理運営の抜本的な改善、⑤その成果を生かしたLCC（低費用航空会社）の積極的な導入という方針が打ちだされた。

　規制緩和の拡大とともに欧米、アジア諸国で大きな躍進をとげたLCCが、わが国にも参入してきた。わが国最初のLCCは2007年3月に関西－ブリスベン－シドニー線を開設したジェットスターであり、2008年以降、海外のLCCが次々と日本へ乗り入れてきた。この背景としては、成田、羽田の首都圏空港の発着枠が拡大し、地方ばかりでなく首都圏空港も含めた本格的なオープンスカイ政策がわが国にも適用されるようになったことがある。

　このように関西空港を皮切りとしてアジア諸国のLCCが日本への路線開設を拡大し、2013年には12社が関西、福岡、茨城、羽田、佐賀、高松の各空港へ就航し、日本人旅客ばかりでなく、アジア諸国からの訪日観光客の増大に貢献した。

　一方、国内では2012年に3社のLCCが登場した。世界におけるLCCの台頭により、わが国にもLCCの時代が来ると見込んだANAが筆頭株主となり、関西空港を拠点としたピーチ・アヴィエーション（以下、ピーチと呼称）が2012年3月より運航を開始した。関西空港ではLCC専用ターミナルを整備してピーチを全面的に支援した。一方、会社更生法を申請して再建中のJALは「ジェットスター」のブランドでLCCを運営しているカンタス航空と組んでジェットスター・ジャパンを設立し、同年7月に成田空港を拠点として運航を開始した。一方、先にピーチをスタートさせたANAは成田空港を拠点とするLCCとしてアジアにおけるLCCの先駆者であるエア・アジアとの合弁によりエアアジア・ジャパンを設立し、同年8月より運航を開始した。

　わが国のLCCは関西空港または成田空港を基点として、比較的需要の多い国内幹線の新千歳、福岡、那覇路線から始まり、ソウル、香港、台北等、4時間

ピーチの航空機とLCCターミナル

以内で行ける東アジアの国際路線を開設していった。さらに国内では仙台、高松、松山、大分、長崎、鹿児島等の地方路線にもネットワークを拡大していった。また、ピーチは那覇空港を第二の拠点として、東南アジア方面へネットワークの拡大を計画している。

しかし、エアアジア・ジャパンは全日空とエア・アジア両社の経営方針の違いから就航後1年に満たない2013年6月に合弁解消を発表し、同年10月には運航を停止した。ANAは改めて100％出資のバニラ・エアを設立し、同年12月より成田空港を拠点として那覇、台北路線から運航を開始した。今後は海外のリゾート中心の路線展開を予定している。また、中国春秋航空は、春秋航空日本を設立し、2014年8月より成田空港を基点として、佐賀、高松、広島各路線の運航開始を表明している。

いずれのLCCも開業初年度は赤字を計上したものの、ピーチは開業3年目での黒字計上を実現した。

わが国におけるLCCの発展可能性はまだ不明であるが、わが国の航空の新たな時代の幕開けとなったことは間違いない。

## 1.2 空港政策の変遷

### (1) わが国の空港整備と運営
#### ① 空港の種類

わが国の空港は2014年4月現在で97空港あり、管理者によって以下のように区分されている。

---

**拠点空港**：国際航空輸送網又は国内航空輸送網の拠点となる空港
　会社管理空港：国際拠点空港（空港会社が管理運営）
　国管理空港：国内拠点空港（国が管理運営）
　特定地方管理空港：国内拠点空港（国が設置し、地方公共団体が管理運営）
**地方管理空港**：国際航空輸送網又は国内航空輸送網を形成する上で重要な役割を果たす空港（地方公共団体が設置・管理運営）
**その他の空港**：限定的な地域航空又は輸送以外の飛行機が利用する空港
**共用空港**：自衛隊・米軍管理の飛行場で民間定期便の利用が可能な飛行場

---

これらの区分ごとの空港数は表1-4に示すとおりであり、拠点空港が28空

表 1-4　空港管理者別空港数　　　（2014 年 4 月現在）

| 種　類 | | 空港数 | 代表空港 |
|---|---|---|---|
| 拠点空港 | 会社管理空港 | 4 | 成田、関西、中部、伊丹 |
| | 国管理空港 | 19 | 羽田、新千歳、福岡、那覇、仙台、広島、… |
| | 特定地方管理空港 | 5 | 旭川、帯広、秋田、山形、山口宇部 |
| 地方管理空港（本土） | | 20（1） | 女満別、青森、福島、能登、富山、岡山、… |
| 地方管理空港（離島） | | 34（8） | 利尻、大島、隠岐、屋久島、粟国、新石垣、… |
| その他の空港 | | 7（3） | 名古屋、調布、但馬、天草、八尾、岡南、大分県央 |
| 自衛隊・米軍との共用空港 | | 8 | 丘珠、三沢、百里、小松、徳島、美保、岩国、千歳 |
| 合　計 | | 97（12） | |

（注）（　）内の数字は定期便のない空港

港、地方管理空港が 54 空港、その他の空港が 7 空港、自衛隊、米軍との共用空港が 8 空港となっている。拠点空港のうち国際拠点となる成田、関西、中部の 3 空港と伊丹空港の 4 空港が空港会社管理で、羽田空港と主要地方 18 空港が国管理で、5 空港が設置は国で管理運営は地方自治体で行われる特定地方管理空港となっている。地方自治体が設置管理する地方管理空港が 54 空港あるが、このうち 34 空港は離島空港であり、全空港の約 3 分の 1 を占めている。また、全空港のうち 12 空港は定期便のない空港であり、このうち 8 空港が離島空港となっている。

② 空港別旅客数

各空港の航空旅客数（2012 年）を多い順に並べると、図 1-1 に示すように羽田空港が 6,672 万人と最も多く、次いで 3,000 万人の成田国際空港、1,500 万人前後で新千歳、福岡、関西、那覇、伊丹空港と続いており、これら 7 空港はいずれも日本の主軸となる幹線空港である。特に羽田空港は、首都圏を背景とした需要を扱っているばかりでなく、全国各地とのネットワークを生かした国内ハブ空港として機能しているため、旅客数は格段に多い。幹線空港とは若干差があるものの、中部空港が 910 万人でこれらの空港に続いている。

これらの大空港に続くのが 470 万人の鹿児島空港であり、さらに 200 万人台で、熊本、広島、仙台、宮崎、神戸、松山、小松と 9 空港が続く。これらの空港は各地方の中核となる都市にあり、先にあげた幹線空港の旅客数とは大きな差がある（図 1-2）。

さらに 100 万人台の空港として、石垣から旭川に至る 11 空港があり、これ

1.2 空港政策の変遷

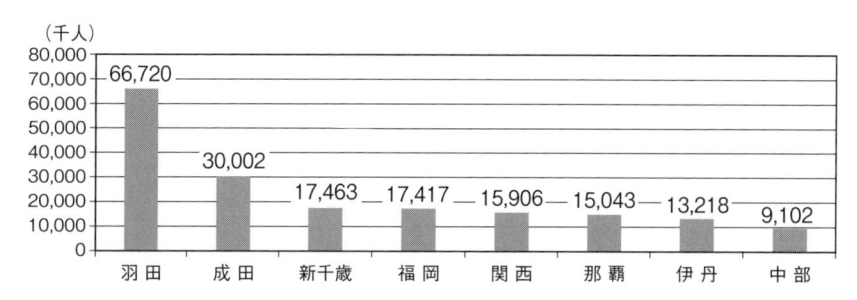

(出所) 国土交通省「空港管理状況調書 2012」より筆者作成
図 1-1 空港別旅客数【500 万人以上（8 空港）】(2012 年)

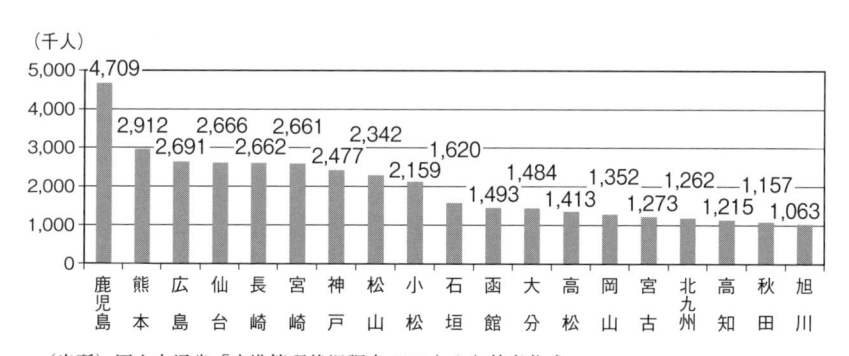

(出所) 国土交通省「空港管理状況調書 2012」より筆者作成
図 1-2 空港別旅客数【100～499 万人（19 空港）】(2012 年)

表 1-5 取扱い規模別空港数 (2012 年)

| 類　型 | 空港数 | 代表空港 |
| --- | --- | --- |
| 幹線空港（1,000 万人～） | 7 | 成田、羽田、関西、伊丹、福岡、新千歳、那覇 |
| 地方拠点空港（100 万人～） | 20 | 中部、鹿児島、神戸、仙台、広島、小松、石垣… |
| 地方空港（50 万人～） | 10 | 旭川、青森、富山、徳島、新潟、釧路、奄美… |
| 地域支援空港（10 万人～） | 23 | 米子、庄内、佐賀、静岡、福島、茨城、稚内… |
| 離島・地域空港 | 38（12） | 利尻、八丈島、隠岐、調布、但馬、天草、八尾… |

(注)（　）内は定期便のない空港数
(出所) 国土交通省「空港管理状況調書 2012」より筆者作成

らの空港の多くが先の地方中核都市よりも小規模で東京から離れた都市にある。しかし、石垣、宮古の両空港は、離島ではあるが島民の足として利用されているほか、観光地としても名高いため観光客の利用が多く、地方都市の空港に匹敵する航空旅客実績がある。

2012年実績によれば旅客数が100万人を超える空港は27空港に留まり、100万人未満の空港が71空港となる。このうち50万人を超える空港は10空港あり、実に61空港が50万人に満たず、12空港では、定期便のない空港となっている。

これらの空港を旅客数に応じて、1,000万人、100万人、50万人、10万人で区分すると表1-5のようになり、空港管理者による区分よりも、地域を背景とした空港の性格と役割がより明確になる。

### (2) 空港整備・運営の歴史
#### ① わが国の空港整備

わが国の航空活動は1951年に再開された。戦後、連合軍に接収されていた旧日本軍の飛行場を利用して、国の主軸となる札幌、東京、大阪、福岡の幹線となる都市にある飛行場を結んで運航を開始した。1960年には航空旅客数が年間112万人となり、幹線以外の地方においても新たな空港整備を求める声が高まった。

このような要望に応えるために、1956年に「空港整備法」が定められ、わが国の空港整備は同法に示される枠組みに則って行われることとなった。「空港整備法」では、空港を国が管理し、国際航空輸送に供する第一種空港、同じく国が管理するが、国内の主要な地方への航空輸送に供する第二種空港、そして地方公共団体が管理し、もっぱら地方の航空輸送に供される第三種空港の3種類に分類し、その役割に応じて整備事業費の負担率と補助率を設定した。

昭和30年代には高度経済成長と足並みをそろえて航空旅客は増大し、1961年には国内幹線にジェット機が導入され、1964年には地方路線において初の国産旅客機YS11が投入された。この結果、1965年の航空旅客数は10年で15倍を超える515万人を記録し、将来とも航空需要は爆発的に増大することが見込まれた。この結果、空港整備の要望もさらに増えることが予想されたため、計画的に空港整備を推進することを目的として1967年に「空港整備五箇年計画（空整）」が制定された。

さらに、1970年には急増する空港整備の財源確保のため、利用者負担を前提とした「空港整備特別会計」が創設された。同会計は、国が管理運営する空港の着陸料、停留料等の施設利用料、航空機の運航支援に係る航行援助施設利用料を主たる財源としており、1972年には一般会計をとおして航空機燃料税相当分がこれに加わった。これらの料金は航空会社が支払うものであるが、運賃に転嫁されて最終的には航空旅客が負担している。これら3つの法と制度が「空港整備三種の神器」としてわが国の空港整備を推進する原動力となった。

② 第1次空港整備五箇年計画【1967（昭和42）～1970（昭和45）年】
　空港整備五箇年計画の制定により中期計画に則った空港整備が開始され、当時「二眼レフ」と称された航空ネットワークの要となる東京と大阪での空港整備が着手された。羽田空港では国際線用長距離ジェット機に対応するために3,000m級滑走路が整備され、伊丹空港では1970年に開催された大阪万国博覧会に合わせて長距離国際線が就航可能な3,000m滑走路が新設された。さらに急増する航空需要に対応するために、国内幹線空港（福岡、千歳、那覇）においてジェット機が導入されることとなり、これに対応して3つの空港における滑走路延長等の整備が行われた。
　一方、国は1966年に起こったYS11の松山沖事故を踏まえて、地方におけるプロペラ機（YS-11）対応空港の滑走路長を1,200m級から1,500m級にする方針に転換し、滑走路延長整備が進められていった。

③ 第2次空港整備五箇年計画【1971（昭和46）～1975（昭和50）年】
　1970年になると、ジャンボジェット機（B747）が国際線に就航し、1972年には国内線にも就航するようになった。本来であれば需要の増大に対して航空機の運航便数を増やすことによって対応するところである。しかし、羽田空港の拡張整備にともなう騒音拡大に配慮して、空港の全面移転を主張する東京都と拡張を主張する国との間で意見がまとまらなかった。この結果、空港拡張のために必要な埋め立て許可申請を地元自治体から得ることができず、結果的に羽田空港の拡張整備の着工は1984年まで待つことになった。これが、わが国の航空政策に大きな影響を及ぼし、ゆがんだ空港整備を招くことになった。
　また、昭和30年代より検討されてきた新東京国際空港（現成田国際空港）は、候補地が東京湾、千葉県の富里、三里塚と二転三転し、地元農家の激しい反対運動を引き起こした。1970年に着工したものの、周辺農家を中心に反対運動が激化し、1971年に用地取得のための強制代執行が行われた際には、警

官3名が死亡するという悲惨な出来事もあり、開港は1978年まで待つことになる。

一方、地方の航空需要はますます増加し、高速化も求められた。さらに、羽田空港の拡張ができないことから、便数を増やすことができなかった。そのため、大型ジェット機の導入によって輸送量を拡大するしか手段がなく、地方プロペラ空港をジェット化する整備が必要になってきた。

しかし、騒音被害を避けるため、それまで比較的市街地に近かった空港は、市街地から遠く離れた山間部や海上に候補地を求めるようになった。1971年には熊本、大分両空港、1972年には鹿児島空港、1975年には長崎空港が相次いで開港したが、いずれも市街地から1時間あまり離れた山間部や海上で整備されることとなった。

④ 第3次空港整備五箇年計画【1976（昭和51）～1980（昭和55）年】

幹線、ローカル線ともに急激なジェット化が進められた結果、市街地に隣接した伊丹空港は騒音問題が深刻化し、発着回数や運航時間帯の制限を設けるようになった。このような時勢を背景として、3次空整期間中には騒音対策のための空港周辺環境対策に重点がおかれた。

一方、オイルショックが一段落した後の経済成長を背景として、地方からは羽田路線の開設、増便要望が続出する一方、国際線需要も急増した。羽田空港の発着能力はすでに限界に達していたが、依然として埋め立て許可を得られないため、羽田空港の拡張整備には着手できない状況が続いた。

こうしたなかで、整備が遅れていた成田空港が1978年5月に当初計画より6年遅れて開港を迎えた。これにより、羽田空港の国際線が成田空港に移転したため、一時的に発着枠にゆとりが出ることとなった。

⑤ 第4次空港整備五箇年計画【1981（昭和56）～1985（昭和60）年】

しかしながら、急増する国内航空需要によって、羽田空港はすぐに満杯状態となり、空港拡張は待ったなしの状況となった。こうしたなか、ようやく東京都より埋立申請に対する許可が出され、1984年に羽田空港沖合展開整備が着工された。

一方、関西地方では伊丹空港が発着容量限界に達していたが、内陸空港のため拡張もできないことから1968年より新空港の調査が開始された。調査の結果、海上6か所、陸上2か所の候補地が選出され、このなかから泉州沖、神戸沖、播磨灘の3候補地について詳細な比較検討が行われた。この結果1974年

8月の航空審議会の答申において大阪と和歌山の中間に位置する泉州沖の海上が新空港候補地として最も望ましいと判断された。事業の実施に際しては当時の中曽根首相が唱える民間活力の利用に対応して、1984年に国、地元自治体、経済界が出資する関西国際空港株式会社が設立され、わが国で初めての株式会社による空港整備が着手されることとなった。

4次空整でも主力となったのは3次空整と同様、騒音対策事業であり、新空港として開港したのは2つの離島空港のみであった。しかし、増大する航空需要に対応して地方空港のジェット化整備事業は精力的に進められ、既存のプロペラ機空港に代わって10のジェット機対応新空港が誕生した。

⑥ **第5次空港整備五箇年計画【1986（昭和61）～1990（平成2）年】**

4次空整終盤において羽田空港の整備が着手され、関西空港の整備に目途が立ったことから、5次空整では基幹空港整備として羽田空港沖合展開整備、関西空港整備、成田空港第2期整備事業を最優先課題として取り組むこととなり、これらを「三大プロジェクト」と称した。

関西空港は諸準備が整えられて、1987年に第1期計画として滑走路1本での着工となった。しかし、その場所は空港反対運動と騒音被害に配慮し陸地から5km離れた海上であり、しかも平均水深20mもの海を埋め立てて空港島を造成して、空港整備が進められた。

羽田空港では沖合展開計画の第1期分として1988年に3,000mの新A滑走路が整備され、滑走路がそれまでの2本から3本に増えた。しかし、滑走路間隔が狭いため2本の滑走路を同時に使用することはできず、発着能力の増加は限られたものであった。

地方空港では引き続きジェット機対応の滑走路延長・新空港への移転整備が進められた。滑走路延長整備が行われていた稚内、福江、中標津、北九州の各空港が開港し、ジェット機対応の新空港整備事業としては、青森、高松、奄美の各空港が開港し、それまでの空港は廃止となった。岡山空港もジェット機対応の新空港が開港し旧空港は小型機専用の岡南飛行場になり、それまで自衛隊の飛行場と共用していた千歳空港に隣接して民間専用の新千歳空港が供用開始された。

また、基幹空港の整備着手に一定の目途がついたことから、地方における空港空白地域での新空港整備要望にも応えることとなり、福島空港、庄内空港、石見空港などの新空港整備事業が着手された。

## ⑦ 第6次空港整備五箇年計画【1991（平成3）～1995（平成7）年】

6次空整では1994年9月に関西空港が開港し、前の5次空整で整備に着手した空港空白地帯における新空港として庄内（1991年）、福島（1993年）、石見（1993年）の各空港が開港した。時あたかもバブル経済がはじけた直後の開港となったが、これらの計画はちょうどバブル経済まっただ中で策定されたものだった。

こうしたなか、需要の増大にともない、国際線のターミナル施設に限界をむかえていた名古屋空港では中部新国際空港の調査が開始された。

また、地方においてもバブル経済の最中に浮上した新空港整備要望が俎上にあがった。しかし、国はこれらの要望に対して十分な検討を要請するために、新空港整備の予備候補という位置づけの「予定事業」というカテゴリーを創設した。国は本事業を空港計画の熟度（位置、空域、環境保全）、航空需要の確保などに関する課題解決の見とおしが立った段階で新規事業に組み入れる事業として位置づけた。

「予定事業」として登場したのが静岡空港（静岡県）、神戸空港（兵庫県）、大館能代空港（秋田県）、小笠原空港（東京都）、びわこ空港（滋賀県）、新石垣空港（沖縄県）の各空港であった。これらの空港のうち、後で新規事業として採択されたのは静岡、神戸、大館能代、新石垣の4空港であった。伊丹空港の廃港を前提として計画されたびわこ空港は伊丹空港の存続により断念され、小笠原空港は現在も整備要望を継続している。

さらに、これまで航空輸送の恩恵を受けることのなかったより小規模なコミュニティへの航空サービスを実現するために、小型航空機による航空輸送を目的としたコミューター空港の整備、ヘリポートの整備が提唱され、本計画でとりあげられることとなった。コミューター空港は従来の地方公共団体が整備する第三種空港とは異なる枠組みで整備すべきとの考えから「その他空港」として位置づけ、第三種空港よりも低い4割といろ補助率が適用された。

1994年に開港した関西国際空港

## ⑧ 第 7 次空港整備七箇年計画【1996（平成 8）～2002（平成 14）年】

7 次空整では国際・国内航空ネットワーク形成の拠点となる大都市圏拠点空港の整備に取りかかることとした。その事業は以下のとおりである。
- ・新東京国際空港（成田）の平行滑走路（2 本目の滑走路整備）
- ・東京国際空港（羽田）の沖合展開（3 本目の滑走路整備）
- ・関西国際空港の 2 期事業の着手（2 本目の滑走路整備）
- ・中部圏の新拠点空港整備の構想（新空港整備の検討）

　また、成田、羽田両空港の整備は進めるものの、将来の需要に対応するためには、首都圏における 3 番目の新空港設置可能性について検討を進める必要があるとの判断にもとづき、国は 2000 年に首都圏第三空港の調査に着手した。2 年間にわたる検討の結果、航空会社は首都圏空港が 3 か所に分かれることに難色を示し、3 番目の新空港を整備するよりも、羽田空港を再拡張整備するほうが望ましいという結論となった。

　一方、関西空港では 2 本目の滑走路等を整備する 2 期事業が 1999 年に着工され、2000 年には中部空港整備が着工された。このようななか、成田空港では長年にわる地域住民との協議によって一部に反対は残っているものの 2 本目の滑走路整備に対する基本的な理解が得られ、1999 年 12 月に平行滑走路の整備が着手された。2002 年 4 月に用地の関係で当初計画より短い 2,180 m ではあるが、2 本目の滑走路が供用開始された。

　地方空港では、1998 年に大館能代空港、佐賀空港（佐賀県）が開港し、地方空港の新規整備事業として、高速交通ニーズに対応するために能登空港（石川県）の新設整備が決定された。離島空港としては民生安定のための空港整備として隠岐空港（島根県）、八丈島空港（東京都）のジェット化整備事業が進められた。

## ⑨ 社会資本整備重点計画(第 1 次計画)【2003(平成 15)年～2007(平成 19)年】

　これまで五箇年計画として取り組まれてきた公共事業をより重点的にかつ効率的に進めるために、空港、道路、港湾、鉄道、都市計画、下水道、河川等 13 の公共事業を 1 本にまとめて社会資本整備事業として進めることとなった。

　空港整備事業では大都市拠点空港の整備を継続し、2005 年 2 月には中部国際空港が開港、地方空港においても 2003 年 7 月に能登空港、2006 年 2 月には神戸空港、同年 3 月には新北九州空港が開港した。この時点で、空港 1 時間圏の人口カバー率は 68％、2 時間圏では 95％、3 時間圏では 99.9％となり、空港は

配置的には概成したとして、地方における新規空港整備計画は事実上終了した。
　また、羽田空港沖合展開整備事業は 22 年の歳月を経て 2007 年 2 月に終了した。そして、今後の需要増に対応するために検討された首都圏第三空港整備の検討結果にしたがい、引き続き羽田空港沖合を埋め立てて 4 本目の滑走路を整備する羽田空港再拡張事業が開始された。
　さらに 1999 年に着工された関西空港第 2 期事業のうち 2 本目の滑走路が 2007 年 8 月に供用開始され、名実ともに 24 時間空港として運用を開始した。しかし、経営改善の見通しが立たないため、ターミナル地区の整備は先送りされた。
　このように半世紀にわたって継続されてきた空港整備も、一部の離島と地方空港を除くと羽田空港の 4 本目の滑走路整備のみとなり、ほぼ終わりに近づいてきた。一方では経済のグローバル化、相次ぐ自然災害等を背景に安心安全な社会の構築が求められるなど、わが国の航空政策をとりまく情勢が変化してきた。その一方では、厳しい財政制約を背景として投資の重点化、既存資産の活用による効率的かつ効果的な空港運営方策が求められるようになってきた。そこで、国は 2006 年 9 月交通政策審議会航空分科会に対して、今後の空港、航空保安システムの整備および運営に関する基本的方策を諮問した。航空分科会では、空港会社、航空会社、航空ユーザー、自治体などから意見を聞くとともに、当時の安倍首相が唱える「アジア・ゲートウェイ構想」、「今後の国際拠点空港のあり方に関する懇談会」の報告も踏まえた上で、2007 年 6 月に「今後の空港及び航空保安施設の整備に関する方策について」（戦略的新航空政策ビジョン）の答申をとりまとめた。
　本答申ではこれまで行われてきた空港整備の考え方を根本から見直すこととなり、空港は整備から運営の時代にはいったとの認識を示し、以下のような方針が示された。
　ⅰ）国際拠点空港の完全民営化を促進し、空港会社の経営の自主性を確保しながら、創意工夫を発揮できるようにする。
　ⅱ）わが国の空港整備財源の根幹であった空港整備特別会計については、国家財政が逼迫してきていることもあり、社会資本整備特別会計に統合して、より合理化、効率化を図るとともに、将来的には独立行政法人等、国以外の者に行わせる。
　ⅲ）いままでは事実上全国一律に定められていた空港使用料および航行援助施設利用料の決定方式を改める。

ⅳ）国際拠点空港の民営化によって得られる株式売却収入の使途については空港整備に適切に使用する。

　ⅴ）これまでの空港整備法に則って定められていた空港区分の見直しを図り将来の空港運営を重視した空港制度のあり方を検討する。

⑩ **社会資本整備重点計画（第2次計画）【2008（平成20）～2011（平成23）年】**
　2007年の交通政策審議会答申を受け、52年ぶりに「空港整備法」が大幅改訂され、2008年6月に「空港法」として生まれ変わった。

　同法では「空港の設置及び管理に関する基本方針」を定めたうえで5年ごとに見直すこととなっており、2008年12月には基本方針が発表された。この基本方針では空港は「整備」から「運営」の時代にはいったとの認識により、これまで空港整備特別会計においてプール制によって一律に管理されていた国管理空港に対し、空港別の収支を明らかにする方向が示された。そして、首都圏、近畿圏、中部圏という複数空港を有する大都市圏においては空港間の連携を、また地方空港では空港管理者が地域の自治体、経済団体、観光関連団体などとの連携を推進することによって航空旅客の利便性向上に努めるという方向が示された。

　この方針をより具体化するために、2010年12月には国土交通省内に「空港運営のあり方に関する検討会」が設置され、2011年7月に「空港経営改革の実現に向けて」という報告書が公表された。ここでは、国管理空港において国が管理運営する航空系事業（エアサイド）と空港ビル会社等の民間が運営する非航空系事業（ランドサイド）が別々に運営されているため、世界標準とは異なる非効率な運営が行われていること、必ずしも地域と密着した空港運営が行われていないことが指摘された。そのうえで、①真に魅力ある空港の実現、②国民負担の軽減を目指して、以下のような具体的な方策が提示された。

　ⅰ）航空系事業と非航空系事業の経営一体化の推進

　ⅱ）土地等の所有権を国に残し、航空系事業と非航空系事業を一体的に運営する権利を民間に付与する「コンセッション＝運営委託」方式を想定し、民間の知恵と資金の導入とプロの経営者による空港経営の実現

　ⅲ）空港経営に関する意見の提案の公募と地域の視点の取り込み

　ⅳ）空港経営改革推進のための民間の専門的知識・経験の活用

　そして、これらの空港経営改革の実行スケジュールを以下のように提案した。

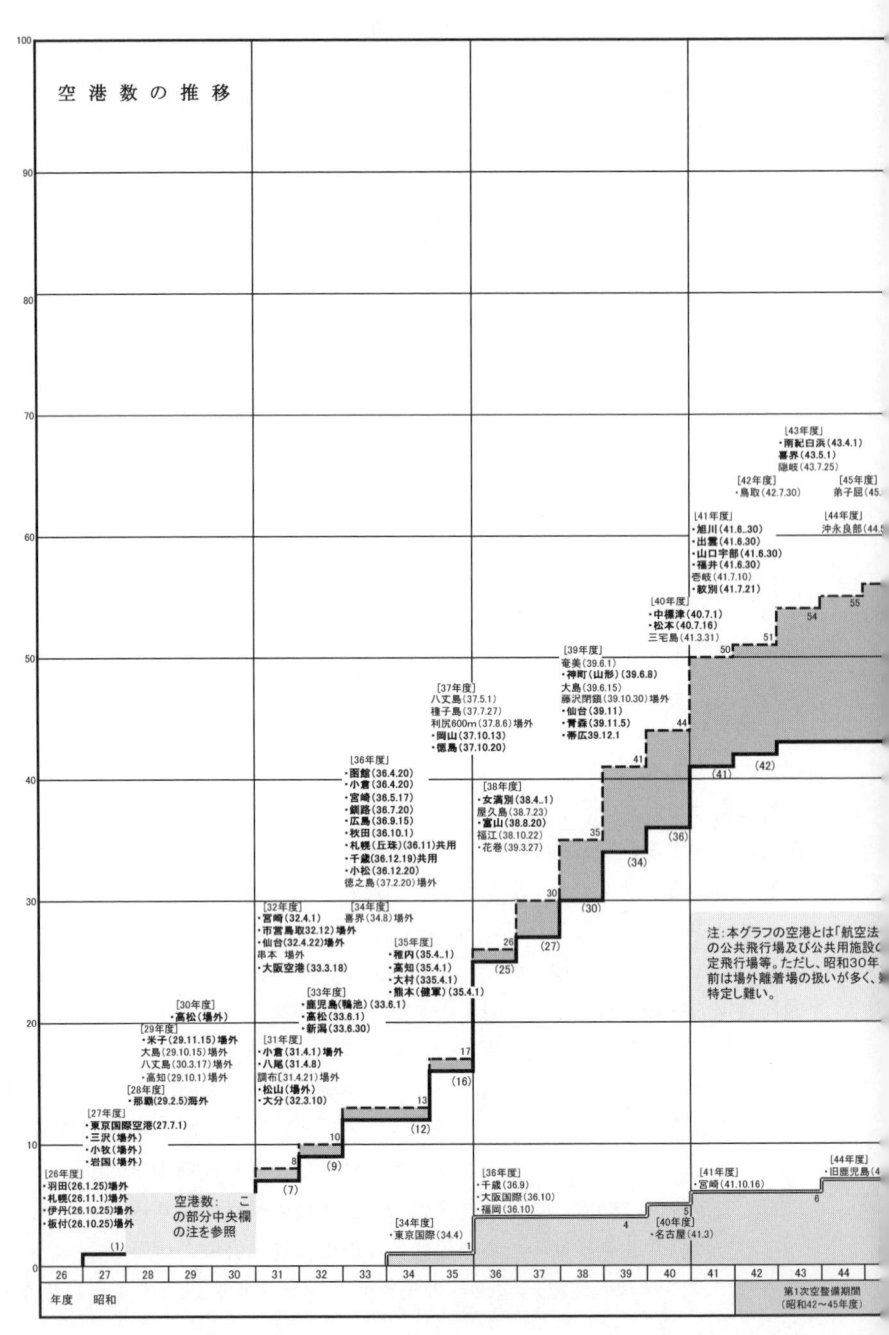

空港数の推移

[43年度]
・南紀白浜(43.4.1)
喜界(43.5.1)
隠岐(43.7.25)

[42年度]
・鳥取(42.7.30)

[45年度]
弟子屈(45.

[41年度]
・旭川(41.6..30)
・出雲(41.6.30)
・山口宇部(41.6.30)
・福井(41.6.30)
・壱岐(41.7.10)
・礼別(41.7.21)

[44年度]
沖永良部(44.

[40年度]
・中標津(40.7.1)
・松本(40.7.16)
三宅島(41.3.31)

[39年度]
奄美(39.6.1)
・神町(山形)(39.6.8)
大島(39.6.15)
藤沢閉鎖(39.10.30)場外
・仙台(39.11)
・青森(39.11.5)
・帯広39.12.1

[37年度]
八丈島(37.5.1)
種子島(37.7.27)
利尻600m(37.8.6)場外
・岡山(37.10.13)
・徳島(37.10.20)

[36年度]
・函館(36.4.20)
・小倉(36.4.20)
・宮崎(36.5.17)
・広島(36.9.15)
・釧路(36.7.20)
・秋田(36.10.1)
・札幌(丘珠)(36.11)共用
・千歳(36.12.19)共用
・小松(36.12.20)
徳之島(37.2.20)場外

[38年度]
・女満別(38.4.1)
屋久島(38.7.23)
・富山(38.8.20)
・福江(38.10.22)
・花巻(39.3.27)

[32年度]
・宮崎(32.4.1)
・市宮島英32.12)場外
・仙台(32.4.22)場外
串本　場外
・大阪空港(33.3.18)

[34年度]
喜界(34.8)場外

[35年度]
・稚内(35.4.1)
・高知(35.4.1)
・大村(335.4.1)
・熊本(健軍)(35.4.1)

[33年度]
・鹿児島(鴨池)(33.6.1)
・高松(33.6.1)
・新潟(33.6.30)

[31年度]
・小倉(31.4.1)場外
・八尾(31.4.8)
・調布(31.4.21)場外
・松山(場外)
・大分(32.3.10)

[30年度]
・高松(場外)

[29年度]
・米子(29.11.15)場外
・大島(29.10.15)場外
・八丈島(30.3.17)場外
・高知(29.10.1)場外

[28年度]
・那覇(29.2.5)海外

[27年度]
・東京国際空港(27.7.1)
・三沢(場外)
・小牧(場外)
・岩国(場外)

[26年度]
・羽田(26.1.25)場外
・札幌(26.11.1)場外
・伊丹(26.10.25)場外
・板付(26.10.25)場外

空港数：この部分中央欄の注を参照

[36年度]
・千歳(36.9)
・大阪国際(36.10)
・福岡(36.10)

[34年度]
・東京国際(34.4)

[40年度]
・名古屋(41.3)

[41年度]
・宮崎(41.10.16)

[44年度]
・旧鹿児島(4

注：本グラフの空港とは「航空法(
の公共飛行場及び公共用施設C
定飛行場等。ただし、昭和30年
前は場外離着場の扱いが多く、
特定し難い。

年度　昭和 26 27 28 29 30 31 32 33 34 35 36 37 38 39 40 41 42 43 44

第1次空港整備期間
(昭和42〜45年度)

(出所) 国土交通省資料、小坂英治氏資料より筆者追補

## 1-3 空港種別にみた整備空港数の推移

**全空港数**

| 年度 | 46 | 47 | 48 | 49 | 50 | 51～55 | 56～60 | S61～H2 | 3～7 | 8～14 | 15～19 | 20～24 |
|---|---|---|---|---|---|---|---|---|---|---|---|---|
| 空港数 | (43) | 57 / 65 | 66 / 68 | 70 | 70 | 76 | 78 | 82 | 90 | 94 | 97 | 98 |

**[46年度]** (46.6.1)

**[47年度]** 沖縄復帰(47.5.15) ・那覇、石垣、宮古、久米島 南大東、与那国、波照間、多良間

**[48年度]** 徳之島(48.6.1)

**[49年度]** 利尻(49.5.1) 奥尻(49.9.9)

**[50年度]** 対馬(50.6.23) 伊江島(50.7.20)

**[51-55年度]** 与論(51.5.1) ・新東京国際(53.5.20) 礼文(53.6.1) 粟国(53.6.30) 下地島(54.7.5)

**[56-60年度]** 上五島(56.4.2) 小値賀(60.12.20)

**[61-H2年度]** 新島(62.7.20) 岡南(63.3.11) ・新千歳(63.7.20) 枕崎(H3.1.22)

**[H3-7]** 庄内(H3.10.1) 神津島(4.7.1) 西広島(H5.10.29) ・福島(H5.3.30) 石見(H5.7.2) 但馬(H6.5.18) ・関西国際(H6.9.4) 慶良間(H6.11.10)

**[H6-14]** 大分県央(H9.8.14) 大館能代(H10.7.18) 佐賀(H10.7.28) 天草(12.3.23)

**[H15-19]** ・能登(H15.7.7) ・中部国際(H17.2.7) 県営名古屋(17.2.7)変更 ・神戸(H18.2.16)

**[H20-24]** ・静岡(H21.6.4) ・茨城(H22.3.11) ・岩国(H24.12.13)

---

**印 主要空港**
(離島空港等を除く)
ここに、等とは調布、弟子屈、大分県央、及び廃港空港(岡南、広島西、県営名古屋)を云う。ただし、那覇は主要空港。

| 年度 | 46 | 47 | 48 | 49 | 50 | 51～55 | 56～60 | S61～H2 | 3～7 | 8～14 | 15～19 | 20～24 |
|---|---|---|---|---|---|---|---|---|---|---|---|---|
| 数 | | (44) | | | (45) | (45) | | 48 (46) | (50) | 54 | 61 / 67 | (61) |

**[H3-7]** 庄内(H3.10.1) ・福島(H5.3.30) ・石見(H5.7.2) ・関西国際(H6.9.4)

**[H8-14]** 久米島(H9.7.18) 大館能代(H10.7.18) 佐賀(H10.7.28) 利尻(H11.6.1) 与那国(H11.7.15) 鮫別(H11.11.11) 大島(H14.10.31)

**[H15-19]** ・能登(H15.7.7) ・中部国際(H17.2.7) 県営名古屋(17.2.7)変更 ・神戸(H18.2.16) 新種子島(H18.3.16) 隠岐(H18.7.6)

**<H20-24>** 休止・礼文(H21.4.9) 〜 廃港・弟子屈(H21.9.24) 広島西(H24.11.15) 枕崎(H25.3.31)

**[H20-24]** ・静岡(H21.6.4) ・茨城(H22.3.11) ・岩国(H24.12.13)

---

**ジェット化空港 →**

| 年度 | 46 | 47 | 48 | 49 | 50 | 51～55 | 56～60 | S61～H2 | 3～7 |
|---|---|---|---|---|---|---|---|---|---|
| 数 | 11 | 13 | 16 | 16 | 18 | 28 | 39 | (45) | |

**[47年度]** ・鹿児島(47.4.1) (・旧鹿児島廃止) ・松山(47.4.16) ・那覇(47.5.15)

**[48年度]** ・新潟(48.6.15) ・小松(48.11.1) ・釧路(48.12.1)

**[50年度]** ・長崎(50.5.1) ・三沢(50.5.10)

**[51-55年度]** ・山形(51.12.1) ・新東京国際(53.5.20) 宮古(53.12.1) 石垣(54.5.15) 下地島(54.7.5) ・広島(54.8.15)

**山口宇部(55.4.1) 徳之島(55.7.13) ・出雲(55.11.1) 帯広(56.3.1)**

**・徳島(58.11.18) ・高知(58.12.26) ・富山(59.3.18) ・女満別(60.4.22) ・鳥取(60.7.20)**

**[56-60年度]** ・秋田(56.6.26) 奄美(56.12.25) 八丈島(57.4.1) ・旭川(57.7.15) ・花巻(58.3.1) 対馬(58.4.1)

**奄美(63.7.10) ・新千歳(63.7.20) 福江(63.10.1) ・高松(H1.12.16) ・中標津(H2.7.28) ・北九州(H3.3.27)**

**[61-H2]** ・雅内(62.6.1) ・青森(62.7.19) ・岡山(63.3.11)

**ジェット化空港**

---

| 46 | 47 | 48 | 49 | 50 | 51～55 | 56～60 | S61～H2 | 3～7 | 8～14 | 15～19 | 20～24 |
|---|---|---|---|---|---|---|---|---|---|---|---|
| 第2次空港整備期間 (昭和46～50年度) | | | | | 第3次空港整備期間 | 第4次空港整備期間 | 第5次空港整備期間 | 第6次空港整備期間 | 第7次空港整備期間 | 社会資本整備重点計画 (第1次) | 社会資本整備重点計画 (第2次) |

ⅰ) 2012 年度の夏ごろまで：「空港経営改革の実行方針」の策定
ⅱ) 2013 年度：空港経営改革に関する具体的な提案の募集、経営一体化と運営委託の推進体制の整備
ⅲ) 2014 年度〜2020 年度：民間への運営委託等の実行

　この期間では、羽田空港再拡張事業として進められていた 4 本目の滑走路、旅客・貨物の国際ターミナルが 2010 年 10 月に供用開始となった。その結果、発着枠は 30.3 万回から 37.1 万回へ大幅に増加した。このうち 6 万回が国際線に割当てられ、羽田空港に再び本格的に国際線が就航した。また、近畿圏では隣接する関西空港、伊丹空港、神戸空港の 3 空港の機能分担や連携のあり方について検討が進められた。

　地方空港では 2009 年 6 月に静岡空港、2010 年 3 月に自衛隊百里基地との共用空港として茨城空港、2012 年 12 月には米軍の岩国飛行場の共用空港として岩国空港が開港し、沖縄県の新石垣空港が 37 年間にわたる地元の新空港整備要望をかなえて 2013 年 3 月に開港した。これで、新空港整備事業はほぼ終了し、まさに運営の時代に突入した。

　一方、定期便が休止された北海道の礼文空港では 2009 年 4 月〜2015 年 3 月の間、空港運用を休止することとなった。また、おもに観光チャーター便が利用していた北海道の弟子屈飛行場は、維持運営が困難となったため 2009 年 9 月に公共用空港では初めての廃港となった。

⑪ **社会資本整備重点計画（第 3 次計画）【2012（平成 24）年〜】**

　地方自治体の財政事情は厳しく、利用者の少ない空港では維持運営することに限界がみえてきた。かつては広島の玄関口として中型ジェット機も就航していた広島西空港では空港の北側に都市高速道路が建設されることとなった。定期便はなくなり、年間約 6 億円を超す空港運営費の赤字が大きな負担となっていたため、2012 年 11 月に廃港となった。しかし、同飛行場では広島市消防局、報道関係のヘリコプターが常駐しているため、滑走路を大幅に短縮しヘリポートとして運用されることとなった。

　2009 年に廃止された弟子屈飛行場は遊覧飛行専門の飛行場であったが、定期旅客輸送を行っていた空港（広島西空港）の廃止は初めてのことであり、公共用飛行場としても 2 番目の廃止となった。

　引き続き、コミューター空港として整備された枕崎飛行場が、利用者も少なく飛行場としての役目は終了したとして 2013 年 3 月に廃港となった。同飛行

場跡地は平たんな地形を活用してソーラーパネルを設置し、太陽光発電基地として再利用されることとなった。

一方、羽田空港では徐々に発着枠は増加し、2012年3月には39万回、2013年3月には41万回まで増えた。このうち9万回が国際線となったことから国内と国際のネットワークを結びつける本格的な内際ハブ空港となった。

### (3) 空港整備から空港運営の時代へ
#### ① 空港整備に対する認識

わが国の空港整備が空港整備五箇年計画から社会資本整備重点計画（第1次計画）に移った際に、「空港は配置的側面からみると概成した」といわれた。しかし、空港数の推移をみると、1次空整中の1970年には56空港が供用開始されており、そのうち13の離島空港を除くと、本土の空港はすでに43を数えた。しかし、その多くがプロペラ機対応の比較的小規模な空港であり、ジェット機対応空港は幹線空港を中心として7空港しかなかった。プロペラ機対応空港とはいえ、47都道府県に43もの空港があり、数的、配置的には1970年代初頭には、すでに概成していたともいえる。

その後、空港整備は騒音対策事業中心に進められた。本来は早急に拡張整備されなければならない羽田空港は地元自治体からの埋め立て許可を得られないため、着手できない状況が継続し、当初予定から14年間も経た1984年になってようやく整備に着手された。整備完了までにはさらに22年の歳月を必要とし2007年になって当初計画の整備が完了した。羽田空港拡張の必要性が訴えられてから、40年あまりの歳月が経過していた。

この間も航空需要は急増しており、一方、地方の人びとも一層の高速化を希求していたためこれに応えるには航空機の大型化（＝ジェット化）しか手段はなく、地方空港のジェット空港化が進められることとなった。「一県一空港」政策によって数多くの空港がつくられてきたという意見があるが、先に述べたように1970年ごろには空港は配置的にはすでに概成していた。ジェット機対応整備によって既存空港が新空港に代わったことをもって数多くの地方空港が整備されたと誤認されている。

このように多くの地方空港をジェット化しなければならなかった根本的な原因は、真っ先に取り組むべき羽田空港の拡張整備に着手できず、やむなく相手となる地方空港のジェット化整備に取り組まなければならなかった時代背景が

表 1-6 空港種別にみた整備空港数の推移

| 空港整備計画 | 年 | 全空港 | 主要空港 | 離島・地域空港 | ジェット空港（内数） |
|---|---|---|---|---|---|
| | 1956（昭和31）年 | 8 | 7 | 1 | 0 |
| | 1960（昭和35）年 | 17 | 16 | 1 | 1 |
| | 1965（昭和40）年 | 44 | 35 | 8 | 5 |
| 1次空整 | 1970（昭和45）年 | 56 | 43 | 13 | 7 |
| 2次空整 | 1975（昭和50）年 | 70 | 44 | 26 | 18 |
| 3次空整 | 1980（昭和55）年 | 76 | 45 | 31 | 28 |
| 4次空整 | 1985（昭和60）年 | 78 | 45 | 33 | 39 |
| 5次空整 | 1990（平成2）年 | 82 | 46 | 35 | 48 |
| 6次空整 | 1995（平成7）年 | 90 | 50 | 40 | 54 |
| 7次空整 | 2002（平成14）年 | 94 | 52 | 42 | 61 |
| 社会資本（1） | 2007（平成19）年 | 97 | 55 | 42 | 67 |
| 社会資本（2） | 2011（平成23）年 | 98 | 57 | 41 | 68 |
| 社会資本（3） | 2013（平成25）年 | 97 | 58 | 39 | 69 |

（出所）国土交通省資料より筆者作成

ある。ちなみに1970年には7空港しかなかったジェット機対応空港は10年後の1980年には28空港に、20年後の1990年には48空港へと急増している。この間離島空港を除く主要空港の数は43空港、45空港、46空港と20年間でわずか3空港しか増えていない（表1-6）。

**② 空港整備法から空港法へ**

わが国の空港は1956年に公布された空港整備法にもとづいて整備が進められてきたが、地方空港への国際線就航も増えて、法の定める理念と現実が乖離した状態が続いていた。そこで、「整備から運営」の時代にはいったとの認識に立ち、2008年6月に「空港整備法」が「空港法」に改正された。

「空港法」では全国の空港を「拠点空港」、「地方管理空港」の2種類に区分し、このうち、拠点空港は管理主体によって「会社管理空港」、「国管理空港」、「特定地方管理空港」の3種類に区分した。しかし、名称は変わったものの、拠点空港は従来の第一種、第二種Ａ、第二種Ｂ空港を言い換えたものであり、「地方管理空港」は第三種空港の名称を改めたものとほぼ同様となった。

そして、自衛隊または米軍の飛行場のうち、民間航空が利用できる飛行場を「共用空港」と定めている。

### ③ 空港整備勘定

　1970 年に施行された空港整備の財源を定めた「空港整備特別会計法」は、その収入の多くを国が管理運営する空港の着陸料、航行援助施設利用料、航空機燃料税相当分等を原資としており、2013 年度予算案では 3,277 億円となっている。支出内訳をみると、空港整備事業は 1,465 億円計上されているものの、その多くは羽田関連予算であり、そのうち 831 億円は羽田空港沖合展開整備事業で借り入れた財政投融資（財投）[1]への元金償還と利息支払いに当てられている。関西・伊丹・中部空港には 88 億円が割り当てられているが、このうち 40 億円が新関西国際空港㈱への補給金となっている。

　地方空港を含む一般空港等への予算は 253 億円であるが、このうち那覇空港の整備拡充が 137 億円を占めている。このほかに、東日本大震災の教訓から空港の耐震強化事業、航空管制業務の保安向上、テロ等から脅威を防ぐための航空保安対策等を含む航空安全・保安対策事業に 226 億円が割り当てられている。

　一方、全予算の 42％に相当する 1,372 億円が空港等維持運営費で占められており、これは国管理空港、航空管制システムの維持管理運営に係る費用となっている。

　空港整備の財政的裏付けの役割を果たしていた「空港整備特別会計」は、行革推進法に則って 2008 年より道路、港湾、治水等の特別会計と統合され、「社会資本整備事業特別会計空港整備勘定」となった。かつては 5,726 億円を記録したこともあったが、羽田空港の拡張整備事業が終了し、整備から運営の時代にはいったことを裏付けるように「空港整備勘定」は事実上「空港維持運営勘定」に変化してきていることが予算でも裏付けられている（図1-4、1-5）。

### ④ 空港整備の方向性

　空港整備特別会計は国が設置する空港を対象として、その歳入がプールされて全国の各空港に配分される仕組みであり、いわゆる収益プール制と呼ばれるものである。そのために、「羽田空港と伊丹空港および国管理空港からの収益が地方空港の整備費用を充足するために使用されてきた」といわれてきた。しかし、「空港は単独ではなくネットワークを形成して初めて機能するものである」という考え方にもとづいて各空港の収益をプールし、それを再分配する空

---

[1] 租税負担に頼らず、国の信用を背景とした財投債（国債）の発行などにより調達した資金を財源として、民間では供給が困難な長期・固定・低利の資金供給や大規模・長期にわたる社会資本整備等を推進するための投融資をいう。

32　　　第1章　航空・空港政策の枠組みと変遷

（歳　入）　　　　　　　　　　（歳　出）

単位：億円（%）

**歳入**
- 純粋一般財源 270 (8.2)
- 航空機燃料税 502 (15.3)
- 他会計からの受入 772 (23.6)
- 着陸料等収入 703 (21.5)
- 空港整備勘定自己財源 2,505 (76.4)
- 航行援助施設利用料収入 1,256 (38.3)
- 雑収入等 546 (16.7)
- 歳入合計 3,277億円

**歳出**
- 羽田 1,034 (31.6)
- 成田 42 (1.3)
- 関空・伊丹 74 (2.3)
- 中部 14 (0.4)
- 一般空港等 253 (7.7)
- 空港等機能高質化事業 46 (1.4)
- 空港経営改革推進 2 (0.1)
- 空港路整備 174 (5.3)
- 航空安全・保安対策 226 (6.9)
- 空港周辺環境対策 35 (1.1)
- 離島航空事業助成 5 (0.1)
- 維持運営費等 1,372 (41.9)
- 歳出合計 3,277億円

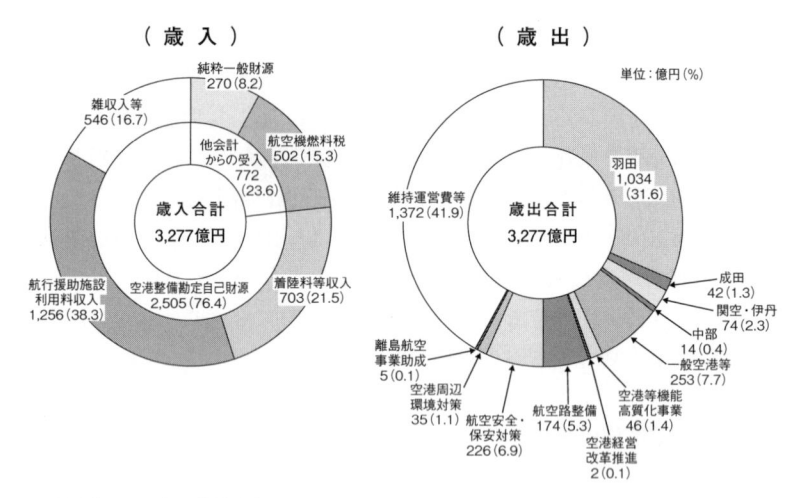

（出所）国土交通省航空局

図1-4　空港整備勘定（2013（平成25）年度予算）

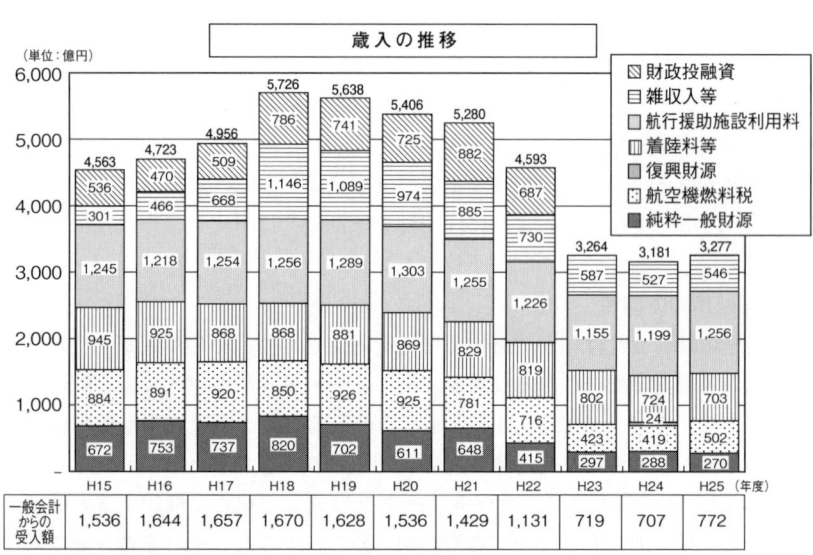

**歳入の推移**（単位：億円）

| 項目 | H15 | H16 | H17 | H18 | H19 | H20 | H21 | H22 | H23 | H24 | H25 |
|---|---|---|---|---|---|---|---|---|---|---|---|
| 合計 | 4,563 | 4,723 | 4,956 | 5,726 | 5,638 | 5,406 | 5,280 | 4,593 | 3,264 | 3,181 | 3,277 |
| 財政投融資 | 536 | 470 | 509 | 786 | 741 | 725 | 882 | 687 | 587 | 527 | 546 |
| 雑収入等 | 301 | 466 | 668 | 1,146 | 1,089 | 974 | 885 | 730 | | | |
| 航行援助施設利用料 | 1,245 | 1,218 | 1,254 | 1,256 | 1,289 | 1,303 | 1,255 | 1,226 | 1,155 | 1,199 | 1,256 |
| 着陸料等 | 945 | 925 | 868 | 868 | 881 | 869 | 829 | 819 | 802 | 724 | 703 |
| 復興財源 | | | | | | | | | | 24 | |
| 航空機燃料税 | 884 | 891 | 920 | 850 | 926 | 925 | 781 | 716 | 423 | 419 | 502 |
| 純粋一般財源 | 672 | 753 | 737 | 820 | 702 | 611 | 648 | 415 | 297 | 288 | 270 |
| 一般会計からの受入額 | 1,536 | 1,644 | 1,657 | 1,670 | 1,628 | 1,536 | 1,429 | 1,131 | 719 | 707 | 772 |

（注1）歳入額は当初予算ベース。
（注2）平成25年度の「一般会計からの受入額」及び「純粋一般財源」には那覇空港滑走路整備事業の実施のための増額した65億円を含む。
（注3）特会改革により、空港整備特別会計は平成20年度から社会資本整備事業特別会計空港整備勘定として計上している。

（出所）国土交通省航空局

図1-5　空港整備勘定の推移（2003（平成15）～2013（平成25）年度）

港整備方式には一定の合理性が認められてきた。また、このような収益プール制は、航空輸送の発展に大きな貢献を果たしてきたことも事実である。

　空港整備については、空港種別ごとに国と地方の費用負担、補助の割合が定められている。しかし、関西空港では約1兆5,000億円、中部空港については当初7,680億円の事業費が必要とされた。しかし、空港整備特別会計でこれらの事業費を負担することは困難であったため、会社方式によって国、地方自治体、民間からも広く資本を調達して整備された。また、整備事業費が約1兆4,800億円にも及ぶ羽田空港沖合展開整備事業においても、すべてを空整特会の資金でまかなうことはできないため、財投からの借入金を充当することによって整備が行われた。さらに2005年度から着手された羽田空港に4本目の滑走路を整備する再拡張整備事業は、当時の空港種別では第一種空港であるため本来ならば国費ですべて負担するところである。しかし、滑走路本体整備部分の2割に相当する1,300億円を東京都、神奈川県、横浜市、川崎市の地元自治体からの無利子貸付というかたちで負担を求めることとなった。また、国際線ターミナル、エプロンについては、民間資金を活用したPFI方式によって整備された。

　首都圏における容量拡大のための羽田空港再拡張整備と成田空港の滑走路延長整備がほぼ終了したたこともあり、今後の空港整備は、福岡、那覇空港のように交通量が逼迫した地方拠点空港における容量拡大のための整備に焦点が移ることになる。また、生活路線確保の意味から、離島における若干の空港整備が必要とされるであろう。

　しかし、これらの空港整備を「空港法」および「空港整備勘定」の枠組に則って行うことは困難になっており、施行後半世紀が経過しようとしている既存の空港整備制度はすでに制度疲労を起こしているといえる。空港整備が進んだ結果、地方にも数多くの空港が整備されて、航空輸送が生活に密着し、多くの地方から直接海外へ行けるようになった。今後は、地域と密着した空港の利活用がより一層求められており、地域の財産である空港の整備、管理運営を適切に行うための制度改革が必要とされている。

### (4) 空港運営改革の方向性
#### ① 地方空港の運営改革
　地方空港の運営改革で先鞭をつけたのが北海道の旭川空港である。同空港の

管理者である旭川市は市の財政健全化プランの一環として、空港維持管理業務の見直しを行った。当初は指定管理者制度を利用して管理業務を民間事業者に委託しようとしたが、同空港は特定地方管理空港であり、国が設置者となっているため同制度を利用することができなかった。そこで、2007年より性能発注方式[2]、複数年契約を取り入れた「総合的民間委託」方式を採用した。これによって旭川市は空港管理業務のうちの事実行為[3]、施設の維持管理業務、駐車場の維持管理業務を5年にわたって1本の契約で旭川空港ビル会社を受託者とするコンソシアムに委託した。この結果、5年間で空港維持管理業務において約1億6,400万円、駐車場管理業務で約2億1,700万円の費用を削減することができた。

同様の試みが地方管理空港の静岡空港でも進められている。同空港は県が管理運営する地方管理空港であることから、指定管理者制度を活用している。静岡県はターミナルビルを運営する富士山静岡空港㈱に空港管理業務の一部を委託して空港運営の効率化を図っている。しかし、現在の制度では空港管理者である静岡県の行政判断、行政権の行使をともなう業務以外の事実行為しか委託できない。そこで、さらなる空港運営の効率化を図るために、空港ターミナルビルを県が買い取りで空港基本施設と空港ターミナルビルを一体的に運営する形式を整えたうえで、公募により民間セクターに空港運営権を譲渡する方針とした。これによって、民間の知恵を生かした効率的な空港管理運営が可能となるとともに、民間のプロパー職員が長期にわたって業務に従事することが可能となることから空港管理業務のノウハウの蓄積、効率化の推進が可能になることが期待されている。

さらに、青森県、福島県、静岡県、佐賀県等においても空港運営改革への取組み開始されたところである。しかし、これらの空港は国管理空港と比較すると航空旅客数が少ないため、一律に民営化を前面に出してはいないが、より効率的な空港運営のあり方について検討が進められている。

---

[2] 発注者が求めるサービス水準を明らかにし、それを達成するための具体的な手法やプロセス等については、受注者である民間企業の自由裁量に任せる発注方式をいう。民間企業のノウハウを活かした創意工夫が発揮しやすいため、PFI事業による公共入札等に利用される。

[3] 施設の管理責任者が最終責任を負う許認可、料金設定、公的業務を除いた「施設の点検」、「清掃」等の定型的な事実上の業務、および管理責任者が定めた基準、運用方法にしたがって、定型的に行う「警備・消防業務」、「料金徴収業務」等を示す。

## ② 関西空港と伊丹空港の経営統合とコンセッション

　関西空港は中曽根首相（当時）の強い意志を反映して、民間資金を導入した株式会社方式で整備され、管理運営が行われてきた。民間活力の賜物により、空港の営業収支は利益を確保していたものの、当初予定を大きく上回った事業費によって発生した約1兆3,000億円もの債務に対する利払いが負担となり、苦しい経営を強いられてきた。

　2010年に発表された「国土交通成長戦略」においては関空の事業価値を高めた上で、コンセッション（運営権売却）を実現して、債務を解消する方向が示された。これは関西空港の国際拠点空港として機能の再生と強化を図り、伊丹空港も含めた両空港において航空輸送需要の拡大を実現し、事業価値を最大限高めることを目標としている。そのうえでコンセッションを成功させるとともに、民間の経営判断によって、より良いサービスの提供と健全な経営を実現

【関西空港と伊丹空港の経営統合】
- 関空については、早期に政府補給金への依存体質から脱却し、約1.3兆円の債務を返済することにより、健全なバランスシートを構築することを目標とし、これを通じて前向きな投資の実行、競争力・収益力の強化を行う必要がある。
- このため、関空を首都圏空港と並ぶ国際拠点空港として再生・強化するとともに、両空港の適切かつ有効な活用を通じた関西における航空輸送需要の拡大を図り、関西の経済の活性化に寄与していく。
- 平成24年4月1日に設立された新関西国際空港株式会社は、両空港を一体的に運営し、事業価値の増大を図り、できるだけ早期にコンセッションを実現することを目指す。

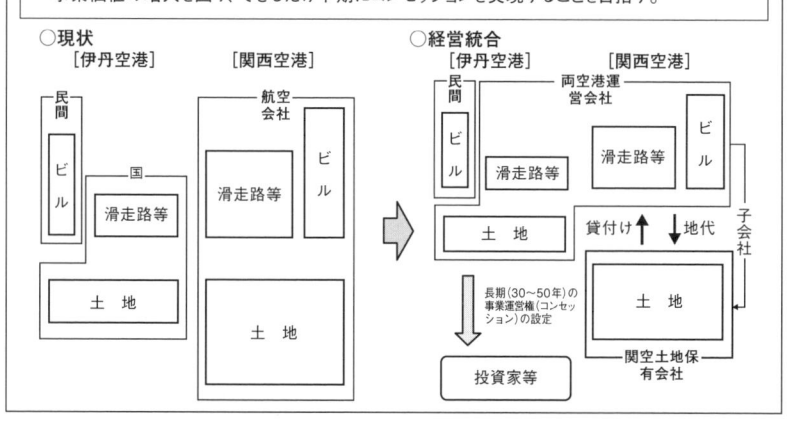

（出所）国土交通省航空局資料

図1-6　関西空港と伊丹空港経営統合のスキーム

することを目的としている。これを踏まえて 2012 年 7 月には関西空港と伊丹空港の経営統合を実現し、2014 年度中のコンセッション実施に向けて準備が進められている（図 1-6）。

**③ 国管理空港の経営改革**

国土交通省では 2007 年から始まった地方空港でのオープンスカイ（第 3 章「オープンスカイ協定と空港」参照）に引き続き、首都圏空港の発着容量の拡大を背景として 2010 年より首都圏空港を含むオープンスカイを開始した。そして 2012 年の国内における LCC 新規参入を踏まえ、航空分野をさらに成長させ、日本経済の活性化をもたらすために、空港経営改革を強く押し出した。

成田、羽田、関西といったわが国の玄関口となる国際拠点空港、新千歳、福岡、那覇といった地方拠点空港だけでなく、地方空港も例外ではない。空港経営改革を通じてより利用しやすい空港、より便利な空港を実現し、国内外からの訪問客を受け入れる体制の確立が望まれている。

この第一歩として、国は国管理 19 空港を対象とした空港運営改革を進めようとしている。国管理空港では、空港整備勘定において収入をプールし、滑走路、誘導路、エプロン等の基本施設を維持管理している。その一方で空港ターミナルビルは国から土地を借用して空港ビル会社が民間事業としてターミナルビルを整備し管理運営している。施設の維持管理という意味では一定の役割を果たした手法である。しかし、今後の空港管理運営については、「民間の知恵と資金」を生かして、地域の実情を反映したきめ細やかな運営体制を確立する方向性が示された。これを受けて、基本施設とターミナル地域の施設の運営を一体化させるとともに、コンセッションによって民間への空港運営権の売却を目指すこととなった。空港運営に対する民間活力の導入、一体運営にともなう効率化の推進によって空港ビルにおける物販等非航空系収入の拡大を図るとともに、空港利用料の引き下げ、航空会社の就航促進を図ることによって地域活性化に貢献できる空港を目指すこととしている。

国の空港運営改革の方針に応えるように地方自治体においても新たな空港運営のあり方を探る検討が始まった。国管理空港を抱える北海道、宮城県、広島県、香川県、愛媛県、熊本県においては地方自治体レベルでの検討が開始され、なかでも宮城県は県知事が先頭に立って、空港管理運営権の民間への売却（コンセッション）を推進している。

国においても仙台空港においてコンセッションを行うための事前準備として

2013年11月にマーケットサウンディングを開始した。2014年には運営権者の選定を行い，2015年中には新しい事業者による運営開始を予定している。

【参考文献】
〔1〕国土交通省交通政策審議会航空分科会(2007)『今後の空港及び航空保安施設の整備及び運営に関する方策について 答申 〜戦略的新航空政策ビジョン〜』。
〔2〕国土交通省(2007)「空港問題」『財政投融資に関する基本問題検討会(第8回)説明資料』。
〔3〕国土交通省航空局(2008)『空港の設置及び管理に関する基本方針』。
〔4〕航空政策研究会(2009)『今後の空港運営のあり方について』、航空政策研究会。
〔5〕引頭雄一(2008)「空港整備・運営の課題」『IATSS review』、国際交通安全学会、33(1)、42-49ページ。
〔6〕日本航空協会編(2010)『日本の航空100年―航空と宇宙の歩み』。
〔7〕酒井正子(2010)「変容する世界の航空界―その4(日本の航空100年(上))」『帝京経済学研究』、帝京大学経済学部、44(1)、93-124ページ。
〔8〕国土交通省成長戦略会議(2010)『国土交通省成長戦略』。
〔9〕国土交通省空港運営のあり方に関する検討会(2011)『空港運営のあり方に関する検討会報告書(空港経営改革の実現に向けて)』。
〔10〕村上英樹・加藤一誠・高橋望・榊原胖夫(編著)(2011)『航空の経済学』第4刷、ミネルヴァ書房。
〔11〕酒井正子(2011)「変容する世界の航空界―その5(日本の航空100年(下))」『帝京経済学研究』、帝京大学経済学部、44(2)、79-110ページ。
〔12〕西藤真一(2011)「旭川空港における空港運営効率化に向けた取り組み」『運輸と経済』、71(4)、81-87ページ。
〔13〕国土交通省航空局(2012)『空港管理状況調書』。

# 第2章　エアライン・ハブとネットワーク・ハブ

## 2.1　エアライン・ハブと地域経済

### (1) ハブの選択・誘致

　アメリカのUPS（United Parcel Service）社は1907年にワシントン州シアトルで陸路を中心とする運送業者として創業し、1981年に最初の貨物輸送航空機を購入して航空貨物輸送業に参入した。現在では、ジョージア州アトランタに本社を移し、234機の航空機を保有する世界第9位の航空会社に成長している。同社は、1982年からケンタッキー州ルイビル国際空港を航空輸送ネットワークのメインハブとして使用している。

　UPS社は、2012年の1年間に約41億個の小口貨物（書類を含む）を国内外に輸送した。平均的な1日の輸送量は約1,630万個で、このうち約14％にあたる230万個が航空機で輸送されている。現在UPS社の配達エリアは世界220か国・地域以上、国際輸送量は240万個になる。そのために、国内381空港、世界346空港を利用し、1日の平均離発着回数は、アメリカ国内で949回、世界では982回にものぼる。国内外に張り巡らされた小口貨物輸送ネットワークの中心にあるのがルイビルのメインハブである。これがルイビル経済に大きなメリットを与えている。

　航空会社がハブと指定した空港のある地域には、空港収入の増加というメリット以外にも、雇用創出という恩恵もある。それゆえ、空港当局のみならず所在地の政府もハブの誘致に積極的になり、彼らは航空会社にさまざまなインセンティブを提示し、他空港との競争に勝利しようと努力する。一方、エアラインもハブの立地選択は事業の成否を分ける重要な意思決定であるため、戦略的に構える。

　本節では、アメリカにおけるハブの選択事例にもとづき、航空会社によるハブの戦略的な立地決定過程と空港当局等の戦略的誘致活動を考察する。

### (2) 貨物ハブ空港の現状

　現在UPS社は表2-1にあるように、アメリカ全土の381空港を6つの地域ハブ空港と1つの国際ハブ空港（マイアミ）で結び、これらとメインハブであ

表2-1 UPS社のハブ空港

| ハブ空港 | 所在都市 | 1日あたり便数 |
|---|---|---|
| United States | Louisville, Ky. (main U.S. Air Hub) | 252 |
| | Philadelphia, Pa. | 42 |
| | Dallas, Texas | 24 |
| | Ontario, Calif | 40 |
| | Rockford, Ill. | 26 |
| | Columbia, S.C | 10 |
| Europe | Cologne/Bonn, Germany | 72 |
| Asia / Pacific | Shenzhen, China | 17 |
| | Hong Kong | 11 |
| | Shanghai, China | 9 |
| Latin America / Caribbean | Miami, Fla., USA | 24 |
| Canada | Hamilton, Ontario | 20 |

（出所）UPS社ホームページより筆者作成

るルイビル空港（UPS Worldport）を結んでいる。そして、ルイビル空港は世界の6つの国際ハブ空港と結ばれ、さらにそれぞれが世界各地の空港と結ばれることによって、世界の727の空港からなるUPS社の航空輸送ネットワークが完結している。

　ルイビル空港には深夜にアメリカ各地から大小の貨物機が集中して到着する。ライバルであるFedExのメインハブであるテネシー州メンフィス国際空港も同様に深夜が最も忙しい時間帯である。小口貨物輸送ビジネスを広大なアメリカで展開する場合、日中から夕方に顧客から荷物を預かればそれがメインハブに到着するのは必然的にこの時間帯になるのである。また、空港当局が夜間の着陸料を安くしていることも理由である。アメリカではこのような空港機能の獲得をめぐっては空港間に競争があり、空港当局と地元自治体は航空会社にさまざまなインセンティブを与えるのが普通となっている。

　ルイビル空港に到着した貨物はスキャナを使って目的地別に素早く仕分けされ、積み替えて深夜のうちに各地に出発する。ハブは貨物の中継地であり、膨大な量の貨物を効率的に仕分けることが求められている。もちろん、メンフィスにあるFedExのメインハブも同じ役割を果たしている。

　ルイビル空港のハブとしての特徴は別にもある。UPS社は貨物専業輸送業者としての経験とネットワークをサプライチェーン・ソリューションズ（SCS）としてさまざまな業種の企業に提供している。輸送業者が顧客に在庫コストを削減し得る最適なロジスティクスを提供するのは典型例である。こ

れはUPS社にとって比較的新しい事業であり、従来の同社のビジネスである貨物輸送で蓄積したノウハウを提供するコンサルタントビジネスとなっている。その他にSCSにはマルチモダール（複数の交通機関を使う）ロジスティックス戦略の提供、生産部品急送サービス、アフターサービス代行、通関業務を含めた工場から外国の顧客までの直接配送、貿易代金決済代行などがある。

　UPS社はSCSのひとつとして、2002年にルイビル空港の貨物仕分施設に隣接して施設（Warehouseと呼ばれている）を設置した。これは、企業向けの新しいサービス（アフターサービス代行業）をはじめるための投資であった。

　Warehouseでは、一例ではあるが、携帯電話やコンピュータなどの最終消費財の回収・修理・配達という複数のサービスをワンストップで提供している。たとえば、ある顧客のA社製のノート型PCが故障した場合に、UPSが顧客宅まで回収に出向き、それをUPSの貨物輸送ネットワークに乗せ、ルイビル空港に隣接するWarehouseまで持ってくる。そこでA社で修理の訓練を受けたUPSのスタッフがA社に代わりノートPCを修理する。そして、修理を終えたPCをまたUPSの輸送ネットワークで顧客宅に配達する。直接的にA社は自社のPCを修理はしない。このUPSのSCSによりA社は従来よりも短期間に故障修理サービスを顧客に提供することができ、自社に対する顧客満足度の上昇につながるという期待がある。

　このようなアフターサービスを提供する「場」として、配送時間を削減できるメインハブは最適である。公表されたUPS社の財務資料によれば、2012年の同社の総収入は約450億ドルであり、SCSに関連する事業収入は約91億ドルと全体の22％を占める。また、このサービスの顧客は直接的なUPS小口貨物利用者ではなく、コンピュータメーカーなどの企業である。Warehouseの設置によってUPSは、間接的な小口貨物利用者を新たに生み出すことに成功した。そして、このようなUPS社の新事業によってルイビルには新たな雇用が創出されており、この大きさはハブ機能に左右される。ハブだからこそ創出されるものである。

### (3) ハブの立地決定要因

　ルイビル空港の立地するルイビル都市圏の人口はおよそ124万人（2010年センサス）で全米第28位となっている。街の中心にはミシシッピ川の支流であるオハイオ川が流れており、ルイビルはこの川の恵みを受けて内陸水運の要

衝として成長してきた。現在では、アメリカ最大級の航空貨物ハブとなっている。UPS社がルイビルを航空輸送の拠点として選択した理由は、おおよそ次の3点である[1]。第一は時間帯と地理的条件である。ルイビルはワシントン、ボストンおよびニューヨークと同じ米国東部標準時に属しており、このような大都市と同じ時間帯で営業活動を行うことができる。また、ルイビルはこの時間帯の西端にあり、ロサンゼルスやサンフランシスコという西海岸の主要都市に地理的に最も近くなっている。

　第二は、気候条件である。比較的に温暖な気候に恵まれたルイビルでは、冬期に寒波で空港が使用不能になることはないから、年間を通じて安定した運航スケジュールを立てることができる。またUPSの条件はライバルFedEx社のメインハブであるメンフィス空港にもあてはまる。

　第三はポート・オーソリティ（空港公団）を含むルイビル市のUPS社に対する良好なサポートである。UPS社は1987年にルイビル空港に最初の貨物輸送施設を設置して以来、2004年度までにルイビルで実施した事業投資は17億ドルを超え、地域経済に対する波及効果も少なくない。また、従業員も2012年で2万人を超えるまでに増加しており、地域の雇用創出に多大な貢献をしてきている。

　ルイビル市やポート・オーソリティもUPS社の貨物輸送量の増大に呼応している。着陸回数を増やすための滑走路延伸・移動・増設など空港機能の整備拡張を進めたり、貨物の積み卸しや仕分処理の効率性を高めるために空港レイアウトを変更したりとUPS社に協力的である。また、空港拡張やUPS関連施設の新設にともなう、空港隣接地の収用には混乱もなかった。

　ルイビル市はなおも、空港近郊への国内外企業の誘致活動に積極的である。ルイビル市商工会議所がこれまでに実施したルイビル市への新規進出企業に対する調査によれば、ルイビル市を投資先と選定した理由として、「UPS社の存在」をあげた企業が70社もあった[2]。関係者の証言も含めて考えると、UPS社が他企業の立地選択に一定の影響を与えたといってよい。これもハブ誘致がもたらした副次的な経済効果といえ、地方政府がハブ誘致に積極的になる理由と

---

[1] UPSルイビル支社でUPS担当者ならびにルイビル商工会議所担当者に対して実施したヒアリングによる。UPSの航空貨物輸送の現状、ルイビル空港の拡張計画および地域振興とUPSのかかわりなどについて数多くの資料の提供をうけた。
[2] ただし、このなかにどれだけUPS関連企業が含まれるかは不明であるため、UPS社の影響力を正確には分析できない。

して十分であろう。

　さて、航空会社と空港（あるいは空港がある都市）との新たな関係を前提とし、いくつかの仮定を設けて、航空会社と空港がとりうる戦略について考えてみよう。

　いま、ある地域にいくつかの空港があり、空港はそれぞれ立地する都市（あるいは公団などの公共体）によって所有・運営されているとする。また、都市は、いずれも地域の経済発展を目標としており、費用－便益計算を行う能力を持つと仮定する。さらに、空港間に競争（rivalry）があるとする。この場合の競争は経済学的な意味での競争（competition）ではない。通常、経済学で競争というとき、それは市場の競争を意味する。航空輸送において何を市場と考えるかについて議論の余地はあろうが、ふたつの都市のあいだの航空輸送とするのが妥当なところであろう。したがって、2都市間に複数の航空会社が就航し、運送の価格、量、質および広告などを変化させることによって他社より優位に立とうとするとき、経済学的な意味で競争があるという。空港間の競争はそのような意味での競争ではなく、むしろ地域の発展に関して対抗意識があるというほどの意味である。

　また、説明を簡単にするために航空会社は1社とする。そして、その1社がいま当該地域のどこかに事業の効率性を高めるべく、ハブを設けようと考えたとする。当然のことながら、航空会社はどの空港がハブとして最も適切かについて合理的な検討をするであろう。航空会社の検討項目のなかには、少なくとも次のようなことが含まれるにちがいない。

　① その空港で発生する旅客数か貨物量、あるいはその両方。
　② その空港にハブを設定した場合の各路線の飛行距離の合計値（一定の輸送量を達成するために必要な飛行距離は小さい方が効率的である）。
　③ その空港の施設を前提とした人員配置や機材ぐりなどの運営上の経済効率。
　④ 気候条件。

　いま、便宜的にこれらの項目を自然的な立地優位性（Natural Locational Advantages、以下、LAと略称）と呼ぶことにしよう。ある時点においてどの航空会社にとってもこれらは所与であり、それゆえ自然的な要素と考えられる。もし空港間に競争がないとすれば、航空会社はその時点におけるこのLAの水準を精査してハブの立地を決定するであろう。

## 2.1 エアライン・ハブと地域経済

しかし、地域の経済成長に関心がある空港(都市あるいは公共体)はハブが持つ経済効果に着目してその誘致を試み、航空会社の立地インセンティブを高めるようないくつかの新たな条件を提示するかもしれない。それらの条件をまとめてインセンティブ・パッケージ(Incentive Package、以下、IP と略称)と呼ぶことにしよう。IP は先の LA とは異なり人為的に創造することができるため、IP は創造された立地優位性(Created Locational Advantages)と考えられる。そして、IP には少なくとも以下のような項目が含まれ、そして IP は金銭ではかられるとしよう。

① 着陸料を含めた空港施設使用料の優遇措置
② 税制等の優遇措置
③ 空港施設の優先的利用
④ 将来的な空港施設拡張の保証

航空会社は、IP と LA の合計したものを当該空港の総合的な立地の優位性ととらえるとする。図 2-1 はこのことを簡単に説明するための概念図である。X 軸に LA をとり、原点から右に離れれば離れるほど、この航空会社にとって立地上の優位性は良いとする。一方、Y 軸に IP をとり、原点から上に離れれば離れるほどこの航空会社にとって IP の金銭的価値は大きいとする。図の MN 線は航空会社が認識している LA と IP を合計した立地優位性の水準を示

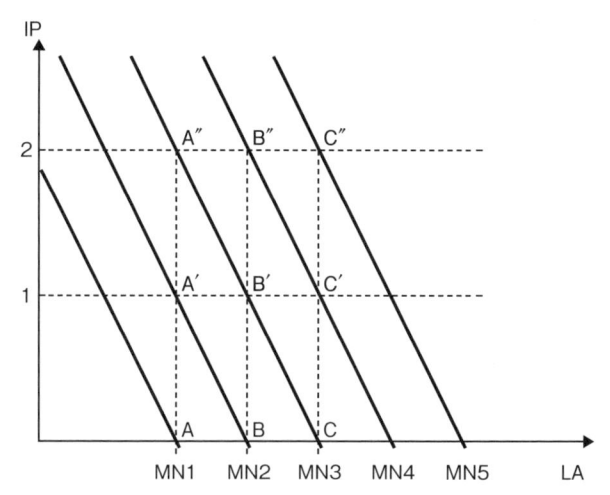

図 2-1 立地優位性(LA)とインセンティブ・パッケージ(IP)の関係

している。図2-1のMN1、MN2、MN3ではMN3が最も右側上方に位置しており、MN3が総合的によりすぐれた立地の優位性を航空会社に提示していることになる。したがって、航空会社にとってMN3上にある空港をハブとして選択することが合理的である。たとえば、図のA、B、Cは航空会社がハブの立地にあたって考慮する空港である。すべての空港が何らかの理由によってIPの提案を許されていなかったり、それが不可能であったりすると、航空会社はLAの位置が最も高い空港Cを選ぶことになるであろう。

このMN線は航空会社にとってLAとIP間のトレードオフを示している。つまり、LAが良ければIPは小さくてもよいが、LAが悪ければIPは大きくなければならない。したがって、MN線は右下がりとなる。また、LAは前述のように自然条件を含むことから時間が経過してもそれほど変化しない。これに比べ、IPは空港当局や地元自治体によって人為的に創造されたインセンティブであるため、航空会社にとっては将来的に変更されるリスクがあり、ハブ決定後に期待された水準のIPを獲得できるかは不透明である。そのため、提示されたIPは割り引かれて評価されることになる。空港当局などのIPを提示する責任者は、LAの低さを補うためには相対的により多くのIPを航空会社に提示する必要がある。このために図2-1のMN線は45度よりも傾斜した角度をもって描かれている。つまりライバル空港に劣る自然条件を補うには、積極的に魅力的なIPを用意することが求められる。

そこで、各空港がみずからの判断でハブ空港誘致のためのIPを提案できるとすれば、図のようにA、Bの位置はIPの大きさによって右側のMN線にシフトする。その結果、A′、B′のようになったとしよう。このとき、空港Cは自然的な立地優位性を強調するだけで、具体的なIPの提示を選択しなかったとする。

上述のとおりMN線は航空会社の空港選択における総合的な立地優位性と考えることができる。IPの結果、B′とCは同じMN3線の上にあるから、航空会社にとって条件の差はない。A′はより低いMN2線上にあるから、選択外となってしまう。このままでは空港BかCが選ばれることになる。そこで、第一次のIP提案の結果をみて、空港のなかには第二次のIPを提案するものがあるかもしれない。また航空会社はIPを提示しなかった空港に対してライバル空港が魅力的なIPを提示したことを伝え、IPの提示を引き出そうとする。

第二次提案の結果、A′はA″に、CはC′になったが、空港Bは第一次提案

の結果に満足して新たな提案をしなかったとしよう。航空会社は空港Cから空港Bと同水準のIPを引き出すことに成功している。その結果、従来よりも望ましい立地条件であるMN4線上のC′に空港Cがシフトしており、これ以上のIPの提示がなければ空港Cがハブを獲得するであろう。

しかし、航空会社にとってはこれまでに空港Aが最も魅力的なIPを提示している。そこで航空会社は空港Bと空港Cに少なくとも空港Aと同等のIP水準の提示を、また空港Aにはより高い水準のIPを求めようとするかもしれない。空港がIPの提案をするにあたって、ハブが立地することによる経済効果を計測するのは当然である。それゆえ、IPの額は、計測された経済効果の範囲内で経済上もまた政治上も合理的であると判断される額にとどまる。そのため、空港Aはこれ以上のIPの提示は合理的ではないと判断し、第三次提案をあきらめることもありえる。もし第三次提案として空港Bからより空港Aと同水準のIP提案を引き出せたら、航空会社は空港Cからも同等の提案を引き出そうとさらなる交渉を続けるであろう。

このように航空会社は最も大きなIPを引き出すように行動する。ときには、航空会社はハブが立地することによる経済効果を公表して、各空港のIPを引き出したり、また他空港のIP水準を別の空港に提示して新たな譲歩を迫るかもしれない。事実、これまでにアメリカの国内市場においてそのような事態が発生している。次節においてそのような事例を考察する。

なお、この節では航空会社間に競争があって、特定空港が複数の航空会社にとってLAがよく、空港当局がIPを提案する必要がない場合やその他多くの可能なケースを分析していない。図は双方独占ないし寡占の無数の解のごくかぎられた一部にすぎないが、空港と航空会社のハブの立地をめぐる戦略を説明するには適切であると思われる。

### (4) 事例:ユナイテッド航空の機体整備場の誘致

空港関連施設の誘致をめぐる競争は、次の3つの段階に分けて説明することができる[3]。第一段階では、航空会社が施設を維持するために必要な施設の広告をだし、施設の立地によって生じる経済的な便益や経済効果に関する情報を提供する。こうして、施設の立地基準が明らかになってくる。第二段階では、

---

[3] この節の記述はおもに、Nunn, Klacik and Schoedel (1996) にもとづいている。

航空会社の情報が広まり、関心を持つ都市が先行投資を行うことによって、このような基準が一般にも知られるようになる。その後競争入札が行われ、あらたな都市の参入も生じる。都市は航空会社により大きな IP を提供し、都市の長所を強調して施設の適地であることを売りこむ。そして第三段階では、航空会社と都市の交渉が行われ、このなかで航空会社はいっそう大きな補助金や施設に関係のない IP まで獲得しようと試みる。

このような定式化は、実際の空港間競争から導き出された帰納的なものであると考えられるが、そのひとつであるユナイテッド航空（United Airlines、以下、UA と略称）の機体整備場（airline's maintenance operating center、以下、MOC と略称）の例を紹介することにしよう。

① **第1段階**

1989 年、UA は第二の MOC の立地の申し込みを要請するために 15 の州にある州政府や市政府に手紙を送った。このときの UA の基準は労働力、生活の質、建設費、用地の入手可能性と準備の進捗状況、環境上の問題および地理的立地条件のように広範なものであった。ただし、各都市にとってどの基準が最も重要であるかは明確ではなかった。また、熟練工を受けいれるためには、教育の質、住宅費、ヘルスケアおよび居住環境も重要であった。費用のなかには建設費のほかに、地方税、人件費、州の税構造、電気やガスなどの燃料費や輸送費、空港使用料、ハブや企業の本社への近接性および機材回しの費用のような運営費も含んでいた。このような初期段階において各市は、UA が効率性に重点をおいて立地を決定するため、IP はそれほど重要ではないと考えていた。

② **第2段階**

競争がすすむと、IP の価値が注目されるようになった。たとえば、メンフィスは 1 億ドルの IP を用意したが、そのなかには空港債の財源、財産税の凍結、整備の訓練に対する 600 万ドルの補助、空港用地整備に対する 890 万ドルの補助が含まれていた。イリノイ州のラントゥール（Rantoul）の IP は総額で 1 億ドル、ノースカロライナ州のグリーンズボロのそれは 4,700 万ドルであった。1990 年 12 月に UA は、候補地をそれまでの 20 から 9 つにしぼった。9 つとは、デンバー、インディアナポリス、オクラホマシティ、ルイビル、シンシナチ、グリーンズボロ、バージニア州のダレス（国際空港）、ラントゥールおよびウエストバージニア州のマーチンズバーグ（Martinsburg）の各空港であった。

1991年1月、UAはダレス空港の交渉チームに2億3,000万ドルのIPを提供すればMOCを誘致できると信じこませ、その後ダレス空港側はIPを増額したものの、UAはそこに決定しなかった。他方、デンバーはUAがデンバー空港にMOCを建設すれば、労働者1人あたり年間1,500ドルを提供すると申し出た。91年2月にはオクラホマシティは用地整備や格納庫の建設のために売上税を1％上乗せして、1億2,000万ドルを提供することを決定した。

### ③ 第3段階

UAは1991年6月までに用地を決定すると発表したが、その戦略はMOCというカードをちらつかせて、企業としてのその他の目的を達成することに変化した。UAとデンバーとの交渉では、MOCと新空港のハブ誘致が結び付けられていた。1991年5月、デンバーとUAは州議会に対して、MOCとハブ契約を得るためのIPの一部として3億ドルの税額控除（tax credit）をUA側に与えるように求めた。加えて、州議会はそれをはやく承認する必要があった。それは、UAが91年7月1日以降には他の場所も含めて再び選考にはいるために期限を設定したからである。

議会にはもとの提案と異なる法案が提出されたうえに、承認に時間を要した。さらに、市と州による財政上の影響分析の結果が著しく乖離していた。市の分析では、UAのインセンティブによって30年間で3億ドルの州の歳入の純増と推計された。一方、州の分析では、8,910万ドルの純増から5億9,250万ドルの損失の範囲にあり、現実的には30年間で1,490万ドルの損失が生じると推計された。5月下旬になってUAはハブをデンバー空港に移すことに同意しながら、7月にはデンバーからの提案には満足していないために、MOCの競売を再開すると発表した。

最終的には、10月にUAとインディアナポリス、ルイビル、オクラホマシティおよびデンバーの4つの都市の代表がシカゴで個別に交渉した。交渉がはじまっても、各都市は競争相手のIPを知らなかった。ルイビルは3億ドルの現金と4,100万ドルの土地、デンバーは約3億3,000万ドル、オクラホマシティは約2億ドル、インディアナポリスは1億5,500万ドルの提供を申し出た。各都市のIPの内容は、施設建設、用地整備、職業訓練および再配置の援助にかかわる費用の一部の負担と、UAへの既存施設の賃貸というものであった。ただし、地方の財産税の軽減はIPには含まれてはいなかった。

また、この交渉はペースがはやく、費用の増加を算出するだけの十分な時間

がなかったにもかかわらず、各都市は IP を上積みした。さらに、この交渉においてルイビルは脱落したが、オクラホマシティは 3,000 万ドルを上積みした。インディアナポリスも 4,300 万ドルを上積みし、建設に必要な 8,000 万ドルを追加するために、個人の財産税を徴収することを申し出て、州の法人税の構造をよりよく再評価するように説得した。

1991 年 10 月、UA はインディアナポリスとその他の都市の競売額には乖離があるとし、一定期間内に 8,500 万ドルを上積みするよう示唆した。同月 23 日、UA はそれだけの上積みをするというインディアナ州、市および空港当局の約束があるという手紙を受けとった。

こうして UA はインディアナポリスを選んだが、UA の既存の MOC との関連でインディアナポリスの LA がよかったことも、決定に大きな影響を及ぼしていると考えられている[4]。

UA はサンフランシスコに MOC を持っていたために、それと新規の MOC への機材の移動距離を最小にすることと、ふたつの MOC の稼働率を考慮する必要があった。機材の移動距離が最も小さかったのはシカゴのオヘア空港であるが、これは UA の国内線の 22% が集中していたからである。インディアナポリスとルイビルがそれに次ぎ、シカゴをあわせた 3 つのいずれかに MOC を建設することが移動距離の最小化という点では UA にとって最良の選択であった。しかし、シカゴは候補地ではなかったため、インディアナポリスあるいはルイビルのいずれかであった。さらに、デンバーやオクラホマシティでは新規の MOC の利用率が極めて高くなり、既存の MOC とのインバランスが生じる。このように、インディアナポリスとルイビルの LA が良いことは明らかである。

前節では LA の改善はないことになっていたが、もし、デンバーの LA を向上させようとすれば、そこに路線を集中させることが必要となる。しかし、それはサンフランシスコの MOC とのインバランスがますます大きくなるために不可能であった。こうして、図のなかの Y 軸方向の動きは不可能であり、MOC に関してはハブであるデンバーの魅力は小さかったのである。オクラホマシティについても、LA を改善することは事実上不可能であり、また、ルイ

---

[4] インディアナポリス市は 1992 年以来「競争力をもった都市」をめざして、歳出の削減にとりくんでいた。その一環として、95 年 10 月から 10 年間、インディアナポリス国際空港は BAA USA Inc. が管理していた。

ビルには当初から空港用地の拡張性に問題があった。ルイビルが脱落したあともデンバーを選択肢から外さなかったのは、インディアナポリスのIPを引き上げる材料として用いるためであったとも考えられる。

このように、UAにとってインディアナポリスのIPの金額を大きくすることが企業の戦略として最も合理的であったのである。

### (5) ハブ空港誘致競争の結末

本節では、UPS社のハブ空港選択に関するヒアリング調査結果やUAの機体整備工場誘致を分析事例として、航空会社と空港当局や地元政府などとの戦略的な駆け引きを考察した。そこでは、ある時点においては所与という性質を有する自然的な立地優位性と魅力的なIPの提示という創造的な立地優位性というふたつの要因が航空会社のハブの選択に重要であることが示された。自然的な立地優位性に劣る空港は、ハブ立地による長期的な経済効果を計算したうえで、より魅力的なIPの提示という創造的な立地優位性をうまく活用してハブ空港誘致を達成しようと試みる。しかし、航空会社にとって提示されたIPが将来にわたって保証されているわけではない。そのため航空会社は短期的な利益を最大化するために、より大きなIPを引き出そうと複数の空港を競わせる。航空会社はこのような空港間の競争を促すことができた場合、そもそも自然的な立地優位性の高い空港から魅力的なIPを獲得することに成功する。

報道などでは韓国の仁川国際空港がとりあげられるため、ハブといえば乗り継ハブを思い描く人が多い。しかし、本節ではハブの成り立ちや地域との関係をとりあげ、本来のハブの意味を考えた。いよいよ、次節では、アジアに舞台を移し、経済発展による航空需要の増加とともに、航空会社の戦略とハブの関係が明らかになる。

## 2.2 ネットワーク・ハブ

### (1) 急成長するアジア航空市場と新空港開港

アジア地域は、航空輸送が最も急成長している市場である。同地域では、国際航空の自由化が進んでおり、多くの低費用航空会社（LCC）や地域航空会社も新規に参入している。航空会社はみずからのハブを中心としたネットワークを構築すると同時に、アライアンス加盟各社との間でスケジュール調整を行うことによって、ネットワークの拡大に努めている。その一方で、同地域では、

ネットワーク・ハブをめぐって都市間（空港間）競争が起き、各国政府は新空港の建設や既存空港の拡張を推進している。たとえば、1990年以降、深圳（1991年）、大阪／関西（1994年）、マカオ（1995年）、クアラルンプール（1998年）、香港（1998年）、上海／浦東（1999年）、ソウル／仁川（2001年）、広州（2004年）、名古屋／中部（2005年）、天津（2005年）およびバンコク（2006年）で新空港が開港し、東京／成田、東京／羽田、シンガポールあるいは台北／桃園では、既存空港の拡張が行われている。

　以上のような背景を反映して、近年、アジア地域を対象とした航空ネットワークやネットワーク・ハブの評価に関する研究は、大きな注目を浴びてきた。これまでの研究では、東京に対して、香港やシンガポール、ソウルあるいはバンコクが競争的地位を上昇させていること、また、日本を出発する旅客を対象にした場合には、ソウルの競争力が高いことなどが明らかとなっている。

　本節では、アジア地域における国際航空ネットワークの構造とその経年的な変化を把握したうえで、同地域におけるネットワーク・ハブの変遷を中心に解説する。

**(2) アジア地域における国際航空ネットワークとネットワーク・ハブ**

　図2-2は、1982年におけるアジア主要都市の国際旅客数と都市間国際旅客流動数を示している。同図からは、香港（924万人）、東京（911万人）およびシンガポール（864万人）が第1階層に位置し、次いでバンコク（619万人）が第2階層を、ソウル（375万人）、ムンバイ（344万人）、大阪（324万人）、および台北（324万人）が第3階層を形成していることがわかる。都市間国際旅客流動数については、シンガポール－クアラルンプール間（114万人）が最も多く、次いで東京－香港間（103万人）であった。そして、香港－バンコク間（98万人）や香港－台北間（97万人）をはじめ、9都市ペアで50～100万人の旅客流動数があった。

　図2-3は、1982年におけるアジア主要都市の国際貨物量と都市間国際貨物流動量を示している。同年においては、東京（54万トン）と香港（42万トン）が第1階層を形成しており、次いでソウル（33万トン）が第2階層として、シンガポール（24万トン）と台北（21万トン）が第3階層として続いていることがわかる。都市間国際貨物流動量に関しては、東京－香港間（5.1万トン）が最も多く、次いで東京－台北間（4.7万トン）、東京－ソウル間（4.1万トン）

2.2 ネットワーク・ハブ

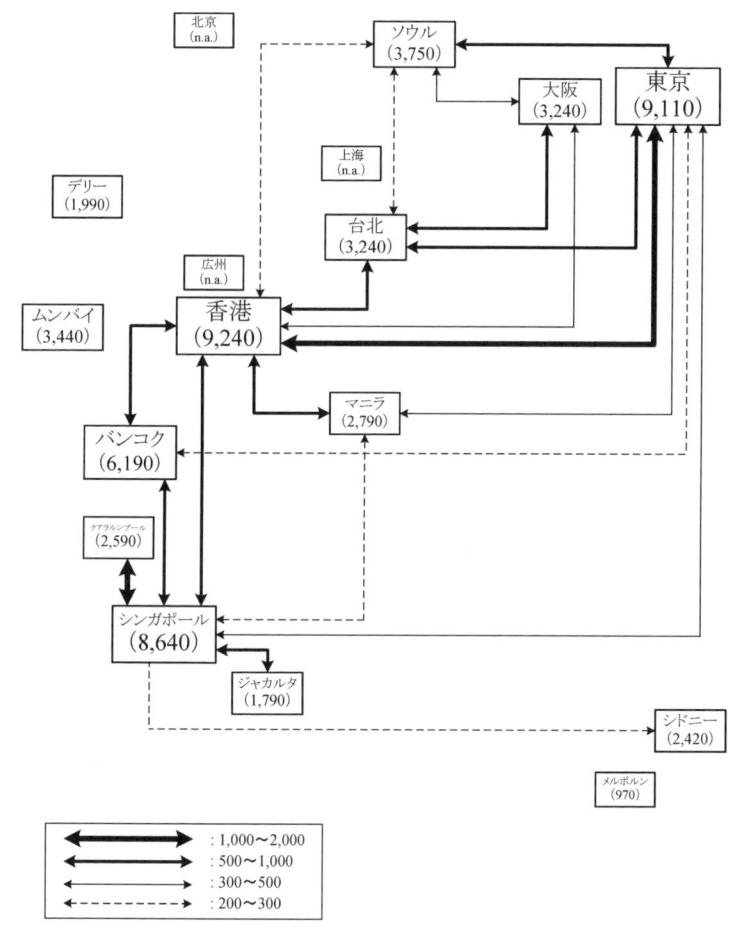

```
北京                 ソウル           東京
(n.a.)              (3,750)         (9,110)
                              大阪
                              (3,240)
         上海
         (n.a.)
デリー           台北
(1,990)        (3,240)
      広州
      (n.a.)
ムンバイ    香港
(3,440)   (9,240)
              マニラ
              (2,790)
    バンコク
    (6,190)
  クアラルンプール
  (2,590)
    シンガポール
    (8,640)
         ジャカルタ           シドニー
         (1,790)            (2,420)
                     メルボルン
                     (970)
```

凡例:
- ━━▶ : 1,000〜2,000
- ━▶ : 500〜1,000
- →  : 300〜500
- ---→ : 200〜300

（注）単位は千人。n.a. はデータの欠損を表す。
（出所）On-flight Origin and Destination（ICAO）および Airport Traffic（ICAO）より、筆者作成

図 2-2　アジア地域における国際航空旅客ネットワーク（1982 年）

および香港−バンコク間（3.5 万トン）であり、おもに東京を中心としたこれら 4 都市ペアで 3 万トン以上の貨物流動量があった。

図 2-4 は、2009 年におけるアジア主要都市の国際旅客数と都市間国際旅客流動数を示している。同図からは、4,558 万人の国際旅客を取り扱った香港が

52　第2章　エアライン・ハブとネットワーク・ハブ

```
北京           ソウル          東京
(n.a.)         (330)          (540)

               大阪
               (100)
デリー
(60)           上海
               (n.a.)

               台北
               (210)
       広州
       (n.a.)
ムンバイ   香港
(90)     (420)

                   マニラ
バンコク             (20)
(120)

クアラルンプール
(20)

シンガポール
(240)

       ジャカルタ
       (30)
                              シドニー
                              (110)

                              メルボルン
                              (40)
```

```
←——→  : 50〜100
←—→   : 30〜50
←--→  : 10〜30
```

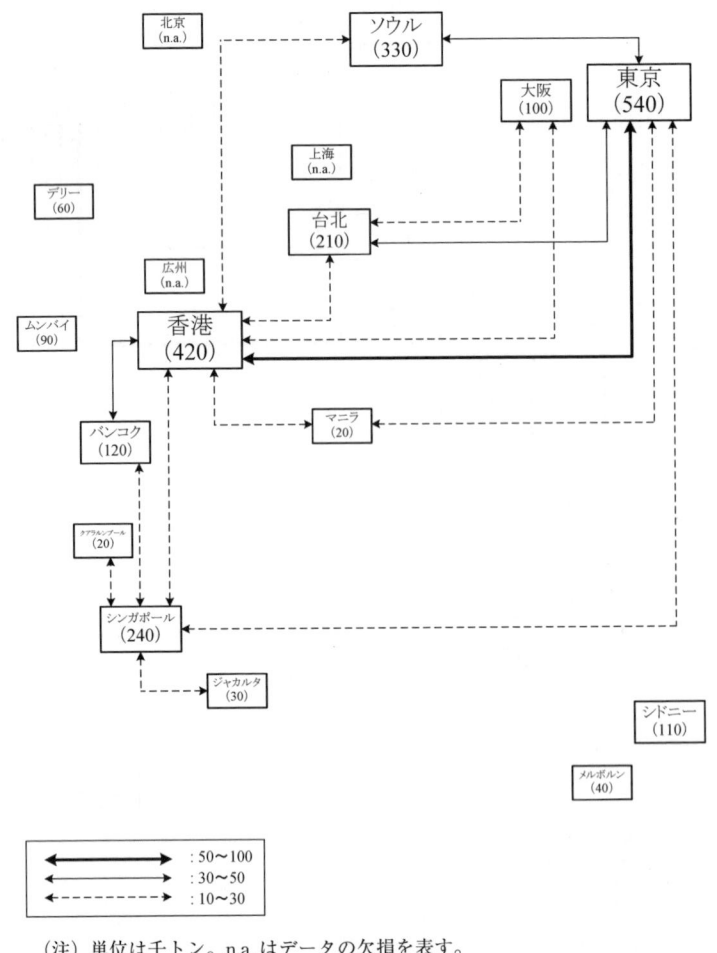

（注）単位は千トン。n.a. はデータの欠損を表す。
（出所）図 2-2 と同様

**図 2-3　アジア地域における国際航空貨物ネットワーク（1982 年）**

第1階層に位置し、次いでシンガポール（3,724万人）、東京（3,345万人）、ソウル（3,070万人）およびバンコク（3,030万人）が第2階層を、台北（2,162万人）、クアラルンプール（1,969万人）および上海（1,610万人）が第3階層を形成していることがわかる。都市間国際旅客流動数については、東京－ソウル間（329万人）が最も多く、次いで香港－台北間（238万人）であった。そ

2.2 ネットワーク・ハブ　　53

図2-4 アジア地域における国際航空旅客ネットワーク（2009年）

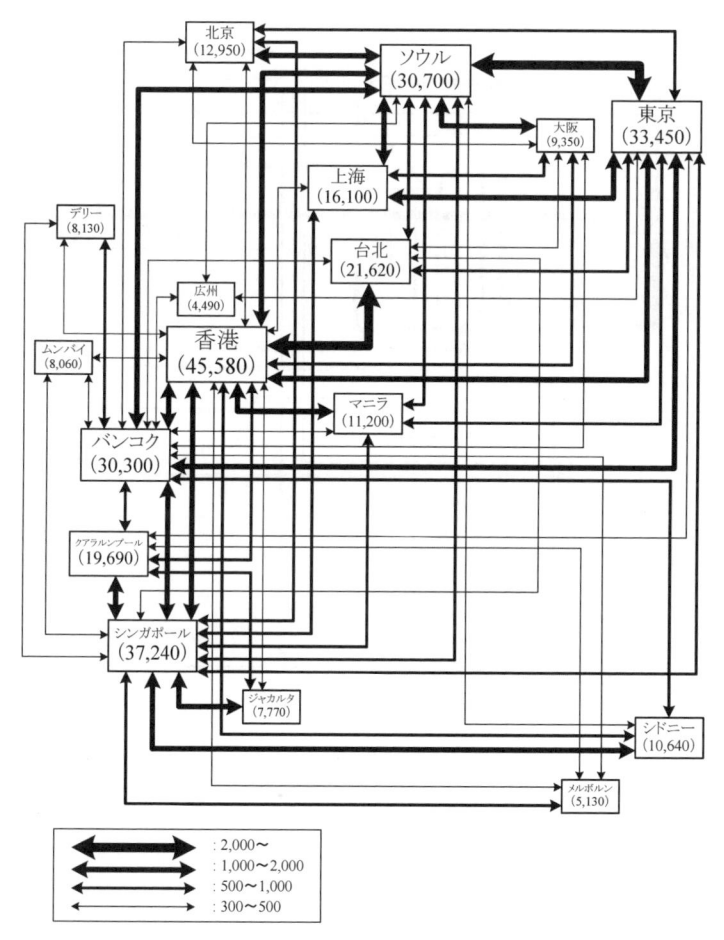

（注）単位は千人。
（出所）図2-2と同様

して、香港－シンガポール間（193万人）や香港－マニラ間（181万人）をはじめ、15都市ペアで100～200万人の旅客流動数があった。

図2-5は、2009年におけるアジア主要都市の国際貨物量と都市間国際貨物流動量を示している。同年においては、535万トンの国際貨物を取り扱った香港が最上位に位置し、次いで上海（397万トン）とソウル（386万トン）が第

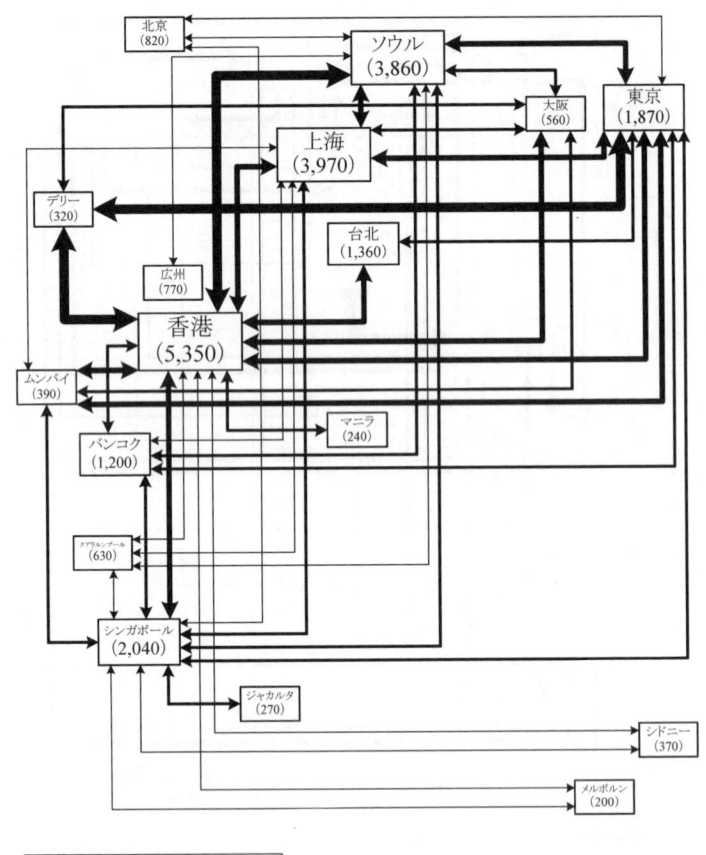

54　第2章　エアライン・ハブとネットワーク・ハブ

```
北京
(820)          ソウル         大阪    東京
               (3,860)       (560)   (1,870)

         上海
        (3,970)

デリー           台北
(320)          (1,360)

      広州
      (770)
              香港
             (5,350)
ムンバイ
(390)
                     マニラ
      バンコク         (240)
      (1,200)

     クアラルンプール
       (630)

      シンガポール
       (2,040)
              ジャカルタ
              (270)              シドニー
                                 (370)
                        メルボルン
                         (200)
```

```
⟷  : 200〜
⟷  : 100〜200
⟷  : 50〜100
⟷  : 30〜50
```

（注）単位は千トン。
（出所）図2-2と同様

図2-5　アジア地域における国際航空貨物ネットワーク（2009年）

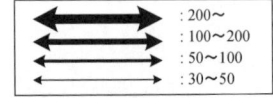

2階層として、シンガポール（204万トン）と東京（187万トン）が第3階層として続いていることがわかる。都市間国際貨物流動量に関しては、香港－デリー間（46万トン）が最も多く、次いで東京－デリー間（24万トン）と香港－ソウル間（20万トン）であった。そして、東京－香港間（19万トン）やソ

ウル-上海間(18万トン)をはじめ、15都市ペアで10~20万トンの貨物流動量があった。

以上のように、1982年から2009年にかけて、アジア地域における国際旅客流動数・貨物流動量は大幅に増加し、北京、上海や広州あるいはムンバイやデリーをはじめとした中国やインドの諸都市も含めて、同地域の主要都市はより高密度な航空ネットワークで相互に結ばれるようになった。経年的な変化をみると、国際旅客については、東京、香港およびシンガポールに加えてソウルとバンコクが、国際貨物については、香港に加えてソウルと上海が東京やシンガポールを凌駕し、同地域におけるネットワーク・ハブとしての競争的地位を向上させている。特に、後背地に中国を持つ香港の拠点性の上昇は顕著である。

### (3) アジア主要都市のハブ(拠点)性と新空港開港効果

1990年以降、アジア地域では新空港が相次いで開港する一方で、既存空港では、滑走路の増設や新ターミナルの建設、あるいは既存ターミナルの拡張が行われている。ここでは、アジア地域におけるネットワーク・ハブの変遷を中心に解説する。

都市の拠点性を検証するために、次ページの式(1)に示すような重力モデルを用いて、旅客および貨物のそれぞれに対して適用した。すなわち、各年において、双方向で2万人以上の都市間国際旅客流動数と双方向で200トン以上の都市間国際貨物流動量の各々を被説明変数とし、各都市が属する国の1人あたり実質GDP、都市圏人口および都市間距離を基本説明変数とした。そして、都市の拠点性を検証するために、アジア地域を代表する主要都市と新空港が開港した代表的都市に対して、あわせて12の都市ダミー変数を導入した。ここで、eの"都市ダミー変数のパラメーター"乗とは、都市ダミー変数を導入された都市が、GDP、人口および距離で構成される基本的な重力モデルで説明される国際旅客流動数・貨物流動量と比較して何倍の需要があるかを意味する。本節ではこれを都市の拠点性、すなわち、ネットワーク・ハブとしての大きさと解釈する。いいかえれば、本節における都市の拠点性とは、基本的な3変数(GDP、人口、距離)によって説明される国際旅客数、貨物量からのスピル・オーバーと定義することができる。これは乗り換え旅客や積み替え貨物が多い都市ほど大きくなり、すなわち、ネットワーク・ハブとしての評価を反映していると考える。

本節では、都市が分析の基本単位であるため、複数空港が存在する都市については、それらを合計した数字を用いた。また、現時点では都市間国際旅客流動数・貨物流動量データは1982年から2009年まで利用可能であるため、時系列分析は上記期間にあわせて行った。さらに、分析対象であるアジア地域の定義については、国際空港評議会（ACI）に従い、国家間の経済的な相互依存関係を考慮して、東アジア、東南アジア、南アジア、西アジア（パキスタンまで）、中央アジアおよびオセアニアとした。

以上を踏まえて、本節では次式のようにモデルを特定化し対数変換したうえで、最小二乗法によって各パラメーターを推定した。

$$T_{ij} = A \frac{(G_i G_j)^\alpha (P_i P_j)^\beta e^{\delta D_1} e^{\varepsilon D_2} e^{\zeta D_3} \cdots e^{\nu D_{10}} e^{\xi D_{11}} e^{o D_{12}}}{(R_{ij})^\gamma} \qquad 式（1）$$

ここで、

$T_{ij}$：都市 ij 間の国際旅客流動数（人／年）、あるいは貨物流動量（トン／年）
$G_i$：都市 i の属する国の1人あたり実質GDP（1990年価格／USドル換算）
$G_j$：都市 j の属する国の1人あたり実質GDP（1990年価格／USドル換算）
$P_i$：都市 i の都市圏人口（千人）
$P_j$：都市 j の都市圏人口（千人）
$R_{ij}$：都市 ij 間の距離（km）
$D_1$〜$D_{12}$：都市ダミー変数（$D_1$：東京、$D_2$：大阪、$D_3$：ソウル、$D_4$：北京、$D_5$：上海、$D_6$：広州、$D_7$：香港、$D_8$：台北、$D_9$：バンコク、$D_{10}$：クアラルンプール、$D_{11}$：シンガポール、$D_{12}$：シドニー）
  ＊広州については、1997年から国際旅客流動数・貨物流動量が報告されていることから、同年から都市ダミー変数を導入した。
$A$：定数項

表2-2は、1982年と2009年の推定結果を示したものである。旅客、貨物ともに、モデルの適合度は相対的に良好であり、多くの説明変数についても1％水準で有意であった。すなわち、このモデルはアジア地域における国際旅客・貨物流動パターンを、かなりの程度説明できる。

2009年の説明変数について検証すると、GDPのパラメーター$\alpha$は、旅客、貨物ともに相対的に小さい。このことは、国際旅客、貨物流動を説明するため

## 2.2 ネットワーク・ハブ

表2-2 1982年と2009年における推定結果

| | | 旅客 | | 貨物 | |
|---|---|---|---|---|---|
| | | 1982年 | 2009年 | 1982年 | 2009年 |
| 定 数 項 | lnA | 10.24 | 10.34 | 4.14 | 2.80 |
| G D P | α | 0.17 | 0.06 | 0.22 | 0.02 |
| 人 口 | β | 0.20 | 0.13 | 0.15 | 0.25 |
| 距 離 | γ | 0.70 | 0.37 | 0.44 | 0.11 |
| 東 京 | δ | 0.51 [1.66] | 1.19 [**3.27**] | 1.37 [**3.92**] | 1.97 [**7.17**] |
| 大 阪 | ε | 0.43 [1.54] | 0.56 [1.76] | 0.50 [1.66] | 1.38 [**3.96**] |
| ソ ウ ル | ζ | −0.14 [0.87] | 0.75 [2.12] | 0.59 [1.81] | 1.62 [**5.05**] |
| 北 京 | η | −0.77 [0.46] | 0.43 [1.53] | −0.40 [0.67] | 0.09 [1.09] |
| 上 海 | θ | −1.49 [0.22] | 0.56 [1.75] | −1.43 [0.24] | 1.12 [**3.06**] |
| 広 州 | ι | −0.46 [0.63] | 0.23 [1.26] | −0.48 [0.62] | 0.27 [1.31] |
| 香 港 | κ | 0.64 [1.90] | 1.51 [**4.51**] | 0.90 [2.46] | 2.49 [**12.04**] |
| 台 北 | λ | 0.68 [1.98] | 0.82 [2.27] | 1.00 [2.72] | 1.40 [**4.06**] |
| バンコク | μ | 0.72 [**2.05**] | 1.35 [**3.86**] | 1.11 [**3.04**] | 2.14 [**8.53**] |
| クアラルンプール | ν | 0.20 [1.23] | 1.02 [2.76] | 0.31 [1.37] | 1.73 [**5.66**] |
| シンガポール | ξ | 0.98 [**2.67**] | 1.28 [**3.61**] | 1.38 [**3.97**] | 1.99 [**7.31**] |
| シドニー | ο | 0.52 [1.69] | 1.31 [**3.69**] | 0.89 [2.44] | 1.49 [**4.45**] |

(注) 広州の1982年における数値については、1997年の推定結果である。
　[　]内の数字は、eを"都市ダミー変数のパラメーター"乗した値を表す。

に、GDPは説明要因とはなりにくくなっていることを意味している。人口のパラメーターβについては、貨物が旅客の約2倍の値を示している。このことは、豊富で安価な労働力のある発展途上国で最終消費財や中間財が生産され輸出入されている国際的な垂直的分業を、ある程度反映しているといえるだろう。一方、距離のパラメーターについては、旅客が貨物の3倍以上の値となっている。これは、旅客が貨物よりも、移動距離に対して敏感であることを示している。そして、都市ダミー変数、すなわち、ネットワーク・ハブの大きさに関しては、旅客については、香港、バンコク、シドニー、シンガポールおよび東京が、貨物については、香港、バンコク、シンガポールおよび東京が相対的に大きいことがわかる。特に、後背地に中国を持つ香港の拠点性を顕著に反映していると考えられるだろう。

各パラメーターの推移については、1982年の値を1と基準化したうえで、旅客については図2-6に、貨物については図2-7に示されている。ただし、上海のパラメーターが極めて大きく伸びていたため、数値のみ各図の下に示した。まず、GDP、人口および距離のパラメーターは、貨物の人口を除いて、全体的に低下傾向にある。旅客における距離のパラメーターが小さくなっている

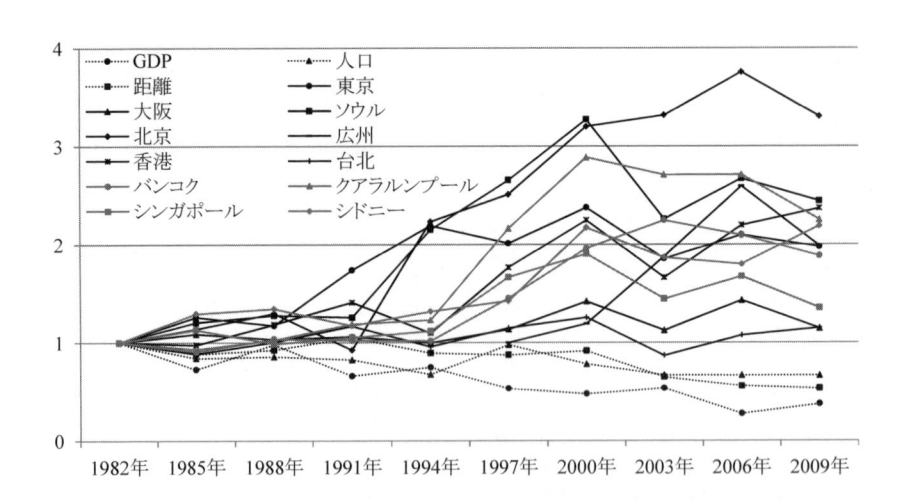

|  | 1982年 | 1985年 | 1988年 | 1991年 | 1994年 | 1997年 | 2000年 | 2003年 | 2006年 | 2009年 |
|---|---|---|---|---|---|---|---|---|---|---|
| 上海 | 1.00 | 1.99 | 1.55 | 1.40 | 2.50 | 3.88 | 5.63 | 7.27 | 9.03 | 7.78 |

図2-6 旅客における各パラメーター推定値の時系列的推移（1982年＝1）

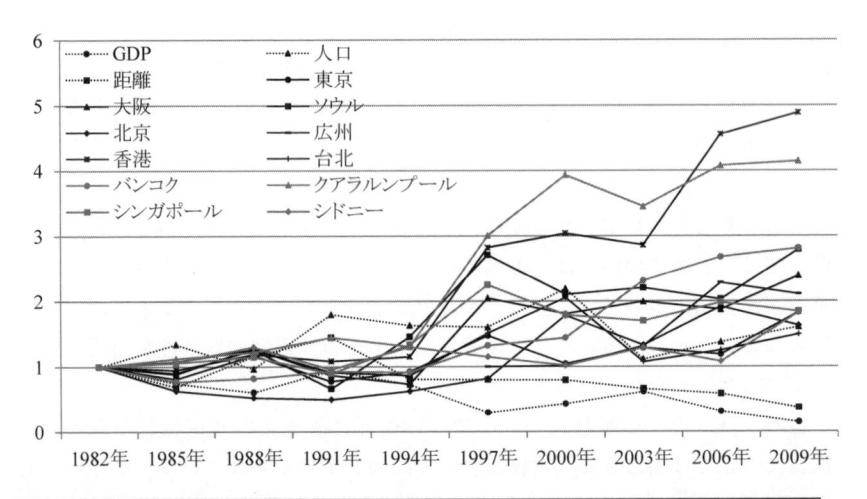

|  | 1982年 | 1985年 | 1988年 | 1991年 | 1994年 | 1997年 | 2000年 | 2003年 | 2006年 | 2009年 |
|---|---|---|---|---|---|---|---|---|---|---|
| 上海 | 1.00 | 1.94 | 1.27 | 1.34 | 1.74 | 4.64 | 6.18 | 11.87 | 21.12 | 12.72 |

図2-7 貨物における各パラメーター推定値の時系列的推移（1982年＝1）

ことから、距離が移動障壁にはならなくなってきていることがわかる。これは、国際航空におけるハブ・アンド・スポーク・システム（HSS）の進展を反映していると考えてもよい。同時に、技術革新による飛行時間の短縮も影響していると考えられる。また、貨物における人口のパラメーターの上昇については、企業の国籍を超えた工場立地の影響、すなわち、アジア地域における国際分業の進展を表しているといえるだろう。都市ダミー変数に関しては、旅客および貨物ともに、すべての都市が全体的に上昇傾向にあるが、経済成長が著しいうえに1999年に新空港が開港した上海の上昇は、特に顕著である。そして、旅客については、北京、ソウル、香港、クアラルンプールおよびシドニーが、貨物については、香港、クアラルンプール、バンコク、ソウルおよび大阪が、ネットワーク・ハブとしての競争的地位を相対的に高めているといえる。経年的にみれば、従来から高い競争的地位を示している東京、香港およびシンガポールに加えて、中国の3都市、ソウル、バンコクあるいはクアラルンプールの拠点性が次第に大きくなっていると判断できる。

　全体的に、新空港が開港した諸都市においては、旅客、貨物ともに、国際航空需要は大きく増加しているといえる。北東アジアにおける都市間（空港間）競争の観点からは、2001年に新空港が開港したソウルの拠点性の上昇は、ハブ化戦略を推進している成果であり、わが国の国際拠点空港にとっての影響は大きいだろう。

### (4) ネットワーク・ハブに影響を与える要因

　本節における重力モデルによる分析からは、従来からの東京、香港およびシンガポールに対して、ソウル、バンコク、クアラルンプールあるいは上海をはじめとした新空港開港都市の拠点性が上昇していることが明らかとなった。このように、アジア地域におけるネットワーク・ハブは、時間の経過とともに変遷しているといえるだろう。

　ネットワーク・ハブは、国や都市の経済成長、航空機の技術革新、旅客の属性、空港容量、あるいは各国の国際航空政策をはじめ、さまざまな要因によって影響を受ける。乗り換え旅客数や積み替え貨物量もまた、ネットワーク・ハブに影響を与える。さらに、世界の航空会社は3つのグローバル・アライアンス（ワン・ワールド、スター・アライアンス、スカイ・チーム）に集約されつつあるが、このような航空会社のネットワーク戦略によっても、ネットワー

ク・ハブは大きな影響を受けるだろう。

## 2.3　ハブと地域

　取り扱い旅客数や貨物量を空港の規模とすれば、その大きさは目的地（地域）の人口や経済規模に左右される。地域の活動（本源的な活動）の大きさは、旅客数や貨物量を決めるから、交通は派生需要といわれる。ところが、ネットワーク・ハブの規模は地域の活動にも左右されるものの、ソウルの拠点性の向上からもわかるように、航空会社の戦略に左右される。したがって、航空会社が破綻したり、路線や便数を減少させれば、空港の機能も縮小する。

　他方、ハブ機能の強化が雇用の増加につながれば、地域にプラスの影響を与えるし、また、航空会社が撤退すれば地域の雇用は減少する。このことは、空港が地域にもたらすインパクトである。つまり、空港インフラの盛衰は地域経済の結果でもあり、原因ともなりうるのである。

　また、航空会社と空港・地元自治体との関係は他の地元とも関係する相互作用であり、両者がみずからの利益を最大化しようとする一種のゲームである。こうした関係は航空会社と空港・地元自治体が利益相反関係にあることを示唆しているが、航空会社が一度空港に施設をつくればその関係も変容する。ここであげた事例は、航空・空港の問題を双方の関係から考察する重要性を説いている。

【参考文献】
2.1
〔1〕Burghouwt, G., De Wit, J., Veldhuis, J. and Matsumoto, H. (2009) Air Network Performance and Hub Competitive Position: Evaluation of Primary Airports in East and Southeast Asia. *Journal of Airport Management*, 3(4), 384-400.
〔2〕De Wit, J., Veldhuis, J., Burghouwt, G. and Matsumoto, H. (2009) Competitive Position of Primary Airports in the Asia-Pacific Rim. *Pacific Economic Review*, 14(5), 639-50.
〔3〕Lieshout, R. and Matsumoto, H. (2012) New International Services and the Competitiveness of Tokyo International Airport. *Journal of Transport Geography*, 22, 53-64.
〔4〕Matsumoto, H. (2004) International Urban Systems and Air Passenger and Cargo Flows: Some Calculations. *Journal of Air Transport Management*, 10(4), 239-47.
〔5〕Matsumoto, H. (2007) International Air Network Structures and Air Traffic Density of World Cities. *Transportation Research Part E*, 43(3), 269-82.
〔6〕Matsumoto, H. and Lieshout, R. Effects of Korean Air Carriers' Network Developments on Route Choice Behavior of Travelers departing from Japan. In *Air Transport in the*

*Asia Pacific*. edited by Duval, D.T., Chapter 11, London: Ashgate, forthcoming.
〔7〕 On-flight Origin and Destination, ICAO.
〔8〕 Traffic by Flight Stage, ICAO.
〔9〕 Statistical Yearbook, U.N.
〔10〕 World Urbanization Prospects, U.N.

2.2
〔1〕 井尻直彦(2006)「米国の航空貨物ハブ空港からの教訓」『ていくおふ』、No.114、18-25ページ。
〔2〕 榊原胖夫・加藤一誠(1997)「空港間競争とエアラインハブの決定」『運輸と経済』、57(9)、59-66ページ。
〔3〕 Nunn, S.(1991), Formal and Informal Processes in Infrastructure Policy-Making. *Journal of the American Planning Association*, 57(3), 273-287.
〔4〕 Nunn, S., D. Klacik and C. Schoedel(1996), Strategic Planning Behavior and Interurban Competition for Airport Development, *Journal of the American Planning Association*, 62 (4), 427-441.

# 第3章　オープンスカイ協定と空港

## 3.1　オープンスカイ協定

### (1) オープンスカイ協定とは

　わが国の航空・空港政策は成田空港のB滑走路の2,500mへの延伸や羽田空港の再拡張による首都圏空港の発着枠の拡大によって、それまでの首都圏を除くオープンスカイから完全なオープンスカイへと舵をきった。それとともに、日本の低費用航空会社（LCC）の就航をはじめ、さまざまな変化が起きている。航空はおそらく交通モードのなかで最も劇的な変化をとげたといってよいだろう。

　このような変化の背景にあるのは世界全体の社会的・経済的なグローバル化の進展である。同時に、底流にあるのは1990年代にはいって本格化したアメリカのオープンスカイ政策がある。

　では、オープンスカイ政策のねらいは何か。航空の自由化によって利用者に快適、便利、効率的な航空サービスを提供し、国際間のヒト・モノの移動を増やし、雇用機会の経済成長につなげるというものである[1]。

　現在、多くの国が空の自由化を行っている。ただし、それぞれの協定の内容には締結国の意図が反映されるため、多様な形態をとっている。本章では、簡単に第二次世界大戦後の航空協定の歴史を振り返ることから始め、空の自由化が持つ経済的な効果について解説する。

### (2) 航空協定とオープンスカイ政策

　第二次世界大戦後の国際航空は、シカゴ＝バミューダ体制のもとで運営されてきた。連合国は、第二次世界大戦中から戦後の世界秩序に関してさまざまな

---

[1] "Open Skies agreements between the United States and other countries expand international passenger and cargo flights by eliminating government interference in commercial airline decisions about routes, capacity and pricing. This frees carriers to provide more affordable, convenient and efficient air service to consumers, promoting increased travel and trade and spurring high-quality job opportunity and economic growth. Open Skies policy rejects the outmoded practice of highly restrictive air services agreements protecting flag carriers." US Department of State on Open Skies for civil aviation: http://www.state.gov/e/eb/tra/ata/index.htm

## 3.1 オープンスカイ協定

議論を行った。航空も例外ではなく、1944年11月1日から12月7日にアメリカ・シカゴに連合国を中心に52か国が集まる「国際民間航空会議」が開催され、民間航空に関する枠組みが話し合われた。この会議では、領空主権の原則が再確認され、国際民間航空機関（ICAO）の設立が合意された。そして、この会議の成果は、国際民間航空条約（Convention on International Civil Aviation）にまとめられた。この条約は締結の場所にちなんでシカゴ条約[2]「Chicago Convention」とも呼ばれる。さらに、このシカゴ条約を補完するための協定として、国際航空業務通過協定（International Air Services Transit Agreement）と国際航空運送協定（International Air Transport Agreement）の2つの条約も締結されている。しかし同会議では航空運送業務に関する合意は得られず、のちに国際航空業務通過協定は形骸化する。ただし、定期航空に関する運輸権についてはこの協定によって、相互承認されることになった。つまり、多国間協定ではなく当該二国間の協定にゆだねられることとなった。

二国間協定のモデルとなったのは、アメリカとイギリスによって1946年に結ばれたバミューダ協定（Bermuda Agreement：BermudaⅠ）である。この協定では、路線および輸送力については航空当局間の合意に従う、と定められ、さらに航空会社が国際路線の開設や増便を自由に行うことはできず、国際路線への新規参入も自由ではない。このようにかなり制限的な内容になったのは、規制のない自由を主張するアメリカと第二次大戦で疲弊した市場の規制の下で秩序ある発展をのぞむイギリスが対立し、イギリス側の意見が通ったからである。

なお、この協定は1977年バミューダ協定Ⅱ（BermudaⅡ）というかたちで延長された。しかし、制限的な条件であることには変わりがなく、アメリカ国内ではこの協定に反対する勢力が多かった。1978年の航空規制緩和法の成立にはこの影響もあるとされるが同法は主として国内市場における航空自由化の推進を目指したものであり、対外的には1992年にオープンスカイ・イニシアティブがまとめられた。そして、1995年に新国際航空運送政策が発表され、二国間協定を基礎として国際間航空市場の自由化が推し進められることになった。

---

[2] 1947年4月4日発効（91条の規定にもとづき26か国目が批准した日から30日後）。日本の批准は主権回復後の1953年10月（61番目）であった。現在191か国。内容は戦前の「Convention of Paris（パリ条約）」を踏襲。ただし部分的には後退をしてる。

なお、国際航空運送協定における運輸権は第一から第五の自由であり、それ以降はアメリカ政府などが使用している分類である。また、国際航空業務通過協定により第一と第二の自由は相互許与されているため、当該二国間における航空協定の対象となるのは第三から第五の自由である。さらに 2004 年のアメリカ会計検査院の報告書において、空の自由を以下の 9 つに分類している。

① 第一の自由：領空通過の自由。
② 第二の自由：技術的着陸の自由といわれ、旅客あるいは貨物の運輸権がなくても燃料補給を行うことができる権利。
③ 第三の自由：自国から外国への自国航空会社の運輸権のことで、基本的には第四の自由と表裏の関係にあるが、チャーター輸送に関しては第三の自由のみで第四の自由が認められていない場合もある。
④ 第四の自由：外国から自国への自国航空会社の運輸権。
⑤ 第五の自由（以遠権）：外国で旅客または貨物を乗せ、さらに第三国へ自国航空会社が輸送する運輸権。アメリカのデルタ航空やユナイテッド航空は成田空港でこの権利を利用しているが、羽田空港では容量制約からこの権利を利用できない。
⑥ 第六の自由：本国をハブとする自国航空会社による三国間輸送の自由。もっとも、これは第三の自由と第四の自由を組み合わせることによって実現できるという考え方もある。
⑦ 第七の自由（ゲージ権）：他国間の輸送を行う自由
⑧ 第八の自由：タグエンド・カボタージュ[3]。たとえば、日本の航空会社が成田（日本）からフランクフルト（ドイツ）の延長路線として、フランクフルトで旅客あるいは貨物を乗せ、フランクフルトから同じドイツ国内のデュッセルドルフへ輸送すること。
⑨ 第九の自由：完全なカボタージュで EU 内とオーストラリア、ニュージーランドを除いてこれは実現されていない。たとえば、日本の指定航空会社は、自国の航空便との接続とは関係なく、ベルリン（ドイツ）からフランクフルト（ドイツ）への旅客や貨物を輸送できる。

---

[3] 国内輸送に関する規則。国内輸送を自国の業者に限定するか、他国の業者にも開放するかという問題。現在航空輸送は、基本的に自国業者に限定されている（EU 諸国においては EU 諸国の業者に開放されている）。

## (3) オープンスカイ協定の広がり

　アメリカは、オープンスカイ政策を進めるにあたり二国間協定の改訂によって自由化を行っている。転換点となるのは1992年のオランダとの協定の改訂であり、その後、アメリカは先進国を含めた多くの国と協定を結んだ。2013年8月時点で111か国（複数国間協定も含む）とのオープンスカイ協定を結んでいる。アメリカ政府はオープンスカイを進めるため、二国間の協定を基本としながら、2001年にアメリカ、ブルネイ、チリ、ニュージーランド、シンガポールによる多国間オープンスカイも締結した。そして2008年にはEUとのオープンスカイ協定の締結に至っている。ただし、アメリカの提唱するオープンスカイ政策は自国航空企業の利益機会を増加させることを主眼とするものであり、カボタージュを開放しないなど真の自由化ではないという側面もある。

　ヨーロッパにおける自由化は1984年にイギリスとオランダの航空協定の改訂によって始まり、ヨーロッパ各国へひろがった。ただし、これは二国間の協定の改訂であって、当初はヨーロッパ共同体（EC）としての統一的な自由化は進まなかった。これは、ヨーロッパ経済共同体（EEC）の設立を決めたローマ条約において、運輸は条約の施行の対象外となっていたからである。しかし、1986年のEC司法裁判所の判断よりEC域内の共通航空政策が作成されることとなる。そして、段階的に自由化（1987年パッケージⅠ・1990年パッケージⅡ・1992年パッケージⅢ）を行い、1997年にはカボタージュの開放を含めEU域内は完全に自由化されることになった。

　日本は、当初オープンスカイ政策には否定的であり、旧来の二国間航空協定の下で、空の管理を行っていた。しかし、アメリカとは1998年に暫定合意により部分的な自由化を行った。そして、第一次安倍内閣による「アジア・ゲートウェイ構想」の一環としてオープンスカイ政策への転換が行われる。2007年にタイおよび韓国との協定（ただし、首都圏空港を含まない）締結から始まり、今日では首都圏も含めたオープンスカイの推進がわが国の航空政策の重要な柱のひとつとなっている。2014年1月時点において26か国とオープンスカイ協定を締結しており、今後はインバウンド旅客の取り込みをめざして、ASEANなどとは一括協定に移行することになっている。とはいえ、首都圏空港の容量不足は明らかであり、ハード・ソフトの両面から拡大の方策が検討されている。

## 3.2 オープンスカイ政策の経済分析

### (1) 規制と自由化：経済学的分析

ここでは、航空規制はどのような意味をもち、それが航空自由化によってどのように変化するのか、経済学の考え方を用いて説明する。

航空市場を需要曲線と供給曲線を使って考える。ここでの需要は、航空会社がどれほど便を飛ばしたいのか、供給は空港または政府がどれだけ便を飛ばす容量を持つか、を表している。つまり、現実にはほとんど行われていないが、航空会社と空港の直接取引を考え、空港は一定の費用をかけて発着枠（スロット）を提供し、それを航空会社が購入する[4]。

まず、規制のない状況を考えてみよう。これは、通常の需要と供給のメカニズムを想定すればいい。ここでは図3-1は、右下がりの通常の需要曲線（需要曲線をx軸から読み、航空会社が空港のスロットを評価し、高い価格を付ける順に並んでいる）と、x軸に平行な供給曲線を考える。通常、市場の供給曲線は費用の低い方から高い方に順に並んでいると考えるので右上がりになるが、空港のスロットがあればそれを提供する費用は一定と考える。もちろん、空港整備には莫大な固定費用が必要であるが、ここではそれを無視して日常の運営費用を反映させている。両曲線が交差する点（E）で均衡することを示し

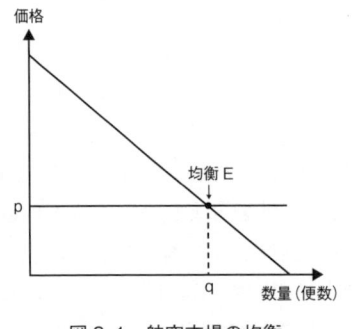

図3-1　航空市場の均衡　　　　　図3-2　余剰概念

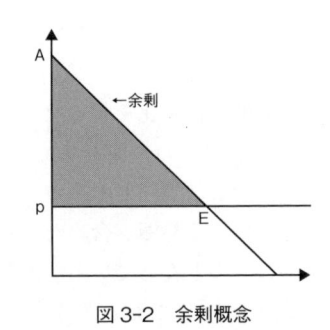

---

[4] 市場メカニズムにもとづく航空会社による空港の発着枠の直接的な購入をスロット・オークションと呼ぶ。わが国ではスロットを購入できるのは航空会社のみである。また、購入したとしてもそのお金をどのように位置づけるか、という点などが明確ではないため、検討が続けられている。

## 3.2 オープンスカイ政策の経済分析

ている。均衡点に対応する価格 $p$ と数量 $q$ が、市場価格と数量となる。

さらに、ここで図 3-2 に示すように、余剰という概念を利用する。余剰とは、空港のスロットの取引によって得られる便益の合計を表す。余剰には、消費者余剰と生産者余剰があり、それらを合計したものを、総余剰と呼ぶ。

まず、航空会社の利益ともいえる消費者余剰から考える。需要曲線は航空会社が飛行機を飛ばすとき、それに対応する使用料までなら空港に払ってもよいと考えている（留保価格という）。それに対し、航空会社が実際に支払うのは市場の均衡価格であるから、需要曲線の高さと均衡価格の差が、航空会社が得する金額（便益）となる。需要曲線と均衡価格水準で囲まれた三角形の面積が消費者余剰となる。

次に生産者余剰は、空港の運営費用を表す供給曲線と実際の販売価格である均衡価格との間の面積となる。ここでは供給曲線と均衡価格が同じであり、市場均衡の下では生産者余剰はゼロとなる。つまり、総余剰は消費者余剰と同じ面積となり、三角形 APE の大きさとなると仮定している。

次にオープンスカイではなく、航空協定によって発着便数が決められ、それが規制の役割を果たしているとする。この場合、市場均衡における便数が、規制便数より多いか、少ないかという2つのケースに分けられる。

市場均衡によって決まる便数が、規制された上限の便数（規制上限）よりも少ない場合を考える。これは図 3-3 に示されており、規制はあるものの、それ以下の便数しか飛ばないため、規制のないケースとまったく同じである。

問題は市場の便数が、規制上限を上回る場合である。この状態は図 3-4 によって示されて、均衡はどのように決定されるのであろうか。市場の需要と供給のメカニズムに任せればE点となるが、これでは規制上限を超えてしまう。

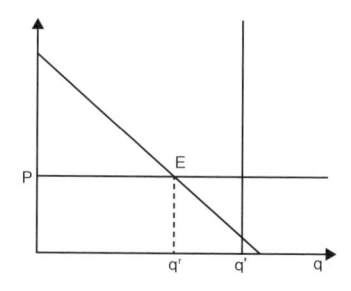

図 3-3 市場均衡が規制上限を下回る場合

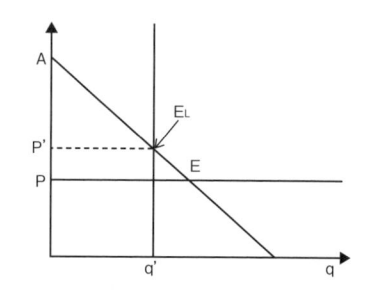

図 3-4 市場均衡が規制上限を上回る場合

空港（供給）側は q' までしか発着枠をもたないが、もし価格が P であれば需要は q となるから、超過需要となる。超過需要があれば、発着枠の使用料を上げれば、使いたくない航空会社もあるから、需要量が減少する。図では価格が P' まで上がることにより規制上限に対応した需要曲線上の点 $E_L$ が均衡となる。

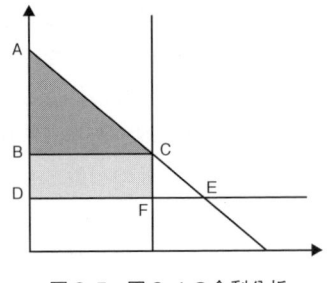

図 3-5 図 3-4 の余剰分析

では、余剰はどうだろうか。図 3-5 をみてほしい。航空会社の余剰は需要曲線と価格水準（ここでは線分 BC）の間の面積三角形 ABC となる（消費者余剰）。空港の余剰は、価格水準と供給曲線で作られる四角形 BCFD となる（生産者余剰）。こうして、総余剰は三角形 ABC と四角形 BCFD を加えたものとなる。

この結果を比較すると、総余剰は航空協定という規制があると三角形 CFE の分だけ小さくなっている。これは、規制によって、市場均衡における便数より発着回数が少なくなることが原因である。これは、供給制約という意味で、規制だけでなく空港自体の供給能力が需要に追いついていない状況でも同じことが考えられる。

このことをわが国の混雑空港に応用するとどのようになるだろうか。羽田空港は航空会社が路線を維持したい空港の筆頭であり、市場で決まる路線数は規制上限を上回る。ところが、羽田空港を設置管理する国は着陸料のプライシング（オークション）によって配分するのではなく、一定のルールのもとで航空会社に配分してきた[5]。したがって、航空会社の支払意思額もわからないし、もし、航空会社に留保価格と同じ価格を支払って使わせればどうなるだろうか。おそらく、航空会社はそれを運賃に転嫁するから、航空運賃は上昇するにちがいない。すると、利用者は航空でしか行けないところを除いて航空を利用しなくなるかもしれない。また発着枠配分には小規模航空会社に優先的に配分するというルールがある。オークションのもとでは資金力に勝る大規模航空会社が有利になると考えられ、小規模航空会社が発着枠を購入することは難しくなると考えられる。

---

[5] 羽田空港では拡張などによって発着枠が増えた場合、配分基準を決めるための有識者会議が開かれ、最終的に設置管理者である国土交通省が配分してきた。

### (2) 市場構造の影響

　通常、市場分析の前提には十分な競争環境、すなわち数多くの需要者と供給者が想定されている。けれども、実際の航空市場はどうであろうか。日本において空港のスロットを使用するのはJALとANAの2社と小規模な数社という状態である。また、国内線の場合、空港は当該地域にひとつであり、地域内では独占状態である。また、わが国から海外へ渡航する場合、いわゆる航空の内際分離政策によって成田や関空が国際拠点空港として指定され、利用者の選択肢は少ない。つまり、経済理論が前提とする完全競争の条件を満たしていない。

　では、このような状況がどのような影響を持つのだろうか。単純な数値例を利用して考える。需要の法則が成り立つ市場を想定して、あなたが空港の経営者であれば、どのような価格をつけるか、という問題を考えよう。市場の価格と需要の関係は以下の需要表とそれにもとづく需要曲線を利用する。単純化のため、ここでは固定費用はゼロとし、限界費用は3とする。

　まず、各経済主体はどのように行動するのかという基準が必要である。空港を企業と考えると、空港は着陸料や空港使用料という収入を得て、そこから社員に給料を払い、空港整備や維持管理のための投資をする。つまり、収入と支出の差額が利潤であり、その最大化が前提となる。

　表3-1と図3-6を利用して考えよう。完全競争であれば、均衡条件は限界費用＝価格[6]であるので、価格が3、発着数は12となる点が均衡となる。また余剰は需要曲線と供給曲線とY軸を含む三角形となる。

　では、市場に空港がひとつしかない「独占」の状況を想定する。この場合は表3-1から利潤が最大となる価格9を選ぶ。そして発着数は6となり空港会社は利潤36を得ることが読み取れる。

　また、空港の行動を図3-6を用いて考えてみよう。限界費用3の仮定より、{(売値×売った数量)−(限界費用×売った数量)}でこの独占企業の利潤が表される。それは四角形BCFDである。余剰を考えると、消費者余剰は三角形ABCであり、生産者余剰は独占企業の利潤である四角形BCFDとなる。したがって、総余剰は台形ACFDとなり、競争市場に比べ三角形CFGだけ小さくなる。

---

[6] 詳細については吉田・米崎（2013）を参照のこと。

表3-1 「需要表」：価格と需要量の数値例

| 価格 | 数量 | 収入 | 限界費用 | 総費用 | 利潤 |
|---|---|---|---|---|---|
| 0 | 15 | 0 | 3 | 45 | −45 |
| 1 | 14 | 14 | 3 | 42 | −28 |
| 2 | 13 | 26 | 3 | 39 | −13 |
| 3 | 12 | 36 | 3 | 36 | 0 |
| 4 | 11 | 44 | 3 | 33 | 11 |
| 5 | 10 | 50 | 3 | 30 | 20 |
| 6 | 9 | 54 | 3 | 27 | 27 |
| 7 | 8 | 56 | 3 | 24 | 32 |
| 8 | 7 | 56 | 3 | 21 | 35 |
| 9 | 6 | 54 | 3 | 18 | 36 |
| 10 | 5 | 50 | 3 | 15 | 35 |
| 11 | 4 | 44 | 3 | 12 | 32 |
| 12 | 3 | 36 | 3 | 9 | 27 |
| 13 | 2 | 26 | 3 | 6 | 20 |
| 14 | 1 | 14 | 3 | 3 | 11 |
| 15 | 0 | 0 | 3 | 0 | 0 |

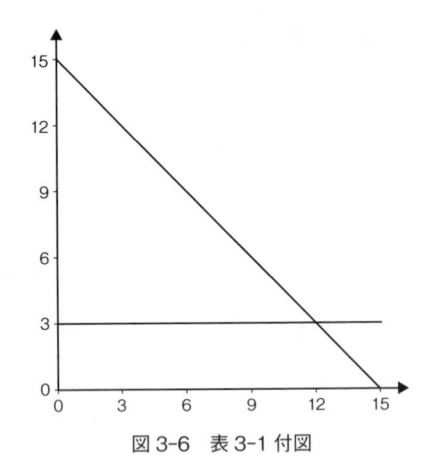

図3-6 表3-1 付図

　次に、市場にふたつの空港がある「複占」を想定する。互いに協力し共謀ができるのであれば独占同様、価格9を選び、互いに発着数は3となり、利潤18を得ることになる。

　では、共謀ができないような状況を想定するとどうなるであろうか。はじめきるのであれば独占同様、価格9を選び、互いに発着数は3となり、利潤18を得ることに

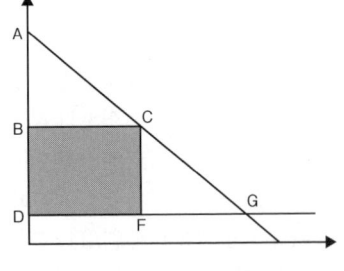

図3-7 空港の利潤最大化

なる。では、共謀ができないような状況を想定するとどうなるであろうか。はじめに共謀が行われるのと同じ状況から考える。この状況では、相手が価格を9に設定していると仮定することになる。では、自分の価格は9で利潤最大化の目的にかなっているだろうか。

　表3-2は共謀ができない複占を考えるための数値例で、単純化されたモデルのためサービスの違いは価格のみである。そのため、少しでも低い価格をつけることにより、需要をすべて奪えるものと想定する。この条件のもとで、価格9ではAの利潤は最大化されない。Aは価格8を選択することによって、35の利潤を得られるため、値下げするだろう。ところが、BもAが価格8にすることを予想して行動するであろう。表3-3に示すように、Aが価格8を選択すると考えると。Bは価格を7に下げることによって、利潤は0から32に

## 3.2 オープンスカイ政策の経済分析

表 3-2 共謀ができない複占を考えるための数値例

| A の価格 | B の価格 | A の数量 | B の数量 | 全体の利潤 | A の利潤 | B の利潤 |
|---|---|---|---|---|---|---|
| 10 | 9 | 0 | 6 | 36 | 0 | 36 |
| 9 | 9 | 3 | 3 | 36 | 18 | 18 |
| 8 | 9 | 7 | 0 | 35 | 35 | 0 |

表 3-3 B が A の行動を予想したときの発着数と利潤

| A の価格 | B の価格 | A の数量 | B の数量 | 全体の利潤 | A の利潤 | B の利潤 |
|---|---|---|---|---|---|---|
| 8 | 9 | 7 | 0 | 35 | 35 | 0 |
| 8 | 8 | 3.5 | 3.5 | 35 | 17.5 | 17.5 |
| 8 | 7 | 0 | 8 | 32 | 0 | 32 |

表 3-4 A が独占価格よりも高い価格を選んだときの B の行動

| A の価格 | B の価格 | A の数量 | B の数量 | 全体の利潤 | A の利潤 | B の利潤 |
|---|---|---|---|---|---|---|
| 11 | 10 | 0 | 5 | 35 | 0 | 35 |
| 11 | 9 | 0 | 6 | 36 | 0 | 36 |
| 11 | 8 | 0 | 7 | 35 | 0 | 35 |

増加する。

　このように相手の行動を予測し、自分の行動を決定する環境、いいかえると自分の行動が相手の行動に影響を受け、また相手の行動も自分の行動に影響を与える相互依存関係にある状況を「戦略的環境」と呼ぶ。では、このような環境であることを踏まえてすべてのケースについてどのように行動すればよいかを考えてみる。まず、競争相手が独占価格より高い価格を選べば、どのような行動をとるだろうか。表 3-4 からわかるように、最適な行動は独占価格 9 を選ぶことである。競争相手より少しでも低い価格をつけることによって、需要をすべて獲得できるが、利潤が最大になるのは独占価格の場合である。
　次に、競争相手が、独占価格よりも下回った価格を設定した場合には、相手より少しだけ低い価格を設定することが最適な行動となる。ただし、相手が競争価格を選んだ場合、状況は異なる。この場合、相手より低い価格を設定することは、損失を被ることとなり、最適な行動は相手と同じ競争価格かそれ以上の価格を設定することとなる。これは、利潤が 0 という結果より導かれる。そして、以上のことをまとめると最終的に価格は (3,3) に落ち着き、利潤も (0,0) となる。

表 3-5　A が競争価格をつけた場合の B の行動

| A の価格 | B の価格 | A の数量 | B の数量 | 全体の利潤 | A の利潤 | B の利潤 |
|---|---|---|---|---|---|---|
| 3 | 4 | 12 | 0 | 0 | 0 | 0 |
| 3 | 3 | 6 | 6 | 0 | 0 | 0 |
| 3 | 2 | 0 | 13 | −13 | 0 | −13 |

　この結果は、価格を基準に競争すると、競争相手が存在することにより完全競争と同様の結果を導く。このような価格で競争する状況をベルトラン競争と呼ぶ。

　航空市場の別の側面を考えてみよう。いままでは空港利用に関する空港と航空会社の関係であったが、他にも価格を介在とした取引はある。そのひとつに航空会社と消費者（航空サービスの利用者）の関係である。我々が航空券を購入し移動するときを想定してほしい。この場合、航空サービスを供給するのは航空会社であり、需要するのは消費者となる。空港と同様に、航空会社も企業であるから航空サービスを売り利潤を得て、それをもとに社員に給料を払い、またさらに航空機の購入といった投資をする。つまり、利潤の最大化が前提である。ただし、ここでは、前の設定とは違い航空会社は価格を変化させて行動するのではなく、数量を変化させて利潤最大化を図るとしよう。

　価格競争の場合と同様に単純な数値例によって考えてみよう。今度は、表3-1の需要曲線は対象とする市場の旅客需要で、供給は航空会社と読み替えて説明する。完全競争や独占の場合は価格競争と同様に考えればよい。完全競争下の均衡条件は限界費用＝価格であるので、均衡は価格3・発着数12となる点である。独占であれば、表3-1から、利潤が最大となる価格9・発着数6となる点を選び利潤36を得ることが読み取れる。ただし、この場合は均衡に対応する数量を選択することにより、価格が決定されることに注意すること。

　次に、市場に2社存在する「複占」の状況を想定する。たがいに協力し共謀ができれば独占と同様に、それぞれ発着数3を選び、価格は9となり、利潤もそれぞれ18ずつ得ることになる。

　では、共謀ができない状況ではどうなるであろうか。まず共謀があるのと同じ状況から始める。つまり相手が3の発着数を選択していると仮定する。では、自分の3の発着数は利潤最大化の目的にかなっているだろうか。

　表3-6のように、Aにとって3の発着数は利潤最大化にはなっていない。Aは発着数4を選べば20の利潤を得からである。したがって、表3-7のように、

## 3.2 オープンスカイ政策の経済分析

表 3-6 共謀ができない場合の A の利潤

| 価格 | 数量 | A の数量 | B の数量 | 全体の利潤 | A の利潤 | B の利潤 |
|---|---|---|---|---|---|---|
| 10 | 5 | 2 | 3 | 35 | 14 | 21 |
| 9 | 6 | 3 | 3 | 36 | 18 | 18 |
| 8 | 7 | 4 | 3 | 35 | 20 | 15 |

表 3-7 クールノー競争

| 価格 | 数量 | A の数量 | B の数量 | 全体の利潤 | A の利潤 | B の利潤 |
|---|---|---|---|---|---|---|
| 9 | 6 | 4 | 2 | 36 | 24 | 12 |
| 8 | 7 | 4 | 3 | 35 | 20 | 15 |
| 7 | 8 | 4 | 4 | 32 | 16 | 16 |
| 6 | 9 | 4 | 5 | 27 | 12 | 15 |

A は発着数を変更する。ただし、B も A が発着数 4 を選ぶことを予想して行動を変えるであろう。A が発着数 4 を選べば、B は発着数を 4 にすれば利潤は 15 から 16 に増加する。こうして、最終的に発着数は (4,4) に落ち着き、利潤も (16,16) となる。ただし、初期の発着数 (3,3) の利潤 (18,18) より減っていることに注目してほしい。さらに、3 社、4 社…と競合相手が増えるこ

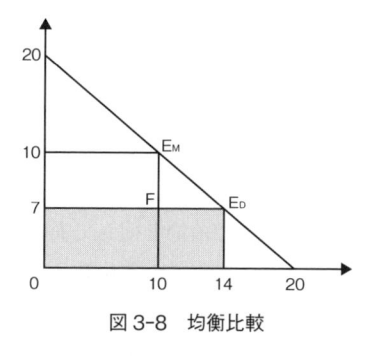

図 3-8 均衡比較

とによって、生産量は増えているのに利潤が減る。このように数量によって競争する状況をクールノー競争と呼ぶ。

この結果は、個々の経済主体の最適行動（ここでは、利潤最大化行動）と競争環境の関係を示している。この単純例において、異なるのは経済主体の数である。複占の場合、独占に比べると価格が下がり生産量が増え、総余剰が増える。個々の企業の利潤は減るが、経済全体の効率性は上がっていくことが理解できる。

では、日本とアメリカの航空市場の状況にあてはめて考えてみよう。航空市場におけるプレイヤーは、航空サービスを受ける消費者、航空会社、空港、政府（中央・地方など）である。わが国ではほとんどの路線において JAL と ANA の 2 社のシェアが大きい。そして、近年運航を開始した LCC も含めて

スカイマークを除くすべての小規模航空会社に JAL または ANA 資本がはいっている。また、空港（特に国際空港）も地域独占的な地位を占め、競争的な環境にあるとはいえない。これに対してアメリカではそれぞれの航空アライアンスの主要航空会社となっているユナイテッド航空、アメリカン航空、デルタ航空だけでなく、LCC の代表格であるサウスウエスト航空、ジェット・ブルーなど独立系の多くの航空会社がある。また、それぞれの航空会社が異なる空港をハブとしていることもあり、空港間競争もある。国土の広さや代替交通機関の存在による航空サービスに対する需要の大きさなど、無視できない要素もあるが、競争環境の違いが経済の効率性に与える影響は一目瞭然であろう。

### (3) オープンスカイ協定の形成

前節までの議論から、航空市場の自由化の影響は多くの利点を含んでいることがわかる。すでに述べたように、多くの国が協定を締結しており、このまますべての国がオープンスカイ協定を締結するのであろうか[7]。

オープンスカイ協定を結ぶ主体は国であり、国は自国の消費者、航空会社、空港などの便益を考え、よりよい結果を生み出す政策を選ぶと仮定する。市場自由化による影響はさまざまである。価格が下がり需要量が増え、消費者余剰が増えるのは前節と同じである。空港も利潤最大化を考え空港使用料を決定する。そして、市場が自由化することにより既存の航空会社の競争相手が増え、需要量増加の便益が単純に利益の増加につながらなくなる。また、空港使用料が上がれば、価格に転嫁され市場全体の需要を減らす効果を持つ。

これまでの分析によれば、自由化の直接的な効果はどちらかの国にマイナスの効果を持つ。ただし、オープンスカイ政策による間接的な効果も無視できない。この政策により以遠権や航空アライアンスなどによってより多くの人が望む路線が設定されて、しかもそれが廉価で提供されることもあるからである。結論としては、自由化による直接効果と間接効果を比較して間接効果の正の効果が直接効果の負の効果より大きいのであればオープンスカイ協定が締結される。ただし、この間接効果は、協定のネットワークが大きくなればなるほど、新たな協定の効果は小さくなる。したがって、理論的には世界全体がオープンスカイ協定のネットワークで結ばれることは難しいことも事実である[8]。

---

[7] 詳細については吉田・米崎（2013）を参照のこと。

## 【参考文献】

[1] ANA総合研究所(2008)『航空産業入門―オープンスカイ政策からマイレージの仕組みまで』、東洋経済新報社。
[2] 三輪英生・花岡伸也(2004)「国際航空輸送の自由化の動向と我が国の自由化へ向けた考察」、『運輸政策研究』7(1)、14-22ページ。
[3] 村上・髙橋・加藤・榊原(2006)『航空の経済学』、ミネルヴァ書房。
[4] 吉田雄一朗・米崎克彦(2013)「オープンスカイ政策と経済理論分析」『空港経営と地域』、関西空港調査会。

---

[8] 羽田空港では2014年3月末から、昼間も国際線が離発着するが、日米路線は開設されていない。日米間ではオープンスカイ協定があり、発着枠増加にともなう新たな分配交渉が不調に終わったからである。これは、自由化が単純に進まないことを示す例である。

わが国では全日空への傾斜配分と話題になったが、国際線の場合、協定にもとづき自国の航空会社への配分には相手国の航空会社への枠配分もともなう。つまり、国ベースでは公平に配分される。しかし、航空アライアンスがあるため、傾斜配分はアライアンス間のバランスも変えてしまう。たとえば、日米間で同じ数の発着枠が配分され、アメリカが自国の航空会社に均等に配分したとしても、全日空への傾斜配分はスター・アライアンスへの傾斜配分と同じ意味を持つ。日米の不合意の背景には、ワンワールドやスカイチームの利用者が羽田利用という点で不利益を被ると判断した米系の航空会社の判断があったとされる。

# 第4章　LCCと空港

## 4.1　LCCの概要 — 諸外国と日本

### (1) LCCとは

　LCC（Low Cost Carrier）とは、サービスの簡素化や業務の効率化によって運航コストを低減させ、既存の航空会社と比較して低運賃で航空輸送サービスを提供する航空会社である。LCCは日本語に直訳すれば低費用航空会社であるが、わが国の報道等では格安航空会社という言葉の使用が一般的になっている。なお、LCCとの対比の観点で、既存のビジネスモデルの航空会社は、「FSC（Full Service Carrier）」などと呼ばれる。

　FSCと比較すると、LCCのビジネスモデルには、短距離二地点間での運航

表 4-1　FSCとLCCのビジネスモデルの比較

|  | FSC | LCC | LCCのローコスト化への効果 |
|---|---|---|---|
| 機材 | 大型機から小型機まで多様な機種を保有 | 単一機材（主として小型ジェット機）で運航 | 部品在庫の削減や乗員養成、整備コストを低減できる。単一機材を一括大量購入することで機材調達費を低減できる。小型機の採用により座席利用率を高めることができる。 |
| 運航路線 | ハブ&スポークによる乗継ネットワークの構築 | ポイント・トゥ・ポイントによる二地点間の直行運航 | 旅客の乗継を考慮したダイヤ編成や荷物積み替えが不要で、機材の稼働率が高まる。 |
| 空港 | 都心に近い主要・大規模空港に就航 | 都市郊外の二次的空港（セカンダリ空港）を活用 | 空港混雑がなく、定時運航・機材の高稼働を確保できる。空港使用料が安い。 |
| 機内サービス | 運賃に含まれており乗客全員に提供 | サービスの簡素化、有料化 | 機内サービスの準備が不要になる。運賃以外の付帯収入源となる。 |
| 販売 | 旅行代理店が流通チャネルの一部 | インターネットによる直販が主体 | 販売手数料の削減やキャッシュフローの改善が可能になる。 |

FSCは「快適性」「多様な選択肢」「顧客満足」を追求

LCCは「単純さ」「わかりやすさ」「低運賃」を追求

（出所）杉山（2012）、13ページより一部改編

や単一機材（小型ジェット）の採用など、複雑なオペレーションを避け、高密度・多頻度運航を行うことでコストを低減させるという特徴がある（表4-1）。

経営学者のクリステンセンは、既存の製品に比べて基本性能が低いものの、低価格、単純、小型などの点で優れた特徴を持つ新技術がもたらす変化を「破壊的イノベーション」として提唱している。

LCC の戦略はこの破壊的イノベーションの追求であるといえる。FSC は継続的な努力や進化により、豪華なファーストクラスや世界中に広がる路線ネットワークに代表されるような快適さや多様な選択肢を提供し、旅客の満足度の向上を図ってきた。しかしこれは行き過ぎた品質に対する満足度過剰感やわかりにくさ・複雑さを引き起こす。一方の LCC は、機内サービス自体は簡素であるものの、シンプルかつ低運賃の航空輸送サービスが支持を得て、FSC を脅かすまでに成長しているのである。

### (2) 諸外国における LCC の現状

世界各地で LCC が台頭し、FSC を凌ぐ輸送規模に達する会社もある。航空会社別に 2012 年の旅客輸送実績を比較すると、表4-2 に示したように、国際線ではアイルランドのライアンエア、国内線ではアメリカのサウスウエスト航

表4-2 世界の航空会社の旅客数ランキング（2012年）

| 順位 | 国際線 | | | 国内線 | | |
|---|---|---|---|---|---|---|
| | 航空会社 | 国・地域 | 旅客数（千人） | 航空会社 | 国・地域 | 旅客数（千人） |
| 1 | ライアンエア | アイルランド | 79,649 | サウスウエスト | アメリカ | 112,234 |
| 2 | ルフトハンザ | ドイツ | 50,877 | デルタ | アメリカ | 94,712 |
| 3 | イージージェット | イギリス | 44,601 | 中国南方航空 | 中国 | 79,529 |
| 4 | エミレーツ | UAE | 37,733 | ユナイテッド | アメリカ | 67,776 |
| 5 | エアフランス | フランス | 33,693 | 中国東方航空 | 中国 | 67,578 |
| 6 | 英国航空 | イギリス | 31,273 | アメリカン | アメリカ | 65,057 |
| 7 | KLM | オランダ | 25,775 | US エア | アメリカ | 47,883 |
| 8 | ユナイテッド | アメリカ | 24,843 | 中国国際航空 | 中国 | 42,551 |
| 9 | エアベルリン | ドイツ | 23,179 | ANA | 日本 | 38,344 |
| 10 | トルコ航空 | トルコ | 22,481 | カンタス | オーストラリア | 35,089 |

（注）網掛けは LCC を示す
（出所）IATA ホームページ "Scheduled Passengers Carried"

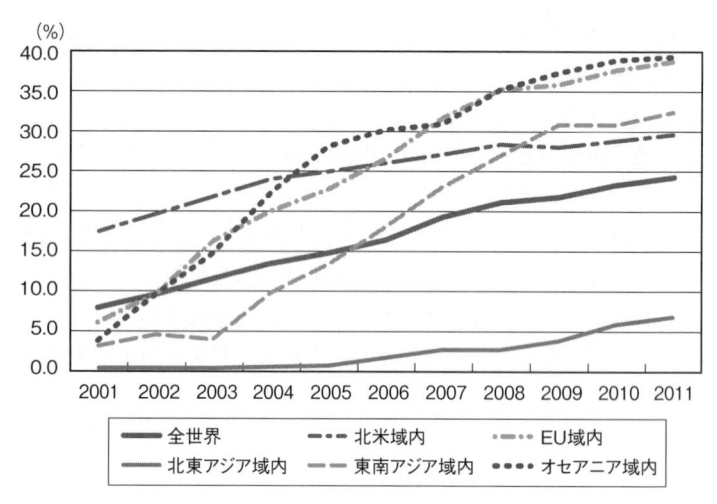

(出所) Centre for Asia Pacific Aviation ホームページ
図 4-1　LCC の提供座席数シェアの推移

空と、いずれも LCC が第 1 位を占めている。

　図 4-1 に示したように、LCC は世界各地でマーケットシェアを拡大させており、全世界で今世紀初頭には 1 割にも満たなかった提供座席数に占めるシェアが、2011 年には約 24％ となっている。地域によって成長時期やシェアには差があり、1971 年に運航開始したサウスウエスト航空が LCC としていち早く成功を収めていたアメリカでは、2002 年時点で LCC がシェア 20％ 弱を占め、緩やかにシェアを拡大させつつ 2011 年には約 30％ に達している。一方 EU や東南アジア、オセアニアでは、シェアが 10％ に満たなかった LCC がこの 10 年あまりで急成長し、2011 年時点では EU、オセアニアでは 40％ 弱、東南アジアでは 30％ 強にまで達している。北東アジア域内では、2011 年時点ではまだシェアが約 7％ に留まっており世界的な潮流からは遅れているものの、今後 LCC の成長余地があるマーケットであると考えられる。

　世界各地における LCC の成長の背景には、航空自由化の進展がある。アメリカでは、1978 年に航空規制緩和法が制定され、国内航空規制の緩和、撤廃が行われた。この結果、多くの航空会社が新規参入して熾烈な競争が行われるようになったが、合併や買収によって総輸送量に占める大手航空会社のシェアが上昇した。そうしたなか、サウスウエスト航空が、大手が拠点とする大規模

空港を避けてローカル空港間に就航し、機内サービスを廃した低運賃による運航を行うことで支持を集め、次第に規模を拡大させていった。同社の徹底したコスト削減策や稼働率の向上、社員の生産性の向上などはLCCのビジネスモデルの原型となっており、優れた経営手法は他の業界からも高く評価されている。

　ヨーロッパでは、欧州統合の流れのなかで、域内の航空自由化がパッケージⅠからⅢと段階的に進められ、1993年のパッケージⅢでは域内での路線参入、輸送力、運賃設定、カボタージュ（他国の国内線を運航する権利）が完全自由化され、航空市場が統合された。これにより、欧州の航空会社は域内のどこでも自由に路線展開することが可能になった。こうした航空自由化と、欧州経済統合による人の往来の増加が、ヨーロッパにおけるLCC成長を後押しした。1985年設立のアイルランドのライアンエアは、国際線旅客実績では世界第1位にまで成長している。

　アジア太平洋地域では、1996年にオーストラリアとニュージーランド間の国際航空自由化以降、自由化の流れが進展しつつある。ASEAN諸国間では、航空自由化が段階的に進められ、2015年には域内自由化が目指されている。アジア諸国では、これまでは高価な航空輸送を利用できずに高速バスやフェリーなどで移動していた人が低運賃のLCCを利用することで、新たな航空需要が創出されている。経済成長による所得の向上もLCCをはじめとした航空需要の拡大に寄与している。

### (3) 日本におけるLCCの現状と課題

　日本は、20世紀後半から2000年代初頭にかけての欧米諸国におけるLCC躍進のトレンドからは取り残されてきた。しかし、2000年代にはいってアジア太平洋地域においてLCCが成長を遂げると、わが国のオープンスカイの進展や、官民あげての訪日外客誘致、地方空港活性化を目指した路線誘致などの政策的な背景もあり、2010年以降、続々と日本へのLCC就航が進んでいる。2014年4月時点では、海外LCC 12社が日本国内の11空港に乗り入れている（表4-3）。

　海外LCCの日本就航によりLCCへの注目が高まるなか、2012年にはANA、JALが出資する本邦LCC 3社が相次いで運航を開始し、日本における「LCC元年」の到来として脚光を浴びた（表4-4）。

表 4-3　わが国への海外 LCC の就航状況

| 航空会社 | 国 | 乗り入れ年 | 日本の乗り入れ空港 |
|---|---|---|---|
| ジェットスター航空 | オーストラリア | 2007 年 3 月 | 関西、成田 |
| セブ・パシフィック航空 | フィリピン | 2008 年 11 月 | 関西、成田、中部 |
| チェジュ航空 | 韓国 | 2009 年 3 月 | 関西、中部、福岡、成田 |
| エアプサン | 韓国 | 2010 年 3 月 | 福岡、関西、成田 |
| ジェットスター・アジア航空 | シンガポール | 2010 年 7 月 | 関西 |
| 春秋航空 | 中国 | 2010 年 7 月 | 茨城、高松、佐賀※、関西 |
| エアアジア X | マレーシア | 2010 年 12 月 | 羽田、関西、中部 |
| イースター航空 | 韓国 | 2011 年 5 月 | 成田、関西 |
| ジンエアー | 韓国 | 2011 年 7 月 | 新千歳、那覇、長崎 |
| ティーウェイ航空 | 韓国 | 2011 年 12 月 | 福岡、佐賀、新千歳 |
| スクート | シンガポール | 2012 年 10 月 | 成田 |
| 香港エクスプレス | 香港 | 2013 年 11 月 | 羽田、関西 |

(注) ※佐賀空港へはプログラムチャーター便として就航
(出所)「我が国の LCC の現状と課題」(国土交通省) より一部改編

表 4-4　本邦 LCC の概要と就航状況

| | | ピーチ・アヴィエーション | ジェットスター・ジャパン | バニラ・エア |
|---|---|---|---|---|
| 資本金 | | 150 億円 | 230 億円 | 50 億円 |
| 株主構成 | | ANA38.7%<br>First Eastern-Aviation Holding Ltd.33.3%<br>産業革新機構 28.0% | カンタスグループ 33.3%<br>JAL33.3%<br>三菱商事 16.7%<br>東京センチュリーリース 16.7% | ANA100%<br>(エアアジアとの共同事業解消により ANA の 100%子会社化) |
| 設立 | | 2011 年 2 月 10 日 | 2011 年 9 月 5 日 | 2011 年 8 月 31 日 |
| 就航開始 | | 2012 年 3 月 1 日 | 2012 年 7 月 3 日 | エアアジア・ジャパンとして 2012 年 8 月 1 日に就航開始。バニラ・エアとして 2013 年 12 月より運航再開。 |
| 拠点空港 | | 関空、那覇 | 成田 | 成田 |
| 使用機材 | | A320 | A320 | A320 |
| 就航路線 (2014 年 4 月現在) | 国内線 | 関西－札幌　　関西－福岡<br>関西－長崎　　関西－鹿児島<br>関西－那覇　　関西－仙台<br>関西－新石垣　那覇－新石垣<br>関西－成田　　関西－松山 | 成田－札幌　　成田－福岡<br>成田－那覇　　成田－関西<br>関西－札幌　　関西－福岡<br>関西－那覇　　成田－大分<br>中部－札幌　　中部－福岡<br>成田－鹿児島　中部－鹿児島<br>成田－松山　　成田－高松 | 成田－那覇　　成田－札幌 |
| | 国際線 | 関西－ソウル　関西－香港<br>関西－台北　　関西－釜山<br>那覇－台北　　関西－高雄 | | 成田－台北　　成田－ソウル |

(出所)「我が国の LCC の現状と課題」(国土交通省) より一部改編

ANAが出資するピーチ・アヴィエーションは、日本で初めての本格的なLCCとして、関西国際空港を拠点に就航した。桃という社名やピンク色の機体など、既存の航空会社とは異なるイメージ戦略、ブランディングに特徴がある。

JALが出資するジェットスター・ジャパンは、FSCとし

ANA100％出資のLCC、バニラ・エア

て子会社のLCC（ジェットスター航空）を成功させたカンタスグループとの合弁であり、成田空港を拠点としている。

ANAが出資するバニラ・エアは、当初はアジア最大のLCCであるエアアジアとの合弁で、エアアジア・ジャパンとして成田空港を拠点に事業を開始した。しかし、就航開始から1年足らずで合弁は解消されてANAの100％子会社となり、バニラ・エアに社名変更された。

これら3社に加え、中国のLCC春秋航空が出資する春秋航空日本が、4社目のLCCとして2014年8月より成田空港を拠点に国内線の運航を開始する予定である。日本におけるLCC時代の到来として大きな期待を浴びた本邦LCCであるが、就航後の業績には明暗が分かれている。

ピーチ・アヴィエーションは利用率が好調に推移する一方、定時就航率の低迷や点検整備の不備などから利用率が伸び悩むジェットスター・ジャパンでは、就航初年度で88億円の赤字を計上し、JALとカンタスで合計110億円の増資が行われた。同様に利用率が低迷した旧エアアジア・ジャパンでは、エアアジアとANAとで経営方針が対立し、エアアジアが資本を引き上げることとなった。

こうした本邦LCCの不調は、LCC自身の日本のマーケット特性に合わせた戦略やオペレーションの欠如、社内体制の不備等に起因する一方で、LCCを受け入れるわが国の航空市場にも、LCCのコスト低減を阻む以下のような問題がある。

① 大規模需要を抱える首都圏空港における容量制約：海外のようなLCCの受け皿となるセカンダリ空港がなく、空港混雑や高コストの課題を抱え

る成田空港に就航せざるを得ない。
② 空港の運用時間の制限：24時間就航可能な空港が少なく、運用時間に合わせるために航空機の稼働率が低下したり、余裕のないダイヤ編成から運航遅延が玉突き式に発生したりする。
③ LCCの低コストオペレーションに資する空港インフラの欠如：海外のような低コストで利用できるLCC専用ターミナルが少なく、旅客や手荷物の取り扱いを効率化できる搭乗や搭載のシステムが十分でない。
④ 硬直的な空港使用料体系：国管理空港では着陸料は全国一律であるため、路線誘致のための戦略的な割引策等がない。また旅客1人あたりではなく、着陸料や施設使用料など1回あたりの使用に対して航空会社に課される固定的コストの比率が大きいため航空会社にリスクが生じやすい。

今後わが国においてLCCが諸外国なみに広く利用されるようになるためには、LCCの企業努力とともに、受け入れ側である空港が、LCCにとってよりビジネスを行いやすい環境を整えていくことも必要であるといえる。

## 4.2 LCCの戦略 — 運賃を中心に

2012年、日本においてLCCが運航を開始し、国内にもLCCは広く認知されるようになってきた。LCCは従来の航空会社と比較し非常に安価な運賃を設定する傾向にあるため、国内ではLCCを「格安航空会社」と呼び、「LCC＝格安航空会社」という認識が広がっている。しかし、低運賃戦術はLCCの一面でしかない。実際にLCCは多様な戦略をとり、顧客の獲得を目指している。また近年、地方空港の路線数を増加させるためのひとつの策として、LCCに注目が集まっている。しかし、LCCの特性や戦略を考慮したとき、この策が必ずしも適切ではない可能性がある。本節では、LCCの特徴について述べ、最新の研究を踏まえつつ、LCCと地域の関係について考察する。

### (1) LCCの基礎知識—なぜ低運賃は可能なのか

LCC最大の特徴は低運賃であろう。しかし、この低運賃のイメージのみが注目され、なぜ低運賃が実現できるのか、なぜ低運賃で利益をあげられるかについてあまり認識されていないように思われる。そこで、まずLCCの低運賃で利益をあげている要因について整理する。

LCCの低運賃を可能にしている最大の要因は徹底したコスト削減を行って

いることである。たとえば、LCC は FSC が無料で行う機内食、フリードリンク、座席指定、優先搭乗等の旅客に対するサービスを削減し、そのサービスにかかるコストを削減している。近年の LCC のなかには、機内食や機内販売を乗客に購入してもらう工夫を行い、これらの売上げの増加を試みているケースもある。

　LCC は、使用機材を中小型機（おもに B737 もしくは A320 などの最大 180〜190 名搭乗可能な機体どちらか一機種）に統一する傾向にある。これは多様な機種の整備部品を購入・保管する必要がなくなるため整備コストの削減になる。これに加え、操縦士の取得する免許が 1 機種で済むため、教育コストを削減、さらにすべての操縦士を効率的に配置できるようになるため雇用コストの削減にもなる。チケットの販売方法についても旅行代理店を通じた販売はほとんど行わず、インターネットなどによる直売を基本としている。

　また人件費の増加を防ぐために、マルチタスク制を導入している。マルチタスク制とは、操縦士が飛行機の操縦だけでなく整備の仕事を、また客室乗務員が地上業務や機内の清掃を行うなど、これまで一人一役だったものを一人多役にし、従業員の生産性を高める制度である。近年の LCC のなかには、機内販売を行う客室乗務員に対し、みずから販売した商品のマージンの一部を与えることにより、客室乗務員の機内販売に対するモチベーションの上昇をもたらそうとしている企業もある。

　LCC は空港の利用方法に関しても工夫を行いコストの削減を図っている。たとえば、大都市圏の主要空港を避け、空港使用料が安価かつ小規模な二次空港を使用している。また、LCC を誘致しようとする空港や周辺自治体と交渉し、空港使用料の削減を試みる。また運航補助金を受けることにより運航するケースもみられる。このように LCC は徹底したコストの削減により低運賃を可能にしている。

　では、なぜ LCC は低費用を源泉とした低運賃で利益をあげることができるのか。その要因は、高密度・高頻度運航である。LCC は徹底したコスト削減と同時に、低運賃で搭乗している旅客を満載した機体を多頻度運航することにより利益をあげている。高密度・高頻度運航を実現するためにも多くの工夫がなされている。まず LCC はおもに短中距離路線を運航している。これは従来の航空会社以外にも鉄道・高速バスとの競争にさらされるというデメリットがあるものの、長距離路線に比べ飛行時間が短いことから多頻度の運航に有利に

なる。またサービスを簡素化しても短距離であれば旅客の不満を最小にすることができる。

そしてFSCの多くがハブ・アンド・スポークシステムを形成するのに対し、LCCは多頻度運航のために二地点直行の路線網を形成している。ハブ・アンド・スポークシステムとは、ある特定の空港をハブ空港と位置づけ、そこから放射状に路線を展開するネットワークのことである。二地点直行は単純に空港と空港を結ぶネットワークである。ハブ・アンド・スポークシステムには、コストの削減や路線密度の向上、フリークエントフライヤープログラム（FFPいわゆるマイレージ）による顧客の囲い込み効果をより高める効果がある。LCCがこれらのハブ・アンド・スポークシステムのメリットを捨て、二地点直行を選択する理由は、乗り換えの時間を省略し目的地までの合計時間を短縮できることに加え、乗換便との時刻調整も必要とせず自由度の高いダイヤ設定が可能になるためである。この路線網によりLCCは最適な時刻に多くの便を運航することができる。また手入れの簡単なレザーシートを用い清掃時間の短縮、旅客の搭乗をスムーズにするために予約の際に座席を指定できないようにするなど、座席に対しても多頻度運航のための工夫をしている。さらに高密度運航のために座席のクラスをエコノミーのみに限定し、ギャレー（調理室）のスペースを有効活用し、座席数を増加している。たとえば、B737-700に関して、FSCのANAが120席配置しているのに対し、LCCのサウスウエスト航空は137席配置している。

LCCはこうした工夫をしながら、運航する路線を慎重に選択している。1990年から2000年までのデータを用いて、サウスウエスト航空が参入の際に重視している要因を分析した研究によると、同社は短距離、高密度路線をターゲットにし、潜在的需要の大きい路線に参入している。これは、先述のように短距離路線の運航は機材回転率を上げ、多頻度運航を可能にするためである。さらに採算が合わないなどの理由で航空会社が積極的に運航していない路線に低運賃で参入し、これまで利用を見合わせていた旅客層を顕在化させている。またサウスウエスト航空は低所得地域を狙い参入している。これも、運賃の高額などの理由により航空機を利用できなかった旅客層を獲得するためと考えられる。またサウスウエスト航空は、離発着のない空港間を結ぶ路線へ参入する確率が低い。これは、路線開設時のスタートアップコストが高価になるためであると考えられる。そしてサウスウエスト航空はLCCが運航している路線で

表4-5 FSCとLCCの特徴

| | FSC | LCC |
|---|---|---|
| 路線 | ハブ・アンド・スポーク<br>中長距離中心 | Point-to-Point<br>短距離中心 |
| 機内サービス | フルサービス、上級クラス設定<br>座席指定 | ノンフリル、サービス有料化<br>モノクラス、自由席が多い |
| チケット販売 | 旅行代理店経由が多い<br>ネット経由、チケットレス増加 | ネット経由、直売<br>チケットレス |
| 機材 | 多種<br>路線の特性にあわせて使用 | 中小型機<br>単一機種 |
| 使用空港 | 主要空港 | 二次的空港、非混雑空港 |
| 便数頻度 | 路線需要に応じてさまざま | 高い |
| 折り返し時間 | 長い | 短い |

あっても参入している。近年はアメリカ国内の短距離市場がほぼ開拓されつつあるため、長距離路線に参入し始めているようである。

こうしたさまざまな工夫によりLCCは低運賃を実現している（表4-5）。しかし低運賃のために多くの旅客にとっての利便性を犠牲にしている。たとえば、LCCは二地点直行の路線網を敷き、乗り継ぎを考慮していない。安いからといってLCCの便を乗り継いで目的地に向かう場合には、FSCより多くの時間がかかる可能性がある。またLCCは多頻度運航実現のために定時性を重視する。搭乗手続きの締め切り時間を厳守するため、予約していた便に乗ることができなくなることもある。これに加え、払い戻しを受けることはできない。LCCを利用する際は、低運賃だけに注目するのではなく、こうしたリスクを考慮する必要がある。

### (2) 競争と運賃
**LCCの運賃戦略**

LCCは低運賃を設定するといわれている。メディア等がLCCを「格安航空会社」と呼称するのはこのためだと考えられる。しかし、LCCは競争相手のいない路線であっても低運賃を設定しているのであろうか。確実に旅客が増加するお盆や年末年始であっても低運賃で運航しているのであろうか。

図4-2は2006年のサウスウエスト航空の路線競争者数別の距離あたり運賃を示したものである。独占とはその路線にサウスウエスト航空1社のみが運航

図4-2 サウスウエスト航空の市場構造別の距離あたり運賃

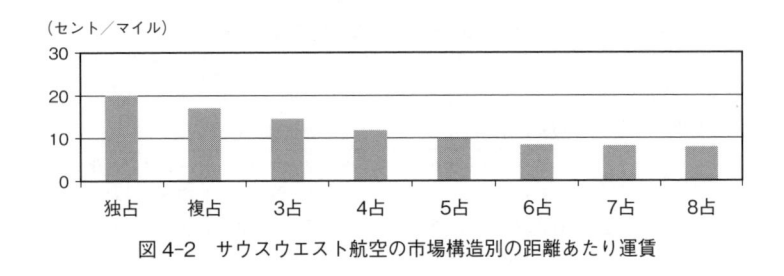

表4-6 アメリカ航空市場におけるLCCとFSCの距離あたり平均運賃とその企業比較

| 航空会社 | 距離あたり運賃 | 距離あたり運賃が航空会社間で互いに等しいという仮説の検定 | | | | | | |
|---|---|---|---|---|---|---|---|---|
| | | AA | DL | UA | B6 | FL | F9 | WN |
| AA | 16.011 | | | | | | | |
| DL | 16.801 | | | | | | | |
| UA | 16.007 | | | | | | | |
| B6 | 13.525 | ** | ** | ** | | | | |
| FL | 12.814 | ** | ** | ** | | | | |
| F9 | 11.405 | ** | ** | ** | ** | * | | |
| WN | 16.760 | | | | ** | ** | ** | |

　AA：アメリカン航空、DL：デルタ航空、UA：ユナイテッド航空、B6：ジェットブルー　FL：エアトラン、F9：フロンティア航空、WN：サウスウエスト航空
（出所）村上（2012b）より

している状態、複占とはサウスウエスト航空と他の航空会社の2社が運航している状態である。図4-2が示しているように、サウスウエスト航空1社の独占路線の距離あたり運賃が他の路線に比べ一番高くなっている。そして路線の競争者が増加するにつれ、距離あたり運賃が低下していることがわかる。これらが示していることは、サウスウエスト航空は市場支配力の強い路線では高価格を設定するということである。つまりLCCのひとつに数えられてきたサウスウエスト航空は、通常の企業と同様の価格を設定しているということである。

　またサウスウエスト航空に関しては、FSCとの間の運賃の差がなくなってきている。これを示しているのが表4-6である。これは2010年のアメリカ航空市場におけるLCCとFSCの距離あたり平均運賃とその企業比較の結果を示したものである。統計的な差がみられるものには*、もしくは**が付いている。LCCについてみてみると、LCCとしてみられているジェットブルー、エ

## 4.2 LCC の戦略—運賃を中心に

アトランおよびフロンティア航空の距離あたり運賃は、アメリカン航空、ユナイテッド航空、デルタ航空などの FSC と比べて統計的に低い。また LCC 間でもジェットブルーとエアトラン以外では有意な差がある。一方、サウスウエスト航空に関しては、FSC の平均運賃に近い値となり統計的な差がない。他の LCC に比べると有意に運賃が高くなっている。この結果が示しているのは、サウスウエスト航空はある路線では低運賃で運航を行う一方、別の路線では低運賃をつけているとは限らないことである。図 4-2 とこの表からみえてくるのは、サウスウエスト航空のような大規模な LCC となってくると必ずしも FSC に対して差別的運賃をつけず、市場支配力を持つ市場では高めの運賃を設定する傾向にあることである。

次に LCC の需要ピーク時の運賃についてみる。図 4-3 は 2013 年 11 月 5 日時点で年末年始（12 月 19 日から 1 月 6 日まで）の関空−福岡便を予約した場合の最安運賃の推移を表している。運賃を追うと、最も需要の高まる 12 月末に向け LCC の運賃が上昇していることがわかる。そして年明け後に運賃が低下している。これらから、LCC であっても需要のピーク時には普段より高い運賃を設定していることは明らかである。また、FSC の割引運賃と比較した場合、LCC の運賃と大きい差がみられない日がある。これは、消費者が LCC の設定する運賃に少額の上積みすることにより LCC 以上のサービスを受けられることを意味している。

また LCC は非常にフレキシブルに運賃を設定している。図 4-4 はフライト 2 か月前からフライト当日までの関空−札幌便の運賃推移を表したものである。HP はピーチの 15 時 35 分発のフライトを示している。また HP＋はサービスが強化され運賃が通常よりも若干高くなるクラスである。Jet はジェットスター、ANAMax、JALMax はその日に ANA、JAL が設定した最大運賃、

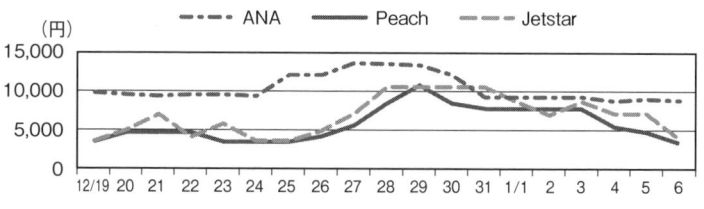

（出所）各社ホームページから作成

図 4-3　2013 年 11 月 5 日時点で予約した場合の関空−福岡便の最安運賃推移

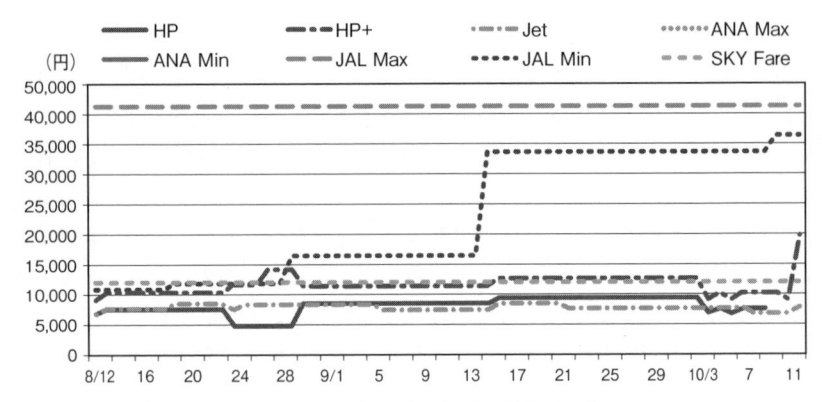

ANA Max と JAL Max、ANA min と JAL min は一致している。
(出所）村上（2012b）より

図4-4　フライト2か月前からフライト当日までの関空－札幌便の運賃推移

　ANAmin、JALmin はその日に ANA、JAL が設定した最小運賃、SKY はスカイマークの運賃を示している。これらをみると、LCC は非常にこまめに運賃の変更を行っていることがわかる。LCC に共通している変動パターンはフライト数日前に運賃を引き下げ、フライト直前に運賃を引き上げているところである。これは数日前に運賃を引き下げることでロードファクターの上昇を試みていると考えられる。フライト直前の運賃上昇については、他社の便に乗れず、高い運賃を支払ってでも飛行機に乗りたい高額の運賃支払い意思額を有する旅客を拾いあげるために行われていると考えられる。一方 LCC に対し FSC の普通運賃にほとんど変化はみられない。また、割引運賃についても LCC に比べ柔軟な変化はしていない。この2点から FSC と LCC の運賃戦略に大きな違いがあることがわかる。
　この戦略については、長期的に継続した場合に、これまで FSC と LCC を選択していた消費者を輸送サービスのみを希望するタイプ（LCC を選択する消費者）と機内食などの他のサービスが加わった輸送サービスを希望するタイプ（FSC を選択する消費者）に完全に分離し、FSC と LCC 間の旅客獲得競争を消滅させる可能性が指摘されている。しかし、現在、この分離は発生していないと考えられる。図4-3と図4-4から明らかなように、運賃面から FSC と LCC が競合している時期が存在する。この時期であれば、消費者はサービスが充実しかつ低運賃の FSC と LCC の選択が可能になる。この点から、FSC

とLCCの市場は完全には分離しておらず、競争はある程度行われていると考えられる。

**(3) LCCのインパクト**

　LCCの参入はさまざまな効果をもたらすことが多くの研究で示されてきている。LCCの参入により競争が激しくなり運賃が低下するとする研究や、LCCの参入効果は参入のあった路線だけではなく、参入のなかった路線にも及ぶことを示した研究もある。しかしLCCの参入が必ずしもよい結果をもたらさないとする見解もある。たとえば、LCCの参入により、LCCとの競争を強いられた航空企業の株価は低下することが示されている。また、図4-5は、LCCが参入した年から退出した年のFSCの平均運賃を表したものである。この図から、LCC参入1年目に大きく運賃が低下していることがわかる。2年目も同水準を維持している。3年目になると、LCCも低運賃の維持が難しくなったのか、運賃が上昇し4年目も近い水準を維持している。そして撤退後翌年になると、運賃がLCC参入以前に比べ高水準となっている。これは、FSCがライバルLCCの退出により市場支配力を強めたこと、また数年にわたるLCCとの競争により失われた利潤を補てんするために、高運賃を設定したと考えられる。この結果が示唆しているのは、参入直後から数年間、消費者余剰が増加したものの、LCC退出の結果、参入以前より消費者余剰が減少したということである。こうした分析もあることから、長期的な視点から、LCCの参入がもたらす影響について観察する必要がある。

　LCCの存在は、FSCの合併後の行動に対しても影響を与える。図4-6と図4-7はこのうち2005年のUSエアとアメリカウエスト航空合併、2008年のデ

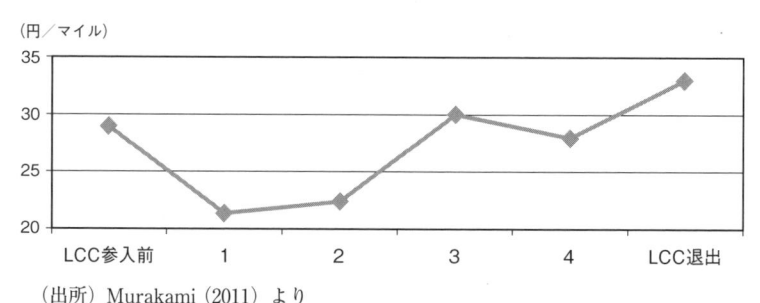

（出所）Murakami (2011) より

図4-5　LCC参入から退出までのFSCの距離あたり運賃の推移

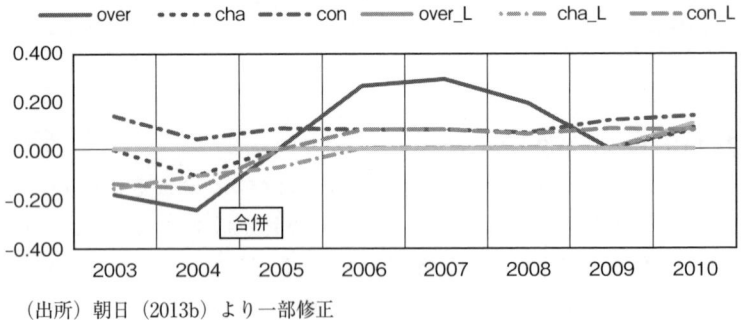

90　　　第 4 章　LCC と空港

凡例：over、cha、con、over_L、cha_L、con_L

（出所）朝日（2013b）より一部修正
図 4-6　US エアの合併前後の運賃設定行動パターン変化

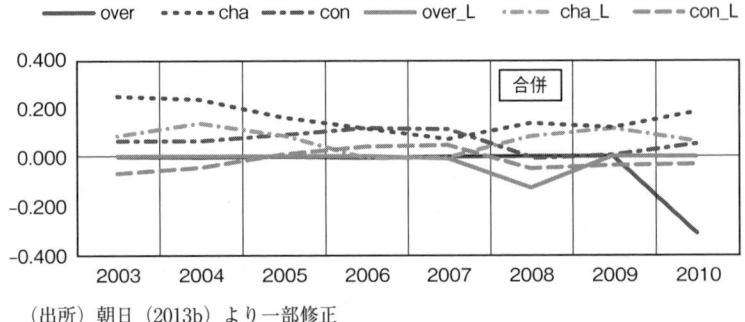

凡例：over、cha、con、over_L、cha_L、con_L

（出所）朝日（2013b）より一部修正
図 4-7　デルタ航空の合併前後の運賃設定行動パターン変化

ルタ航空とノースウエスト航空合併のケースについて、合併前後の合併企業の運賃設定行動のパターン変化を図示したものである。横軸は年、縦軸は合併企業の運賃に対する意識を表している。この値の上昇は、合併企業の運賃上昇行動を表す。係数がマイナスとなっている場合は、合併企業が競争的な運賃設定を行っていることを示している。これらの図では合併の影響が及ぶと考えられる路線を、合併企業 2 社が同時運航している路線（以下 over と表記）、合併後に運航企業が入れ替わった路線（たとえば、合併前にアメリカウエスト航空が運航していた路線が合併後に US エアの運航となった路線、以下 cha と表記）、合併企業が継続して運航している路線（たとえば、US エアが 2003 年から 2010 年まで運航している路線、以下 con と表記）の 3 路線に区分、そしてこれらの路線を LCC の有無で区分している（LCC 運航路線には各路線の末尾に L がついている）。つまり over、cha、con、over_L、cha_L、con_L の 6 つの

4.2 LCC の戦略——運賃を中心に

路線が存在している。

ふたつの図を比較すると、合併後のパターン変化に大きな違いが生じている。US エアは LCC の有無にかかわらず、ほとんどの路線で合併後運賃を上昇させる傾向にある。一方、デルタ航空は LCC 運航路線において合併後、運賃を低下させる傾向にある。この違いの原因として考えられるのは、LCC との競合の程度である。US エアに比べ、デルタ航空は LCC であり同じアトランタ空港を拠点とするエアトランとの競合路線が多い。競合路線が多いためにデルタ航空はエアトランを競争相手として強く意識するようになり、合併により得た競争力の多くをエアトランとの競争に用いたと考えられる。また、デルタ航空は LCC の運航のないほとんどの路線で運賃を上昇させる傾向にある。これは、LCC 運航路線における収益の低下を LCC との競争のない路線での運賃上昇により補填している可能性を示唆している。さらに詳細な分析は必要であるが、これらの研究から LCC の存在が FSC の行動に対し少なからぬ影響を与えていることがわかる。LCC の社会に対する影響を考える際には LCC のみに焦点をあてるのではなく、他の航空会社との関係に与える影響についても考慮する必要がある。

### (4) LCC と共謀意識

先述のように、LCC は自社が市場支配力を有する市場において、高価格を設定するなど、FSC と同様の行動をとる傾向にある。では、競争の起こっている路線において LCC は常に激しい競争を行っているのであろうか。このひとつの目安として用いられているのが推測的変動である。推測的変動とは、自社の行動が他社に与える影響を分析するもので、競争の程度を測ることができる。これが－1 の値のときが最も競争的な状態、1 のときが最も共謀的な状態である。1998 年のアメリカ航空産業のデータを用いて推定された推測的変動を図 4-8 に示した。アメリカン航空、ユナイテッド航空、デルタ航空、US エアは平均 0.4〜0.5 の値をとっている。これはアメリカン航空などの FSC があまり激しい競争を行うことなく、比較的緩やかな競争を行っていることを示唆している。一方、サウスウエスト航空の場合、プライマリ空港で運航しているケースでは、推測的変動は他の航空会社に比べ、非常に低い値をとっている。これは、プライマリ空港において LCC が FSC と積極的な競争を行っていることを示唆している。しかし、セカンダリ空港のケースでは、他の航空会社の推

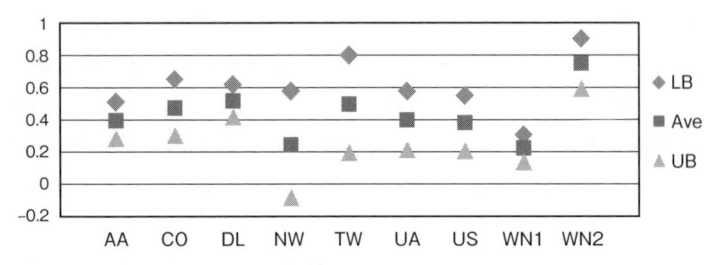

(出所) 村上 (2012a) より
AA：アメリカン航空，CO：コンチネンタル航空，DL：デルタ航空，NW：ノースウエスト航空，TW：トランスワールド航空，UA：ユナイテッド航空，US：USエア，WN1：プライマリ空港におけるサウスウエスト航空，WN2：セカンダリ空港におけるサウスウエスト航空

図4-8 航空会社別推測的変動（1998年）

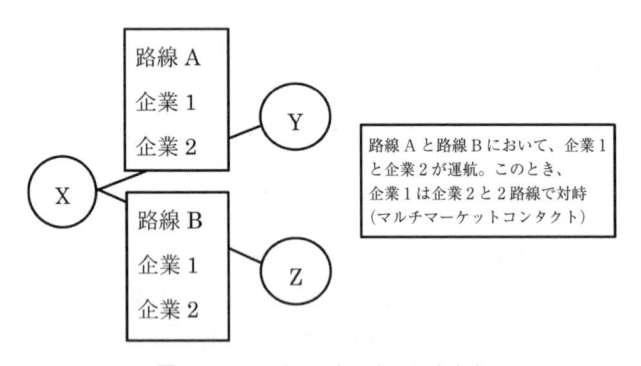

図4-9 マルチマーケットコンタクト

測的変動と比べ、非常に高い値となっている。これはLCCがベース空港とすることの多いセカンダリ空港においてサウスウエスト航空は積極的な競争を行っていないことを示唆している。この結果は、LCCが自社の有利な市場では運賃を高めに設定するとする先の運賃の議論とも共通するものである。

またLCCが他社の様子をうかがい共謀的行動をとっている可能性がある。この可能性を説明する仮説のひとつがマルチマーケットコンタクト（Multimarket Contact）仮説である。マルチマーケットコンタクトとは、企業が競合企業と複数の市場で同時に対峙している状況を指す。航空産業においてこれは航空会社が複数の路線で同じ航空会社と対峙していることに相当する。競争が弱められる過程をみるために、XとYを結ぶ路線A、XとZを結ぶ路

## 4.2 LCC の戦略——運賃を中心に

線Bで企業1と企業2が複占を形成し、路線Aにおいて企業1が、路線Bにおいて企業2が相手企業に比べ低い費用で生産可能であるケース（図4-9）を考える。このようなケースは、いずれかが先発企業で、すでに先発企業に規模の経済性が発生しているような場合である。この2社が複数の市場でたがいに長期間共存すれば、相手について学習し、生産費用等の相手企業の特性に関する正確な情報を得られるであろう。そのため各路線における生産費用の情報については2社とも既知とする。

企業1と企業2が路線Aと路線Bで共謀しているとする。このとき、企業1と企業2はともに路線Aから10、路線Bから10、計20の利潤を得ている。その状態からある期に企業1が路線Aにおいて、生産量を増加させることで規模の経済を活かし、費用面で劣位の企業2に対し競争的行動をとったとする。一方で、この企業1の行動に対し、企業2は路線Aで失われた利潤を補てんするためにみずからが費用優位な路線Bにおいて企業1に対し競争的行動をとったとする。その結果、企業2が計16（路線Aの利潤：12、路線Bの利潤：4）の利潤、企業2が計15（路線Aの利潤：3、路線Bの利潤：12）の利潤を得たとしよう。

このシナリオは、マルチマーケットコンタクトを通じて、ある路線での企業同士の競争により、それら企業の他の路線の利益、ひいては総利潤をも変動させることを示唆している。この例においては、路線Aにおける競争により、企業1は路線Aにおいてより多くの利益を獲得したものの、路線Bにおける利潤を減少させ、その結果、総利潤を減少させている。企業2においても同様に路線Bの利潤は増加したものの、路線Aにおける利潤を減少させ、総利潤をも減少させている。企業1と企業2ともに、ある路線での競争の結果として総利潤が減少すると予測すれば、どの路線においても競争的行動を躊躇し、共謀が維持されると考えられる。このようにたがいに競争的行動を躊躇し、共謀が維持されている状態を相互自制状態（Mutual Forbearance）という。つまり、マルチマーケットコンタクトはこの相互自制状態の発生を容易にするのである。

航空産業においてマルチマーケットコンタクトは多くみられる現象であり、さまざまな研究が行われてきた。それらは、FSC間のマルチマーケットコンタクトが運賃を上昇させる、サービスの質を低下させる、そして航空会社の参入・退出行動を抑制する共謀効果を生じるとする分析結果を示している。近年

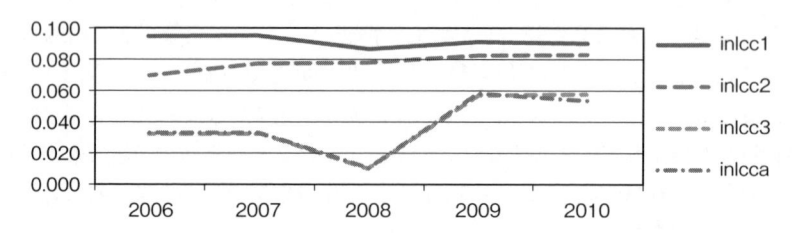

```
0.100 ─── inlcc1
0.080
0.060 ──── inlcc2
0.040
0.020 ─── inlcc3
0.000
     2006   2007   2008   2009   2010   ─·─· inlcca
```

inlcc1：FSC と LCC が1社運航している路線、inlcc2：FSC と LCC が2社運航している路線、inlcc3：FSC と LCC が3社以上運航している路線、inlcca：LCC のみが運航している路線

図4-10 運賃に対するマルチマーケットコンタクト効果の推移（対数値）

はLCCがマルチマーケットコンタクトの共謀効果に及ぼす影響についても分析が行われている。分析の結果、LCCとの競争はマルチマーケットコンタクトの共謀効果を減少させることを示している。しかし、マルチマーケットコンタクトの共謀効果の減少は、LCCの直面する市場環境によって変化することも明らかになっている。図4-10は2006～2010年までのLCCが1社のみ運航する路線、LCCが2社運航する路線、LCCが3社運航する路線、LCCのみが運航する路線のマルチマーケットコンタクトの運賃に対する影響を記したものである。この図は、2008年にLCCが2社運航する路線を除いたほとんどの路線において、マルチマーケットコンタクトの共謀効果が減少し、2009年に上昇していることを示している。この変化の要因は原油価格の高騰にある。2008年は、FSCとLCCの燃料の調達に関する戦略の違いが成果に大きく現れた時期であった。FSCの多くが燃料を時価に近い価格で購入していた。一方でLCCのほとんどはヘッジを行っていたため、FSCに比べ、安価に燃料を調達することができた。この差により、LCCが競争的な優位を獲得し、FSCに対して競争意識を高めた結果、マルチマーケットコンタクトの共謀効果が弱まったと考えられるのである。その一方で、2009年には原油価格が大幅に下落した。このときLCCのヘッジ価格以下に燃料価格が低下したため、LCCは損失を被ったと考えられる。LCCはこのとき、この損失を補てんするために、競争意識を弱め、この結果、マルチマーケットコンタクトの共謀効果が上昇したと推察される。これらの変化が示しているのは、LCCがみずからの直面する市場環境により競争意識を変化させるということである。

　ここまで、LCCの参入・退出の影響、そして競争意識についてみてきた。LCCの参入は多くの路線で運賃の低下をもたらし消費者余剰を向上させてき

たと推察される。しかし、参入により生じた競争は、常に継続するわけではなく、LCC が退出した場合や LCC が市場支配力を有する場合においては、競争が弱まる傾向にある。LCC は直面する市場環境ごとに、競争意識を変え、柔軟に他の航空会社と対峙しているのである。

## 4.3 LCC と空港・地域の関係

航空産業の競争激化や航空会社の経営の悪化により、航空会社は地方路線を減便、また地方路線から撤退している。その結果、地方空港の利用者も減少、厳しい局面にある地方空港も少なくない。こうしたなか、LCC の登場が空港活性化そしてそれにともなう地方活性化のきっかけになる可能性が指摘されている。近年、茨城空港や佐賀空港などに中国の LCC である春秋航空が就航しその期待は高まっているように思われる。以下では、Francis ら（2004）の論文から空港と航空会社の関係について述べ、これまでの研究成果を踏まえ、地方と LCC との関係について考察を行う。

### (1) 空港経営の変化

これまで空港は、おもに航空系収入を得ることを第一とし運営を行ってきた。航空系収入とは、航空会社が滑走路など空港の設備を使用する際に支払う施設使用料などの航空機の運用から得られる収入のことである。そのため、空港は航空会社との関係を重視し、航空会社との関係を第一にしてきた。一方、空港は、直接的に空港使用料を支払う航空会社の利用者との関係を強く意識していなかった。

しかし、1978 年から世界各地で実施された航空産業の規制緩和は、空港をとりまく環境を大きく変化させた。航空会社は規制緩和により大きな競争圧力にさらされるようになり、経営の合理化を迫られるようになったのである。そして、航空会社は採算性の低い路線について減便もしくは撤退をし、採算性の高い路線に力を入れ、その結果、多くの空港は航空系収入の減少に直面することになった。

そうしたなか、空港に関する規制改革も進められ、空港経営に民間企業が参入するようになる。民間企業が経営主体となった空港は、これまでの航空会社との関係に加え、空港利用者との関係を重視することにより、空港の収入の増加を目指すようになった。具体的には、これまでの航空系収入に加え、営業許

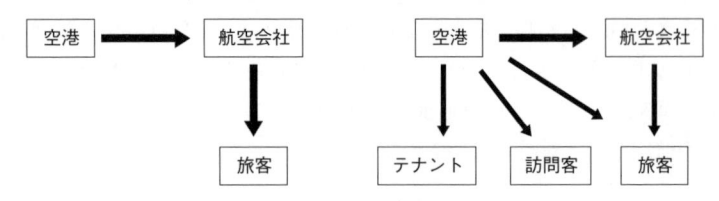

(出所) Francis et al. (2004) から一部変更

図 4-11 空港と他者との関係

可、駐車場、コンサルタント、不動産開発などから得られる非航空系収入の獲得に力を入れるようになってきたのである。この変化は、従来の空港が築きあげてきた関係に比べ、現在の関係が非常に複雑になっていることを意味している。この変化を表しているのは図 4-11 である。この図が示しているのは、空港が、テナント、航空会社を利用しない空港訪問客、そして旅客との関係を形成しようとしていることである。こうした動きが、空港をより身近で魅力的なものに変え、空港に多くの人を呼び込み、航空サービスの利用者を増加することができれば、航空会社も空港利用者の増加に合わせ、路線開設もしくはサービスを強化する可能性がある。

一方で、従来からあった空港と航空会社間の関係についても変化が生じている。特に大きな変化は、LCC の登場である。大きく成長を遂げた LCC と空港の関係は、これまでの航空会社との関係よりも厳しいものになっていると考えられる。

### (2) 空港経営と航空会社

先述のように、これまでの空港と航空会社の関係は、航空会社が空港に対し施設利用料などを支払い、空港がそれをもとに運営を行うというものであった。この関係では、交渉力を有しているのは使用料を支払う航空会社である。つまり、航空会社は空港使用料の減少もしくは商業的インセンティブが空港から提示されないかぎり、他の空港に拠点を移すと空港に対しゆさぶりをかけることができる交渉上有利な立場にある。そのため、空港は航空系収入の減少を強いられる可能性がある。

特に LCC は低費用実現のため、空港施設の使用料を必要最小限にとどめようとする。たとえば LCC は、折返し時間の短縮を目指し、時間のかかるター

ミナル内の高水準のサービスを必要としないため、ビジネスラウンジの使用やチェックインの際のレベルの高いサービスを求めない。またボーディングブリッジの使用料の削減のため、多くのLCCはボーディングブリッジを利用せず、ターミナルの近くに駐機し、旅客に対し徒歩もしくはバスターミナルからの移動を求める。またLCCは高稼働率を脅かす可能性があるため、ターミナルから遠いところでの駐機や混雑空港を望まない傾向にある。このようにLCCは低費用を実現するため、FSCと同様の施設を利用しないのである。このため、LCCの運航は航空系収入に対し大きなプラスとならないことが考えられる。

航空会社の有する交渉力により空港は、航空系収入の減少を受け入れざるをえないことが多い。特にLCCの誘致を計画している空港については、就航交渉の際、LCCは空港にかかる費用の最小化を目指してくることが考えられるため、非常に厳しい交渉になることが予測される。こうした点から、これからの空港は航空系収入の減少を埋め合わせるために、航空系収入ではなく、非航空系収入の獲得に力を入れなければならない。実際に多くの空港がこれを実践していると考えられる。

### (3) 地域とLCC

地方空港の運営主体とLCCとの交渉には多くの困難がともなうと考えられる。その一方で、交渉が成立し、LCCが運航を開始した場合、多くの経済効果が生じると予測される。たとえば、旅客の時間節約便益、ビジネス客や観光客の増加による地域経済の活性化、これにともなう所得創出効果、雇用創出効果などである。またLCCが旅客増のために積極的なキャンペーンを行い、その地域に対する認知度が拡大することもあるかもしれない。しかし、先述した近年の研究結果から、LCCによる路線開設が行われた後もいくつかの可能性に配慮する必要があると考えられる。第一に、LCCは必ず格安運賃を設定するとはかぎらない可能性である。サウスウエスト航空やピーク・オフピーク時の運賃をみれば明らかなように、LCCはみずからが市場支配力を有する路線やピーク時では高運賃を設定するなどFSCと変わらない運賃設定を行う可能性がある。第二に、合併などによる競争環境の変化により、運賃戦略を大きく変更することも考えられる。第三に、LCCの低運賃によって空港利用者を増やそう、という考えで積極的な誘致を行った場合、期待された効果は生じない

おそれがある。

　第二、第三の可能性は、LCC を誘致する路線に FSC が以前から運航しているケースから生じる。まず、LCC が積極的に既存 FSC に競争を挑み、独占を形成する可能性である。LCC は低運賃により FSC から多くの旅客を奪取するであろう。その結果、FSC はその路線から退出し、LCC が独占を形成する。この場合、先の第一の可能性が生じるかもしれない。次に LCC が FSC とマルチマーケットコンタクトにより共謀する可能性である。ピーチ・アヴィエーションやジェットスター・ジャパンのように LCC は大きな需要の見込める路線に参入する傾向にある。そうした路線の多くにはすでに FSC が運航しており、地方路線への参入の結果、FSC と LCC 間のマルチマーケットコンタクトが増加する。マルチマーケットコンタクトは共謀を生じる可能性を高めるため、LCC は低運賃を設定することなく、FSC と共存できる水準の運賃で運航する可能性がある。

　第四の可能性は、LCC の退出に関するものである。LCC は、採算が合わなければその路線から退出する。もし、退出路線に FSC が運航していれば、先の例のように FSC は運賃を LCC 参入以前以上に引き上げる可能性がある。その結果、利用者は他の交通機関を利用するようになるかもしれない。また、LCC との競争により FSC が退出し、その後、LCC が退出すれば、その路線で運航する航空会社がいなくなり、路線が消滅し、空港利用者がゼロになる可能性がある。

　こうした可能性があるかぎり、LCC の誘致は必ずしも地域にとって薔薇色の選択肢ではないと考えられる。一方で、地域にとってプラスの効果を秘めた選択肢でもある。LCC 誘致の効果を最大限に得るためにまず必要なことは、その地域をさまざまな人が訪れる魅力ある地域にすることである。航空をはじめとする交通サービスは派生需要である。つまり、その地域に目的がなければ消費されないサービスである。ビジネス、観光等でその地域を訪れる目的を生みだせれば、交通サービスは消費されるようになり、交通費の面において LCC は他の交通機関に対し大きな優位性を有することになる。採算を見込める利用者数に達すれば、LCC の退出の可能性は減少する。また他の FSC、LCC の参入が発生すれば、健全な競争が行われ、低運賃の維持も可能になるであろう。

## 【参考文献】

[1] 国土交通省(2013)「我が国の LCC の現状と課題」.
[2] 杉山純子(2012)『LCC が拓く航空市場』, 成山堂書店.
[3] Boguslaski, C., Ito, H., and Lee, D. (2004) Entry patterns in the Southwest airlines route system. *Review of Industrial Organization*, 25(3), 317-350.
[4] Francis, G., Humphreys I. and Ison, S. (2004) Airports' perspectives on the growth of low-cost airlines and the remodeling of the airport-airline relationship. *Tourism Management*, 25(4), 507-514.
[5] Murakami, H. and Asahi, R. (2011) An empirical analysis of the effect of multimarket contacts on US air carriers' pricing behaviors. *The Singapore Economic Review*, 56(4), 593-600.
[6] Murakami, H. (2011) Empirical analysis of inter-firm rivalry between Japanese full-Service and low—Cost Carriers. *Pacific Economic Review*, 16(1), 103-119.
[7] 朝日亮太(2013a)「米国航空産業における合併効果と低費用航空会社の運賃設定行動—デルタ航空・ノースウエスト航空のケース—」『運輸政策研究』, 15(4), 11-18 ページ.
[8] 朝日亮太(2013b)「合併企業の運賃設定行動～US エア合併とデルタ航空合併のケース」『KANSAI 空港レビュー』, 419, 23-25 ページ.
[9] 高橋望・横見宗樹(2011)『エアライン／エアポート・ビジネス入門：観光交流時代のダイナミズムと戦略』, 法律文化社.
[10] 村上英樹・朝日亮太(2010)「マルチマーケットコンタクト理論の航空競争への適用：アメリカ航空産業の FSC vs LCC のケース」『国民経済雑誌』, 202(5), 81-91 ページ.
[11] 村上英樹(2012a)「LCC 参入後の航空市場形態」『運輸と経済』, 72(12), 15-21 ページ.
[12] 村上英樹(2012b)「米国における LCC 対 FSC の競争形態—クロスセクションデータを用いた推測的変動の計測—」『運輸政策研究』, 15(3), 21-28 ページ.

# 第2部　空港経営

# 第5章　空港の機能・施設

　空港は、航空輸送その他の民間航空活動を行おうとする者が自由に使用できる飛行場（公共の用に供する飛行場）を指す。すなわち、公共交通としての航空輸送を行うにあたって、航空機を安全に離着陸させ、航空旅客の乗降、航空貨物の積卸等を行う施設である。つまり、空港は、二地点間の航空輸送に不可欠な起終点施設である。同時に、インターモーダル交通体系という観点からは、航空交通と陸上交通を結びつける結節点としての交通施設である。

　一方、空港は、当該地域において航空という高速交通機能を賦与することにより、各種交流を活発化させて都市の機能を向上させ、地域開発を促進する。すなわち、第一に、空港そのものが、ひとつの産業コミュニティを形成する。そこでは、空港ビル会社、航空会社、アクセス交通関連事業者、飲食・物販事業者などの多様な企業活動が行われる。第二に、遠隔地と短時間で結ぶ交通が確保されることにより、観光等の入込客の誘致や地元旅行者の送客が容易になり、観光関連産業の発展を促す要因となる。さらに、旅客、貨物、情報、文化などの種々の交流を支える輸送体系が構築されることにより、各種新規企業の立地や地元企業の新たな事業展開を可能とする条件が向上する。そうした各種企業活動の活発化は、地域における雇用機会を増大させ、地方定住を促進する基本的条件を形成する役割をも果たしている。

　このように、空港は単なる航空交通を支える施設ではなく、地域の各種交流や活動を活発化させ、それによって地域の振興をもたらす地域を支える施設としても位置づけることができる。以上のことから、本章では、空港の機能、施設を説明し、関連する主体についても言及する。

## 5.1　空港の機能と施設の関係

　空港の機能は、以下の5つの視点から整理することができる。

**(1) 運航支援機能**

　航空機の離着陸と航空旅客や航空貨物の積卸とともに、その際の安全性を確保するためのものであり、以下の機能から構成される。

## ① 離着陸機能

航空機が離着陸するために必要な機能であり、滑走路、着陸帯、誘導路を指す。

## ② 駐機機能

航空機が停留し、航空旅客や航空貨物の積卸のほか、運航に必要な各種作業を実施するための機能であり、エプロンを指す。エプロンには、航空旅客や航空貨物の積卸などを行うためのローディングエプロン、航空機の夜間停留のためのナイトステイエプロン、航空機の日常の軽微な整備を行うためのメンテナンスエプロンがある。

## ③ 航空保安機能

航空機の安全運航に必要な機能であり、航空機への情報提供や空港内を照らすための照明施設（航空灯火と称することもある）、飛行中の航空機や空港・航空路等の位置情報の把握や航空機と空港の間で各種情報をやりとりする無線通信施設、空港の気象状況を計測する気象施設がある。

### (2) 航空機サービス機能

空港を利用する航空機に対する各種サービスを提供するものであり、以下の機能から構成される。

## ① 航空機整備機能

航空機の修理・整備を実施する機能であり、修理工場や整備工場を指す。これらの施設は格納庫（ハンガーと称することもある）と総称されることが多い。

## ② 航空機支援機能

航空機の運航を支援するために必要な給油、動力提供、機内食提供、機内清掃などを実施する機能であり、航空機給油施設、空港動力施設、機内食工場、地上支援機器（GSE：Ground Support Equipmentと称することもある）などの施設がある。

空港は、5つの視点を有する機能をもつ

### (3) 貨客取扱サービス機能

空港を離着陸する航空機を利用する航空旅客や航空貨物に対して各種サービスを提供するものである。

#### ① 旅客サービス機能

旅客が航空機を利用するために必要な各種手続きを行うほか、旅客に対して各種利便を提供する機能である。駐車場、チケットロビー、出発ロビー、搭乗待合室、到着ロビーなどの旅客利用施設と、案内所、飲食物販店、ATM、自動販売機、送迎見学施設、レンタカーカウンターなどの旅客利便施設に区分される。これらの施設のうち、駐車場を除く施設は旅客ターミナルビルに整備されることが多い。

#### ② 貨物サービス機能

貨物輸送に必要となる各種手続きや処理を行うほか、それらを取り扱う事業者に対して各種利便を提供する機能である。貨物の各種処理（荷捌き、検査、蔵置など）を行うための貨物利用施設（おもに貨物上屋と称される）や航空貨物を取り扱う航空会社や運送業者が利用する貨物利便施設（事務所など）がある。一般に、これらの施設は貨物ターミナルビルとして整備される。

### (4) 空港管理運営機能

空港の管理運営を支えるための機能である。

#### ① 空港管理機能

空港の管理運営業務に必要な機能である。空港のメンテナンスを行うための空港メンテナンス施設、空港で使用される水道光熱を供給するとともに空港から排出される汚水や廃棄物を処理するユーティリティ施設、空港の管理運営に従事する各種事業者（公共サービスを含む）が利用する管理運営施設がある。一般に、供給処理施設はターミナルビルとは離れた位置に整備されることが多く、管理運営施設はターミナルビルのなか、あるいはターミナルビルに隣接する位置に整備される。

#### ② 航空管理機能

航空機の運航を管理するために必要な機能である。無線通信施設を利用して航空管制を行うための管制塔や、航空会社が航空機の運航に関連する各種地上業務を行うためのオペレーションセンターがある。

## (5) 空港支援機能

空港サービスや航空サービスの利便性を高め、空港が地域の諸活動を支える役割を果たすために必要な機能である。

### ① 貨客サービス機能

航空旅客や航空貨物に対し、空港外で各種サービスを提供する、あるいは、手続きを行うための機能である。市内チェックイン施設（CAT：City Air Terminalと称することもある）や市内貨物ターミナル施設（CACT：City Air Cargo Terminalと称することもある）、航空機の運航状況などの情報を提供する情報提供施設などがある。

### ② 空港利便向上機能

航空利用者や空港への来場者に対する利便の向上を図るための機能である。バス、鉄道、道路などのアクセス交通、空港周辺地域の駐車場（空港外駐車場）、道路や市内での空港の案内表示などがある。

### ③ 住民サービス機能

空港周辺地域の住民に空港への理解を高め、航空の利用をより身近なものとする機能や、空港の施設などを利用して付加的なサービスを提供する機能である。航空学校、航空博物館、臨空公園、行政センターなどがある。これらの施設の整備にあたっては、空港に隣接した航空機騒音対策のための緩衝用地などを活用することもある。

### ④ 地域振興機能

空港で提供される航空サービスを利用した人・モノ・情報の交流により地域産業の活性化や振興を図り、地域における空港の存在意義を高める機能である。臨空工業団地や物流センター、総合展示場、カンファレンス施設などがある。

以上に述べた空港の機能と施設との関係を整理すると、表5-1に示すとおりとなる。

表 5-1 おもな空港の機能の分類

| 大区分 | 小区分 | 施設区分 | おもな具体的施設 |
|---|---|---|---|
| 運航支援機能 | 離着陸機能 | 滑走路 | |
| | | 着陸帯 | |
| | | 誘導路 | |
| | 駐機機能 | エプロン | ローディングエプロン、ナイトステイエプロン、メンテナンスエプロン |
| | 航空保安機能 | 照明 | 進入灯、滑走路灯、誘導路灯、風向灯、飛行場灯台 |
| | | 無線通信 | VOR、NDB、ILS、ASR、対空通信 |
| | | 気象観測 | 雲高測定器、滑走路視距離観測装置 |
| 航空機サービス機能 | 航空機整備機能 | 修理工場 | 原動機工場、清浄工場、補機工場、装備工場、客室工場 |
| | | 整備工場 | ラインメンテナンス工場、オーバーホール工場 |
| | 航空機支援機能 | 給油 | 受入施設、貯油タンク、ハイドラント |
| | | 動力 | 電気、空調、ニューマチック |
| | | 機内食 | 機内食工場 |
| | | 機内清掃 | |
| | | GSE | 車両整備工場、ガソリンスタンド、GSE 置場 |
| 貨客取扱サービス機能 | 旅客サービス機能 | 旅客利用施設 | チケットロビー、出発ロビー、到着ロビー、ゲートラウンジ、CIQ 検査場 |
| | | 旅客利便施設 | ホテル、物販店、飲食店、銀行、送迎見学者施設 |
| | 貨物サービス機能 | 貨物利用施設 | 貨物上屋、保税上屋、税関等施設 |
| | | 貨物利便施設 | 代理店事務所、混載上屋 |
| 空港管理運営機能 | 空港管理機能 | 供給処理施設 | 空港メンテナンス施設、ユーティリティ施設 |
| | | 管理運営施設 | 空港事務所、警察署、消防署、CIQ 事務所、植物検疫、動物圏域 |
| | | 保安施設 | 手荷物検査場 |
| | 航空管理機能 | 管制施設 | 管制塔、気象予報施設、無線通信施設 |
| | | オペレーションセンター | 航空会社内運航管理施設 |
| 空港支援機能 | 貨客サービス機能 | 空港外貨客取扱施設 | CAT、CACT |
| | | 情報提供施設 | 情報表示施設（掲示板、端末を含む） |
| | 空港利便向上機能 | 空港アクセス施設 | バス、鉄道、モノレール、道路、船舶 |
| | | 駐車施設 | 空港外駐車場 |
| | | 案内施設 | 標識、案内表示 |
| | 住民サービス機能 | 教育施設、啓蒙施設 | 航空学校、博物館、臨空公園 |
| | | 公共サービス施設 | 行政窓口、会議室・集会所 |
| | 地域振興機能 | 産業関連施設 | 工業団地、物流センター |
| | | 交流関連施設 | 総合展示場、総合会議場 |

## 5.1 空港の機能と施設の関係

表 5-2 おもな空港の施設の分類

| 分類 | おもな施設 |
|---|---|
| 基本施設 | 滑走路 |
| | 誘導路 |
| | エプロン |
| 航空保安施設 | 無線施設 |
| | 管制施設 |
| | 航空通信施設 |
| | 気象観測施設 |
| 機能施設 | 空港管理施設 |
| | 旅客取扱施設 |
| | 貨物取扱施設 |
| | 航空機整備施設 |
| | 給油施設 |
| | 空港動力施設 |
| | 機内食製造、クリーニング等サービス提供施設 |
| 利便施設 | アクセス機関及び駐車場 |
| | 旅客ターミナルビル内利便施設 |
| 保守管理施設 | 排水施設 |
| | 構内及び保安道路 |
| | 消防施設 |
| | 受配電施設 |
| 空港周辺施設 | 空港外貨客取扱施設 |
| | 情報提供施設 |
| | 空港アクセス施設 |
| | 教育施設、啓蒙施設 |
| | 公共施設 |

ここでは、空港の主たる機能に着目し、それぞれの機能に対応したおもな施設について整理したが、一般に、空港の施設は、表5-2に示す区分で整理されることが多い。

また、各施設の利用形態や管理・運営の方法、施設の立地場所などに対応して、以下に述べる3つの区分によって分類されることも多い。

① **離着陸地域内の施設**

離着陸地域とは、表5-1に示した運航支援機能が配置された地域のことで、もっぱら航空機の運航のために利用される地域を指す。一般に「エアサイド」

と称されることが多い。

**② ターミナル地域内の施設**

　ターミナル地域とは、上記の離着陸地域に隣接し、表5-1に示した航空機サービス機能、貨客取扱サービス機能、空港管理運営機能が配置された地域を指す。なお、離着陸地域に含まれるエプロンについては、貨客取扱サービス機能や航空機サービス機能との関連が深いことからターミナル地域として扱われることもある。

　離着陸地域をエアサイドと称することに対応して、ターミナル地域を「ランドサイド」と称することが多いが、この場合、エプロンは含まない。

**③ 空港外施設**

　①の離着陸地域と②のターミナル地域は、「空港用地」の内側を指す。これは政令で定められた航空機の離着陸の安全を確保するため平らな空地として維持することを必要とする用地（空港法施行令第3条）である。空港用地以外の地域に立地する施設は、すべて空港外施設と称される。

　表5-1に示した空港支援機能は、空港外施設として整備されることが一般であり、空港外施設は、空港用地に隣接するものから空港から遠隔な位置に立地するものまで広範に及ぶことが多い。

　なお、空港用地内の施設は、空港管理者（空港の管理を行うもの）によって管理される（空港管理者の下で、特定の事業者が個別事業を実施するなかで個々の施設を管理する場合を含む）。これに対し、空港外施設は、それぞれの設置主体あるいは事業主体によって個別に管理されることが一般である。

## 5.2　空港施設の管理・運営の状況

　わが国における定期便が就航する空港を対象に、空港の管理・運営の状況を整理すると、表5-3に示すとおりとなる。

　わが国の空港は、会社管理空港、国管理空港、特定地方管理空港、地方管理空港、共用空港、その他の空港の6つの種別に分類されている。実質的に空港全体を管理運営しているのは、会社管理空港を管理している特殊会社の成田国際空港株式会社、官民共同出資の新関西国際空港株式会社、中部国際空港株式会社のみである（ただし、これらの空港においても航空管制および航空保安施設は国が管理・運営を行っている）。それ以外の空港では、一部の小規模空港を除いてひとつの主体が空港のすべての施設を管理・運営している例はなく、

## 5.2 空港施設の管理・運営の状況

表5-3 わが国における空港の管理・運営主体状況

| | おもな対象 | 空港分類 | 主体 | 運営または管理者 |
|---|---|---|---|---|
| 空港全体 | 基本施設<br>ターミナルビル他 | 会社管理 | 空港会社 | 成田国際空港株式会社<br>新関西国際空港株式会社<br>中部国際空港株式会社<br>(ただし、航空保安施設は国管理) |
| エアサイド | 基本施設<br>(滑走路、誘導路、エプロン) | 国管理、共用 | 国 | 国土交通省、防衛省(共用) |
| | | 特定地方管理、地方管理、その他 | 都道府県 | 北海道、青森県、岩手県、秋田県、山形県、福島県、東京都、新潟県、富山県、石川県、長野県、静岡県(※)、愛知県(※)、兵庫県、和歌山県、鳥取県、島根県、岡山県、山口県、佐賀県、長崎県、鹿児島県、沖縄県 |
| | | | 市 | 旭川市(※)、帯広市(※)、神戸市 |
| | 航空保安施設 | すべての空港 | 国 | 国土交通省 |
| | 航空灯火 | 国、共用 | 国 | 国土交通省、防衛省(共用) |
| | | 特定地方管理、地方管理、その他 | 都道府県および市 | 北海道、青森県、岩手県、秋田県、山形県、福島県、東京都、新潟県、富山県、石川県、長野県、静岡県(※)、愛知県(※)、兵庫県、和歌山県、鳥取県、島根県、岡山県、山口県、佐賀県、長崎県、鹿児島県、沖縄県、旭川市(※)、帯広市(※)、神戸市 |
| ランドサイド | ターミナルビル | 会社管理空港を除くすべての空港 | 民間会社(第三セクターを含む) | 旅客ターミナルビル会社<br>(一部、離島等の小規模空港は地方公共団体による) |
| | 駐車場 | 国管理 | 財団法人、民間会社 | 一般財団法人空港環境整備協会、旅客ターミナルビル会社、その他民間企業(一部は無料のため空港設置者が管理を実施) |
| | | 特定地方管理、地方管理、その他、共用 | 民間会社、社団法人 | 旅客ターミナルビル会社、社団法人、その他民間企業(無料駐車場の場合空港設置者が管理を実施) |

(注) ※：管理業務の一部を指定管理者制度または総合的民間委託により民間会社に委任または委託

施設ごとに異なる主体が管理・運営を行っている。

国(国土交通大臣)が設置管理者(空港を設置し、かつ管理するもの)である国管理空港においては、基本施設、航空灯火、航空管制、航空保安施設などは空港管理者である国が管理する。旅客ターミナルビル、貨物ターミナルビル、駐車場などの施設は第三セクターを含めた民間会社や財団法人などが管理・運営を行っている。

国が設置者(空港を設置するもの)で地方公共団体が管理者である特定地方

管理空港および地方公共団体が設置管理者である地方管理空港においては、基本施設と航空灯火は、空港の管理者である地方公共団体が管理し、航空管制と航空保安施設は国が管理している。旅客ターミナルビル、貨物ターミナルビル等の施設は、第三セクターを含めた民間会社などが管理・運営している。多くの地方空港では駐車場を無料化しており、この場合は空港設置管理者が管理・運営している。

防衛省あるいは米軍が設置管理者である共用空港においては、民間航空用の基本施設、航空灯火、航空管制施設および航空保安施設は国が管理し、旅客ターミナルビル、貨物ターミナルビル、駐車場等の施設は、第三セクターを含めた民間会社、財団法人などが管理・運営している。

地方公共団体あるいは国が設置管理者であるその他空港においては、基本施設と航空灯火は、空港の設置管理者である国あるいは地方公共団体が管理し、航空管制および航空保安施設は国が管理している。旅客ターミナルビル、貨物ターミナルビル、駐車場等の施設は、第三セクターを含めた民間会社などが管理・運営している。

このように、わが国における空港は、空港の種別によって管理・運営の形態が異なる。しかし、近年、地方自治法の改正にともない、空港の管理・運営においても、名古屋飛行場や静岡空港のように、指定管理者制度が導入され、管理の一部（事実行為）や事務処理業務が旅客ターミナルビル会社である名古屋空港ビルディング株式会社、富士山静岡空港株式会社に委任されるという例がみられる。

また、国が設置者となっている特定地方管理空港である旭川空港や帯広空港では、総合的民間委託を導入している。これは指定管理制度と同様の業務を旭川空港ビル株式会社および帯広空港ターミナルビル株式会社を代表者とした共同企業体に委託する制度である。

## 5.3 空港に関連する事業主体の状況

空港でさまざまな事業展開を行っている主体を、ACI（Airport Council International）が発行する「ACI World Airports Directory & ACI World Business Partners Directory」をもとに整理すると、表5-4に示すとおりとなる。

当該資料は、世界中の空港における事業例をもとに整理されたものであり、対象となっている空港にはすでに民営化されている空港も含まれていることか

## 5.3 空港に関連する事業主体の状況

**表 5-4 おもな空港関連主体の分類（ACI による分類）**

| |
|---|
| Access control and consulting（アクセス事業者） |
| Advertising（広告会社） |
| Air traffic control（航空管制事業者） |
| Aircraft engine and manufacture（航空機関連事業者） |
| Architects（建築事業者） |
| Baggage handling（手荷物取扱事業者） |
| Biometrics（生体認証事業者） |
| Boarding bridges and docking guidance systems（搭乗橋、航空機誘導システム事業者） |
| Car parking（駐車場事業者） |
| Car rental（レンタカー事業者） |
| Cargo and general service（貨物事業者） |
| Construction（建設事業者） |
| Consulting service、forecasting and statistics（計画コンサルタント事業者） |
| Environmental solution（環境関連事業者） |
| Executive search（人材関連事業者） |
| Finance（財務関連事業者） |
| Food and beverage（飲食関連事業者） |
| Furnishing and equipment（備品関連事業者） |
| Ground handling（地上ハンドリング事業者） |
| HBS、trace detection、TIP and screening（旅客取扱関連事業者） |
| Information technology（情報関連事業者） |
| Insurance（保険事業者） |
| Legal（法律事務所） |
| Management consultancy（経営コンサルタント事業者） |
| Market research（市場調査事業者） |
| Media（メディア） |
| Noise and flight track monitoring（運航監視事業者） |
| Operation（空港運営事業者） |
| Planning（計画関連事業者） |
| Product、suppliers and duty free（商業関連事業者） |
| Property（不動産事業者） |
| Refueling（給油関連事業者） |
| Rental consultants（レンタル事業者） |
| Runways、aprons and taxiways（基本施設関連事業者） |
| Service provider（サービス・プロバイダー） |
| Surveillance（セキュリティ関連事業者） |
| Systems integration（システム・インテグレータ） |
| Trade associations（協同組合） |
| Training and educational institutes（訓練関連事業者） |
| Transportation（輸送関連事業者） |
| Travel retail and other services（旅行事業者） |
| Trolleys（運搬関連事業者） |
| Winter services（冬季関連事業者） |
| Wireless / internet（インターネット関連事業者） |

（出所）「ACI World Airports Directory & ACI World Business Partners Directory 2009」（ACI）

ら、わが国では国が管理運営主体となっている航空管制や、空港の設置管理者が主体となっている基本施設の管理運営などの事業も対象となっている。なお、当該資料に記載がある実際の企業名は、400社を超えている。

また、参考として、航空防衛産業における専門誌を発行しているJane's社が発行する「Airports, Equipment and Services」で採用されている区分を示すと、表5-5のとおりとなる。

同社は、1,800社を超える世界中の事業者を、航空機地上支援、旅客ハンドリング、貨物ハンドリング、客室サービス、航空機洗浄、航空機除雪氷、旅客ターミナル、環境モニタリング、セキュリティ・システム、航空機事故対応、空港内通信、地上ハンドリングなどに区分している。なお、海外では、空港関連プロジェクトの実施にあたって、事業者の参加条件（応札条件）として、同書籍に事業者名が掲載されていることを要件としている例も少なくない。

表5-5　おもな空港関連主体の分類（Jane's社による分類）

| | |
|---|---|
| Airfield operations | Aircraft recovery equipment and emergency services |
| | Environmental monitoring and control |
| Airport information technology | |
| Airport services | Airport design, construction and maintenance |
| | Airport management and support |
| | Ground handling services |
| Maintenance station equipment | Access, lifting and handling |
| | Engine assembly / breakdown |
| | Hangers shelters and engine test cells |
| | Test and servicing equipment |
| Ramp equipment | Aircraft handling |
| | Aircraft servicing |
| | Aircraft washing / de-icing equipment |
| | Cargo / baggage handling |
| | Communications |
| | Fuelling operations |
| | Galley / cabin servicing |
| | Passenger handling |
| Terminal operations | Cargo handling |
| | Passenger handling |

（出所）「Airports, Equipment and Services（世界の空港機器年鑑）」（Jane's社）

## 5.4 空港計画 — 整備から運営の各段階における関連事業者の状況

最後に、わが国における空港整備プロジェクトを例に、空港の計画段階から、整備、運営に至るまでの各ステージに関連するおもな事業主体を整理すると、表5-6に示すとおりとなる。

現状においても空港の管理・運営にあたって多岐にわたる事業者が関連している。今後、わが国において、民営化が進むことになれば、より多くの事業主体にとって、多様な事業機会がもたらされることになろう。

表5-6 整備プロジェクトステージ別機能分類

| ステージ | 内容等 | 関連するおもな主体 |
|---|---|---|
| 計画段階 | 構想計画<br>基本計画<br>基本設計<br>実施設計<br>資金計画 | 必要性・可能性調査<br>需要予測調査<br>適地調査・拡張調査<br>施設基本・実施設計<br>アクセス整備計画<br>環境アセスメント<br>費用対効果分析<br>空港周辺整備計画<br>資金調達・ファイナンス | 国土交通省、地方公共団体<br>空港会社<br>建設コンサルタント会社<br>シンクタンク会社<br>建築設計会社<br>環境コンサルタント会社<br>金融機関 |
| 整備段階 | 整備管理<br>基本施設整備<br>補償対応<br>ターミナルビル整備<br>航空保安施設整備<br>関連施設整備 | EPC※コンストラクター<br>土木・建築工事<br>機械設備工事（供給／設置工事）<br>航空保安施設工事（供給／設置工事） | 国土交通省、地方公共団体<br>空港会社<br>建設会社<br>電機、重工メーカー<br>商社<br>金融機関 |
| 運営段階 | 基本施設等維持管理<br>ターミナルビル運営<br>航空管制<br>航空機騒音対応 | 基本施設、ターミナルビル等管理運営<br>非航空系事業<br>エアポートセールス／プロモーション<br>補償対策／地域共生対策<br>人材育成 | 国土交通省、地方公共団体<br>空港会社<br>旅客・貨物ターミナルビル会社<br>不動産会社<br>建設会社 |

(注) ※：EPC（Engineering, Procurement and Construction）は、設計・資機材調達・建設の意味。コンストラクターは、これらの請負業者を示す。

## 第6章　空港の経済的評価

### 6.1　空港の効率性 — 経済と経営

　戦後の民間航空産業の急速な発展にともない、わが国の政策担当者は航空事業の育成と空港インフラの整備に尽力してきた。結果としてわが国では多くの空港が整備された。わが国の空港はかつて、第一種から第三種までとその他の4つに分類され、整備されてきた歴史がある。第一種空港はおもに国際路線を、第二種空港は主として国内幹線を、第三種は地方の航空路線を担うものであり、そしてその他が自衛隊などとの共用空港であった。

　わが国の空港の数は、1967年に運輸省（現国土交通省）が空港整備計画を開始してから2000年のあいだに大きく増加し、特に第三種空港については1970年から2000年までの30年間にほぼ倍増した。もちろんこの大部分はこの間におきた航空需要の高まりに応えるためのものである。しかし第三種空港のいくつかは需要予測を大きく下回る輸送実績しかなく、その整備が航空需要の高まりに応えるという経済学的な理由ではなく、政治的な理由であった可能性も否定できない。また、第一種や第二種空港のなかにもその効率性に疑問がもたれているところも少なくない。これらは特に比較的最近になって供用を開始した空港に集中している。

　また、日本の空港のほとんどは（ターミナルビルを除いて）国あるいは地方自治体によって設置、管理されている。国管理空港の着陸料収入は空港整備特別会計（空港整備勘定）というひとつの会計に集約されたのち各空港に割り振られてきた。首都圏の空港が最大取扱能力の制約の問題に直面している一方で地方には予想航空需要を大きく下回る航空輸送実績しかない空港がある。空港・港湾・電気・水道などの市場原理がうまく機能しえない公共事業において、効率性の測定は重要である。

　空港では旅客や貨物の取り扱いや航空機の離着陸といったサービス生産を、滑走路やターミナルといった資本や労働を共有することによって、同時に産出する。このように空港における生産活動は結合生産の側面を持つため、投入と産出の相対的な関係を包括的かつ統一的な効率性の尺度で計測することは簡単ではない。空港の整備と経営に対する非効率性の批判がある一方で世界的な規

制緩和と自由化の波が空港運営の効率性を強く求めるようになった今日、わが国の空港の現状を客観的に把握し改善していく必要がある。そこで、わが国の空港の相対的な効率性を統一的かつ客観的に測定し、測定された効率性を空港の規模や立地によって分類して比較分析を行った。

2000年代にはいってからの「赤字空港」問題をはじめ、効率性という場合、経営上の効率性を意味していることがほとんどである。したがって、効率性は会計上の指標によってはかられ、議論の中心は赤字や黒字になってしまう。しかし、経営上の評価が経済学的な評価と一致するとはかぎらない。本章の問題意識はそこにもあり、経済学的な手法にもとづいて空港の効率性を説明する。

## 6.2 効率性の測定方法

経済主体のパフォーマンスを測定する方法は、いくつかのカテゴリーに分類できる。パフォーマンスを測定する意思決定主体は、しばしばdecision-making unit、DMUと呼ばれる。DMUのパフォーマンスを測定する典型的な方法には生産性比率があるが、これは投入物ひとつと生産される産出物ひとつずつのペアを比較する。DMUの生産する複数の産出物が同じ投入物を共有するとき、生産性比率は統一的なパフォーマンスの測定に必ずしも適していない。この場合、生産可能性フロンティアからの投入産出ベクトルの距離を測定する距離関数アプローチが用いられることが多い。また、各DMUについての財務データが入手可能であれば、指数アプローチを用いたり、あるいは費用関数などを確率的フロンティア分析の枠組みで測定することで、効率性を計測することもできる。さらに、このように得られた効率性は（純粋な）技術的効率性、配分効率、規模の経済に関する効率性など、いくつかの要素に分解できる。

たとえば、あるDMUは技術的には効率的であるが、各投入要素や産出される財の配分、生産規模においては非効率である状態では、適切な方法と仮定によって、非効率を生む原因を分離できる。また、時系列的な技術の進歩と生産性の向上は通常、マルムキスト指数と呼ばれる比較静学的な手法や、動学的データ包絡法などにより分析される。マルムキスト指数は、あるDMUの効率性変化を、DMU自身の効率性変化と産業全体の技術の進歩に分類する。

代表的な距離関数アプローチであるデータ包絡法（DEA：data envelopment analysis）は、線形計画法を応用して生産可能性集合を特定したうえで距離関数アプローチを用いて効率性を算出するためのノンパラメトリックな手法であ

る。これは、共通する複数の投入物を用いて複数の産出物を生産するDMUの相対的生産性や効率を評価するために利用されることが多い。DEAは空港の生産性以外にも、オーストラリアの公立大学の効率性、ヘッジファンドのパフォーマンス評価、欧州のコンテナターミナルの効率性など多くの分野へ適用されている。DEAの長所としては、①必要なデータは物理的データに限られ、財務データや名義データは必要としない、②関数形式に関する推測的仮定を必要としない、③複数の産出物を結合生産する場合へ適用可能、などかあげられる。他方、短所としては、①外れ値に対して極めて敏感である、②生産可能性集合の特定時にデータの一部のみを利用するため推定が非効率である、という点がある。DEAをマルムキスト・アプローチと組み合わせて、時間の経過にともなう技術的進歩と効率性の改善を分離し、それらを測定することもできる。

　結合生産活動の効率性の計測には従来からいくつかの方法があるが、ここではDEA法と内生加重TFP法（EW-TFP法）を用いた日本の空港の効率性の分析の結果を紹介する。内生加重TFP法は吉田（2004）[1]により開発されたパラメトリックな効率性測定手法である。これら本質的に構造の異なるふたつの特異な手法を独立に用いて日本の各空港の効率性を計測することで、日本の航空政策に対する批判の妥当性を多面的に検証する。

## 6.3　効率性の計測

### (1) 使用データ

　使用するデータは、2000年時点における4つの第一種空港、24の第二種空港、34の第三種空港、そして5つのその他空港を含む67空港についての4つの投入要素と3つの生産されるサービスである。生産されるサービスは、旅客と貨物の取扱量および離着陸数である。旅客と貨物の取扱量は空港活動における最終生産物であるのに対し、航空機の離着陸は空港サービスの利用者である航空会社に対する中間生産物である。一方の投入要素には滑走路やターミナルといった資本投入と労働やアクセス費用などの利用者費用が含まれる。資本投入を反映するひとつの変数としての滑走路については、その長さ（滑走路延長）が受け入れられる航空機の大きさや積載重量を規定するため、単純な本数より

---

[1] 詳細については参考文献〔16〕を参照のこと。

## 6.3 効率性の計測

も正確にその生産に対する寄与度を測る物差しとなる。複数の滑走路がある場合には合計した。

たとえば、3,000メートル級の長い滑走路をもちながら大型機を用いた国際航空路線が就航しない空港は、この計測では効率性が落ちる。このような状況は2001年に滑走路を3,000メートルに拡張した岡山空港などにみられた。少なくとも2002年の段階で岡山空港にはごく少数のアジアの航空会社が就航しているだけで、拡張は非効率的な過剰投資であった可能性が否めない。航空政策研究会（2009年）において試算された岡山空港の空港収支がいわゆる黒字を計上しており、経済学的な効率性と経営の効率性を比較するうえで興味深い。

上空から見る岡山空港

ターミナル変数は、空港にあるすべてのターミナルビルの延べ床面積の合計である。ターミナルビルの大きさは、取り扱うことのできる旅客や貨物の最大量を決定する重要な資本投入要素である。逆にいえば、取り扱う旅客や貨物の量に対して過大なターミナルビルは、非効率を意味する。

利用者費用の重要な部分を占めるアクセス費用は、空港へのアクセスに必要とされる金銭的費用と時間費用の和とした。したがって、アクセス費用の値は地理的な距離ばかりでなくその交通手段にも依存する。たとえば、市中心部からの距離がおよそ50 kmもありおもな交通手段であるバスを利用しておよそ50〜60分かかる広島空港などは、時間費用の観点からもアクセス費用が高い空港に分類される。他方、羽田などは都心部とモノレールなどで結ばれており、アクセス費用は比較的安くなる。この投入要素の特徴は、それが主たるサービス生産主体である空港ではなく利用者によって支払われるということである。これまでの研究では、交通手段乗車中の時間費用は賃金のおよそ42%であり、2000年の日本の平均賃金を用いるとこの値は1分あたり約13.7円となる。空港への交通手段には主としてバス、電車、タクシーなどが考えられるが、これらそれぞれについてアクセス費用を計算した後、最小のものをその空港へのアクセス費用とした。ほとんどの空港には民営あるいは公営の市中心部へのシャ

トルバスがあり、これらの運行頻度は頻繁かあるいは飛行機の発着時刻に合わされているため、待ち時間費用は無視されている[2]。

空港全体の労働者数データは、成田や関西空港を除いて把握することが難しい。ほとんどの日本の国内空港は国、あるいは地方自治体により設置、管理されており、その運営に直接にたずさわる係員の人数は必ずしも一定していない。極端な例ではあるが、小規模な地方空港などでは飛行機が発着する時間だけ係員が役所から出張するケースもある。しかも、ほとんどの空港のターミナルビルは民間企業によって運営されており、そこでは多くの企業や団体が売店、警備、駐車場などの財やサービスの供給を行っている。地方自治体もこれらの企業や団体の活動を直接に監督、把握しておらず、集計された労働者数のデータは極めてその入手が困難であるため、ここではターミナルビル会社のみに属する従業員の数を、労働データの代理変数として用いた。

### (2) DEA法による計測結果（表6-1）

まず、規模に関して収穫不変の場合（CRS）と変化する場合（VRS）のそれぞれの仮定のもとで、投入ベースのDEA法によって日本の67空港の効率性を計測した。投入要素に比較して産出水準の高さを測定する産出ベースに対して、投入ベースの効率性は実際の産出の水準に比較して投入要素がどの程度効率的に使われたかを表わす。

CRSの仮定のもとでのDEA効率性については67空港のうち、18空港の効率性が100％であった。この結果は、測定のための前提条件が満たされていれば、効率的であることを意味する。4つの第一種空港（成田、関西、羽田、伊丹）は、効率性が100％であった。成田はひとりあたりのアクセス費用が3,575円（全空港平均は1,018円）であるにもかかわらず、効率的であった。これは成田の利用率の高さが高いアクセス費用の負の影響を相殺したためであろう。しかし、また伊丹から関西へ国際線を政策的に移したという経緯からこれらふたつの空港は効率性が低いという予想に反して効率的であった。第二種空港のなかでは、名古屋、福岡、鹿児島、那覇の効率性が100％であった。これらの空港は地方の中心都市にあるため第二種空港のなかでは航空需要が大きい。第三種空港のなかで効率性100％の結果を得たものはすべて、大島や喜界島などの

---

[2] 詳細については参考文献〔15〕を参照のこと。

6.3 効率性の計測

表 6-1 DEA 法による効率性の測定値

| 種別 | 空港名 | コード | 効率 | | 順位 | |
|---|---|---|---|---|---|---|
| | | | h0 (CRS) | h0 (VRS) | CRS | VRS |
| 第一種 | 新東京国際 | NRT | 1.000 | 1.000 | 1 | 1 |
| | 関西国際 | KIX | 1.000 | 1.000 | 1 | 1 |
| | 東京国際 | HND | 1.000 | 1.000 | 1 | 1 |
| | 大阪国際 | ITM | 1.000 | 1.000 | 1 | 1 |
| 第二種 | 新千歳 | CTS | 0.932 | 0.933 | 17 | 20 |
| | 旭川 | AKJ | 0.374 | 0.489 | 53 | 61 |
| | 稚内 | WKJ | 0.354 | 0.522 | 56 | 55 |
| | 釧路 | KUH | 0.393 | 0.511 | 51 | 59 |
| | 帯広 | OBO | 0.425 | 0.512 | 49 | 58 |
| | 函館 | HKD | 0.651 | 0.656 | 26 | 36 |
| | 仙台 | SDJ | 0.589 | 0.635 | 32 | 39 |
| | 秋田 | AXT | 0.347 | 0.485 | 57 | 62 |
| | 山形 | GAJ | 0.322 | 0.471 | 60 | 63 |
| | 新潟 | KIJ | 0.606 | 0.698 | 29 | 30 |
| | 名古屋 | NGO | 1.000 | 1.000 | 1 | 1 |
| | 広島 | HIJ | 0.584 | 0.604 | 33 | 42 |
| | 山口宇部 | UBJ | 0.307 | 0.546 | 62 | 50 |
| | 高松 | TAK | 0.417 | 0.500 | 50 | 60 |
| | 松山 | MYJ | 0.908 | 0.924 | 18 | 21 |
| | 高知 | KCZ | 0.814 | 0.824 | 20 | 24 |
| | 福岡 | KUK | 1.000 | 1.000 | 1 | 1 |
| | 北九州 | KKJ | 0.657 | 0.678 | 24 | 32 |
| | 長崎 | NGS | 0.577 | 0.800 | 35 | 26 |
| | 熊本 | KMJ | 0.504 | 0.537 | 41 | 52 |
| | 大分 | OIT | 0.372 | 0.435 | 54 | 66 |
| | 宮崎 | KMI | 0.685 | 0.698 | 23 | 29 |
| | 鹿児島 | KOJ | 1.000 | 1.000 | 1 | 1 |
| | 那覇 | OKA | 1.000 | 1.000 | 1 | 1 |
| 第三種 | 奥尻 | OIR | 0.571 | 1.000 | 37 | 1 |
| | 中標津 | SHB | 0.787 | 0.823 | 21 | 25 |
| | 紋別 | MBE | 0.426 | 0.638 | 48 | 38 |
| | 女満別 | MMB | 1.000 | 1.000 | 1 | 1 |
| | 青森 | AOJ | 0.443 | 0.519 | 47 | 56 |

|  |  |  |  |  |  |  |
|---|---|---|---|---|---|---|
|  | 大館能代 | ONJ | 0.210 | 0.537 | 67 | 53 |
|  | 花　巻 | HNA | 0.301 | 0.551 | 63 | 49 |
|  | 庄　内 | SYO | 0.307 | 0.523 | 61 | 54 |
|  | 福　島 | FKS | 0.285 | 0.445 | 64 | 65 |
|  | 大　島 | OIM | 1.000 | 1.000 | 1 | 1 |
|  | 新　島 | － | 1.000 | 1.000 | 1 | 1 |
|  | 三宅島 | MYE | 0.594 | 0.739 | 31 | 27 |
|  | 八丈島 | HAC | 0.374 | 0.580 | 52 | 46 |
|  | 佐　渡 | SDO | 1.000 | 1.000 | 1 | 1 |
|  | 富　山 | TOY | 0.577 | 0.677 | 36 | 33 |
|  | 松　本 | MMJ | 0.561 | 0.589 | 39 | 44 |
|  | 南紀白浜 | SHM | 0.582 | 0.583 | 34 | 45 |
|  | 鳥　取 | TTJ | 0.478 | 0.563 | 44 | 48 |
|  | 隠　岐 | OKI | 0.527 | 0.941 | 40 | 19 |
| 第三種 | 出　雲 | IZO | 0.563 | 0.667 | 38 | 34 |
|  | 岡　山 | OKJ | 0.326 | 0.424 | 59 | 67 |
|  | 佐　賀 | HSG | 0.445 | 0.575 | 46 | 47 |
|  | 対　馬 | TSJ | 0.362 | 0.615 | 55 | 41 |
|  | 福　江 | FUJ | 0.648 | 0.712 | 27 | 28 |
|  | 種子島 | TNE | 0.484 | 0.657 | 43 | 35 |
|  | 屋久島 | KUM | 0.734 | 1.000 | 22 | 1 |
|  | 奄　美 | ASJ | 0.491 | 0.642 | 42 | 37 |
|  | 喜　界 | KKX | 1.000 | 1.000 | 1 | 1 |
|  | 徳之島 | TKN | 0.232 | 0.514 | 66 | 57 |
|  | 沖永良部 | OKE | 1.000 | 1.000 | 1 | 1 |
|  | 与　論 | RNJ | 0.631 | 0.901 | 28 | 22 |
|  | 久米島 | UEO | 0.335 | 0.541 | 58 | 51 |
|  | 宮　古 | MMY | 0.445 | 0.596 | 45 | 43 |
|  | 石　垣 | ISG | 1.000 | 1.000 | 1 | 1 |
|  | 札幌（丘珠） | OKD | 1.000 | 1.000 | 1 | 1 |
|  | 三　沢 | MSJ | 0.656 | 0.679 | 25 | 31 |
| 共　用 | 小　松 | KMQ | 0.601 | 0.633 | 30 | 40 |
|  | 美保（米子） | YGJ | 0.250 | 0.458 | 65 | 64 |
|  | 徳　島 | TKS | 0.815 | 0.852 | 19 | 23 |

離島にある6空港である。この結果は、部分的には低いアクセス費用によって説明できるが、それよりも、投入によって規定される空港の規模がその需要に合致しているためと考える方が自然であろう。

つぎに効率性の比較的低かったいくつかの空港について考察する。最も低い効率性を記録したのは大館能代であり、これは過剰投資の批判の対象となった空港でもある。そしてさらに下から徳島、美保、福島、花巻がこれにつづいている。これらの空港には、アクセス費用が他と比べて高いうえに鉄道などの代替手段があり、航空需要が小さい。下位5空港のうち4空港が第三種であり、これは予想されたとおり地方空港の非効率性を示唆するようにみえるが、しかし効率性の分布を全体的にみると必ずしも第三種空港は分布の下位に偏っているとはいえない。

VRSの仮定のもとでのDEA効率性は、CRSでは取り除くことができない規模による効率性を取り除くことによって、純粋に技術的効率性を測定するといわれる。技術的効率性とは、産出水準に見合った投入要素の水準が選ばれているかどうかを測定することを意味する。構造的に、CRSで効率性が100%と推定された空港についてはVRSでも必ずその効率性は100%となるが、逆のことは必ずしもいえない。

CRSとVRSの効率性の測定結果の相関が0.94（ピアソン相関係数）であることは結果に大きな違いはないことを示唆している。しかし、各空港を見てみると、そのいくつかではCRSとVRSで効率性の測定値が大きく異なっている。たとえば奥尻や屋久島などは規模の非効率が大きくCRSではその順位がそれぞれ37位と22位であったのに対し、VRSではともに完全効率（すなわち100%）のであった。隠岐、大館能代、花巻、対馬などについてもこれと同じことがいえる。

これらの空港についてはVRSによる順位はCRSによるそれよりも高い。しかしながら、DEA法では特にVRSを仮定したときに分布から大きくはずれた特異な空港の効率性が過大評価されるため、これらの結果をそのまま利用することは賢明ではない。逆に、大分、熊本、南紀白浜、函館などは、順位はVRSよりもCRSの方が高い。これらの空港については規模の効率性が他の空港よりも高かったためCRSでは高順位が得られた一方で、VRSの仮定のもとでは規模の分布の両端に位置する大きな、あるいは小さな空港の順位が上がったため、相対的に順位を落としたと考えるほうが妥当であろう。DEA法の本

質的な弱点のひとつである外れ値への過剰な感受性のために、VRS によって計測される技術的効率性はこのように特異な空港については過大評価である一方、平均的な規模の空港については過小評価となる。これを端的に表わすのが大館能代や奥尻といった小規模空港で、投入に比べて極端に低い産出水準であっても、それが規模分布の最下端にあるというだけで VRS の仮定のもとでは非常に高い効率性が測定されている。

このようなことから総合的に VRS による効率性の測定値は信頼性が低いといわざるを得ない。したがって以下の分析では CRS による効率性の測定値をもちいて、第三種地方空港および 1990 年代以降に共用が開始された空港の効率性についての仮説検定を行う。DEA 法による効率性のスコアは 0 から 1 までの閉区間の値をとるため、一般的な最小二乗法は不適切である。ここでは空港分類に関するダミー変数を独立変数とした Tobit モデルを、DEA 法による効率性のスコアに対して用いて仮説検定を行った。実際のモデルの推定には最尤法をもちいる。

67 空港のうちの 24 の第三種空港にダミーを割りあてて上述のモデルを推定した結果、第三種空港ダミーの係数の推定値の z 統計値は低く、第三種空港はその他空港に比べて非効率ではないという帰無仮説は 10% の有意水準でさえ棄却されない[3]。次に、地理的立地条件の効率性に与える影響を見てみるためにまず離島にある 18 すべての空港ダミーを割り当て、これをその他の空港に対して比較したところ、離島にある空港はその他の空港に比べて非効率的ではないという帰無仮説は、やはり 10% の有意水準をもってしても棄却されなかった。しかし離島を除く 49 空港について第三種空港とその他空港を比較した結果、本土にある第三種空港は本土にあるその他の空港に比べて非効率ではない、という帰無仮説は 5% の有意水準で棄却される。すなわち、本土にある第三種空港は本土にあるその他の空港に比べて有意に非効率であるといえる。DEA 法の結論としては、本土にある第三種空港は本土にあるその他の空港に比べて非効率的である、ということがいえる。

また 1990 年代以降に供用が開始された 11 の空港の効率性をその他すべての空港と比較した結果、これら新しい空港はその他の空港に比べて非効率ではな

---

[3] 仮説検定法では、この場合、帰無仮説 $H_0$「非効率でない」が統計的にある危険確率（有意水準 $\alpha$）で妥当かどうかを判断するもので、この仮説が棄却（否定）されると対立仮説 $H_1$「非効率である」を妥当とする。

い、という帰無仮説は5%の有意水準では棄却されないものの10%で棄却される。したがって、10%の有意水準では1990年代以降に供用が開始された新しい空港はその他の空港に比べて非効率である。

### (3) EW-TFP法による効率性の計測結果（表6-2）

次にDEA法と同一のデータを使ってEW-TFP法による効率性の測定を行ったところ、上位5空港は順に、石垣、丘珠、沖縄、喜界島、そして沖永良部であった。上位5空港のうち実に4空港までが離島空港であり、全67空港のデータには離島空港がわずか11空港しかないことを考えれば、地理的立地条件が効率性に与える影響が極めて大きいことがうかがえる。また、上位5空港については規模のばらつきが非常に大きい。最も小さい沖永良部の産出水準指数に対し、沖縄のそれは10倍以上である。またその他すべての空港についても規模と効率性との間には一見して相関はない。

DEA法と違い、4つの第一種空港はそれぞれ効率性の分布の中央付近に位置している。伊丹が一番高いが、それでも順位は19位で、その他3空港については、成田が35位、関西が37位、羽田が38位であり、またすべての効率性が基準値1を下回っている。これは成田などの場合は高いアクセス費用を、また関空や伊丹などの場合は低い利用率を反映しているためであろうと考えられる。

第三種空港は効率性の分布の全体にほぼ均一に散らばっているように見える。実際、最上位5空港および最下位5空港のうちのそれぞれ3空港ずつが第三種に属し、また、第三種空港の効率性の平均値はその他の空港のそれよりもわずかに低いけれども、この差は統計的に有意ではない。第三種空港を第二種空港と比較したときにはその効率性の平均の差はさらに小さくなり、これもまた統計的に有意ではない。すべての第三種空港について全体的にその非効率性を論ずることは、DEA法による結果に続いてここでも統計的に否定されたことになる。

しかし第三種空港を離島と本土の地理的立地条件により分類するとこの結果はまったく異なったものとなる。すべての離島空港の効率性の平均値はおよそ1.25であるのに対し、その他すべての本土の空港のそれは0.98であった。この差は1%の水準で統計的に有意であり、地理的立地条件の効率性に与える影響の重大さをあらためて確認する結果となった。この結果を受けてデータを本

表 6-2　EW-TFP 法による投入ベースの効率性測定値

| 空港名 | コード |  | 空港名 | コード |  |
|---|---|---|---|---|---|
| 旭　川 | AKJ | 0.9703 | 三宅島 | MYE | 0.7393 |
| 青　森 | AOJ | 0.9226 | 松　山 | MYJ | 1.3059 |
| 奄　美 | ASJ | 1.1014 | 名古屋 | NGO | 1.4834 |
| 秋　田 | AXT | 0.8765 | 長　崎 | NGS | 0.7389 |
| 新千歳 | CTS | 0.8960 | 新　島 | Niijima | 0.9893 |
| 福　島 | FKS | 0.7096 | 新東京国際 | NRT | 0.9620 |
| 福　江 | FUJ | 0.9115 | 帯　広 | OBO | 1.0271 |
| 山　形 | GAJ | 0.7641 | 大　島 | OIM | 1.6309 |
| 八丈島 | HAC | 1.1012 | 奥　尻 | OIR | 0.7230 |
| 広　島 | HIJ | 0.9716 | 大　分 | OIT | 0.7227 |
| 函　館 | HKD | 1.1273 | 那　覇 | OKA | 1.9011 |
| 花　巻 | HNA | 0.8620 | 札幌（丘珠） | OKD | 2.1128 |
| 東京国際 | HND | 0.9446 | 沖永良部 | OKE | 1.7627 |
| 佐　賀 | HSG | 0.8604 | 隠　岐 | OKI | 0.7025 |
| 石　垣 | ISG | 1.0000 | 岡　山 | OKJ | 0.7863 |
| 大阪国際 | ITM | 1.1717 | 大館能代 | ONJ | 0.4682 |
| 出　雲 | IZO | 1.1949 | 与　論 | RNJ | 1.1089 |
| 高　知 | KCZ | 1.3713 | 仙　台 | SDJ | 0.9073 |
| 新　潟 | KIJ | 0.7403 | 佐　渡 | SDO | 1.0556 |
| 関西国際 | KIX | 0.9488 | 中標津 | SHB | 0.8847 |
| 北九州 | KKJ | 0.9022 | 南紀白浜 | SHM | 0.8677 |
| 喜　界 | KKX | 1.7869 | 庄　内 | SYO | 0.7978 |
| 宮　崎 | KMI | 1.2353 | 高　松 | TAK | 0.9625 |
| 熊　本 | KMJ | 1.0701 | 徳之島 | TKN | 0.6045 |
| 小　松 | KMQ | 1.1007 | 徳　島 | TKS | 1.2634 |
| 鹿児島 | KOJ | 1.3282 | 種子島 | TNE | 1.0139 |
| 釧　路 | KUH | 0.9832 | 富　山 | TOY | 1.0913 |
| 福　岡 | KUK | 1.5477 | 対　馬 | TSJ | 0.9516 |
| 屋久島 | KUM | 1.2843 | 鳥　取 | TTJ | 1.0065 |
| 紋　別 | MBE | 0.4096 | 山口宇部 | UBJ | 0.8552 |
| 女満別 | MMB | 1.2289 | 久米島 | UEO | 0.9124 |
| 松　本 | MMJ | 0.8846 | 稚　内 | WKJ | 0.8184 |
| 宮　古 | MMY | 1.2156 | 美保（米子） | YGJ | 0.7014 |
| 三　沢 | MSJ | 0.7206 |  |  |  |

土にある空港に限定した上で第三種空港の効率性を検証したところ、本土にある第三種空港の効率性の平均値はその他の本土の空港の効率性の平均値に対し1％の水準で統計的に有意に低かった。本土にある第二種と第三種空港を比較したときにも同じ結論となる。

DEA 法によるときと同じように、1990 年以降に供用が開始された空港についてもその EW-TFP 法による効率性測定値を用いて仮説検定を行った。

1990 年以前に整備さされた空港の効率性の平均値が 1.1 であるのに対し、新しい空港の効率性の平均値は 0.79 と極めて低い。これらの空港の DEA 法に基づく効率性の平均値の差は 10％水準で有意であったのに対し、EW-TFP 法による効率性のスコアの平均値の差は 1％の水準で有意である。すなわち EW-TFP 法は、1990 年以降に供用が開始された空港の非効率性をより統計的に強い検定力で支持する結果となった。

また EW-TFP 法を用いて効率性を計測するにあたって推定された生産関数のかたちから日本の各空港の（局所的）規模の経済性を計算した結果、それらの値はすべて 1 以上となった（最低が新島の 1.1 で、最高が三沢の 2.6）。これは日本の空港サービスの生産技術は規模に関して収穫が逓増的であることを意味する。この点は、限界費用価格形成の思想にもとづいた空港が運営されれば、適当な補助金が必要であることを示唆する。また、推定された生産関数の投入要素間と産出物間の代替の弾力性はそれぞれ 0.67 と 2.92 であった。これらの値は投入要素の代替を表す等量曲線が凸関数であり、生産物間の代替を表す生産可能性曲線が凹関数であることを意味している。

## 6.4 空港の効率性の評価

本章では、DEA 法と EW-TFP 法を用いてわが国の空港の効率性を測定し、近年よく議論される日本の地方空港の非効率性と、90 年代以降における空港の乱造という批判を検証した。日本の 67 空港について、滑走路長、ターミナルビル床面積、労働、そしてアクセス費用の 4 つの投入要素と、旅客数、貨物取扱量および航空機の離着陸数の 3 つの産出サービスのデータを用いた。DEA 法と EW-TFP 法のいずれの場合も、規模と効率性の間に明確な相関がないように見える。統計的仮説検定の結果、第三種空港として分類される比較的小規模の地方空港が一般にその他の空港に比べて非効率である、という議論に対しては否定的な結果が得られた。しかし第三種空港を地理的立地条件に

よって分類してみると、本土（北海道、本州、四国、九州）に存在する第三種空港の効率性の平均はその他の空港のそれ比べて低いことが明らかになった。また、1990年以降に供用が開始された空港の効率性が既存の空港に比べ極めて低いことも明らかなった。これらの結果は、最近の航空政策に対する批判に客観的な支持を与えたといえる。

DEA法による結果とEW-TFP法による結果は、すべての検定において質的に同一の方向性（あるいはたがいに矛盾しない含意）をもっていた。しかし、検定のほとんどにおいてEW-TFP法はDEA法に比べて検定力が強かった。これはおそらく生産可能性曲線の推定の効率性の違いによるものと考えられる。また本質的にまったく異なるふたつの測定法を用いたにもかかわらず同じ結果が得られたことは、検証の結果の妥当性を強固にしている。

戦後の民間航空需要の増大を受けた数次にわたる空港整備計画を通じて、わが国では多くの空港が建設された。特に、かつて第三種空港と分類されていた地方空港の数は1970年から2000年までの間に倍増した。

特に1990年代以降に整備された空港のうちのいくつかは、当初の航空需要予測を下回る輸送実績しかなく、過剰投資の批判を受けた。

本章ではデータ包絡線分析とパラメトリックな生産関数推定の異なるふたつの手法を用いて、日本の空港の生産効率性を計測し、上述した議論を客観的に検証した。その結果、本州に存在する旧第三種空港と、1990年代以降に整備された空港の効率性が相対的に低いということが明らかになった。

【参考文献】
[1] Abbott, M. and C. Doucouliagos(2003) The efficiency of Australian universities: a data envelopment analysis. *Economics of Education Review*, 22, 89-97.
[2] Atkinson, A.E. and J.H. Dorfman(2005) Bayesian measurement of productivity and efficiency in the presence of undesirable outputs: crediting electric utilities for reducing air pollution. *Journal of Econometrics*, 126, 445-468.
[3] Banker, R.D., Charnes, A., Cooper, W.W.(1984) Some models for estimating technical and scale inefficiency in data envelopment analysis. *Management Science* 30, 1078-1092.
[4] Charnes, A., Cooper, W.W., Rhodes, E.(1978) Measuring the efficiency of decision making units. *European Journal of Operational Research* 2, 429-444.
[5] Chung, Y.H., R. Fare and S. Grosskopf(1997) Productivity and undesirable outputs: a directional distance function approach. *Journal of Environmental Management*, 51, 229-240.
[6] Coelli, T.J. and D.S.P. Rao(2005) Total factor productivity growth in agriculture: a

6.4 空港の効率性の評価    *127*

Malmquist index analysis of 93 countries, 1980-2000. *Agricultural Economics*, 32s1, 115-34.
[7] Cullinane, K.P.B. and T. Wang(2006) The efficiency of European container ports: a cross-sectional data envelopment analysis. *International Journal of Logistics: Research and Applications*, 9(1), 19-31.
[8] Farrel, M.J.(1957) The measurement of productive efficiency. *Journal of the Royal Statistical Society*, Series A(General)120(3), 253-290.
[9] Gillen, D., Lall, A.(1997) Developing measures of airport productivity and performance: an application of data envelopment analysis. *Transportation Research E: Logistics and Transportation Review* 33, 261-273.
[10] Gregoriou, G.N., K. Sedzro and J. Zhu(2005) Hedge fund performance appraisal using data envelopment analysis. *European Journal of Operational Research*, 164, 555-571.
[11] McMullen, B.S. and D. Noh(2007) Accounting for emissions in the measurement of transit agency efficiency: a directional distance function approach. *Transportation Research Part D*, 12, 1-9. Murillo-Melchor,
[12] Nemoto, J. and M. Goto(2003) Measurement of dynamic efficiency in production: an application of data envelopment analysis to Japanese electric utilities. *Journal of Productivity Analysis*, 19, 191-210.
[13] Park, K.H. and W.L. Weber(2006) A note on efficiency and productivity growth in the Korean Banking Industry, 1992-2002. *Journal of Banking and Finance*, 30, 2371-2386.
[14] Pathomsiri, S., A. Haghani, M. Dresner and R.J. Windle(2008) Impact of undesirable outputs on the productivity of US airports. *Transportation Research Part E*, 44, 235-259.
[15] Small, K.(1982) The scheduling of consumer activities: work trips. *The American Economic Review* 72, 467-479.
[16] Yoshida, Y.(2004) Endogenous-weight TFP measurement: methodology and its application to Japanese-airport benchmarking. *Transportation Research Part E*, 40(2), 151-182.
[17] Yoshida, Y., Yamaguchi, K., Yamamoto, M.(2010) Dynamic and static productivity measurements of Japanese airlines: can they really compete through the liberalization in Asian aviation industry? *Far Eastern Studies*, 9, 31-63.

# 第7章　空港経営の財務構造と資金調達

## 7.1　航空系収入

### (1) 空港整備とその制度

　わが国の空港は多くの交通社会資本と同様、需要に対応しつつ安全に運営することを念頭に、計画にもとづいた整備運営がなされてきた。その方針は1956年の「空港整備法」によって定められたが、当初は一般会計予算の範囲内で毎年度、必要に応じて整備されるにすぎなかった。

　しかし、1960年代の高度経済成長以降、空港整備を単年度事業として実施する従前の整備方式は急増する航空需要に対応することが困難となった。それゆえ、多年度にわたる空港整備計画の策定とともに、必要となる財源の確保が求められた。これらを背景に、1967年に「空港整備五箇年計画」、1970年には「空港整備特別会計」といったわが国の空港整備の根幹となる制度が相次いで打ち出された。

　現在では、わが国に97の空港が配置されるまでとなり、2002年の交通政策審議会航空分科会答申で指摘されたように、地方空港の配置的側面からの整備は概成したものととらえられている。すなわち、今後の国内空港整備の要諦は、国内各地を結ぶ全国的な航空ネットワークの拠点となる東京国際（羽田）空港の容量拡充であり、既存地方空港にあってはその施設の利活用を促すという質的な側面に重点が置かれる方向にある。

　このように、政策の軸足は空港整備から空港運営にシフトしつつある。現に、空港整備が目的であった「空港整備法」は2008年に改正され、新たに「空港法」として定められたが、その第1条では維持管理を効果的かつ効率的に行うことが本法の目的と掲げられている。

　以下の節では、今後の空港運営を考えるうえで不可避となる空港収入の実態を中心に、費用との比較も含めて概括する。また、あわせて現在の空港運営体制や航空旅客数の推移も把握しつつ、今後の空港運営に不可欠な財源確保の考え方について指摘する。

## (2) 空港の種別

空港の整備および維持管理における資金のフローについて確認するうえでは、まず空港の種別や空港運営にかかわる多様な主体の存在について把握する必要がある。これは種別によって設置者が異なり、収入や費用の流れが異なるからである。まず、空港種別であるが、この区別は空港法によって定められている。また、空港種別にあわせて設置や維持管理、費用の負担がそれぞれ定められている。

空港種別としては、おおまかに「拠点空港」、「地方管理空港」、「共用空港」の3区分が設けられている。このうち、「拠点空港」は国際航空輸送網や国内航空輸送網における拠点となる空港と位置づけられ、具体的には「会社管理空港」と区分される成田国際、中部国際、関西国際、大阪国際の4空港と、「国管理空港」と区分される19空港および国が設置し地方公共団体が管理する「特定地方管理空港」の5空港の計28空港である。

「地方管理空港」は空港法第5条第1項に規定され、国際航空輸送網または国内航空輸送網を形成するうえで重要な役割を果たす空港で、地方公共団体が空港の設置および維持管理者となっている。また、地方管理空港は全国に54空港が存在するが、このうち礼文空港は2009年4月から2015年3月末まで供用が休止されているほか、福井、小値賀、波照間、伊江島、上五島、慶良間、下地島、粟国の8空港には定期便が就航していない。

「共用空港」は空港法附則第2条第1項に規定され、防衛省もしくは米軍が設置および維持管理を行っている。共用空港として国内に8飛行場が指定されているが、このなかに含まれる千歳飛行場には定期便は就航していない。

なお、これらの国管理、特定地方管理、地方管理、共用空港といった設置および維持管理者にもとづく区分は、空港法の前身となる空港整備法の分類を引き継いだものである。

## (3) 空港運営を担う主体

航空機離着陸の用に供する空港では、多様な主体がそれぞれの役割を担うことでひとつの空港としての機能をまっとうしている。ひとつの空港内にある施設をおおまかに分類すると、基本施設（滑走路や誘導路、エプロン）、附帯施設（排水施設や護岸、道路、自動車駐車場および橋梁）、管制施設、ターミナルビルとなる。

基本施設と附帯施設については、空港の設置および維持管理者がその施設の造成、維持管理にあたることが多いが、それ以外の各施設は異なる主体がそれぞれの事業を担うのが一般的である。なお、管制施設についてはすべての空港において国が設置管理と運営を担っている。そして、それらの施設に関する整備事業費は、空港法によってそれぞれ負担割合が定められている（表7-1）。

もちろん、上記の分類以外にも空港内に施設は存在する。たとえば、給油や機体整備などの航空機サービスのための施設や、税関、出入国管理および防疫等のCIQ業務にかかわる施設などである。航空機サービスのための施設について、会社管理空港ではそれぞれの空港会社がそれらのサービスの提供を行っているが、それ以外の空港では独立の民間企業がサービスを提供するのが一般

表7-1 空港整備事業における国の負担率および補助率

| 空港の種類 | | 負担補助の別 | 負担補助の別 | 新設または改良 | | | | | 災害復旧 | 地方空港整備特別事業 |
|---|---|---|---|---|---|---|---|---|---|---|
| | | | | 一般 | 北海道 | 離島 | 奄美 | 沖縄 | | |
| 拠点空港 | 羽田空港 | 負担 | 基本施設 | 100% | - | - | - | - | 100% | - |
| | | | 附帯施設 | 100% | - | - | - | - | 100% | - |
| | 上記空港を除く国管理空港 | 負担 | 基本施設 | 2/3 | 85% | 80% | - | 95% | 80% | - |
| | | | 附帯施設 | 100% | 100% | 100% | - | 100% | 100% | - |
| | 特定地方管理空港 | 負担 | 基本施設 | 55% | 2/3 | 80% | - | 90% | 80% | - |
| | | 補助 | | - | - | - | - | - | - | 40%以内 |
| | | 補助 | 附帯施設 | 55%以内 | 2/3以内 | 80% | - | 90% | 80%以内 | 0% |
| 地方管理空港 | | 負担 | 基本施設 | 50% | 60% | 80% | 80% | 90% | 80% | - |
| | | 補助 | | - | - | - | - | - | - | 40%以内 |
| | | 補助 | 附帯施設 | 50%以内 | 60%以内 | 80% | 80% | 90% | 80%以内 | 0% |
| 自衛隊共用空港 | | 負担 | 基本施設 | 2/3 | 85% | - | - | - | 80% | - |
| | | | 附帯施設 | 100% | 100% | - | - | - | 100% | - |

(注)（1）拠点空港のうち、成田国際空港は成田国際空港株式会社が、中部国際空港は中部国際空港株式会社が、関西国際空港は平成24年7月1日まで関西国際空港株式会社が平成24年7月1日以降新関西国際空港株式会社が、大阪国際空港は平成24年7月1日以降新関西国際空港株式会社が設置管理者である。
（2）基本施設とは、滑走路、着陸帯、誘導路、エプロン、照明施設および政令で定める空港用地をいう。
（3）附帯施設とは、排水施設、護岸、道路、自動車駐車場および橋をいう。
（4）一般、北海道および災害復旧については、「空港法」および「同法施行令」による。
（出所）国土交通省航空局（2012）『数字で見る航空2012』、航空振興財団、172ページ

的である。また、CIQ 業務については管制業務と同様、国がその役割を担うこととなっている。

　このように、ひとつの空港に多様な主体がかかわっている。ターミナルビルも空港の設置管理者とは異なる別の民間会社が運営していることが多い。この背景には、戦後復興の過程で最初に整備された羽田空港の旅客ターミナルビルを指摘できる。つまり、当時、羽田空港の旅客ターミナルビルを建設するための資金を国の財源でまかなうことができなかったため、独立の民間資金によりターミナルビル会社を設立させ、民間会社がターミナルビルを整備した。これが、その後の空港整備の一般的な形式として定着し、現在のような多様な主体が空港運営にかかわることになったのである。

　また、国が整備する空港は国有財産法に定める行政財産の一部として位置づけられた。したがって、その使用については1958年の大蔵省通達「行政財産を使用又は収益させる場合の取扱いの基準について」において、特別の定めがないかぎり国有財産である空港用地上で自由な営業施策の展開ができない状況に置かれてきた。

　確かに、近年この規制の運用は弾力化されているほか、そもそも地方管理空港は国有財産ではないことから規制の対象外である。しかし、空港運営の形式として定着した多様な主体がひとつの空港のなかに存在する現在の体制では、特に空港の収益性を高めるうえで不可欠な営業努力を効果的に行えないのではないかという疑問もある。

　特に、空港の主要な収入源となる基本施設とターミナルビルの一体運営の重要性についてはしばしば指摘される。ただし、会社管理空港の場合は、基本施設と附帯施設の一部（駐車場や関西空港の橋梁施設のうち鉄道施設など）、そして旅客ターミナルビルは空港の設置および維持管理者たる各会社が一体的にその役割を担っている。このような方式により、その他の国管理空港や地方管理空港なども、日常の運営業務についてはひとつの主体が担うべきである。国管理空港を中心に議論されている空港運営権の売却（コンセッション方式の採用）は、こうした問題意識の延長上にある。

### (4) 空港整備の特別会計

　全国的に地域に偏りなく円滑に空港整備を進められたのは、財政的な仕組みとして「空港整備特別会計」が設けられたからであり、そこでは収入プール制

が採用されていた。なお、2008年度以降、この特別会計は「社会資本整備事業特別会計」の一部である「空港整備勘定」に編入されているが、仕組み自体に大きな変更はなされていない。

2013年度における空港整備勘定の予算は3,277億円である。歳入にあたる部分では、空港の主たる利用者である航空会社をとおして最終的に航空利用者が負担している空港使用料収入（2013年度予算ベースでは1,959億円）のウェイトが大きく、歳入全体の約60％を占める。空港使用料収入には、国管理空港における航空機の着陸料や航空航行援助施設使用料などが含まれている。

そのほかの歳入としては、一般会計からの繰り入れ（同772億円、歳入全体に占める割合は約24％）がある。このなかには航空機燃料税が含まれており、これも最終的には航空利用者が負担している。航空機燃料税の税率は1キロリットルにつき18,000円が課金され、2013年度予算における税収総額は643億円である。そのうちの9分の7が特別会計に編入され、その額は2013年度については502億円である。また、羽田空港の拡張が完了し新施設の供用が開始された2010年度まで、財政投融資や地方公共団体からの借入金（2010年度の予算で687億円）が歳入の部に計上されていた。

一方、歳出としては、国管理空港の維持運営や航空保安施設の保守に使われる維持運営費（2013年度予算ベースで1,372億円、全体の約42％）、空港整備事業費（同1,465億円、45％）がある。なお空港整備事業費は、羽田空港の拡張が完了し、新施設の供用が開始された2010年度（2,745億円）を境として大幅に減少している。

わが国の空港整備が概成した状況では、空港整備の特別会計もそのあり方の変容を迫られてきた。以下2点の指摘は、会計制度の仕組みから生ずるいくつかの課題に注目した議論である。

まず、空港整備の特別会計がプール制を採用していることに対する指摘である。地方空港のなかには、航空需要が空港設置時に予測された値よりも下回るところも多くみられる。わが国の航空旅客数の大半は拠点空港のなかでもいわゆる幹線路線に集中しており、地方路線のウェイトは低い。

航空会社にとっては各路線の収益性を無視できなくなっており、利用が低迷する路線を縮小する傾向にある。現に、わが国の国内定期航空路線は1997年度に計275路線にまで増加したが、その後は減少傾向にあり、2010年度には188路線となった。また、国内航空需要も2007年以降は減少に転じている。

とりわけ年間旅客取扱数の少ない空港ほど、その利用客数の低下傾向に歯止めがかからない状況にある（表7-2）。つまり、戦後以降のわが国における空港整備を急速に進めるうえでは、プール制は有効に機能したが、その反面で事業の採算性や利用者獲得といった、いわば空港経営における自律性の側面ではむしろ課題が残されているとの認識が高まってきた。

また、特別会計制度そのものについても、財政学の観点からの指摘があった。つまり、特定化された予算よりも、使途を毎年の予算にあわせて柔軟に配分できる予算の方が社会厚生上は効率的であり、特定財源への依存は財政の硬直化をもたらすとの指摘である。こうしたことを背景に、2006年6月に施行された行政改革推進法では、企業会計の慣行を参考にした財務情報を開示して国家財政の総覧性を高めることを目的として、2010年度までを目途に特別会計を統廃合する方針が示された。

それを具体化したのが2007年4月に施行された特別会計法であり、2008年4月、空港整備特別会計は治水や道路整備、港湾整備等の特別会計と統合・一元化された。そして、一連の特別会計改革によって、2006年に31の特別会計

表7-2　空港規模別の着陸回数・乗降客数の推移

| 年度 | | 2002 | 2003 | 2004 | 2005 | 2006 | 2007 | 2008 | 2009 | 2010 | 2011 |
|---|---|---|---|---|---|---|---|---|---|---|---|
| 500万人以上 | 着陸回数 | 1 | 1.01 | 1.04 | 1.06 | 1.09 | 1.12 | 1.11 | 1.09 | 1.12 | 1.16 |
| | 乗降客数 | 1 | 0.96 | 1.00 | 1.01 | 1.03 | 1.03 | 0.99 | 0.94 | 0.95 | 0.92 |
| 200万人以上 500万人未満 | 着陸回数 | 1 | 0.98 | 0.97 | 0.99 | 1.01 | 0.99 | 0.97 | 0.95 | 0.93 | 0.92 |
| | 乗降客数 | 1 | 0.97 | 0.94 | 0.95 | 0.95 | 0.93 | 0.90 | 0.83 | 0.81 | *0.78* |
| 100万人以上 200万人未満 | 着陸回数 | 1 | 1.00 | 1.00 | 1.01 | 0.99 | 0.97 | 0.94 | 0.95 | 0.91 | 0.82 |
| | 乗降客数 | 1 | 1.00 | 0.98 | 0.96 | 0.95 | 0.96 | 0.92 | 0.86 | *0.79* | *0.77* |
| 50万人以上 100万人未満 | 着陸回数 | 1 | 0.98 | 1.01 | 1.00 | 1.01 | 0.98 | 0.94 | 0.90 | 0.90 | 0.87 |
| | 乗降客数 | 1 | 0.98 | 0.99 | 0.97 | 0.96 | 0.93 | 0.88 | *0.79* | *0.77* | *0.70* |
| 20万人以上 50万人未満 | 着陸回数 | 1 | 1.02 | 1.06 | 1.12 | 1.15 | 1.07 | 1.03 | 1.03 | 1.04 | 0.97 |
| | 乗降客数 | 1 | 0.94 | 0.94 | 0.93 | 0.93 | 0.89 | 0.82 | *0.75* | *0.73* | *0.69* |
| 20万人未満 | 着陸回数 | 1 | 1.08 | 1.03 | 0.99 | 1.02 | 1.00 | 0.95 | 0.90 | *0.80* | *0.77* |
| | 乗降客数 | 1 | 0.91 | 0.88 | 0.88 | 0.85 | 0.82 | *0.75* | *0.70* | *0.61* | *0.57* |

（注）表の値は、2011年度の乗降客数を基準に空港規模を分類したときの発着回数の平均値をもとに2002年度を1とした場合の指数である。ただし、離島および2002～2011年度の期間中に開港、休止となった空港、県営名古屋空港は除外している。0.8を下回る箇所のみ太字斜体で示している。
（出所）国土交通省「空港管理状況調書」から筆者作成

が2011年度には17にまで減少した。

　しかし、特別会計は財政の総覧性を阻害するという面はあるものの、安定した財源を確保できることで施設整備を円滑に遂行できるほか、受益と負担の関係を比較的明確にできるという現実的な側面もある。もっとも、一般財源からの繰り入れが多額となる場合についてはこのかぎりではないが、それであったとしてもとりわけ国管理空港への空港維持費用の捻出は一部の航空利用者にかぎらず国全体にその便益が及ぶという考え方もある。

　2006年の行政改革推進法で定められた特別会計改革の方針では、2010年度をめどに統廃合し、空港整備勘定は暫定的に経過勘定とするもののいずれは廃止されるものとされていた。しかし、2012年の通常国会では、特別会計法一部改正法案の提出もなされたが、衆議院の解散により廃案となった。ただし、2013年2月に示された特別会計改革の検討の視点では、特別会計やその勘定をできるかぎり一般財源化することが真に望ましいのか、また特別会計で行われる事務・事業については、民間や独立行政法人が実施したほうがよい場合もあるのではないか、といった論点などが示され、引き続き議論がなされる見とおしである。

### (5) 収支の開示と空港運営の効率化

　2008年に成立した空港法にもとづき、今後の空港の中長期的な整備と運営のあり方を示すため、同年12月に「空港の設置及び管理に関する基本方針」が策定された。空港政策の重点はすでに整備から運営にシフトしているが、今後はより効果的かつ効率的な運営を模索し、利用者便益の増進に努める必要がある。

　これまでの空港整備に関する特別会計制度では空港ごとの収支を明示するには至っていなかった。そこで、コスト低下に向けたよりいっそうの努力を各空港に意識させることを目的として、国管理空港を対象として空港別の収支を2008年度以降継続して公表することとなった。

　ただし、空港の維持管理にかかる会計はあくまで公会計であるため、企業会計と集計方法が異なっている。したがって、国が開示する国管理空港の収支についてはあくまで企業会計を適用した場合の試算結果である。また、同様の理由から公会計で歳入と歳出の各項目で計上された金額をどのように各空港に按分するかどうかといった視点から、試算には4つのパターンが用意されている。

一方、地方管理空港については、国土交通省は自主的な情報公開を促すにとどまるものの、2013年度4月1日現在、26自治体61空港が情報を開示するに至った。ただし、その内訳は公会計にもとづくキャッシュフローが示される程度で、国管理空港で行われているような企業会計にもとづく財務データの試算結果に関する開示はほとんど行われていない。

加えて、自治体によって集計・開示している収入・費用の項目が異なっており、一覧して比較することができない。たとえば、静岡空港においては費目として保安関係費、空港土木施設管理費、航空灯火施設管理費、駐車場管理運営費、事業所運営費等、周囲部管理・環境対策費、浄化槽施設管理費、給油施設管理費など費目細目まで計上されているのに対して、他の空港ではこれらを「空港維持管理費等」にまとめていたりする。わが国の空港財務の通覧性を確保し、それぞれの空港運営の効率化を促すうえでも、今後は地方管理空港についても国管理空港と同様、企業会計ベースで統一した試算結果を示すことが期待される。

### (6) 空港の収入と費用

国土交通省が空港別の収支を開示しているのは、2006年度から11年度までの国管理空港の収支についての試算結果である。図7-1は、その試算にもとづく国管理空港の航空系収入、すなわち基本施設の収入について、過去6年間にわたって示したものである。これによれば、この期間については、空港の土地や建物の貸付料収入はほぼ一定で推移してきたが、着陸料収入は減少傾向を示してきたことを確認できる。

その一方で、わが国の国管理空港のなかで羽田空港のみは着陸料収入をほぼ一貫して増加させてきた。前で確認したように、わが国の航空旅客とともに路線数および着陸数は減少傾向にあるが、これは羽田空港に航空路線を集中化させてきたという背景を反映している。

それに対して、国管理空港の基本施設にかかる費用については、空港によって多様性がある。これは計画的に実施される空港整備費の支出といったことも考えられるが、空港が民有地を使用している場合の賃借料や環境対策費の支出、除雪費などはその空港の立地条件によって大きく異なるからである。

また、年度によっても費用支出が大きく変動する場合がある。たとえば、2011年度の羽田空港における減価償却費が他空港と比較しても突出して大き

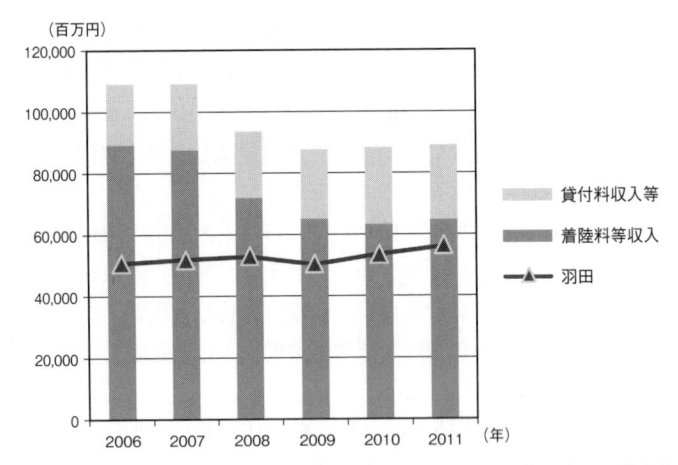

(出所）国土交通省「国管理空港（共用空港を含む）の空港別収支」から筆者作成

図7-1 国管理空港の収入推移

な値を示しているが、これは前年度の桟橋構造物を利用したD滑走路供用にともなう資産増加に対応している。仙台空港についても同様に、東日本大震災で被災した施設の復旧のために空港整備費が他空港に比べて突出して大きくなっている。空港別に収支を比較する場合、これらの空港別の特殊要因を理解しておくことが必要である。

ここで、収支を比較するためにEBITDA（Earnings Before Interest, Taxes, Depreciation, and Amortization）を以下で確認する。EBITDAは利払い前・税引き前・償却前の利益水準のことである。通常、この指標は国によって制度が異なる税制や減価償却制度などを考慮しないようにすることで、グローバルな観点で企業業績を比較するために用いられる。しかし、ここでは空港によって大きく異なる減価償却費を考慮しないようにすることで、営業を通じて得られる純粋なキャッシュフローを確認することを目的に用いている。

図7-2は国管理空港の基本施設収支に加えて、ターミナルビルや駐車場などの収支も加味し、EBITDAを示したものである。1,000万人以上の乗降客を取り扱う空港には、羽田、新千歳、福岡、那覇の4空港が存在する。

各空港の航空系事業に関するEBITDAは、羽田（388.9億円）、新千歳（34.4億円）、福岡（▲37.7億円）、那覇（▲41.3億円）である。そして、この図から、EBITDAベースで基本施設収支が黒字となるのは、羽田と新千歳を含む計9

7.1 航空系収入

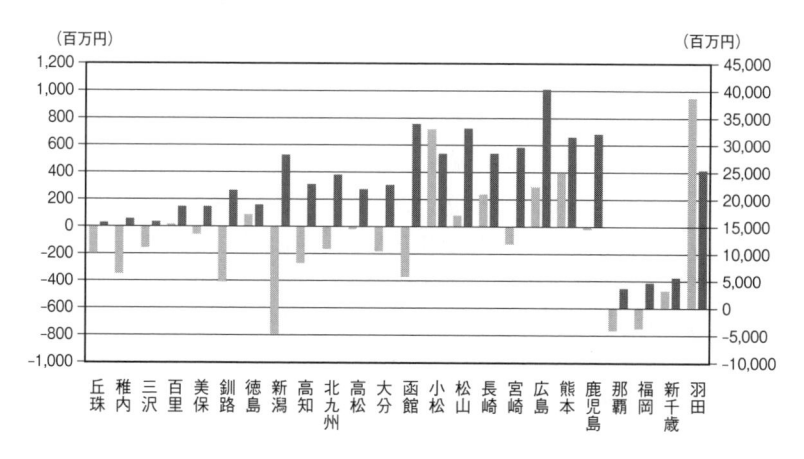

図7-2 国管理空港における航空系・非航空系事業のEBITDA

（注）1,000万人以上の乗降客数を抱える那覇、福岡、新千歳、羽田の4空港は右軸。
（出所）国土交通省（2013）「国管理空港（共用空港を含む）の空港別収支」から筆者作成

空港、赤字となるのは計15空港であることが読み取れる。

一方、基本施設に加えて、ターミナルビルや駐車場の収支を合算した試算結果で黒字となるのは、羽田（643.6億円）、新千歳（92.4億円）、福岡（10.0億円）を含む18空港である。那覇は旅客数と着陸回数は多いものの、空港の基本施設として民有地を借りあげていることにより土地建物借料の負担が多額となり、38.7億円の非航空系収入をもってしても合算後は2.6億円の赤字となる。

次に、地方管理空港の収支を確認する。ほとんどの地方管理空港の財務が開示されているとはいえ、前述のとおり一覧で比較が可能なデータとしては開示されていない。また、個別にターミナルビル会社の財務状況について公開されてはいるものの、基本施設との一体運営を見越した情報開示はまったく行われていない。したがって、厳密に収入や費用に関して空港間で比較することは不可能である。

そこで、2005年度の財務データに関して自治体へのアンケートなどをもとに独自の試算結果を提示した航空政策研究会（2009）の試算結果を参照する（図7-3）。地方管理空港の収支は国管理空港と比較して規模は小さく、なおかつほとんどの空港が一体運営を行っても収支はマイナスとなっている。これは

収入規模およびそれに影響を与える旅客取扱数がもともと小さいことに帰着する。

　地方管理空港のなかで 2011 年度の実績において 100 万人以上の乗降客数を抱える空港は、神戸（257 万人）、岡山（127 万人）、宮古（115 万人）、石垣（153 万人）の 4 空港のみである。空港の設置者は国であるが維持管理を自治体が担う特定地方管理空港も含めれば、100 万人以上の乗降客を取り扱っているのは秋田（113 万人）、小松（199 万人）が追加され、計 6 空港となる。

　これに対して、国管理空港では 15 空港が 100 万人以上を取り扱っている。このように、地方管理空港は概して規模が小さく、たとえ非航空系の収入を組み込んで基本施設と一体運営を行ったとしても商業的には成り立ちがたい。乗降客数が少ないことから地方の各空港では利用促進に向けた対策が実施されており、着陸料・停留料等の減免措置はその代表的な取り組みである。これは厳しい経営を強いられる航空会社の負担軽減を通じて就航意欲を刺激し、ひいては利用者の利便性確保に資するとの考えの下で実施されているものである。しかし、空港にとっては非航空系収入も期待できないなか、もともと少ない収益源をさらに失うこととなる。つまり、これらは空港運営における財政的負担を拡大することにつながるものであり、こうした措置の実施のみならず空港の維

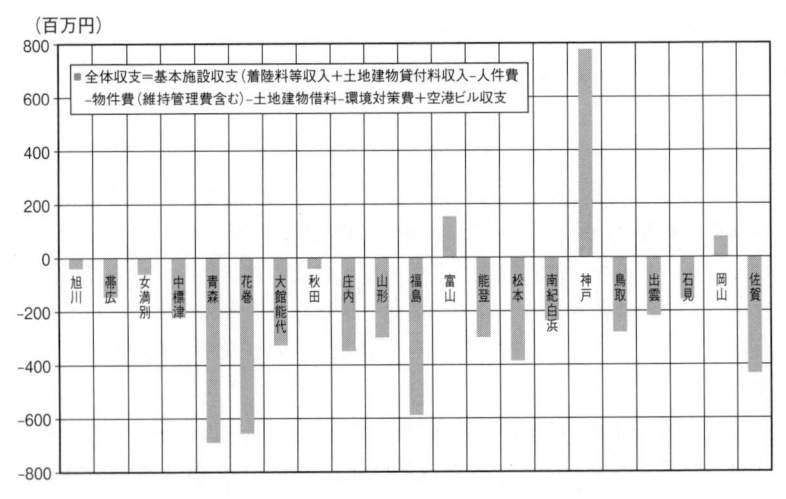

(出所) 航空政策研究会 (2009)、72 ページ

図 7-3　地方管理空港における収支（減価償却を含まず）

持そのものについて、地元で十分な理解を得ることが肝要である。

**(7) 財源確保の考え方**

現在の空港運営では、安全運航の確保にとどまらず利用者にとって利便性と質の高い航空サービスの提供が求められる。それゆえ、空港運営においても一般企業のような経営的な発想が求められる。空港にとっておもな収入源は、着陸料収入とターミナルビル収入である。空港が独立的な運営を模索するうえでは、これらの収入を全体として引き上げるために柔軟な料金体系を設定して誘客を図り、既存設備の最大限の活用を目指さなければならない。

しかし、その収入源となる着陸料については、今後、増加を期待できる状況ではない。1便あたりの乗降客数をみると、地方管理空港の発着便では約100人でほぼ一定であるのに対して、会社管理および国管理の空港を発着する便の1便あたり乗降客数は減少している（図7-4）。

とりわけ、国内路線が集中する羽田空港では大幅に減少している。このことは、先に示したように羽田をはじめとする拠点空港の発着路線では、機材のダウンサイジングが実施された一方で、多頻度運航が行われるようになったこと

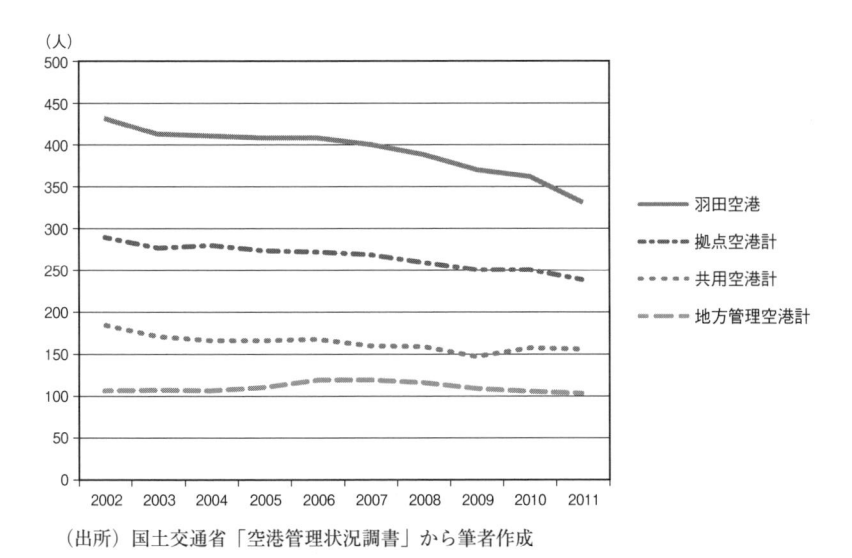

（出所）国土交通省「空港管理状況調書」から筆者作成

図7-4 1便あたりの乗降客数の推移（2002〜2011年度）

と表裏一体の関係を示している。

　機材のダウンサイジングの一方で増便が行われるのであれば、空港の収入は変わらないかむしろ増加する。しかし、わが国の空港を発着する便数は、羽田空港を除き減少傾向にある。このことは、機動的な着陸料体系を打ち出そうとする空港運営者にとって減収要因となる。加えて、航空会社向けの着陸料減免措置はこれまでの着陸料収入をさらに減収させる要因となる。

　航空会社にとっては、就航路線で得られる収益性の維持が必須であり、収益性を維持するためには機材の小型化等を通じた効率化が必要となる。しかし、空港にとっては旅客減となる傾向が強く、このことがひいてはターミナル収入にもマイナスの影響を及ぼす。

　このように空港運営にとっては、今後ますます厳しい環境に置かれることは間違いない。したがって、利用者にとって利便性やサービスの質の高い空港を目指すうえでは、空港も維持運営の効率化に向けた努力が重要となる。上述の収支を明らかにすることはその第一歩である。

　2010年に示された「国土交通戦略」では、「民間の知恵と資金」の活用が提示され、航空分野においては公共施設等運営権の民間への付与、すなわちコンセッション制度の導入が検討されることとなった。そして、その検討結果は2013年6月に成立した「民間の能力を活用した国管理空港等の運営等に関する法律」（民活空港法）において反映され、利用者ニーズを踏まえた機動的な着陸料等の設定などの航空系事業とターミナルビル等の非航空系事業の一体的な運用を実現できる道筋がつけられた（詳細は第8章）。

　地方管理空港の静岡空港や「その他の空港」として区分される県営名古屋空港では指定管理者制度を活用している。また、特定地方管理空港の旭川空港においても「総合的民間委託」と称して民間への一括運営委託が実施されている。こうした施策は実施例が限られており、上記のコンセッション方式を含めた新たな維持管理策の模索が期待される。

　ただし、上述のように乗降客数の少ない地方管理空港にあっては、たとえ非航空系収入を合算しても黒字になる空港は限られている。現実的には、キャッシュフローでも黒字が見込まれない空港では、コンセッション制度を活用した民間活用や独立採算による維持管理は実現できない。

　とはいえ、空港はそもそも巨額の投資が必要で懐妊期間も長いインフラである。民間による整備を見込めないからこそ公共部門が空港整備を行ってきたの

であって、短期的な収支のみで空港の存廃を決定することは適当ではない。しかしながら、いずれの自治体においても従前の空港運営を漫然と続けられるような状況ではなくなっている。空港運営の効率化のほか、空港は地域にとっての財産としてその最大の受益者となる地域が負担をして空港を維持する運営手法とその裏付けとなる財源の確保が望まれる。

## 7.2 非航空系収入

### (1) 非航空系収入への関心の高まりの背景

空港運営事業体が単なる空港インフラの管理者から独立採算制約を課せられた運営体や民間企業に転換するなかで、航空会社や利用者から徴収する空港使用料（着陸料、旅客が支払う料金ほか）などの航空系収入だけではなく、空港内の商業施設などからあがる非航空系収入への関心が高まっている。この背景には、航空輸送分野の規制緩和が進み、航空利用客や海外旅行客が増加し、空港内での飲食や免税品など土産品購入額が総体として増加したということがある。他方、LCCの伸張にともなう空港使用料の引き下げ圧力やレガシー・キャリアの機材小型化にともなう使用料単価の減少が新たな収入源を必要とするという消極的側面もある。single till のもとでは独立採算の空港運営事業体の収入全体に収益率規制がかけられ、航空会社を誘致するための空港使用料引き下げの穴埋めとして非航空系収入に期待しなければならないからである。一方、航空系収入のみに収益率規制が課せられる dual till のもとでは、規制対象外の非航空収入で収益や利益をあげることで空港運営事業体全体の経営を伸張できるという観点から非航空系収入が強調される。いずれせよ、非航空系収入は空港運営体の新たな重要な収入源となっている。

ドガニスをはじめとする欧米の文献をみるかぎり、非航空系収入は空港にとっての新収益源であり、空港民営化や空港使用料に関する規制との関係で新たな研究分野とみられている傾向があるが、幸いわが国では鉄道の分野でこのような研究は先行している。古くは私鉄の兼業、経営多角化に関する研究が援用可能であるし、近年のテーマではJRグループのビジネス・モデル、特にエキナカの研究が参考になる。欧米では、空港ビジネスを鉄道駅に導入しようという発想が強い。フランス運輸省のADP（パリ空港公団）の規制担当官が、日本のエキナカ・ビジネスや私鉄のビジネス・モデルを研究し、2008年に博士号を取得した（E. Doumas (2008)）。上下分離が進んでいる欧州の鉄道事情

を踏まえると、今後、空港と鉄道駅のビジネス・モデルに関する研究が並行して進む可能性がある。

本節では、それに先駆け、わが国の私鉄型鉄道ビジネスと比較しながら、空港の非航空系収入を論じていく。それにより、仁川国際空港のように空港内の商業収入の域を超越し、空港周辺の不動産開発まで行う海外空港事業体の経済的意義についても明確に理解することが可能になる。もちろん、海外の空港事業体といっても出自（空港会社、投資会社など）も多角化の範囲（空港運営、航空管制、不動産開発、海外空港のマネジメントなど）も経緯もさまざまである。その詳細を中野宏幸（2014）が一覧表に整理している。

### (2) 非航空系収入とは

非航空系収入とは、航空系事業以外から得られる収入全般を意味している。一般的に空港内の商業施設での物品販売収入や飲食収入、テナント料などが想定されるが、新関西国際空港会社や成田国際空港会社のような鉄道事業に加え、空港周辺部の不動産開発事業や海外他空港のコンサルティング事業などから得られる収入まで幅広い。たとえば、成田国際空港会社は2013年5月現在、子会社17社と関連会社1社の計18社を傘下に置き、空港スペース事業として、小売・飲食・取次店業、免税売店業および不動産業などを、その他事業として、広告代理業、鉄道事業を展開する。また、空港運営事業には施設保守業だけではなく、情報処理業や給油・給油施設管理業も含まれる（表7-3参照）。

2012年度の成田国際空港会社、新関西国際空港会社（関西国際空港分のみ）の連結収益1,892億円、922億円のうち、空港運営事業からの収益は1,074億円、608億円にすぎず、非航空系収入は3～4割に達していることがわかる（表7-4参照）。非航空系収入はその大きさのみならず、営業利益率の高さでも重要である。10年近い統計データがウェブサイト上から入手可能で、かつ収入区分に変化のない成田国際空港会社の場合、空港運営事業や鉄道事業の営業利益率がマイナスからプラス1桁のパーセントで推移している。また、非航空系収入の中核をなすリテール事業や施設貸付事業の営業利益率は30～40％前後で推移しており、空港会社の利益源となっているといって過言でなかろう（表7-5参照）。

東日本大震災（2011年）の影響と「LCC元年」と呼ばれる2012年からのLCCの影響を除くために、2010年度のデータで旅客1人あたりの総収益およ

## 7.2 非航空系収入

表7-3 成田国際空港株式会社の子会社、関係会社

| 航空系事業 | 非航空系事業 |
|---|---|
| エアポートメンテナンスサービス㈱ | ㈱成田空港ビジネス |
| ㈱成田エアポートテクノ | ㈱NAAリテイリング |
| ネイテック防災㈱ | ㈱グリーンポート・エージェンシー |
| ㈱NAAエレテック | 成田空港サービス㈱ |
| ㈱NAAファシリティーズ | 成田空港ロジスティックス㈱ |
| 空港情報通信㈱ | ㈱メディアポート成田 |
| ㈱NAAコミュニケーションズ | 臨空開発整備㈱ |
| 成田空港給油施設㈱ | 芝山鉄道㈱ |
| NAAファイアー&セキュリティー㈱ | 成田高速鉄道アクセス㈱ |
| | ＊日本空港給油㈱ |

(注) ＊は関係会社、その他は子会社
(出所) 成田国際空港株式会社2013年3月期決算説明会資料

表7-4 成田国際空港会社、新関西国際空港会社のセグメント別収益

■成田国際空港会社（2012年度）

| 事　業 | 収　益 | 主な内訳（億円） | 営業利益 | 営業利益率 |
|---|---|---|---|---|
| 空港運営事業 | 1,074億円 | 空港使用料収入448、旅客施設使用料収入325、給油施設使用料収入163、その他収入137 | 78億円 | 7.3% |
| リテール事業 | 486億円 | 物販・飲食収入329、構内営業料収入81、その他収入76 | 137億円 | 28.2% |
| 施設貸付事業 | 301億円 | | 127億円 | 42.2% |
| 鉄道事業 | 28億円 | | 4億円 | 14.3% |
| 合　計 | 1,892億円 | | 347億円 | 18.3% |

■新関西国際空港会社（関西国際空港のみ、2012年度）

| 事　業 | 収　益 | 営業利益 | 営業利益率 |
|---|---|---|---|
| 空港運営事業 | 608.28億円 | | |
| 商業事業 | 275.61億円 | | |
| 鉄道事業 | 38.47億円 | | |
| 合　計 | 922.38億円 | 215.12億円 | 23.3% |

(出所) 成田国際空港株式会社および新関西国際空港会社2013年3月期決算説明会資料、関西国際空港土地保有株式会社『有価証券報告書』第29期（2012年度）

び非航空系収益（収入）をみる。そこでは、成田国際空港会社は5,755円および2,537円、(旧) 関西国際空港会社は6,301円および2,200円となっており、

表7-5 成田国際空港会社のセグメント別収益および利益の推移

| 年 | 2004 | 2005 | 2006 | 2007 | 2008 | 2009 | 2010 | 2011 | 2012 |
|---|---|---|---|---|---|---|---|---|---|
| 旅客便発着回数(万回) | 18.7 | 18.8 | 19.1 | 19.4 | 19.1 | 18.7 | 19.1 | 18.7 | 21.2 |
| 旅客数(万人) | 3117 | 3145 | 3534 | 3539 | 3265 | 3285 | 3252 | 2885 | 3343 |
| 収益(億円) | 1715 | 1712 | 1843 | 1998 | 1894 | 1798 | 1878 | 1735 | 1892 |
| 空港運営事業 | 1201 | 1163 | 1129 | 1121 | 1046 | 1001 | 1053 | 977 | 1074 |
| 空港使用料収入 | 620 | 574 | 532 | 523 | 493 | 446 | 419 | 416 | 448 |
| 旅客施設使用料収入 | 259 | 257 | 264 | 266 | 242 | 263 | 338 | 291 | 325 |
| 給油施設使用料収入 | 215 | 207 | 198 | 196 | 181 | 166 | 163 | 148 | 163 |
| その他収入 | 105 | 123 | 134 | 136 | 128 | 124 | 131 | 120 | 137 |
| リテール事業 | 269 | 292 | 381 | 540 | 516 | 484 | 500 | 440 | 486 |
| 物販・飲食収入 | 51 | 69 | 204 | 354 | 339 | 323 | 341 | 296 | 329 |
| 構内営業料収入 | 107 | 110 | 115 | 110 | 98 | 88 | 85 | 71 | 81 |
| その他収入 | 109 | 111 | 61 | 75 | 77 | 71 | 72 | 71 | 76 |
| 施設貸付事業 | 231 | 237 | 329 | 334 | 329 | 309 | 309 | 293 | 301 |
| 鉄道事業 | 13 | 19 | 2 | 2 | 2 | 2 | 15 | 23 | 28 |
| 利益(億円) | 417 | 420 | 333 | 328 | 234 | 213 | 320 | 213 | 347 |
| 空港運営事業 | 198 | 177 | 64 | 32 | -38 | -38 | 47 | -15 | 78 |
| リテール事業 | 224 | 245 | 135 | 168 | 148 | 135 | 143 | 113 | 137 |
| 施設貸付事業 | | | 138 | 134 | 130 | 124 | 132 | 115 | 127 |
| 鉄道事業 | -4 | -3 | -3 | -5 | -6 | -7 | -3 | 0 | 4 |

(出所)成田国際空港株式会社各期決算説明

成田国際空港のほうがやや非航空系収入が多い。関西国際空港に関して興味深い点は、これらの数値が2012年度には5,491円と1,870円と、航空系、非航空系ともに大きく減少している点である。成田国際空港会社では、5,660円と2,447円とそれぞれ微減であることを考慮すると、特に国内線を中心とするLCCの積極誘致の結果、旅客1人あたりの収入が航空系のみならず非航空系も減少することを示唆している。しかもこの間、1便あたりの旅客数はほぼ横ばいであることから、1便あたりの収入の減少につながっていることが読み解ける。一方で、総収入そのものは航空系、非航空系ともに増加していることから、LCC就航の拡大にともない、旅客および航空便双方に関し、広く浅く稼ぐビジネス・モデルへの転換が図られたことがみえてくる。

### (3) 非航空系収入の経済学的把握

　以上のように重要性が顕在化している非航空系収入であるが、経済学的にはどのように把握すれば良いのであろうか。端的には、航空輸送サービスおよび空港インフラの利用にともなって発生する外部便益、外部経済が金銭的に顕在化したものと把握できる。直接的には、航空輸送サービスを本源需要とすれば、空港インフラやそこでの消費は派生需要である。また、周辺の不動産価格の上昇や産業集積などの便益は空港インフラの外部便益であり、航空輸送および空港の利用にともなう派生需要の結果として発生している。空港運営事業体が、非航空系事業を行い、収益や利益をあげることは、このような外部便益の内部化としてとらえることができる。

　留意すべき点として、前述のとおり、空港は航空輸送の派生需要でしかないことから、空港会社が航空会社を兼業しないかぎり、空港会社は内部化可能な外部便益の大きさを直接コントロールすることはできない。もちろん理論上は、空港会社は空港使用料のコントロールを通じて航空会社の乗り入れ便数に影響を与え、外部便益の大きさを間接的にコントロールすることは可能かもしれない。しかし、非航空系収入が見込める利用客の多い空港ほど、空港発着枠の設定や配分、着陸料や施設使用料などの空港使用料の設定が、政府の規制下に置かれており、空港会社の裁量による料金設定が困難である場合が多い。わが国の場合、混雑空港とされる成田国際空港や東京国際空港（羽田）、大阪国際空港（伊丹）、関西国際空港に関しては発着枠の配分を国が決定しているし、着陸料は届出制、旅客取扱施設利用料は上限認可制である。理論上、間接的なコントロールも可能かもしれない空港に対し、空港周辺の不動産開発や経済発展に関しては、外部便益を内部化するメカニズムが存在しなければ、航空会社、空港会社双方にとっても完全に外部便益になってしまう。

　技術的外部経済が発生すれば、個々の経済主体が個別に最適化行動をとると、社会的に望ましい産出量に対し、より少ない産出量しか生産されない。そのため、政府の介入が正当化される。政府は、補助金の給付、規制、直接供給、当事者間の交渉の促進によって外部便益を内部化させるという介入を行い、社会的に望ましい産出量を実現させようとする。実際、空港運営に関しては、地域経済の発展のために地方自治体が空港を設置、運営したり、航空会社や空港周辺に権益を持つ地元企業が空港本体またはターミナルビルに出資したりする事例は歴史的にも地域的にも一般的になった。外部経済の解決という観点から

公的関与の強かった空港であったが、1980年代以降、諸外国で民営化されてきた背景には、公的主体が運営することによる経営効率の低さやリスク回避行動により、教科書的に想定されたようなより良い解決策とならなかったことを示唆しているであろう。空港設置段階で議論になる航空機騒音などの外部不経済問題と比較すると、外部経済問題は関係する当事者数が少ないなど、空港設置時点と運営時点における取引費用の違いも留意すべきかもしれない。

### (4) わが国の私鉄型鉄道ビジネスにみる内部化の効率性

2012年度の年間利用者数は、成田国際空港で3,343万人、関西国際空港で1,680万人であり、1日あたりにすると9.1万人と4.6万人である。この数値を新幹線の乗降客数と比較すると、東海道新幹線の東京駅は17.8万人、新大阪駅は13.8万人、京都駅は6.6万人、品川駅は6.2万人、東北・上越・長野新幹線の東京駅は14.2万人、大宮駅は5.2万人、仙台駅は4.8万人である（JR東海、JR東日本のウェブサイトで公表された乗車人数を2倍した数値）。したがって、利用者数の観点では、成田国際空港は東海道新幹線東京駅の約半分、関西国際空港は東北新幹線仙台駅（在来線を含まない）に匹敵することがわかる。東日本旅客鉄道会社（JR東日本）も東海旅客鉄道会社（JR東海）も傘下に駅構内での商業施設の運営や商品・飲食物販売を行う部門を擁しているが、これら非運輸業と運輸業との関係において両社の間には大きな違いがみられる（表7-6参照）。両社とも本業であり規制下にある運輸業では営業利益率が10％を大きく超え、利益を出せる体質が確保されている。しかし、非運輸業に関してはJR東日本が収益面でも利益面でも運輸業の約半分を占め、運輸業と同レベルの営業利益率を出せる体質を確保しているのに対し、JR東海は収益面では

表7-6 JR東日本、JR東海のセグメント別収益、利益

| JR東日本 2011年度（単位：億円） | | | | JR東海 2011年度（単位：億円） | | | |
|---|---|---|---|---|---|---|---|
| | 営業収益 | 営業利益 | 営業利益率 | | 営業収益 | 営業利益 | 営業利益率 |
| 運輸業 | 17,057 | 2,366 | 13.9% | 運輸業 | 11,697 | 3,230 | 27.6% |
| 駅スペース活用事業 | 3,961 | 339 | 8.6% | 流通業 | 1,950 | 51 | 2.6% |
| ショッピング・オフィス事業 | 2,296 | 665 | 29.0% | 不動産業 | 664 | 118 | 17.8% |
| その他 | 2,005 | 219 | 10.9% | その他 | 2,396 | 109 | 4.5% |

（出所）東日本旅客鉄道および東海旅客鉄道の株主総会資料

## 7.2 非航空系収入

約4割を占めるものの利益面や営業利益率の面では運輸業に遠く及ばない。少子高齢化にともなう鉄道利用者数の将来的な減少に加え、この観点からもJR東日本は、「エキナカ」という言葉を普及させ、駅スペース活用事業を積極的に展開している。

JR東日本のみならず大都市圏の私鉄にも共通する点として、これらの鉄道事業者は経営多角化の一環として沿線での流通業や不動産業に力点を置いており、鉄道ダイヤとの連携をうまく図る傾向がみられる。鉄道駅を設けてニュータウン開発や商業施設の開発を行うだけではなく、優等列車の設定や停車、買い物時間帯の増発などを行い、巧みに鉄道利用者を自社の商業施設へ誘導する。また、ロイヤリティカードの発行による顧客の囲い込みも実施している（関西国際空港でも「KIX-ITMカード」を発行し、同様の取組みを実施している）。商業施設の設置、運営、不動産開発の主体が鉄道事業者で一体化していることから、商業施設などの顧客数や収益に大きな影響を与える利便性を担保することが可能である。自社が運営する沿線施設の利用客、収益の増加のためにはダイヤ改善による利便性の確保が不可欠である一方、沿線施設の利用客増加が鉄道利用者の増加を促しダイヤ改善につながるという相互作用をもたらしている。このように私鉄型鉄道ビジネスには本業、兼業双方に発生する外部経済を内部化するメカニズムが盛り込まれているために、本業である運輸業にも兼業である非運輸業にもプラスの効果をもたらす。

このように鉄道会社は、鉄道輸送を本源需要とした場合の派生需要である駅の需要を、本源需要に直接影響を与える鉄道ダイヤという生産物の供給量管理を通じて創出する。ほかにも、目的地での行動や居住という本源需要に対し派生需要となる鉄道輸送を創設するために、沿線不動産の開発を通じて土地という本源需要の管理を行っている。つまり、鉄道会社は派生需要だけではなく本源需要も合わせて管理していることが特徴といえよう。

この観点から、空港会社は航空ダイヤを直接的に管理することができないので、わが国の鉄道会社に比べて不利な立場にあるといえるであろうか。東名高速道路などの高速道路を管理する中日本高速道路株式会社を例にあげよう。通行する自動車の需要を直接コントロールできない点では空港会社に類似している。しかし、サービスエリアやパーキングエリアを集客拠点とすることにより、巧みに通行台数の増加と、施設使用料、広告料など本業以外での収益の増加に努めている。同社管内の場合、1日平均186万台の通行量、通行料収入4,973

億円に対し、178か所のサービスエリアにおいて店舗売上高として1,804億円、同社の休憩所事業として420億円の営業収益をあげている。最も利用客の多い海老名サービスエリア下り線の場合、平日2.8万人、休日7.0万人の立寄りがある（以上、中日本高速道路会社「Media Guide 2014」、2013年3月決算資料による）。移動中の休憩の域を超え、テーマパーク、ショッピング・モールなどの整備も行っている。このような状況を鑑みると、道路会社であっても本源需要の管理を通じて派生需要となる本業の収益源を管理しているといえる。

### (5) 空港における非航空系収入への示唆

わが国の鉄道会社や道路会社の例をみると、鉄道輸送、道路輸送という本業の収益管理の観点から駅、サービスエリア内外の商業施設やレジャー施設、沿線不動産などを総合的に管理していることがみてとれる。それに対し、わが国の空港会社の場合は、制度的な制約や財務上の制約から、空港インフラ本体における商業収入など非航空系収入に頼っているような印象を受ける。

空港会社は着陸料金などの空港利用者（航空会社、旅客）への課金額や空港での航空機、旅客ハンドリングの良さを通じてしか、空港会社の収入に直接影響を与える航空機発着回数や利用客数に影響を与えられない。しかも、これらの要素も、発着枠や管制、CIQなど国レベルで管理する外生要因に依存する部分も多い。この観点から、すでに述べたように仁川国際空港会社など海外の空港会社の場合は、空港周辺部の不動産開発に乗り出し、空港の利用客数、特に貨物利用量に影響を与えようとする動きを本格化している。空港の場合、騒音問題などの観点から周辺の商業地、住宅地との間には緩衝地帯が発生する。そもそもは緩衝地帯の有効利用から始まったであろう不動産活用事業が、本業の収益をコントロールする存在になりつつある。

以上のように考えると、空港会社は空港インフラだけを管理すればよいという発想は、空港そのものの存在が発生させる外部便益を内部化し、空港そのものの発着回数や利用者数にプラスの効果をもたらすという要素を結果的に失わせてしまう可能性が高い。類似の関係として、千葉ニュータウンの例がある。ニュータウン開発とニュータウン鉄道を別々の運営主体に委ねた結果、ニュータウン居住人口も鉄道利用者数も当初見込みより大幅に下回り、最終的にニュータウンに居住して鉄道を利用する者が高額の鉄道運賃を支払わされたという例ですでに顕在化している。空港のサービスの質を改善し、利便性を向上

させるためには、空港会社の経営の自由度を増し、空港周辺部での兼業を積極的に進められる体制を認めることが必要になる。一方で、わが国の私鉄の事例でも明らかなように、兼業の収益悪化が空港会社全体の経営を悪化させ、本業の運営に支障をもたらすリスクもある。したがって、許容される兼業の地理的、業務的範囲は外部便益の内部化が認められる範囲に限定されるべきであろう。

　この場合、空港使用料に関して、空港会社の収入全体に制約をかける single till を採用すべきか、dual till を採用すべきかについては、大きく議論が分かれるところである。わが国の鉄道のように、本業である鉄道事業のみに制約をかける dual till は、歴史的に私鉄型ビジネスとも呼ばれるビジネス・モデルを確立させ、世界的に稀な鉄道事業の独立採算を確保してきた。それに対し、JRグループは国鉄時代の制度的継承の影響が色濃く、同じ民間鉄道会社であっても、どちらかといえば single till に近い規制がかけられてきた。結果から判断するかぎり、経営体のインセンティブの観点からどちらがいいとは安易に結論は出せないだろう。

　しかし、dual till 制度の下では、航空収入に関して収支均衡もしくは一定程度の利潤を含む原価を償う水準に、航空会社および旅客からの空港使用料を設定する必要があることから、非航空系収入は空港事業体そのものの収益源および利益源として重要になる。その意味では、ひとつの組織内に規制産業と規制外産業を含むわが国の鉄道会社の兼業・多角化と同一論理でとらえることが可能であろう。この場合、空港系収入部分と非空港系収入部分にまたがる施設の費用配賦上、施設がより華美にあるいはより広く整備される可能性がでてくるであろう。その結果、空港使用料が高止まりする可能性が危惧される。一方、single till の場合、非航空系収入を空港使用料引き下げの原資に使うという選択肢も可能になるが、空港会社そのものの利益が増える訳ではないことから、インセンティブ上、dual till に劣る可能性が考えられる。

　いずれにせよ、従来、空港運営において議論されることが少なかった外部便益の内部化、本源需要と派生需要という観点をしっかりと認識し、これらの要素が空港運営体の経営インセンティブに与える影響、効果を検証したうえで、空港運営体の規制に関する制度設計を行うことが求められる。それにより、海外の空港運営体とも互角に戦える企業体をわが国も創設することができるであろう。

## 7.3 資金調達

### (1) 空港施設整備・運営における財源の種類と内容

わが国の空港は空港法にもとづく空港種別に応じて補助対象が規定され、空港ターミナルビルは会社管理空港を除き民間、もしくは第三セクター会社によって整備運営されてきた。そのため、空港ごとに各々の施設の整備や維持管理の財源が異なる特徴を持っている。具体的には、表7-7に記載されているように、空港整備勘定をはじめ、地方自治体の一般会計、民間出資金、無利子・有利子資金、施設の営業収入に至るまでさまざまな財源から構成されている。

ところで、空港の整備・維持管理における主たる資金の負担者は航空会社や旅客の「受益者」である。この理由は空港がもともと純粋公共財の性格を持っていないため、たとえ外部から無利子・有利子資金を調達したとしても、受益者負担をベースに資金を回収できる点にある。空港整備勘定は国管理空港に対して航空会社から支払われる空港使用料収入（着陸料・停留料）、航行施設援助利用料、航空機燃料税を一旦プールし、全国の空港に資金を配分する仕組みをとっている。資金の配分にあたっては、空港運営主体との関係や航空ネットワーク上における位置づけをもとに、空港法において配分割合が規定されている。

たとえば、わが国の基幹空港である東京国際（羽田）空港に対しては整備・維持管理資金の100％、それ以外の国管理空港には全体の67％の整備資金が配分されている（維持管理資金は100％）。特定地方管理空港と地方管理空港では整備資金の55％、50％をそれぞれ空港整備勘定からまかない、残りの整備資金および維持管理資金に関しては空港を管轄する地方自治体の一般会計からの支出によっている。

その一方で、会社管理空港以外の空港のターミナルビルは、民間や第三セクター会社によって運営されている。そのため、整備・維持管理の財源を民間出資金、地方自治体一般会計、空港ターミナルビルの営業収入に求めている。会社管理空港の3空港には出資金や無利子貸付金のかたちで空港整備勘定から資金が支出されている。しかし、これらの空港は独立採算制を原則として運営を行っているため、基本・附帯施設および空港ターミナルビルの営業収入を整備、維持管理の主たる財源としている。

以上のように、わが国における空港施設の整備と維持管理における財源は、

7.3 資金調達

表 7-7 空港種別ごとの施設整備・維持管理の財源

| 空港種別／施設 | 空港基本施設／附帯施設 | | 空港ターミナルビル | 空港基本施設／附帯施設 | 空港ターミナルビル | 管 | 制 |
|---|---|---|---|---|---|---|---|
| | 整 備 | 維持管理 | | 維持管理 | 維持管理 | 整 備 | 維持管理 |
| 会社管理空港(4空港) 成田国際空港 一期工事 | 空港整備勘定 有利子資金(80%) 空港整備勘定 地方自治体一般会計 民間出資金(70%) | | 出資金(20%) | 空港基本施設・附帯施設営業収入(空港使用料収入、各種施設使用料収入など)＆空港ターミナルビル営業収入(PFSC、賃貸収入、直営事業収入など) | | 空港整備勘定 (100%) | 空港整備勘定 (100%) |
| 関西国際空港 二期工事 | 出資金(38%) 有利子貸付金(32%) | | 出資金(60%) 民間出資金 空港整備勘定 | | | 空港整備勘定 (100%) | 空港整備勘定 (100%) |
| 中部国際空港 | 有利子貸付金(30%) 空港整備勘定 地方自治体一般会計 民間出資金 空港整備勘定 地方自治体一般会計 有利子貸付金(60%) | | 出資金(13%) 出資金(40%) 無利子貸付金(27%) | | | 空港整備勘定 (100%) | 空港整備勘定 (100%) |
| 国管理空港(19空港) 一般 | 空港整備勘定(100%) | | | 民間出資金 | 空港ターミナルビル営業収入 | 空港整備勘定 (100%) | 空港整備勘定 (100%) |
| 沖合展開事業 | 空港整備勘定からの繰越支出 有利子資金 財政投融資 | | | 民間出資金 | 空港ターミナルビル営業収入 | 空港整備勘定 (100%) | 空港整備勘定 (100%) |
| 再拡張事業 | 空港整備勘定からの繰越支出(30%) 有利子資金(財政投融資(50%)) 無利子貸付金(20%) | | | 民間出資金 | 空港ターミナルビル営業収入 | 空港整備勘定 (100%) | 空港整備勘定 (100%) |
| その他の空港 | [基本施設] 空港整備勘定(100%) [附帯施設] 空港整備勘定(67%) 地方自治体一般会計(33%) | | | 民間出資金 地方自治体一般会計 | 空港ターミナルビル営業収入 地方自治体一般会計 | 空港整備勘定 (100%) | 空港整備勘定 (100%) |
| 特定地方管理空港(5空港) | 空港整備勘定(55%) 有利子資金(45%) 地方自治体一般会計(50%) | | | 民間出資金 地方自治体一般会計 | 空港ターミナルビル営業収入 地方自治体一般会計 | 空港整備勘定 (100%) | 空港整備勘定 (100%) |
| 地方管理空港(54空港) | 空港整備勘定(50%) 地方自治体一般会計(50%) | | | 民間出資金 地方自治体一般会計 | 空港ターミナルビル営業収入 地方自治体一般会計 | 空港整備勘定 (100%) | 空港整備勘定 (100%) |
| 自衛隊共用空港(6空港) | [基本施設] 空港整備勘定(67%) ※滑走路のみ防衛省予算 地方自治体一般会計(33%) [附帯施設] 空港整備勘定(100%) | | | 空港整備勘定(100%) | 空港ターミナルビル営業収入 地方自治体一般会計 | 防衛省予算 (100%) | 防衛省予算 ※滑走路のみ防衛省予算 |

(出所) 国土交通省資料を参考に筆者作成

空港整備勘定を中心とした受益者負担の構造をなしている。しかし、実際のところは、空港の種別や事業によって資金調達の方法が異なり、それらは、空港をとりまく経営環境の変化とともにますます多様化の傾向が見受けられる。

本節では、会社管理空港、国管理空港、特定地方管理空港、地方管理空港、共用空港の5つの空港における資金調達の経過と内容をまとめ、空港整備勘定をめぐる役割や問題点、および今後の資金調達に関する課題を整理する。

### ① 会社管理空港

会社管理空港における基本施設と附帯施設および空港ターミナルビルの整備財源は、空港整備勘定や地方自治体一般会計からの出資金・無利子貸付金、有利子資金（借入金）、民間出資金などから確保されている。会社管理空港は管制を除くすべての施設において空港会社が一括で維持管理を担当している。そのため、管制以外の維持管理にあたっての財源は各施設の運用から得た営業収入、すなわち旅客や航空会社をはじめ利用者が支払う各種使用料や財、サービス販売の対価としての収入によっている。

具体的には、航空会社が支払う空港使用料収入、空港ターミナルビルの入居に対してテナントが支払う賃貸料収入、旅客が支払う駐車場料金収入、PFSC（Passenger Facility Service Charge：空港取扱施設使用料。成田国際空港 2,090 円、関西国際空港 2,730 円、中部国際空港国際線 2,570 円、中部国際空港国内線 310 円）収入、空港会社直営事業からの直営事業収入などがあげられる。なお、管制の整備と維持管理の財源については、会社管理空港も含め、共用空港以外は国（国土交通省）の施設となるため、空港整備勘定から資金が調達されている。

### ② 国管理空港

次いで、国管理空港における基本施設と附帯施設の整備や維持管理の財源は空港整備勘定からまかなわれている。ただし、羽田空港を除く18空港の基本施設では整備費用の33％を地方自治体が「地方公共団体工事費負担金」として負担しなければならない[1]。これは空港法にもとづいて規定されている。これ以外の附帯施設整備および基本・附帯両施設の維持管理の財源は100％空港整備勘定である。

国管理空港の空港ターミナルビルでは民間や第三セクター会社が主体となっ

---

[1] なお、国管理空港も地方管理空港も実際の費用負担割合は、本土と北海道・沖縄・離島・奄美で異なり、後者の方が国の割合が高い。これは地域間格差に対する処置であり、公平性に配慮した結果である。

## 7.3 資金調達

て整備や維持管理が行われている。空港ターミナルビルの整備の財源は空港ターミナルビル会社に出資する企業からの出資金が中心で、維持管理についてはその企業が空港ターミナルビルの営業収入から得た収入を原資としている。空港ターミナルビル会社が第三セクター会社の場合には、整備・維持管理の財源の一部を地方自治体の一般会計が負担することもある。このほか、空港ターミナルビル維持管理の財源としては空港ターミナルビル会社に対して入居テナントが支払う賃貸料収入、旅客が支払う PFSC（羽田空港や北九州空港など。羽田空港国際線 2,570 円・国内線 290 円、北九州空港国際線 310 円・国内線 100 円）からの収入、空港ターミナルビル会社の直営事業からの収入も重要である。これらの収益は空港ターミナルビル会社に還元され、空港ターミナルビルの運営や維持管理の用途に用いられる。空港の基本施設やその他附帯施設の財源としてあてられることはない。

ところで、空港ターミナルビルを維持管理する空港ターミナルビル会社は国の土地を借用し、運営を行うという立場にあるため、実際の維持管理においては国に「国有財産使用料（＝土地賃貸料）」を支払わなければならない。さらに、附帯施設のなかでも駐車場については羽田空港、伊丹空港、新千歳空港、釧路空港、函館空港、仙台空港、新潟空港、広島空港、高松空港、松山空港、高知空港、北九州空港、福岡空港、長崎空港、熊本空港、大分空港、宮崎空港の17 空港が有料としている。この料金収入の一部は同じ「国有財産使用料」の名目で管理委託先の一般財団法人空港環境整備協会から国に支払われる[2]。これらの収益は空港整備勘定に算入され、国管理空港の基本施設・附帯施設の整備、および維持管理にかかる財源として用いられている。

なお、羽田空港については、わが国の基幹空港としての位置づけや整備費用の最小化の観点から、基本施設・附帯施設ともに空港整備勘定から 100％整備・維持管理の資金が配分されることになっている。しかし、1981 年度の沖合展開事業（A 滑走路、新 B・C 滑走路、第 2 空港ターミナルビル整備事業）開始以降は、全体事業費との関係から、財政投融資からの有利子資金が財源として組み込まれている。この借入金は、いったん空港整備勘定を経由して同事業に配分される。

---

[2] ただし、羽田空港 P1 駐車場と P4 駐車場は空港ターミナルビル会社（日本空港ビルディング株式会社）によって直接整備運営されているため、この料金収入は空港ターミナルビル会社に反映される。

また、2004年度から実施されたD滑走路整備事業と国際線空港ターミナルビル整備事業（両者を再拡張事業と呼ぶ）のなかで、前者の整備費用については、以上の財政投融資からの有利子資金に加え、全体の20％相当の負担を地方自治体一般会計（東京都、神奈川県、横浜市、川崎市）からの無利子貸付金に求めている。後者に対しては公的資金は投入されず、公募型プロポーザルで選出された特別目的会社（Specific Purpose Company：SPC）が空港ターミナルビルの営業収入をもとに整備、維持管理の費用を負担している[3]。

### ③ 特定地方管理空港・地方管理空港

特定地方管理空港と地方管理空港の基本施設と附帯施設の整備財源は、空港整備勘定と地方自治体の一般会計のふたつである。空港整備勘定の負担割合は国管理空港と同じように空港法にもとづき定められており、特定地方管理空港では基本施設55％、附帯施設55％以内、地方管理空港では基本施設50％、附帯施設50％以内と規定されている。残りの整備財源や維持管理の財源は地方自治体の一般会計や空港ごとに決められた空港使用料によっている。

空港ターミナルビルは第三セクター会社による整備や維持管理が行われているので、それらの財源は空港ターミナルビル会社に出資する企業の出資金や地方自治体の一般会計からの負担からなる。もちろん、維持管理の財源として入居テナントからの賃貸料収入や直営事業収入などの営業収入も重要であることはいうまでもない。しかし、空港本体と空港ターミナルビルの主体は異なるため、空港ターミナルビルの収益が空港の基本施設や附帯施設の整備および維持管理に反映されることはない。

### ④ 自衛隊共用空港

自衛隊共用空港は以下の点で国管理空港と相違はない。(a) 基本施設と附帯施設の整備財源の67％を空港整備勘定によってまかない、残りの33％を地方自治体一般会計が負担する（附帯施設は100％空港整備勘定）。(b) 基本施設・附帯施設の維持管理財源の100％を空港整備勘定が負担する。(c) 第三セクター会社が空港ターミナルビルの整備、維持管理にかかわり、そのための資金を民間資金や地方自治体の一般会計に負っている。(d) 賃貸収入や直営事業収入などを維持管理の財源としている。(e) 空港ターミナルビルで得た収益が

---

[3] なお、国際線空港ターミナルビル整備事業のうち、エプロン、構内道路などの整備、および維持管理については一般競争入札を経て選定されたSPCに対して、その整備費用の対価を空港整備勘定からまかなうことになっている。

すべて空港ターミナルビル会社に反映される。

　国管理空港と自衛隊共用空港の違いは、滑走路と管制の整備と維持管理の財源である。この部分は自衛隊と共用するため、整備や維持管理の財源は空港整備勘定と防衛省予算のふたつでまかなわれている。滑走路については空港整備勘定と防衛省予算、管制については100％防衛省予算によっている[4]。

**(2) 空港整備勘定の役割と経過**
**① 空港整備勘定の財源と歳入の概要**
　以上のように、わが国の空港においては施設や空港種別ごとにさまざまな整備、維持管理の財源が用いられ、その内容も民間出資金から有利子資金、自己資金に至るまで多様である。しかし、会社管理空港の整備や羽田空港の沖合展開事業なども含め、空港全般の整備、維持管理において重要な役割を果たしているのが空港整備勘定である。
　はじめに、空港整備勘定にプールされる財源の概要や歳入の経過を整理してみよう。
1) 航空機燃料税：空港整備、航空路施設整備、航空機騒音対策などの財源にあてるため、国が航空会社から燃料1キロリットルあたり26,000円の税金を徴収するものである[5]。毎年度税収の13分の11が国の一般会計を経由して空港整備勘定に繰り入れられ、残りは航空機燃料譲与税として空港関係市町村に全体の5分の4、空港関係都道府県に残りの5分の1が支払われる。
2) 空港使用料（着陸料、停留料、保安料）：航空会社から滑走路やエプロン、セキュリティなど空港の諸施設利用の対価として国管理の各空港に支払われるものである。各空港の収入はまとめて空港整備勘定に繰り入れられる。なお、この空港使用料は民間旅客機の使用料の徴収を認めている共用空港の使用料も含まれる。特定地方管理空港や地方管理空港の使用料は歳入の対象とはならない。
3) 航行援助施設利用料：管制、無線設備、レーダーなどの航行施設利用の

---

[4] 米子空港と徳島空港の滑走路延長事業では、すべて空港整備勘定が財源として用いられている。
[5] この徴税額は2011〜2016年度までの間「航空機燃料税の特例措置」にもとづき、1キロリットルあたり26,000円から18,000円に軽減されている（沖縄路線は13,000円から9,000円、離島路線は19,500円から13,000円にそれぞれ減額）。当初は2013年度までの暫定措置であったが、航空会社の経営支援や不採算路線の維持を目的に2014年度税制改正要望に期限の延長が盛り込まれた。

対価として航空会社が国に支払う料金である。
4) 地方公共団体工事費負担金：国の直轄事業（ここでは国管理空港の整備）に対して関係地方自治体から国に支払われる負担金を指す。「国直轄事業負担金」とも呼ばれ、整備費負担金と維持管理費負担金のふたつがある。空港の整備にあたっては整備費総額の3分の1を地方自治体が負担し、維持管理費については国が100%負担している。なお、財政力指数が低い地方自治体に対しては、「後進地域の開発に関する公共事業に係る国の負担割合の特例に関する法律」によって地方自治体の負担割合が軽減されている[6]。
5) 財政投融資（財投）：羽田空港の沖合展開事業と再拡張事業の実施にともなう有利子資金である。空港整備勘定は単年度決算を原則としているので、外部資金の借入は禁止されてきた。しかし、1981年度からの沖合展開事業以降、財政投融資からの有利子資金が財源として組み込まれ、これが空港整備勘定を経由して各事業に配分される。
6) 雑収入等：空港ターミナルビルや駐車場から徴収した「国有財産使用料」などその他収入の合計である。
7) 一般会計：空港整備勘定の歳入と歳出に差額が出た場合に、その補填金として国の一般会計から直接空港整備勘定に繰り入れられる。統計上は航空機燃料税からの繰り入れと合算した数値が示されているので、識別がつきにくいが、おもに航空機燃料税の税収が前年度比で減少したときに出されることが多いようである[7]。

図7-5は空港整備勘定の歳入の推移を示したものである。まず、全体的な特質を整理すると空港整備勘定の歳入は航空会社が支払う空港使用料や航空機燃料税に依存し、歳入額全般でみれば60〜70%に上ることがわかる。航空会社

---

[6] 全国知事会「直轄事業に係る意見交換会（2009年4月）」に提出された国土交通省資料によれば、2009年度現在、軽減措置の対象となっている地方自治体は（カッコ内は国負担割合の引き上げ率）、北海道（1.07）、青森（1.16）、秋田（1.19）、岩手（1.17）、山形（1.15）、新潟（1.03）、福井（1.05）、山梨（1.03）、奈良（1.03）、和歌山（1.15）、鳥取（1.22）、島根（1.25）、徳島（1.16）、愛媛（1.05）、高知（1.25）、佐賀（1.14）、長崎（1.19）、熊本（1.08）、大分（1.17）、宮崎（1.11）、鹿児島（1.11）の21団体である。

[7] 以上のほかに、空港をはじめとする産業基盤型社会資本についてNTTの株式売却益を無利子で貸し付ける産業投資特別会計からの繰入金や航空、寝台列車利用旅客から徴収される通行税からの一般財源繰入金があった。前者は1993年以降繰り入れがストップし、後者は消費税導入にともない制度そのものが廃止されている。

7.3 資 金 調 達　　　　157

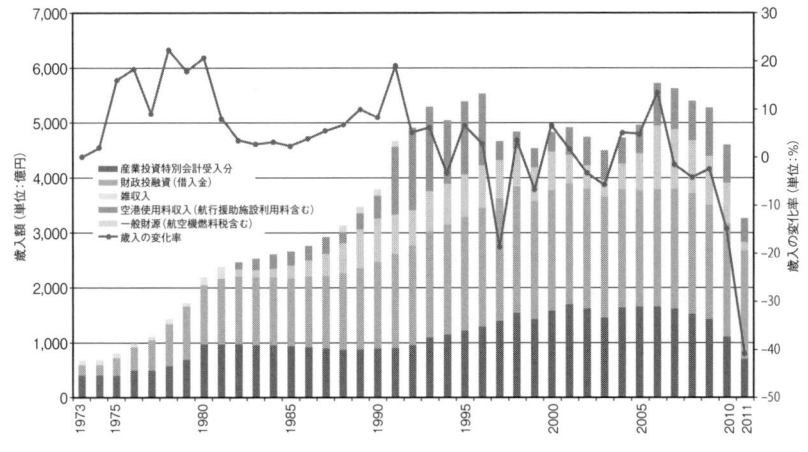

図 7-5　空港整備勘定の歳入の推移と変化率
（出所）航空振興財団『数字でみる航空（各年度版）』をもとに作成

はこれらの使用料や税の一部を旅客が支払う運賃に転嫁し、これで得た収益のなかから毎年度ごとの必要額を国に納めている。したがって、実質上の財源負担者は航空会社と旅客の受益者である。

続いて、歳入額の経年変化について概観すると、歳入額は空港数の増加に従って順調に増大し、前年度比プラスを計上している年が多い。ただし、羽田空港の沖合展開事業の開始後は、財政投融資からの有利子資金借入が事業の進捗に応じて変動してきたため、歳入額の変化率もこの借入金額の大きさに影響を受けている。1991年度には歳入額の26.5％を占める1,235億円が空港整備勘定に繰り入れられ、前年度比で約20％の歳入増加を示している。この借入は2010年度まで続き、羽田空港再拡張事業の完成をもって終了している。その結果、2011年度の歳入額は、前年度比28.9％減少している。もちろん、これは借入金の繰り入れがストップした理由のほかに、同年から始まった航空機燃料税の負担率軽減施策の影響もある。

### (3) 空港整備勘定の問題点

このように、わが国の空港は空港整備勘定を主たる整備、維持管理の財源とし、それは空港法や社会資本整備重点計画というシステムとも連動し、一貫して国主導のもとで資金規模が策定されてきた。そして、空港整備勘定について

は，財源の多くを航空会社と旅客の負担に負っており，それによってまかなえなかった財源については国の一般会計によって補填するという仕組みがとられている。こうした枠組みによって，全国には97にも及ぶ空港が整備され，いまや200路線を超える航空輸送ネットワークの整備や輸送の効率化に大きな貢献をもたらしてきた。

　しかし，空港整備勘定にも問題がないわけではない。航空需要はイベントリスクや企業間競争に左右されやすく，もし，航空会社がそうした理由から既存の国管理空港の路線を廃止してしまえば，空港整備勘定の歳入は減少する。その一方で，その空港が存続するかぎりは施設を維持するための維持管理費が必要なので，それは別の路線を利用した旅客，もしくは，国民のいずれかに負担を求めることになる。国の一般会計からの補填は年々減少し，今後も歳入の見込みは厳しい。空港整備勘定の収支を均衡させるためには，歳出を削減するか，他財源からの充当を選択する以外方法はない。羽田空港の沖合展開事業や再拡張事業において，当該空港にかかる施設整備の負担については国が100％負担としながらも，財政投融資からの有利子資金や地方自治体からの無利子貸付金などが用いられた理由はまさにそのためである。空港整備勘定の不安定で流動的な財源調達は地方や将来の利用者に対する負担を追加的に生み出し，これが継続するかぎりは引き続き利用者が費用の負担をしなければならないのである。このほか，空港整備勘定には次のような問題点が指摘される。

　まず第一に，空港整備勘定の歳入の多くは空港使用料と航空機燃料税によっている。そのため，需要が集中する羽田空港や伊丹空港のような拠点空港の負担割合は高くなり，それに比べて地方空港の負担割合は少ない。しかし，計画上，地方空港の整備に重点が置かれてしまえば，拠点空港から得た財源は地方空港の整備に回されるので，受益と負担の関係が自ずと乖離する。しかも，特定地方管理空港や地方管理空港は整備費用の一部を空港整備勘定から調達しているにもかかわらず，空港使用料収入や空港ターミナルビルの土地貸し付けから得た収入を空港整備勘定に戻していない。

　次に，空港整備勘定の歳入項目のうち，国の一般会計は国民全体の負担によってまかなわれている。一般会計からの空港整備勘定への繰り入れは，空港から便益を得ていない納税者に対しても負担を課すことを意味する。戦後の発展途上期における航空輸送ネットワークの整備や高度経済成長期以後の輸送の迅速化のニーズへの対処が急務であった時代には，そうした国民全体の負担は

7.3 資金調達

容認されよう。ただし、全国的な空港の整備が一段落した段階において負担を強いるのは決して望ましいとはいえない。

　最後に、国管理空港を含め、会社管理空港を除くすべての空港では空港ターミナルビルと空港本体の整備運営主体が異なる。空港ターミナルビルは土地賃貸料以外、運営から計上した収益はすべてその空港ターミナルビルの収益として計上し、空港の基本施設や附帯施設の整備、および維持管理にその利益が反映されることはない。空港整備勘定にも利益が繰り入れられることはない。しかし、空港ターミナルビルの収支は空港の存在と空港を利用する旅客があってはじめて成り立つものであって、空港ターミナルビル単体で収益をあげることは困難である。言い換えれば、空港ターミナルビルの収益は空港によってもたらされた収益であり、この収益は空港全体の整備・維持管理の目的にあてられなければならない。

### (4) わが国における空港の財源調達に関する今後の課題

　以上、本節ではわが国における空港の整備・維持管理に関する財源調達の仕組みを整理し、そのなかで、最も重要な役割を果たしている空港整備勘定について、その歳入の経過や内容、および問題点を指摘してきた。

　先に述べたように、2013年度をもって社会資本整備特別会計は廃止が決定し、経過勘定としての空港整備勘定はもはや借入金返済口座、貸付金返還口座の意味合いしかもたなくなる。したがって、今後、各空港の整備・維持管理に関する財源調達は空港がみずから負担管理しなければならない。国は、そのためのひとつの施策として2013年6月に「民間の能力を活用した国管理空港の運営等に関する法律」を成立させた。同法は、2010年6月に成立した改正PFI法の積極的な活用と併せ、国管理空港と共用空港28空港における上下一体化と個別空港ごとの経営を原則とした運営体制の構築を目指すものである。特定地方管理空港や地方管理空港についても地方自治体の判断により、同様の民間委託を可能とするための各種制度に関する特例措置等の整備を推進する旨が提唱されている。国管理空港の民営化は2014年からは本格的に開始され、すでに仙台空港や高松空港が受託事業者の選定に向けて動き出している。

　その一方で、特定地方管理空港や地方管理空港はこれまで空港ターミナルビル整備への出資や空港整備・維持管理資金の出資などで一部空港の管理運営に関与してきたものの、本格的な運営の経験はほとんど蓄積してこなかった。

もっとも、わが国の空港整備の枠組みは国主導型であり、地方は単に維持管理業務に終始してきたことから考えてみても、地方自治体に空港を運営するという観念が醸成されることはなかったし、その機会すらなかったといって差し支えないであろう。もちろん、経営財務上、民営化を行っても継続的な買い手がつく空港は、運営を民間の手に委ね、民間資金による財源をもとに空港を運営した方が効率上望ましい。ただ、実際のところ、特定地方管理空港や地方管理空港でそのような空港はごくわずかにすぎず、多くは売れ残りや事業者撤退のリスクがつきまとうであろう。

　これからは国管理空港や地方管理空港の種別を問わず、空港はみずからの財源をみずからの手で確保し、空港の整備・維持管理にあたることが求められる。特に、民営化で売却対象とならなかった空港については、空港整備勘定に代わる新たな財源を獲得しなければ、いまのままの空港の整備・維持管理を継続することはできない。今後、空港の財源調達において検討すべき課題としては、次の3点に整理される。第一に、空港ターミナルビル収益の空港本体への内部化を含め、空港が周辺にもたらす直接的間接的な効果を正確にとらえ、これを空港整備、維持管理の財源として活用することである。アメリカにおいて展開されているインパクトフィーやリンゲージの開発者負担金制度は大いに参考となる制度である。

　第二に、空港が発揮する便益は地域的に限定され、受益者の範囲もかぎられることから、たとえば、地方自治体が地域住民の合意を取りつけたうえで、空港の整備・維持管理を目的とした債券（＝空港債）を発行することもひとつの手法であると判断される。アメリカでは、従来から一般財源保証債（General Obligation Bond）とレベニュー債（Revenue Bond）というふたつの債券が発行され、交通社会資本整備・維持管理のためのひとつの財源として大きな役割を果たしている[8]。そうした選択肢の可能性もふまえながら、みずからの空港はみずからの地域の負担で整備管理する財源調達システムをつくりあげることが重要である。

　最後に、航空会社との共同マーケティングや需要喚起策をとおした追加的な自主財源の確保である。欧州の地方空港にみられる航空会社と空港の綿密なコラボレーションによる路線誘致と新規需要の開拓は示唆に値する事例であると

---

[8] アメリカの空港債を含めた社会資本整備・維持管理の財源調達の内容を述べた文献としては、加藤（2008）、加藤・地主（2010）などが最も詳しい。

いえる。

【参考文献】
7.1
〔1〕 引頭雄一(2008)「空港整備・運営の課題」『IATSS review』、国際交通安全学会、33(1)、42-49ページ。
〔2〕 上村敏之(2008)「空港整備に関わる特別会計の現状と将来」『運輸と経済』、68(8)、55-62ページ。
〔3〕 内田傑(2008)「地方空港の現況と活性化方策」『運輸と経済』、68(8)、38-46ページ。
〔4〕 加藤一誠(2010)「地方空港における国際化の進展と空港制度改革の課題」『運輸と経済』、70(6)、32-39ページ。
〔5〕 航空政策研究会(2009)『今後の空港運営のあり方について』、航空政策研究会。
〔6〕 国土交通省(2013)「国管理空港(共用空港を含む)の空港別収支」、URL:＜http://www.mlit.go.jp/koku/15_bf_000181.html＞
〔7〕 西藤真一(2011)「旭川空港における空港運営効率化に向けた取り組み」『運輸と経済』、71(4)、81-87ページ。
〔8〕 福山潤三(2007)「空港整備特別会計の見直し」『調査と情報』、第573号。
〔9〕 村上英樹・加藤一誠・高橋望・榊原胖夫(編著)(2011)『航空の経済学』、第4刷、ミネルヴァ書房。
〔10〕 山内弘隆(2006)「交通社会資本の特質と費用負担について」『運輸と経済』、67(1)、18-26ページ。

7.2
〔1〕 Emmanuel Doumas,(2008), Diversification des activités et privatisation des entreprises de chemin de fer : enseignements des exemples japonais. Thèse de Doctorat d'Economie sous la dir. de A. de Palma, Paris-Jourdan Sciences économiques(PSE), ENPC, 329 p. (http://www.theses.fr/14086377X)
〔2〕 中野宏幸(2014)「海外インフラ経営企業体の国際展開戦略に関する一考察—交通分野におけるグローバル企業体の台頭・深化とビジネスモデルの特性—」『運輸政策研究』、17(1)、12-23ページ。

7.3
〔1〕 引頭雄一(2011)「わが国の地方空港マネジメント改革に向けた課題」『運輸と経済』、財団法人運輸調査局、71(4)、47-56ページ。
〔2〕 加藤一誠(2008)「アメリカにおける空港債による資金調達」『紀要』、日本大学経済学部経済科学研究所、38、111-124ページ。
〔3〕 加藤一誠・地主敏樹(2010)「インフラの資金調達と金融危機の影響」『同志社アメリカ研究』、同志社大学アメリカ研究所、46、137-151ページ。

## 第8章　新たな空港運営のあり方

### 8.1　空港経営改革の潮流

#### (1) 背　　景
　わが国の空港政策は、高度経済成長期を経て各地域の空港整備が概成したことを受け、2008年に「空港整備法」の「空港法」への改正が行われるなど、空港政策の重心を「整備」から「運営」へとシフトさせてきた。
　「整備」から「運営」へという潮流のなかで、同年、空港別収支も開示されたが、これは、空港整備勘定（旧空港整備特別会計）で一括管理している経費等を各空港に割り振ったものであり、公会計の下での一定の限界はあるものの、今後の空港運営のあり方を検討するにあたっての重要な材料になった。
　しかしながら、この時点で、実際の空港整備、維持・運営を支える空港整備勘定のあり方そのものについての検討はなされなかったことから、抜本的な空港運営の見直しについては後述の空港経営改革の議論を待つこととなった。
　2009年7月、政権交代により民主党政権が誕生し、新たな政策の方向性を打ち出すべく、10月には国土交通省成長戦略会議が設立された。2010年5月に発表された「国土交通省成長戦略」では、航空分野について、オープンスカイの推進、LCCの参入促進といった施策が打ち出された。また、「民間の知恵と資金を活用した空港経営の抜本的効率化」についてもとりあげられ、現在検討が進められている空港経営改革に向けた議論の契機となった。

#### (2) 空港運営のあり方の見直し―空港運営のあり方に関する検討会
　成長戦略会議の議論を受けて開催された「空港運営のあり方に関する検討会」（2010年12月～2011年7月、以下「検討会」という）では、わが国の空港運営に関する基本的な問題としておもに2点指摘されている。
　第一に、空港整備勘定の下での国管理空港一体運営の問題である。具体的には、特別会計の下で、内部補助を前提とした空港運営がなされていることが、個別空港の経営努力や効率化インセンティブを削いでいると指摘されている。
　第二に、航空系事業と非航空系事業の運営主体分離に起因する問題である。現在、会社管理空港を除いたわが国の空港は、滑走路、誘導路、エプロンな

どの空港基本施設の維持管理は公共主体（国ないし地方自治体）が行う一方、非航空系事業と呼ばれる空港ターミナルビル等の運営は民間が行っている。

　この運営主体の分離が、諸外国では一般的な一体的な空港運営と比べてさまざまな非効率を招いていると言われている。具体的には、着陸料等の空港使用料を戦略的に引き下げることでエアラインを誘致し、物販等の非航空系事業で収益をあげる、などの柔軟な戦略をとることができない、といった問題が検討会では指摘されている。

　航空系事業と非航空系事業の分離は、戦後の財政難のなか、いわば官民連携の一手法として、収益施設たる空港ターミナルビル等の整備・運営を民間に任せる一方、公共主体が空港基本施設の整備・維持管理を行うことで、限りある財源を国内航空ネットワーク構築のための基盤となる空港整備に活用してきたという側面があり、その意義自体は否定されるべきものではない。

　しかしながら、わが国の空港整備が概成し、空港の利活用の側面が重視されるようになってきたなかで、運営主体の分離に起因する問題が明確に意識されるようになってきたといえよう。

### (3) 空港経営改革の方向性

　以上のような問題認識を踏まえ、検討会の報告書では空港経営改革の方向性として、航空系事業と非航空系事業の経営一体化を図るとともに、「民間の知恵と資金の導入」による運営の効率化を目指すとされた。

　そのなかでも、「民間の知恵と資金の導入」の手法として注目されたのが、PFI 法の改正によって導入された公共施設等運営権制度（いわゆる「コンセッション」）である。コンセッションは、民営化のひとつの手法であるが、いわゆる完全民営化とは異なり、事業を運営する権利（公共施設等運営権）は民間の運営主体へ付与する一方で、土地等の所有権については公共主体に残すという手法である。契約による柔軟な制度設計が可能になるほか、公共主体は土地等の所有者としての立場から、コンセッション後も一定の影響力を確保することができる点が特徴といえる。検討会の報告書では、空港の公共インフラとしての重要性に鑑み、「民間の知恵と資金の導入」にあたってはコンセッションを基本とすることがうたわれた。

　検討会の報告を受け、空港コンセッションの実施に必要な法整備が進められ、民主党政権下で一度廃案になるなど紆余曲折を経たものの、2013 年 6 月

には「民間の能力を活用した国管理空港等の運営等に関する法律（以下「民活空港法」という）」が成立し、法制上の枠組みが整うこととなった。

### (4) PPP/PFI の推進と空港経営改革

ここで、PPP/PFI と空港経営改革の関係について説明しておきたい。「PPP (Public Private Partnership)」とは、明確な定義はないものの、指定管理者制度、市場化テスト、公設民営（DBO）方式、包括的民間委託、自治体業務のアウトソーシングなどの幅広い手法を包含する、いわゆる官民連携全般を指す概念と考えられている。一方、「PFI (Private Finance Initiative)」は、PPP の一手法として公共施設等の設計、建設、維持管理および運営に民間の資金とノウハウを活用し、効率的かつ効果的な公共サービスの提供を図る手法、とされている。わが国では1999年に制定された「民間資金等の活用による公共施設等の整備等の促進に関する法律（以下「PFI 法」という）」にもとづいて行われる事業をいう。PFIの考え方は、サッチャー政権以降の英国における「小さな政府」への取組みのなかから生まれたものであり、近年は世界的にも財政支出の抑制のために PPP/PFI の積極的な活用がなされているところである。

わが国では、2012年度までに約400のPFI事業が行われているが、総額で約4兆円に留まっている。ほとんどはPFI事業者が整備した施設等の費用を公共施設等の管理者等が税財源から「延べ払い」で支払う方式であり、利用料金等により費用を回収する独立採算型事業は21件にすぎない。

国の試算では、わが国には約800兆円分のインフラストックがある。一方、インフラの更新費用は今後50年で約190兆円不足し、2030年代には新規費用をまかなえなくなるとされている。こうした状況を打開し、PFI事業における民間の知恵と資金の一層の活用を図っていくため、2011年のPFI法改正により、公共施設等運営権制度が導入されることとなった。2013年6月に閣議決定された「日本再興戦略」では、今後10年間（2013〜2022年）で12兆円規模のPPP/PFI事業を実施することが目標として掲げられており、そのうちの2〜3兆円を空港、道路、上下水道などのコンセッションで達成するとされている。PPP/PFIの推進といった観点からも、空港経営改革への期待は大きい。

### (5) 個別空港の動向

国による空港経営改革の動きを受けて、各地でも検討が進められている。そ

のなかでも仙台空港については、知事の強いリーダーシップの下、早くから県主催の会議体を設置するなど、自治体主導での検討が進められてきた。国も宮城県の意向を踏まえ、2014年度にはコンセッションの入札プロセスを開始するとしており、第1号案件としてその動向が注目される。

富士山静岡空港

その他の地域でも検討が行われているが、民活空港法の基本方針では、複数空港一体運営（バンドリング）も認められていることから、空港を軸にした広域的な連携など自治体の枠を超えた空港運営の可能性も検討に値しよう。

### (6) 地方管理空港における空港運営

空港経営改革の議論は主に国管理空港を対象として行われてきたが、一部の地方管理空港ではすでに先行的な取組みもなされている。

たとえば、静岡県の富士山静岡空港は、指定管理者制度を活用し、県が管理する基本施設の維持管理を旅客ターミナルの運営会社である富士山静岡空港株式会社に委託している。これは、実質的に空港運営の一体化といってよい。指定管理者制度は地方自治法上の制度であり、コンセッションに比べて料金決定権などの自由度は限定されるものの、維持管理業務の効率化など、上下一体化の意義を考えるうえでの先行事例として注目に値しよう。

## 8.2 新たな空港運営の可能性

ここまで、空港運営のあり方の見直しについて、おもに国や地方自治体の取組みを述べてきた。そこで本節では、民間による新たな空港運営の可能性と課題について考えてみたい。

### (1) 空港運営の特徴

空港事業は、これまで述べてきたようにおもに航空系事業と非航空系事業のふたつから構成される。

年間数百万から数千万人の旅客が訪れる空港は、重要な交通インフラである。同時に、一大商業施設としての側面も有しており、非航空系事業は、民間のノウハウが比較的発揮されやすい分野である。飲食や物販店舗だけでなく、温浴施設や映画館の設置、あるいは地域と連携したイベントの開催など、現状でも一部の空港ではその魅力を高めるための精力的な取組みがなされている。今後は地域の玄関口としての魅力をいっそう高めていくことが期待されている。

一方、航空系事業は着陸料等を原資とした基本施設の維持管理が中心になる。そのため、費用削減、効率化の余地がどこまであるか、料金施策についてどこまで自由度が認められるかといった点がポイントになろう。わが国では、民間委託というと料金の引き下げを期待する向きも多いが、空港の利便性向上など、利用者への利益還元のあり方は多面的に検討されるべきであろう。また、従来自治体に依存するところも大きかったポートセールス等について、空港運営主体がより主体的に担っていくことも期待される。

いずれにしても、空港の競争力は、一義的には後背圏の経済・人口に依拠する。これ以外にも、他交通モードとの競合、空港アクセス、運用上の制約（滑走路の本数や長さ、運用時間の制限、ターミナルの処理能力他）など、さまざまな外的要因に影響される。空港の価値向上のためには、自治体との連携や騒音問題・環境対策問題等に関する周辺住民の理解など、地域との信頼関係にもとづいた空港運営を行っていくことが重要といえよう。

### (2) 空港経営に携わる民間プレーヤーの類型

空港運営への参画に関心があると思われる民間プレーヤーは、以下のように大きくふたつの類型に分けて考えられる。

①ひとつの類型は、既存ビジネスにおけるノウハウの活用や、事業上のシナジー、あるいは海外の空港整備・運営事業への参画にあたっての実績づくりという観点から、空港運営に関心のあるプレーヤーである。

わが国には、会社管理空港（成田・関空・中部）および海外での空港運営にすでに参画している一部の事業者を除いて、空港の一体的な運営ノウハウ・実績をもつ事業者はない。そのため、施設の維持管理、商業施設運営、観光振興など空港運営に活用可能なノウハウを持つ事業者（商社、デベロッパー、ゼネコン、旅行代理店など）や、周辺地域での事業上のシナジーが期待される事業

## 8.2 新たな空港運営の可能性

者（交通系事業者など）等、複数の事業者がコンソーシアムを組成して運営することが考えられる。

また、民営化で先行する海外の空港オペレーターの活用も検討できる。諸外国では、空港の民営化を進めていくにあたって、先行する欧州の空港オペレーター（ロンドン・ヒースロー空港を運営するBAAやパリ・シャルル・ド・ゴール空港を運営するADPなど）などと自国の事業者の合弁により空港運営を行わせることが多い。これは、ノウハウの移植に主眼がある。

わが国では、2007年に外資系ファンドによる日本空港ビルデング株式会社の株式保有が外資規制の議論を呼んだ。また、直近では大阪府都市開発株式会社の株式売却で優先交渉権を得ていた外資系ファンドへの売却案が議会で否決された。このように外資によるインフラ事業への参画には依然として抵抗感があるが、今後の動向が注目される。

なお、前述のとおり、会社管理空港はすでに空港の一体的な運営を行っているものの、特殊会社として、特に国内での業容拡大に対するハードルは高い。会社管理空港の持つノウハウをいかに活用していくかは、まだ検討の余地があるといえよう。

②いまひとつの類型は、インフラ投資の観点から空港に関心のあるプレーヤーである。代替投資としてのインフラには、一般に以下のような特性があるといわれている。

ⓐ 長期安定的なキャッシュフローが得られる。
ⓑ 景気変動等に対する需要弾力性が相対的に小さい。
ⓒ インフレ耐性がある。
ⓓ 株式など伝統的資産とのパフォーマンスの相関が小さい。

こうした特徴は、年金基金や生保のような機関投資家による長期投資に馴染みやすいといわれており、実際に諸外国では年金基金・生保やその運用を預かるインフラファンドなどが、空港を含むインフラへの投資を積極的に行ってきている。

わが国でも、一部の年金基金・生保等は海外でのインフラ投資の実績を積んできているが、空港を含めたPPP/PFIの推進によるマーケット拡大の機運をとらえ、国内のインフラ投資への関心は徐々に高まりつつある。また、東京証券取引所でも上場インフラ市場創設に向けた検討がなされるなど、インフラ投資市場の整備に向けた動きも進みつつある。実際の空港運営を担う事業者に

とって、こうした長期資金の出し手との連携は重要な論点となろう。

**(3) 空港運営とファイナンス**

運営主体そのものの議論からは離れるが、ここで新たな空港運営とファイナンスのあり方について触れておきたい。

インフラ整備には通常、巨額の資金が必要である。そのため、わが国の空港整備にあたっては、国・地方自治体、あるいは政府系機関とみなされる会社管理空港の高い信用力を背景とした低コストかつ長期のファイナンスが中心的な役割を果たしてきた。PFI事業に対するファイナンスも実際には公共主体の信用力に依存したケースがほとんどであった。2010年に完成した羽田空港国際線ターミナルビル整備PFI事業に対するプロジェクトファイナンスは、（ターミナルビルのみを対象とするものの）空港の事業性そのものに依拠した先駆的な事例であった。

今後行われるであろう空港コンセッションに対するファイナンスも、空港の事業リスクの見極めが重要になるのは同様である。しかし既存事業の運営権を取得するという点では、官民間のM&Aととらえられる新たな側面もあることから、運営主体が創意工夫を発揮し得るような新たなインフラファイナンスのかたちを作っていくことが求められている。

## 8.3 諸外国の事例からみた官民連携のあり方

最後に、今後わが国の空港運営のあり方の見直しを進めていくうえで参考となる海外事例としてシカゴ・ミッドウェイ空港民営化の事例を紹介したい。

シカゴ・ミッドウェイ空港はアメリカのイリノイ州シカゴ市に位置する。ここはシカゴ市が管理する国際空港であり、2012年の発着回数は約25万回、旅客数は約2,000万人と比較的規模の大きな空港である。

2009年、シカゴ市はシカゴ・ミッドウェイ空港の長期リース契約に関する一度目の入札を行った。しかし、金融危機の影響が残っていたこともあり、落札者の資金調達が不調に終わり、結果的に入札は不成立となった。

2013年に市は再び入札を行い、一次入札には16社が応募するなど高い関心が寄せられた。三次入札に進んだ2社のうち1社が最終入札を前に入札を辞退し、競争的な入札環境が確保できなくなった。こうして、市は入札プロセスの続行を断念した。入札辞退の背景としてあげられたのは、空港の成長力が限定

的であること、費用の削減余地が乏しいこと、空港の拡張余地がないこと、サウスウエスト航空1社に依存した収益構造になっていること、シカゴ市の要求フィー水準が高かったこと、などである。また、入札プロセスが進むにしたがって騒音問題に対する要望や議会の反発など地元の声が大きくなってきたことから、政治的なリスクを嫌ったともいわれている。

空港は公共インフラであり、民間委託にあたっても、官と民の間で十分な対話と適切な役割分担等がなされなければ、潜在的に競争力のある空港であってもそれを生かせない可能性がある。わが国においても、官と民の間の対話をいかに構築していくかはまさにこれからという段階である。官民双方にとって望ましい空港運営が実現されるためには、関係者の努力が期待されるところである。

## 8.4 新たな空港運営に向けて

現在、空港のみならず道路や上下水道といったさまざまなインフラについて、PPP/PFIの活用に関する検討が進められている。その際、厳しい財政状況や人口減少を踏まえ、今後の施設の維持更新コストをいかにまかなっていくか、といった点が議論の出発点になりやすい。こうしたなか、空港は国内外に開かれたゲートウェイとして、観光立国を掲げるわが国の成長戦略のなかで、その果たすべき役割はますます大きくなりつつある。

空港の真の価値向上は空港運営主体自身の努力だけでなく、国および自治体、経済界、あるいは地域住民との協力・連携により、地域そのものの魅力を高めていくことを通じて達成される。このことは本書でも繰り返し指摘されるところである。一連の空港運営のあり方の見直しに関する議論が、地域における空港の役割を見つめなおす契機となることを期待したい。

　＊本章執筆にあたっては、みずほ総合研究所の阿部純哉主任研究員から多くの貴重な助言をいただいた。この場を借りて謝意を表したい。

第 3 部　空港と地域

# 第9章 空港が地域に及ぼす影響

## 9.1 空港の存在による経済効果 — 存廃調査の事例より

### (1) 存廃調査とは

戦後、わが国の空港数は、一貫して増えてきたが、2009年9月に初めて供用廃止となる空港が出現した（表9-1）。

空港を持つ地域にとって、これまで空港は地域活性化の重要なツールのひとつであり、たとえ需要見通しと乖離した利用実態であっても、整備誘致を要望してきた自治体・地域経済界などの懸命な支援策等もあり、存続が許容されてきた。しかしながら、空港・航空をとりまく環境をみると、今後、人口減少、新幹線などの競合交通機関の延伸などにより国内航空需要の大幅な拡大の見とおしは困難である。さらに国際航空需要に期待をもてる地域は大都市圏など一部の地域に限られている。また、近年では規制緩和によって航空会社間の競争が激化し、内部補助による低収益路線の維持が困難になっており、加えて国・地方の財政悪化から空港の維持管理費用や利用促進方策費用の支出は減少している。その結果、空港が存在していることから得られる経済効果と費用を比較して、空港を存続させることが地域にとって十分見合うものなのかなど、存続の是非が問われる時代に入っている。

関西圏においては、1994年に関西空港が開港したが、泉州沖が最適との航空審議会答申（第一次答申）がなされたのは、1974年であった。答申は、大阪空港の騒音問題の抜本的解決と関西圏の将来的な航空需要への対応を目的と

表9-1 近年の供用廃止空港の概要

| 空港名 | 設置管理者 | 供用廃止年月 | 廃止後の使途 |
| --- | --- | --- | --- |
| 弟子屈 | 北海道川上郡弟子屈町 | 2009年9月 | 未利用 |
| 広島西 | 広島県 | 2012年11月 | 広島ヘリポート<br>(2012年11月供用開始) |
| 石垣 | 沖縄県 | 2013年3月 | ・新石垣空港の供用にともない供用廃止<br>・跡地利用計画策定中 |
| 枕崎 | 鹿児島県枕崎市 | 2013年3月 | メガソーラ（大規模太陽光発電所）<br>→2013年8月起工 |

（出所）各空港の関連ホームページから筆者作成

して、3つ（泉州沖、神戸沖、播磨灘）の空港立地の候補地を7つの項目により総合評価した結果であった。答申の主文には「ここに、本審議会は、大阪国際空港の廃止を前提として、関西国際空港の規模及び位置を以下のように考える」の記述がなされていた。審議の当初では、現空港との分担を想定した議論がなされていたといわれるが、答申では現空港の機能を代替するような新空港の規模決定の考え方の記述がなされたのは、1969年から始まる大阪空港の周辺地域の住民による騒音公害の集団訴訟を背景として、周辺自治体の一部から現空港撤去の方針が出されたことを踏まえたものである。ただし、廃止を前提という記述の意味は、新空港供用時点での大阪空港の廃止を決めたものではなく、仮に廃止しても代替可能と解するべきであるといわれる。

答申後、新空港の計画を進めるうえでも、現空港の取り扱いを決める必要があることから、国は大阪空港の航空機騒音公害の第3次訴訟に対する調停案（1980年6月30日、同年7月16日成立）のなかで、大阪空港の存廃を決定するに必要な資料を得るための調査（以下「存廃調査」という）を実施したうえで、存廃を決定することを表明したのである。

### (2) 大阪空港の存廃による国内航空需要への影響

大阪空港の存廃調査は、1983年度から1989年度までの7年間にわたって実施された。存廃調査は、関西圏の将来航空需要、現空港の便益、現空港と新空港の使用形態・便数配分、現空港存続の場合の環境対策、現空港廃止の影響分析等多岐にわたって行われ、最後に総合評価を行い、とりまとめている。

存廃調査において基礎となる将来航空需要予測調査は、まず大阪空港の発着回数について、4とおりのケースを設定をし、航空需要予測モデルにより、ケース別の関西空港と大阪空港の国内航空需要を予測している（表9-2）。なお、国際線についてはすべてのケースで関西空港が取り扱うものとしている。

この予測調査の航空需要推計

（出所）新関西国際空港㈱

大阪国際空港

第9章 空港が地域に及ぼす影響

表9-2 2000年におけるケース別国内航空需要推計値

(単位:万人)

| ケース | 大阪国際空港 | 関西国際空港 | 合計 |
|---|---|---|---|
| 大阪国際空港廃止 | 0 | 2,765 | 2,765 |
| ジェット機200発着 | 1,862 | 1,338 | 3,200 |
| ジェット機150発着 | 1,442 | 1,758 | 3,200 |
| ジェット機100発着 | 1,022 | 2,178 | 3,200 |
| (参考)潜在需要 | 1,963 | 1,289 | 3,252 |

(出所)「大阪国際空港のあり方に関する調査」(1989年度、運輸省航空局)

■大阪空港

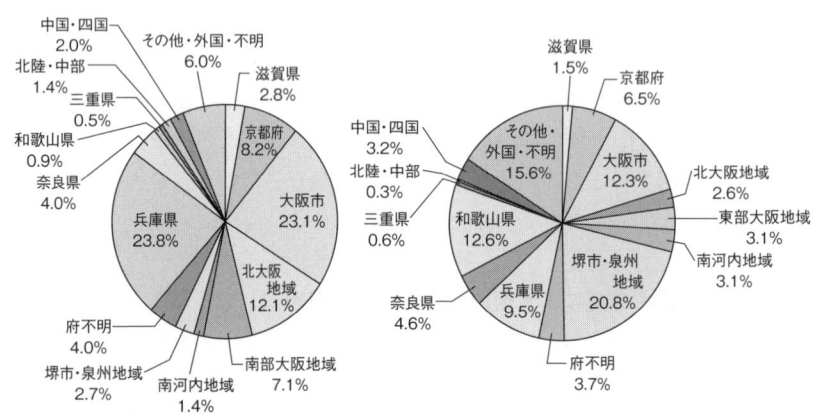

- 中国・四国 2.0%
- 北陸・中部 1.4%
- 三重県 0.5%
- 和歌山県 0.9%
- 奈良県 4.0%
- 兵庫県 23.8%
- 府不明 4.0%
- 堺市・泉州地域 2.7%
- 南河内地域 1.4%
- 南部大阪地域 7.1%
- 北大阪地域 12.1%
- 大阪市 23.1%
- 京都府 8.2%
- 滋賀県 2.8%
- その他・外国・不明 6.0%

■関西空港

- 滋賀県 1.5%
- 中国・四国 3.2%
- 北陸・中部 0.3%
- 三重県 0.6%
- 奈良県 4.6%
- 兵庫県 9.5%
- 府不明 3.7%
- 堺市・泉州地域 20.8%
- 和歌山県 12.6%
- 大阪市 12.3%
- その他・外国・不明 15.6%
- 京都府 6.5%
- 北大阪地域 2.6%
- 東部大阪地域 3.1%
- 南河内地域 3.1%

(出所)「平成17年度航空旅客動態調査」(国土交通省)から筆者作成

図9-1 大阪空港と関西空港の国内航空利用者居住地分布(平日)

では、両空港を活用したケースの方が、大阪空港を廃止したケースよりも近畿圏全体の航空需要が大きい結果となっている。また、潜在航空需要は大阪空港の方が大きくなっている。需要推計結果は、航空需要面からは両空港の活用が望ましいこと、および両空港の需要後背圏

(出所)新関西国際空港㈱

関西国際空港

は完全な代替関係にはないことを示唆している。

図9-1のように実態調査における大阪空港と関西空港の国内線利用者の分布をみても、主たる利用地域は、大阪空港が兵庫県、大阪市、北大阪に対し、関西空港は堺・泉州、和歌山県、大阪市となっており、両空港の需要後背圏が完全には重なっていないことが裏付けられる。需要後背圏の違いから、大阪空港の利用者は、関西空港の利用者と比較し、人口あたりの航空利用率が高い、同じ路線でもビジネス目的割合が多いなどの違いがみられる。

### (3) 大阪空港廃止による跡地利用の実現性と課題

存廃調査においては、大阪空港を廃止した場合の空港跡地の利用計画案として、住宅主体の土地利用計画を対象にとりあげ、その実現性について検討している。

空港用地の面積が317 ha と広いことから、跡地の計画人口が8～10万人規模となり、交通基盤、上下水道、教育施設等の公共公益施設の新規整備が必要となる。このため、公共公益施設を維持管理する自治体の財政は極度に逼迫するおそれがあるとしている。また、大規模地域開発事業となることから、周辺の既存地域開発事業との競合による事業スケジュールの長期化も指摘されている。関西圏の大規模地域開発事業の例をあげれば、1980年代後半から開発計画が進められていた大阪駅北地区では、全体24 ha のうちの7 ha の先行開発区域が、2013年4月にグランフロント大阪としてようやく開業できたところであり、残りの区域はまだ事業着手には至っていない。

また、空港廃止による空港内事業所を中心とした空港関連産業の流出による雇用の減少、経済効果の減少も大きな課題であるとしている。大阪空港の経済効果の調査では、関西空港開港直前の1994年4月時点で大阪空港の空港内事業所は213事業所、従業者約16,000人、年間支出額は1993年度分で約4,500億円となっており、地域経済にとって空港の存在は非常に大きな効果を持っている。

さらに、大阪中心部から近い空港の廃止により、近畿圏と他の圏域との結びつきが弱まり、近畿圏の地位の低下が懸念されるとしている。

一方、空港廃止跡地の土地利用により、空港周辺の航空機騒音問題が完全解決されること、空港用地と移転補償跡地を含めた一体開発の可能性があること、航空法等による高さ制限等の土地利用制約から解放されることなどが、空

港廃止の場合のメリットとしてあげられている。

### (4) 大阪空港存続の決定と大都市圏の空港システム

　存廃調査は、大阪空港の存廃を決定するに必要な資料を得るための調査であることから、まとめとなる総合評価においても存廃自体には言及してない。しかし、廃止を選択した場合、空港跡地開発によって、空港以上に経済効果が見込まれる開発計画の実現は、現実的には困難と評価しており、実質的には空港としての存続に軍配をあげている。

　そして、存廃調査の結果を踏まえ、1990年12月に大阪空港の存続について当時の運輸省は、大阪空港周辺の11市町で構成される大阪国際空港周辺対策協議会と協定を、また大阪府、兵庫県とは覚書を、それぞれ締結した。これにより、大阪空港の存続が地元の同意を得て正式に認められたのである。

　存廃調査では、このほか、海外の大都市圏における空港システムの事例調査を行っている。そこでは、基本的に大都市圏では複数の空港システムが多く、複数空港で機能分担を図りつつ航空サービスを充実させ、大都市圏機能を高めているとしている。実際、関西空港開港後の関西空港と大阪空港を合計した国際および国内の年間利用者数（2005年度からは神戸空港分を含む）が、関西空港開港以前の大阪空港の年間利用者数を、下回ったことは一度もない。このことは、複数空港の活用が、関西圏の航空需要を拡大したことを示唆している。

　また、大阪空港、神戸空港は発着回数、運用時間の制約があるが、関西空港は完全24時間運用の複数滑走路を有するという運航利用面の大きな特長がある。このため、LCCは高頻度運航というビジネスモデルを活用できる関西空港を拠点空港として利用している。

　一方、立地面では関西空港は都心から遠いが、大阪空港と神戸空港は都心近接の特長を有している。例えば、ロンドン都市圏において都心の金融街に最も近いシティ・エアポートは、ビジネス目的に特化した利用をし

（出所）神戸市みなと総局

空からみた神戸空港

ている。この事例のように、大阪空港と神戸空港は、都市型空港の特長を活かした利用をすることが、複数空港を持つ大都市圏の空港システムの強みを活かすことになろう。

## 9.2 LCCの国際線進出の地域への効果

### (1) 航空需要に対する影響

9.1では伊丹空港の廃止をめぐって実施された調査にもとづき、空港の地域に対する影響がとりあげられた。本節では、まず、アメリカのサウスウエスト航空の拡大から、伊丹とは反対に空港が国際化した場合の地域への影響を予測した報告書の内容を紹介する。そして、大都市圏において原則的に内際分離した複数空港があるとき、ある空港の路便数の増加が他方に及ぼす影響についても考える。これらは、わが国の首都圏における成田空港と羽田空港、関西圏における関西空港と伊丹空港の問題にも応用できる。羽田空港からの国際線の増加が成田空港にどのような影響をもたらすのか、もし、伊丹空港が再国際化した場合の影響も類推することができる。

さて、本節の舞台となるのは、テキサス州・ヒューストンである。市自体の人口は210万人（2010年国勢調査）であるが、アメリカの都市の例にもれず郊外化がすすみ、都市圏（Houston-Sugarland-Baytown metropolitan statistical area）人口は592万人にのぼる。第1空港は、コンティネンタル航空がハブとして使用していたジョージ・ブッシュ・インターコンティネンタル空港（IAH）である。ユナイテッド航空（UA）がコンティネンタル航空を買収したために、現在はUAのハブとなっている。第2（セカンダリ）空港はウィリアム・P. ホビー空港（HOU）で、ここはIAHの開港以前には第1空港であったが、開港以降に定期便がなくなった。ところが、1971年にサウスウエスト航空の利用開始とともに乗降客数は急増し、セカンダリ空港の利用というLCCのビジネスモデルが定着する契機となった。また、サウスウエスト航空はエアトラン航空の買収にともなって、エアトランが運航していた国際線も引き継ぎ、成長を続ける中南米地域への進出を計画している。

なお、ヒューストン都市圏にはエリントン空港（EFD）という第3空港があり、ジェネラル・エビエーションと軍向けの空港となっている。アメリカでは地方政府やポート・オーソリティ（邦訳は公社、公団）が空港を所有するケースがほとんどであり、地域にある空港すべてをあわせて「空港システム」とい

う呼称が用いられることが多い。ヒューストンでは3つの空港をあわせてヒューストン空港システムと呼ぶ。

図9-2は空港システムの概要を示す。2012年の搭乗者数はIAHが1,904万人、HOUが504万人であり、規模はおよそ3.8：1である。前者はUAとスター・アライアンス、後者はサウスウエスト航空が乗客の9割以上のシェアをもつ。国際線は、本章で焦点となるラテンアメリカ向け（近距離国際線）においてUAとスター・アライアンスがほぼ独占の状態で長距離国際線でもUAとスター・アライアンスのシェアが48％となっている。

このような現状を前提として、ヒューストン都市圏にある空港（HOU）の国際化を考えるための先行事例となっているのが、イリノイ州シカゴとフロリダ州マイアミである。ヒューストンの航空需要は増加傾向にあり、国際化によって第1空港（IAH）と空港システム全体の路線数や便数がどうなるのか、が複数空港の競合という観点からみて重要な問題であったからである。

表9-3はシカゴとフロリダ州南部（マイアミ）における2010年と2012年の2つの時点におけるラテンアメリカ・カリブ海（中南米）への出発便数と提供座席数を示している。両地域の第1空港は、シカゴ・オヘア空港（ORD）、マイアミ空港（MIA）、第2空港はミッドウェイ空港（MDW）とフォートローダーデール・ハリウッド空港（FLL）である。2010年3月時点においてミッドウェイ空港に中南米向けの国際線はなく、2012年3月のビバ・アエロバス（Viva Aerobus）とボラリス（Volaris）の2社が参入した路線は完全な新規路

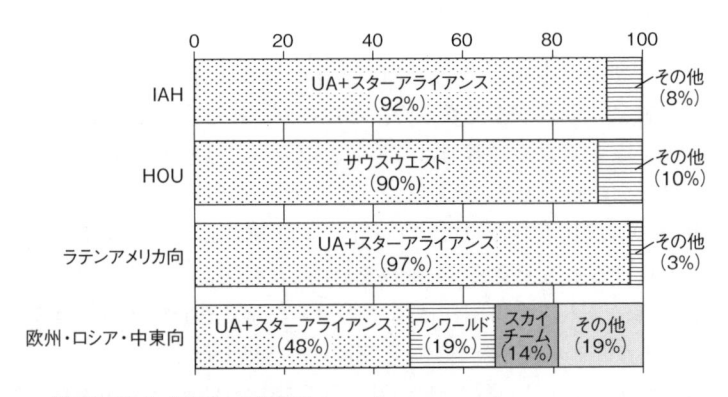

（出所）GRA（2012）より作成

図9-2　ヒューストン都市圏の空港の概要

## 9.2 LCC の国際線進出の地域への効果

表 9-3 シカゴ都市圏とマイアミ都市圏における LCC 国際化の影響

| | | 2010 年 3 月 | | 2012 年 3 月 | |
|---|---|---|---|---|---|
| | | 出発便数 | 座席数 | 出発便数 | 座席数 |
| **イリノイ州・シカゴ都市圏** | | | | | |
| 空　港 | 航空会社 | | | | |
| ミッドウェイ（MDW） | Viva Aerobus | 0 | 0 | 1 | 148 |
| 〔944 万人〕 | Volaris | 0 | 0 | 61 | 8,113 |
| オヘア（ORD） | AA | 164 | 24,000 | 211 | 32,220 |
| 〔3217 万人〕 | UA | 164 | 25,097 | 239 | 37,948 |
| **フロリダ州・マイアミ都市圏** | | | | | |
| 空　港 | 航空会社 | | | | |
| フォートローダーデール・ハリウッド（FLL）〔1145 万人〕 | AA | 31 | 4,960 | 62 | 9,920 |
| | Jet Blue | 124 | 13,950 | 155 | 17,050 |
| | Spirit Airlines | 440 | 63,800 | 392 | 62,021 |
| マイアミ（MIA）〔1899 万人〕 | AA | 3,396 | 551,675 | 3,500 | 577,789 |
| | Interjet | 0 | 0 | 53 | 8,480 |
| | Viva Aerobus | 0 | 0 | 7 | 1,036 |

（注）空港の下にある〔　〕は搭乗者数であり、わが国の統計で一般的な乗降客数のおよそ 2 分の 1 の規模となっている。読者はおよそ 2 倍にして、わが国の空港の規模と比較されたい。

（出所）GRA（2012）、19 ページ

線であった。2 社の就航の後、オヘア空港のアメリカン航空（AA）と UA の便数、座席数ともに増加した。また、マイアミ（Miami-Fort Lauderdale-West Palm Beach）都市圏では 2 路線の開設によってマイアミ空港からの AA の便数と提供座席数は増加した。他方、FLL において LCC のスピリット航空の便数と提供座席数は減少したが、AA といまひとつの LCC であるジェットブルーの便数と提供座席数は増加した。

ふたつの地域の事例から、一方の空港の国際線の開設や増便によって都市圏全体の航空需要は増えるというストーリーが描かれる。このような変化の背景には運賃の変動があり、平均運賃は最大で 43％下落した。さらに、このような運賃下落によって提供座席数が増えて、航空会社の収入はいずれの路線でも増加するという循環が生まれた。

次に（平均）運賃から LCC の参入の可能性を検討する。図 9-3 はヒューストンとシカゴからの中南米への運賃を示しており、LCC 運賃とは、HOU からの就航が予定されている LCC の運賃である。シナリオは、最初は 6 都市 1 日

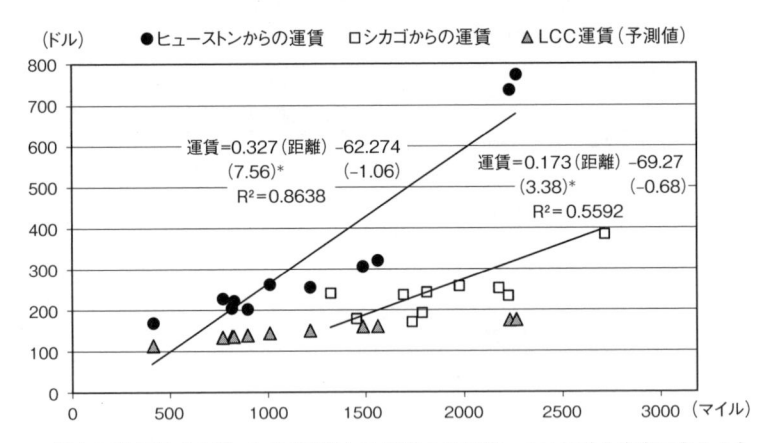

(注) 平均運賃は片道、LCC 運賃は 11 路線の予測値。＊は統計上有意であることを示す。
(出所) GRA（2012）、28、30 ページのデータを用いて作成

図 9-3　ヒューストンとシカゴからの中南米路線の距離と平均運賃の関係

12往復（航空会社は3社）で開始され、最終シナリオでは12都市1日23往復（航空会社は4社）となるというものである。まず、両都市からの中南米への運賃がおおむね距離に比例して決まっていることがわかる。同時に現状では中南米に近いヒューストンの運賃がシカゴのそれを上回っており、ここにLCCの参入する余地があることがうかがえる。すでにLCCが参入しているシカゴからの運賃は距離に対して相対的に安く、距離による逓増の割合は小さいことも理解できるだろう。ここからみて、ヒューストンへのLCCの参入によって競争が激化し、航空運賃が下落することが予想される。運賃下落の利益は航空利用者、つまり一部は地域住民にもたらされる。

**(2) 地域に対する経済効果**

アメリカにおける空港の地域に対する経済効果に関してはこれまで多くの調査があり、加藤浩（2012）は先行研究をまとめている。影響を計測する代表的な手法は産業連関（Input-Output, IO）分析であり、多くの場合、図9-4に示すように直接効果、間接効果および誘発効果の雇用、所得の合計を経済効果としている。もっとも、経済効果計測の手法や地理上の範囲は厳密に定められておらず、しかも、どのようにも設定可能である。そのため、それぞれの効果に

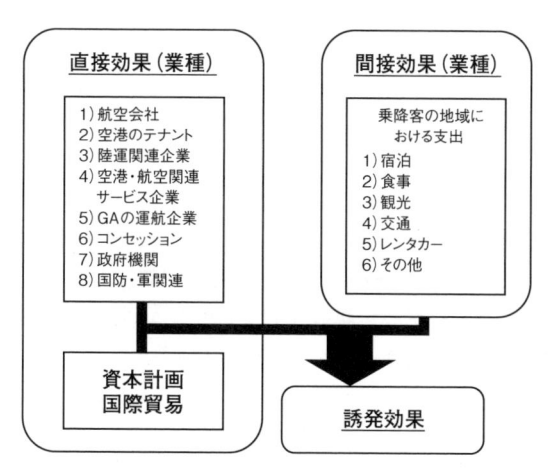

9.2 LCCの国際線進出の地域への効果　　　*181*

```
┌─────────────────────────┐   ┌─────────────────────────┐
│ 直接効果（業種）         │   │ 間接効果（業種）         │
│                         │   │                         │
│  1）航空会社             │   │  乗降客の地域に          │
│  2）空港のテナント       │   │    おける支出            │
│  3）陸運関連企業         │   │  1）宿泊                 │
│  4）空港・航空関連       │   │  2）食事                 │
│     サービス企業         │   │  3）観光                 │
│  5）GAの運航企業         │   │  4）交通                 │
│  6）コンセッション       │   │  5）レンタカー           │
│  7）政府機関             │   │  6）その他               │
│  8）国防・軍関連         │   │                         │
└─────────────────────────┘   └─────────────────────────┘
         │                                  │
         ▼                                  ▼
┌─────────────────┐              ┌─────────────────┐
│ 資本計画         │──────────────▶│ 誘発効果         │
│ 国際貿易         │              │                 │
└─────────────────┘              └─────────────────┘
```

（出所）GRA（2011）を要約

図9-4　空港の地域に対する効果

含まれる項目は調査によって異なるし、単純な金額の比較は意味をなさない（13.2でとりあげられた間接効果とも定義が異なるため、注意が必要である）[1]。

　ここでは、2011年に公表されたヒューストン空港システムの経済効果を紹介し、経済効果計測の概要を把握することにしたい。この場合の経済効果は、以下のように定義されている。直接効果は航空事業に直接関係する業種の雇用と所得であり、ここには空港の資本投資による雇用や支出も含まれる。間接効果の対象は航空旅客の滞在中の支出であり、レストラン、ホテル、交通機関がここに含まれる。誘発効果は旅行者や企業の雇用者の支出がヒューストン都市圏（10郡）の経済のなかで生み出す乗数効果である。

　表9-4は空港システムのヒューストン都市圏に対する経済効果をまとめたものである。ここからは空港が23万人以上の雇用、88.5億ドルの所得（earnings、実収賃金ともいう）、276億ドルの生産額をもたらしたと推定され

---

[1] 加藤浩（2012）に紹介されているのは、カリフォルニア州の3つの郡にある6つの空港の経済効果、ミルウォーキー空港、ミシガン州のキャピタル・シティ空港およびヴァージニア空港システムである。アメリカの空港の経済効果に関する邦語文献として、たとえば、加藤（1992）のアトランタ・ハーツフィールド空港、加藤（1998）第Ⅱ節のデンバー空港がある。これらは、ともに既存空港の同一都市圏内への移転と拡張に関するものである。こうした計測の例は枚挙に暇がないが、移転や拡張を正当化するためのものが多いとみられる。ここで国際線の新設や増設をとりあげたのは、わが国の空港はほぼ整備を終えており、運用方法の変更に含意があると思われたからである。

ている。注目すべきことは、直接と間接を加えた空港そのものの効果よりも、誘発効果がそれらを上回っていることである。このうち、16％がHOUから生じたとされているが、3.8：1であった旅客比に比べて誘発効果に占めるシェアは小さい。

さて、国際線の就航によってHOUでは初期シナリオにもとづき77.9万人の旅客が増え、最終シナリオにおいてその数は131万人まで増加することになっている。図9-5にはこの内訳が示されている。国際旅客の55％は出発地・目的地とする直行（地元）需要、45％は乗り継ぎ需要であり、地域にとってはお金を落としてくれる直行需要の旅客の影響が大きい。

表9-5はGRA（2011）から抜粋したビジネス客と観光客の1日あたりの支

表9-4 ヒューストン空港システムの経済効果

|      | 雇 用 | 所 得<br>（100万ドル） | 産 出 額<br>（100万ドル） | シェア<br>（％） |
|------|------|------|------|------|
| 直接効果 | 47,456 | 3,132.7 | 8,666.7 | (31.45) |
| 間接効果 | 47,713 | 1,125 | 3,663.6 | (13.29) |
| 誘発効果 | 139,113 | 4,593.2 | 15,227.4 | (55.26) |
| 合計 | 234,281 | 8,850.9 | 27,557.8 | (100) |

（出所）GRA（2012）、31ページ

図9-5 国際線旅客の増加分の内訳

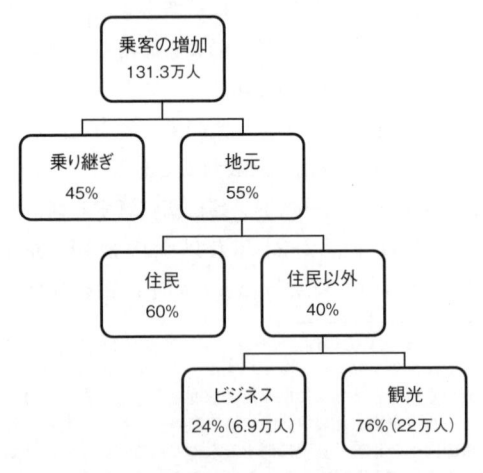

（出所）GRA（2012）、33ページより抜粋

出額と滞在日数を示している。宿泊、食事および交通の支出はビジネス客の方が大きく、エンターテイメントや買い物は観光客の方が大きい。けれども、支出額の大きい項目はすべてビジネス客が観光客を上回るため、地域経済に対する影響はビジネス客の方が大きいと判断できる。ここからは、空港当局や地元の自治体には、需要変動が大きく、単価の安い観光客よりもビジネス誘致を進める方が経済的なインパクトが大きいことがうかがえる。

最終シナリオにおいて第2空港の国際化によって増加した旅客がもたらす影響は、表9-6に示すように、2つの空港をあわせて12億4,460万ドルと試算された。この効果は旅客増の効果のみで全旅客を対象としたものではない。ここ

表9-5 旅客の支出額（目的別）

|  | IAH | | HOU | |
|---|---|---|---|---|
|  | ビジネス国際 | 観　光 | ビジネス国際 | 観　光 |
| 宿　泊 | 110.47 | 17.64 | 110.57 | 17.59 |
| 食　事 | 49.34 | 32.55 | 49.34 | 32.55 |
| エンターテイメント | 5.48 | 8.45 | 5.48 | 8.45 |
| 買い物 | 5.48 | 10.9 | 5.48 | 10.9 |
| 交　通 | 95.94 | 45.86 | 95.94 | 45.86 |
| その他 | 8.22 | 2.46 | 8.22 | 2.46 |
| 合　計 | 274.93 | 117.86 | 275.04 | 117.80 |
| 滞在日数（日） | 3.4 | 3.7 | 3.4 | 3.7 |

（出所）GRA（2011）、25ページ

表9-6 空港の国際化による経済効果

|  |  | 直接効果<br>（空港のみ） | 間接効果<br>（訪問客の支出のみ） | 都市圏における<br>誘発効果 | 合　計 |
|---|---|---|---|---|---|
| HOU | 雇用 | 2,623 | 2,684 | 8,987 | 14,294 |
|  | 所得 | 1億7,260億ドル | 5,580億ドル | 2億8,130万ドル | 5億970万ドル |
|  | 生産額 | 3億3,230億ドル | 2億3,500万ドル | 6億7,120万ドル | 12億3,850万ドル |
| IAH | 雇用 | 10 | 9 | 28 | 47 |
|  | 所得 | 70万ドル | 20万ドル | 100万ドル | 190万ドル |
|  | 生産額 | 200万ドル | 70万ドル | 340万ドル | 610万ドル |
| 全体 | 雇用 | 2,633 | 2,693 | 9,015 | 14,341 |
|  | 所得 | 1億7,330万ドル | 5,600万ドル | 2億8,230万ドル | 5億1,160万ドル |
|  | 生産額 | 3億3,430万ドル | 2億3,570万ドル | 6億7,460万ドル | 12億4,460万ドル |

（出所）GRA（2012）、34ページ

では第2空港であるHOUの影響が圧倒的に大きいが、HOUへの参入によって両空港からの航空運賃が低下し、IAHでも旅客数が増加する。ただし、この数字は推計された運賃にもとづく推計であり、実際には上下変動することを知っておくことも必要である。そして、図9-2に示したラテンアメリカ向けのUAとスター・アライアンスのシェアは73％に低下し、サウスウエスト航空のシェアは20％、その他の航空会社が7％になると予測されている。

### (3) 経済効果の持つ意味

ここでは同一都市圏における国際化にともなう地域への影響を試算した報告書の内容を紹介した。重要なことは、都市圏に十分な需要があれば、国際線の増加といういわば座席供給の増大は、雇用や支出を通じて地域経済にプラスの影響をもたらすということである。そして同時に、競争の重要性も教えてくれている。同一都市圏において航空会社間の競争（新規参入）によって空港間競争のような状況が生じている。これがアメリカにあってわが国には不十分なものなのである。

そして、一般にも広く使用される経済効果という用語であるが、この定義はひとつではなく、影響のおよぶ範囲を厳密に画定することも難しい。加えて、とりあげたケースでは先行事例にも影響を受ける。このことから、政策的な意図がある場合、規模が過大に見積もられる可能性がある。したがって、読者は経済効果の予測を抑制的に考えるという姿勢をもってほしい。そして、このような路線効果は航空会社の路線戦略に依存するため、ヒューストンで生じた効果は必然とはいえない。もし、他の空港から国際線が新設、増便された場合、その地域に経済効果は発生したからである。

【参考文献】
〔1〕 GRA, Incorporated(2011) Houston Airport System Economic Impact Study, Final Report.
〔2〕 GRA, Incorporated, InterVISTAS Consulting LLC(2012) The Economic Impact of International Commercial Air Service at William P. Hobby Airport.
〔3〕 加藤一誠(1992)「アトランタ空港の経済効果」『経済学論叢』、同志社大学、43(3)、96-122ページ。
〔4〕 加藤一誠(1998)「アメリカにおける空港アクセスの整備」、日交研シリーズ A-237、日本交通政策研究会、1-24ページ。
〔5〕 加藤浩徳(2012)「空港の地域経済効果の計測手法をめぐる論点―米国の空港を事例に―」『2009年度研究プロジェクト支援報告書』、航空政策研究会。

# 第10章　地域と航空需要

## 10.1　航空機に乗る理由

「わたしはなぜ、航空機に乗るのだろうか？」

航空需要について考えるとき、このシンプルな問いに立ち返らなくてはならない、と筆者は考えている。

本書は「空港経営と地域」というタイトルであるから、読者の多くは空港に興味があり、空港をつかって観光や出張に行く機会も比較的多い、という方々であろう。しかし、これだけ航空ネットワークが張りめぐらされた現在でも、航空機に乗ってどこかに行くということは、実は日本人にとってそれなりに特別なイベントであることを再認識する必要がある。

たとえば、国土交通省の「幹線旅客純流動調査」（2010年）という統計によれば、2010年の1年間に航空機を利用した国内のトリップ数（トリップ＝ある出発地から目的地まで人が移動した場合、これを1回と数える）は7,575万回／年。これを2010年の日本の総人口1億2,581万人（総務省統計）で除すると、人口1人あたりの国内航空トリップ回数は0.6回／人。実に年に1回に満たないことがわかる。

また国際旅客についてみると、2010年に日本を発着した国際旅客数は5,351万人（「数字でみる航空2013」）。これには多くの外国人が含まれるが、仮にこの数字のすべてを日本人として国内のトリップ回数に足しても、せいぜい年1回程度であることがわかる。すなわち、ごく大雑把にいってしまえば、平均的な日本人にとって航空機に乗るというのは年に多くても1回という、お正月やクリスマスと同程度の特別なイベントということになる。

もちろん、これは平均値の話であり、筆者のように年に5〜10回は航空機を使うという人もいれば、航空機にそもそも乗ったことがないという人もいるだろう。民間企業のインターネット調査の結果であり、正式な統計ではないが、日本人が航空機に乗る頻度の分布について調査された結果を図10-1に示す。筆者のような利用者は、頻度としては上位3％に属する利用者となり、「かなりのヘビーユーザー」ということができる。一方で航空機に乗ったことがない人は15％おり、年1回未満という人が55％と大半を占める。これは上記の統

計値とも整合した調査結果といえよう。

したがって、「航空需要について考える」ときには、「それなりの頻度で航空機を利用する、やや限定的の利用者層（＝ヘビーユーザー）」と「非常に頻度は少ないが、ごくたまに（年に1回以下程度）使うという一般的な利用者層（＝マジョリティ）」の両方を想定する必要がある。

本章ではこうした前提を踏まえて、航空需要をどうとらえるか、それが地域経済とどうリンクしているか、ということを考えていきたい。そのなかで冒頭の問いに対する「答え」もみえてくるだろう。

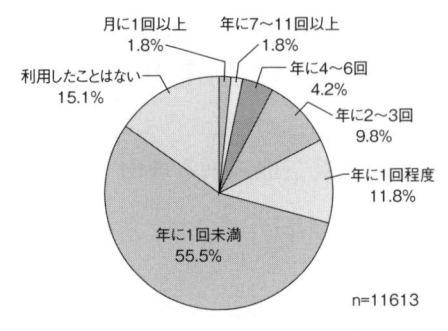

（出所）マイボイスコム株式会社 自主アンケート結果

図10-1 航空機の利用頻度に関するアンケート調査結果

## 10.2 交通需要をどうとらえるか ── 派生的需要としての特性

さて、航空需要に話を進める前に、航空以外の交通機関を含め、交通需要全体をどうとらえるかについて考えよう。

### (1) 本源的需要と派生的需要

いわゆる「需要」という言葉には、「本源的需要」と「派生的需要」の2種類がある。たとえばあなたが東京に住んでいるとして、新幹線を利用して京都観光に行ったとしよう。このときに「本源的需要」とは「京都で観光を楽しみたい」というニーズであり、それに対して「派生的需要」とは「新幹線で東京から京都へ移動する」という交通需要である。

実は、交通需要のほとんどはこの派生的需要であり、交通そのもの自体が本源的需要であるケースは、運転自体が楽しみであるようなドライブ旅行、バイクによるツーリング、鉄道好きがJR線全線全駅を制覇するような旅、などに限定される。したがって、交通需要について考えるときは、基本的には派生的需要として分析することになる。

## (2) 派生的需要の特性

さて、派生的需要としての交通需要の特性は何だろうか。

第一は、「本源的需要の増減」と「交通需要の増減」が密接に結びついているということである。通勤交通が朝夕に集中していること（日変動が大きいこと）、ゴールデンウィークやお盆、正月の時期に帰省ラッシュや渋滞が起こること（季節変動が大きいこと）が、それを端的に表現している。

また年間の交通需要は、GDP や人口等の指標に大きく影響を受けることが知られている。図 10-2 は全交通機関の旅客交通需要（人キロベース）と貨物交通需要（トンキロベース）と実質 GDP の推移をみたものであるが、おおむね相関があることがうかがえる。これは経済の活性化が出張や観光といった本源的需要を喚起し、それが派生的需要である交通需要を誘発するという連関があるからである。

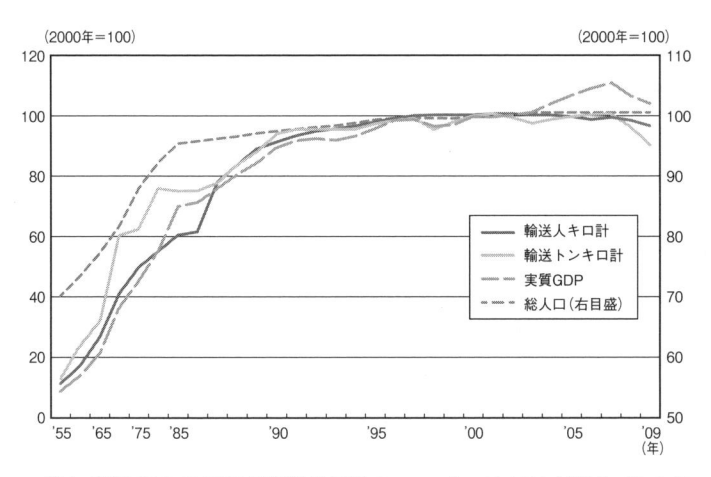

(注) 実質 GDP は 2000 暦年連鎖価格ベースのものは 1980 年度までしかさかのぼれないため、1975 年以前の分は 68SNA ベースのものを接続している。

(出所) 内閣府「国民経済計算」、総務省「国勢調査」、「人口推計」、国土交通省「交通関連統計資料集」より大和総研作成
論説「人口減少・高齢化の下で交通体系の一翼を担う高速道路」
㈱大和総研 資本市場調査部主任研究員 中里幸聖『高速道路と自動車』第 54 巻第 12 号、2011 年 12 月）

図 10-2 交通需要と GDP の関係

さらに、東日本大震災発生時にみられたように、災害時には遠隔地からの帰宅や被災者救助という本源的需要が発生するため、それにともない派生する交通需要に限られたキャパシティでどう対処するか、といったことが大きな課題となる。このように、日常と災害時を含めて本源的需要がどのように発生するのかを分析することが、交通需要を考えるうえで極めて重要になる。

第二は「交通機関間や経路間の代替性の高さ」である。本源的需要については、たとえば観光旅行という需要を考えてみると、それほど代替性は高くない。京都を観光するのと北海道を観光するのとでは、享受できる観光資源やサービスの種類がまったく異なるため、「今回の観光旅行は京都ではなく北海道でもよい」ということにはならないからである。

一方、交通需要については、同じ目的地に到着するまでに複数の交通機関や経路がある場合、利用者は運賃・費用や所要時間、移動時の快適性等を考慮して、いずれかの交通機関・経路を自由に選ぶことができる。いずれの交通機関・経路を選んでも「目的地に到着する」という最終目標は達成できるからである。日本の場合、特に新幹線等の高速鉄道網が発達しているため、「航空か高速鉄道か」という選択を迫られることは多い。この場合、新しい新幹線路線が整備されたり、ある航空路線にLCCが参入したりして、運賃や所要時間が変われば、利用者は比較的簡単に交通機関や経路を変更してしまう。

図10-3は九州新幹線全線開業後に、福岡〜鹿児島間の航空路線（JAL路線）の旅客数がどのように推移したかを示しているが、2011年3月の全線開業後、航空旅客が激減していることが一目瞭然である。全線開業により、福岡〜鹿児島間の鉄道による所要時間は2時間12分から1時間17分に短縮され（55分短縮）、航空機による所要時間（空港へのアクセス等も含めて約1時間30分）を下回り、多くの利用者が新幹線に転換したと考えられる。

このように、交通需要は交通機関間・経路間の代替性が高いため、それぞれの交通機関の需要量は他の交通機関の整備状況や運賃水準や頻度等のサービス水準に大きく影響を受け、不安定になりがちであることを理解する必要がある。

**(3) 交通需要の上限制約**

また、交通需要は多くの場合、物理的な上限制約を受けることが多い。自動車であれば2車線道路か4車線道路かで、一定時間に自動車需要をさばける量はおおむね決まっている。鉄道であれば車両の容量と便数で1日に輸送できる

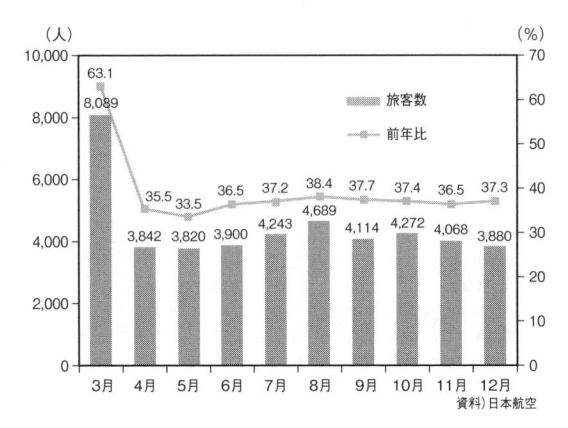

(出所)「九州新幹線鹿児島ルート全線開業後一年を経過して　～人流の変化と新幹線駅からの二次交通～」(平成24年5月8日九州運輸局企画観光部交通企画課　鈴木邦夫、第43回九州運輸コロキアム資料

図10-3　九州新幹線全線開業後の福岡－鹿児島の航空旅客の変化と前年比

旅客数は制約を受ける。航空については、航空機1便あたりに搭乗できる旅客数は機材によりほぼ決まっているし、ある路線に何便飛ばすかは航空会社の経営戦略によっても変わる。さらに航空の特性として、空港の容量制約により、ある空港から1日に飛ばせる便数(発着枠)は物理的要件で決まっている。こうした上限制約が、空港等のインフラと交通サービスを提供する企業の行動により決定されているという点が交通需要の特徴であり、その分析を難しくする一要因となっている。

## 10.3　航空需要の「キーポイント」

10.2で整理した交通需要の特性を踏まえ、航空需要を考えるうえでの「6つのキーポイント」を整理しよう。これらのキーポイントは相互に深く関連するものであるが、まずはそれぞれの内容を理解することができれば、これから航空需要の予測結果をみたり、空港経営の視点から航空需要を検討するうえでのヒントになると考えられる。

### (1) 航空需要と本源的需要の結びつき

これは、まさしく冒頭の問いのように「なぜ航空機に乗るのか」を考えるこ

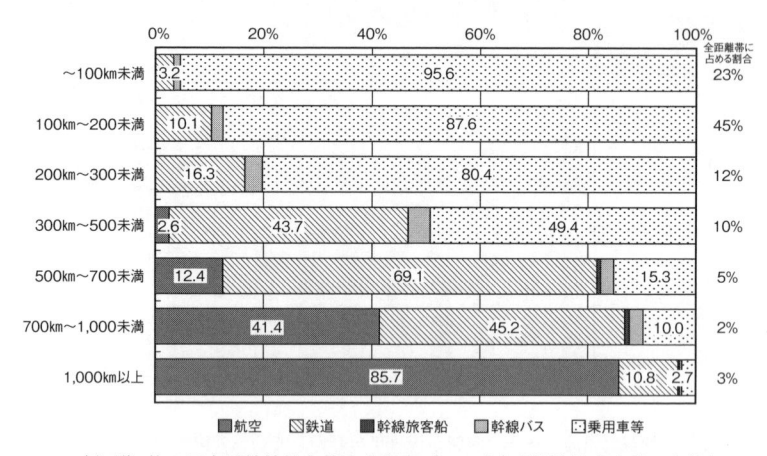

190　　　　　　　　　　第10章　地域と航空需要

**図10-4　距離帯別代表交通機関別分担率【年間（平日・休日）】**

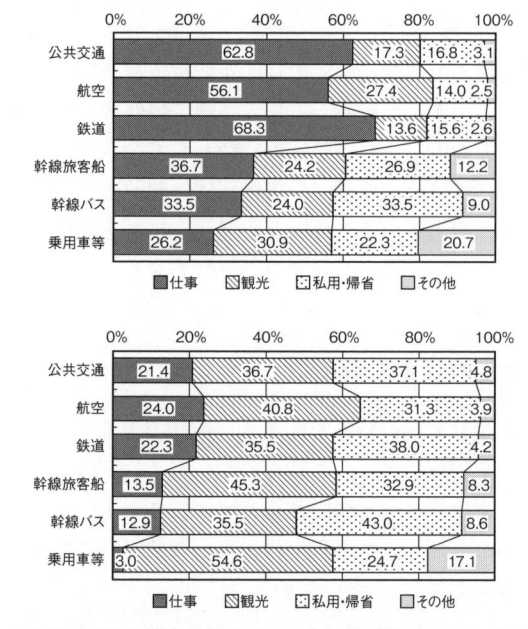

| 距離帯 | 航空 | 鉄道 | 幹線旅客船 | 幹線バス | 乗用車等 | 全距離帯に占める割合 |
|---|---|---|---|---|---|---|
| ～100km未満 | | 3.2 | | | 95.6 | 23% |
| 100km～200未満 | | 10.1 | | | 87.6 | 45% |
| 200km～300未満 | | 16.3 | | | 80.4 | 12% |
| 300km～500未満 | 2.6 | 43.7 | | | 49.4 | 10% |
| 500km～700未満 | 12.4 | 69.1 | | | 15.3 | 5% |
| 700km～1,000未満 | 41.4 | 45.2 | | | 10.0 | 2% |
| 1,000km以上 | 85.7 | 10.8 | | | 2.7 | 3% |

（出所）第5回全国幹線旅客純流動調査（2010年）「幹線旅客流動の実態」（国土交通省）

**図10-5　代表交通機関別目的別構成比率**

年間（平日・休日）

| | 仕事 | 観光 | 私用・帰省 | その他 |
|---|---|---|---|---|
| 公共交通 | 62.8 | 17.3 | 16.8 | 3.1 |
| 航空 | 56.1 | 27.4 | 14.0 | 2.5 |
| 鉄道 | 68.3 | 13.6 | 15.6 | 2.6 |
| 幹線旅客船 | 36.7 | 24.2 | 26.9 | 12.2 |
| 幹線バス | 33.5 | 24.0 | 33.5 | 9.0 |
| 乗用車等 | 26.2 | 30.9 | 22.3 | 20.7 |

| | 仕事 | 観光 | 私用・帰省 | その他 |
|---|---|---|---|---|
| 公共交通 | 21.4 | 36.7 | 37.1 | 4.8 |
| 航空 | 24.0 | 40.8 | 31.3 | 3.9 |
| 鉄道 | 22.3 | 35.5 | 38.0 | 4.2 |
| 幹線旅客船 | 13.5 | 45.3 | 32.9 | 8.3 |
| 幹線バス | 12.9 | 35.5 | 43.0 | 8.6 |
| 乗用車等 | 3.0 | 54.6 | 24.7 | 17.1 |

（出所）第5回全国幹線旅客純流動調査（2010年）「幹線旅客流動の実態」（国土交通省）第43回九州運輸コロキウム資料

ととと関係している。

　まず、航空の需要が発生するには、利用者がいまいるところからある程度遠いところで、本源的需要が発生する必要がある。図10-4は距離帯別の交通機関分担率を示したものであるが、航空が利用されているのは300 km以上の距離帯であり、主軸は700 km以上となる。もちろん空港の配置や航空路線の張られ方も問題になるが、日本は高速鉄道網の整備が進んでいることもあり、基本的にはある程度距離が離れていないと航空需要が発生しない構造となっている。

　それでは、どのような本源的需要にもとづいて航空需要は発生するのだろうか。図10-5は交通機関別に目的別の交通需要量を示したものであるが、平日は航空利用者の過半数が仕事目的（出張）であり、逆に休日は観光あるいは私用・帰省（冠婚葬祭等含む）が7割以上を占める。ただし、休日でも他機関と比べれば航空は仕事目的の利用が多い。これはたとえば週明け月曜日の朝からの仕事のために、日曜夜に航空機を利用するといったビジネスパーソンも多いためであろう。いずれにせよ、全国的にみれば、航空の利用は仕事目的が中心であり、休日には観光や帰省の足として多用されているといえる。

　ただし、以上はあくまで全国集計であり、路線別にみるとかなり様相が変わってくる。

　表10-1は航空路線別に平日の旅行目的比率をみたものだが、羽田－新千歳、羽田－福岡等の路線は仕事目的が7割を占めるものの、羽田－那覇路線は平日であっても観光目的が6割を占めている。これは、北海道、福岡と沖縄で発生する本源的需要の違いを反映していると考えてよい。

　また伊丹－福岡は8割近くを仕事目的が占めるが、伊丹－新千歳は観光目的が5割を超え、関西－新千歳でも観光目的が4割を超える。羽田－新千歳の観光目的が2割しかないのと対照的である。関東エリア－北海道間がビジネスでのつながりが強く、関西エリア－北海道間はビジネス上のつながりが関東に比べて相対的に弱いがゆえに、観光目的が卓越していると考えられる。

　このように、本源的需要に対応してどのような航空需要が発生するかは、その空港が存在する地域の特性や、相手空港が存在する地域とのつながりのあり方によって変わってくる。空港経営と地域という視点でみた場合も、こうした空港ごと、路線ごとの本源的需要の発生の仕方を十分に考慮して、需要喚起策を検討しなくてはいけない。

表10-1 航空路線別旅行目的比率（平日）

(単位：人)

| OD名 | 仕事 | % | 旅行目的 | | | | | | | | 合計 |
|---|---|---|---|---|---|---|---|---|---|---|---|
| | | | 観光 | % | 私用 | % | その他 | % | 不明 | | |
| 羽田－新千歳 | 5,553 | 61.7 | 1,730 | 19.2 | 1,487 | 16.5 | 228 | 2.5 | 15 | | 9,013 |
| 羽田－伊丹 | 5,259 | 72.9 | 1,369 | 19.0 | 536 | 7.4 | 50 | 0.7 | 14 | | 7,228 |
| 羽田－関西 | 949 | 70.9 | 240 | 17.9 | 134 | 10.0 | 16 | 1.2 | 2 | | 1,341 |
| 羽田－福岡 | 6,330 | 68.8 | 1,284 | 14.0 | 1,382 | 15.0 | 208 | 2.3 | 18 | | 9,222 |
| 羽田－那覇 | 1,292 | 24.9 | 3,125 | 60.2 | 596 | 11.5 | 175 | 3.4 | 31 | | 5,219 |
| 成田－新千歳 | 71 | 18.2 | 282 | 72.1 | 31 | 7.9 | 7 | 1.8 | 2 | | 393 |
| 成田－伊丹 | 257 | 35.8 | 342 | 47.6 | 100 | 13.9 | 19 | 2.6 | 1 | | 719 |
| 関西－成田 | 24 | 34.3 | 32 | 45.7 | 10 | 14.3 | 4 | 5.7 | 1 | | 71 |
| 成田－福岡 | 45 | 12.2 | 252 | 68.1 | 66 | 17.8 | 7 | 1.9 | 0 | | 370 |
| 成田－那覇 | 11 | 21.6 | 28 | 54.9 | 10 | 19.6 | 2 | 3.9 | 0 | | 51 |
| 伊丹－新千歳 | 221 | 40.3 | 287 | 52.3 | 38 | 6.9 | 3 | 0.5 | 2 | | 551 |
| 伊丹－福岡 | 644 | 76.8 | 108 | 12.9 | 81 | 9.7 | 5 | 0.6 | 3 | | 841 |
| 伊丹－那覇 | 116 | 19.6 | 397 | 66.9 | 41 | 6.9 | 39 | 6.6 | 6 | | 599 |
| 関西－新千歳 | 352 | 37.8 | 411 | 44.1 | 141 | 15.1 | 28 | 3.0 | 1 | | 933 |
| 関西－福岡 | 62 | 44.6 | 55 | 39.6 | 19 | 13.7 | 3 | 2.2 | 0 | | 139 |

（出所）平成22年度航空旅客動態調査—集計結果—（国土交通省）を抜粋

　さらに、この本源的需要の発生の「頻度」についても考える必要がある。本章の冒頭で「ヘビーユーザー」と「マジョリティ」の両方を考慮するべきと書いた。ヘビーユーザーのなかには「仕事目的」である特定の地域に繰り返し通う必要があるビジネス旅客が多く含まれると考えられる。北海道に本社があり、東京に東京支社があるような企業の社員が羽田－新千歳便を利用するケースは多いだろうし、地方の政策担当者が霞ヶ関の官庁に陳情に行く場合にも羽田便が使われることが多いだろう。地方空港周辺の工業団地に立地した製造業のスタッフが、東京本社との調整のために足しげく往復するというのもよく聞く話である。こうした需要は比較的安定しているため、地方空港の経営にとっては大事にしたい「顧客」となる。

　また、年に1~3回程度利用するミディアムユーザーとも呼べる層には、帰省や冠婚葬祭等の目的で旅行する人たちが含まれる。現状の地方空港ではこうした目的での利用が多い空港もあり、地域特性によっては継続顧客となる層であろう。

　残りの「マジョリティ」にはさまざまな目的の利用者が含まれると考えられるが、観光旅行客の多くはこのマジョリティに属するだろう。またある程度航空機を利用する人であっても、特定の地域に観光にいく機会は一生のうち1、

## 10.3 航空需要の「キーポイント」

2回である、ということも珍しくない。したがって地方空港の立場からは、こうしたマジョリティ層をどれだけリピーター化していくか、地域の観光戦略と一体となった取組みが求められる。

### (2) 航空と他交通機関との競合

先述のように交通機関や経路に複数の選択肢がある場合、その代替性は通常の製品やサービスに比べて高い。したがって空港整備や新規路線就航にともなう航空需要を予測する際には、他の航空経路や交通機関との競合関係を考える必要がある。この競合関係を規定する要素を検討していこう。

#### ① 利用者の認知

まず、ある地点間を移動しようとする利用者が、どの交通機関を「選択肢」として認知しているか、ということを考える必要がある。

たとえば東京から大阪に行く場合、交通機関の選択肢には、「鉄道」、「航空機」、「高速バス」、「自動車」の4つが主に考えられ、また「鉄道」のなかには「新幹線」と「在来線」というふたつの経路が、「航空機」については「羽田－伊丹」、「羽田－関空」、「成田－伊丹」、「成田－関空」の4経路が考えられる（自動車についても無数の経路が考えられるが、通常は高速道路を利用すると思われるのでここでは検討を割愛する）。さらに航空機については、それぞれの経路でどの航空会社を選択するか、という問題が出てくる。2014年1月現在で羽田－伊丹路線はANAとJALが、羽田－関空路線はANA、JAL、スターフライヤーが、成田－伊丹路線はANAとJALが、成田－関空路線はLCCであるピーチとジェットスターが就航している。

現実問題として、利用者はこれらの交通機関、経路、さらには航空会社等についてくまなく情報を得て、交通機関や経路を選択しているであろうか。答えは否であり、多くの利用者は自分がよく使う経路や普段の慣習などからあらかじめ選択肢を絞っていると考えられる。たとえば筆者は出張で大阪に行く場合は、自分の会社の東京駅へのアクセスの良さや航空チケットを予約する手間などから、基本は新幹線を利用することしか考えない。逆に、観光目的でとにかく費用を抑えることしか考えていないという旅客は、高速バスしか考えないかも知れない。特に、こうして特定の交通機関しか選択肢として認知していない層は「キャプティブ層」と呼ばれ、各交通機関について「キャプティブ層」がどれだけいるか、ということは交通需要を考えるうえで非常に重要なテーマと

なっている。

しかし、こうした「選択肢の認知」は利用者個人の考え方にかなり依存するものであり、日本における航空旅客動態調査や幹線旅客純流動調査等では、こうした利用者の選択肢認知に関する情報は収集していない。そのため、研究レベルでは個別のアンケート実施等によって選択肢の認知を調査し、それを需要予測モデルに反映させている。しかし、行政実務で利用されている航空需要予測モデルでは、こうした選択肢認知は十分に考慮されていないのが現状である。

② 交通サービス水準（所要時間、運賃、頻度、快適性）

さて、利用者がキャプティブ層でなく、複数の交通機関・経路を選択肢として認知している場合、利用者は交通サービスの水準を比較して利用する交通機関・経路を決定する。また、その場合、出発地から空港やターミナル駅までの端末交通機関（アクセス交通機関）および空港やターミナル駅から目的地までの端末交通機関（イグレス交通機関）のサービス水準も考慮されることになる。

サービス水準としてまず重要なのは所要時間と運賃だろう。一般的な感覚としても、「速い交通機関は運賃が高い」ということは理解しやすい。多くの利用者は、所要時間と運賃のトレードオフを考慮しながら、自分の旅行スケジュールにマッチした交通機関を利用しているだろう。

次に指標として重視されるのは頻度である。たとえば「羽田−伊丹」間の経路の運航頻度は2014年1月は平日で1日およそ30便であり、朝6時から夜7時すぎまでおよそ30分に1便の頻度で出発する。一方、新幹線「のぞみ」の東京−大阪間の運行頻度は1日あたりおよそ80便でありピーク時には10分に1便という高頻度である。もちろん、自分が利用したい時間帯に便があればよい、という人もおり、高頻度が必ずよいともかぎらないが、やはり便数の多い方がスケジュールに合わせやすく、利用しやすい。また、地方空港の路線のように頻度が低い場合、朝の便で目的地に午前中に到着し、夕方の便で出発地に帰れるような便設定は利用しやすさが高まる。

さて、これ以外にも交通機関・経路選択の際に考慮される指標はあるが、ここでは「快適性」について検討してみよう。航空会社を選ぶときに、座席のシートピッチ（座席の前後の幅）や、キャビンアテンダントのサービスのよさを基準に加えている読者もいるだろう。もし移動時の快適性を考慮するなら、LCCよりもJALやANAのようなフルサービスキャリアが好ましいと考える人も

多い。そのような人は、観光であったとしても「成田−関空」を飛んでいるLCCを使わずに「羽田−伊丹」を優先して利用するかも知れない。また「新幹線」と「航空機」の比較でも、新幹線は事故の可能性が低いという主観的理由で選択する人もいると思われ、こうした安全性に対する感覚も「快適性」の一種といえる。「快適性」は個人の嗜好によるところも大きいが、交通機関・経路選択の重要な決定要因のひとつといえる。

### ③ 旅行サービスのパッケージ化

上述の①、②の組み合わせで交通機関・経路の選択行動をおおむね表現できるが、もうひとつ重要な要素がある。いわゆる「パッケージ旅行」である。新幹線往復＋ホテルの組み合わせ、航空機往復＋ホテルの組み合わせで航空チケット単独よりも安価なパッケージ旅行が多数販売されており、「旅行実施の10日前までに申し込む必要がある」といった利用上の制約条件はあるが、利用者は多い。利用者は主体的に交通機関・経路を選ぶというより、「たまたま選択したパッケージ旅行の交通機関が新幹線だった」という受動的な選び方になっているだろう。これは、新幹線や航空機のサービスレベルだけでなく、パッケージ旅行全体の魅力に応じた選択になっていると考えられ、より複雑な分析が必要となる。ただ、こうしたパッケージ旅行の選択行動についても、実務的な需要予測モデルでは考慮しきれていない点が課題となっている。

### (3) 日変動・季節変動と価格による需要コントロール

航空需要は派生需要なので、本源的需要の変動に大きな影響を受ける。日変動でみれば、目的地に午前中に着ける便はスケジューング上便利だから混雑するケースが多いし、季節変動でみればお正月やお盆の時期は帰省目的の需要が集中する。

航空機は機材の大きさで座席数に制約があり、また空港の発着枠の制約により1日に飛ばせる便数も制約を受けるから、こうした需要変動にどう対応するかは非常に重要な課題となっている。新幹線なら混雑時も利用者に立ってもらえればある程度詰め込むことができるが、航空機は座席数以上の利用者を乗せることはできない。そのため、需要変動は価格である程度調節され、お盆や年末年始は割引チケットが予約できなくなったり、LCCであっても平常時のフルサービスキャリアより運賃が高くなったりする。こうした価格による需要コントロールの影響が大きいのも航空需要の重要な特性である。

### (4) 航空会社の経営戦略

航空需要は航空会社の経営戦略、すなわちどの路線に就航するか、就航するとして運航頻度をどのように設定するか、どのくらいの大きさの機材を飛ばすか、運賃設定をどうするか、といった要素に大きく影響を受ける。以前は航空路線の就航および撤退については国の規制があり、一定の制限を受けていたが、1997年のダブル・トリプルトラック参入基準の廃止や2000年の航空法の改正による需給調整規制の廃止などの一連の規制緩和により、航空会社は就航路線と便数を原則的に自由に設定できるようになった。

もちろん鉄道もJRや私鉄の経営戦略によって需要は影響を受けるが、航空の場合はインフラである空港は国や自治体が設置・管理しており、空港間を飛ばす航空会社とは運営が基本的に分離されているというのが大きな特徴である。一度路線を引いたら、不採算で撤退しないかぎり基本的に運行が続けられる鉄道と違い、航空の場合は路線の就航・撤退が短期間で起こりやすく、それだけに需要も不安定となりがちである。図10-6、図10-7はそれぞれ2001～2010年度の新規就航路線と撤退路線を年度別に整理したグラフであるが、新規就航は最も多い2005年度で19路線ある一方、撤退路線についてはこの10年の間で10路線以上の撤退があった年が6回となっており、就航・撤退が激しく繰り返されている様相がみえてくる。こうした航空会社の経営戦略は当然ながら需要に大きく影響を与えるし、また需要変動自体も経営戦略に影響を与

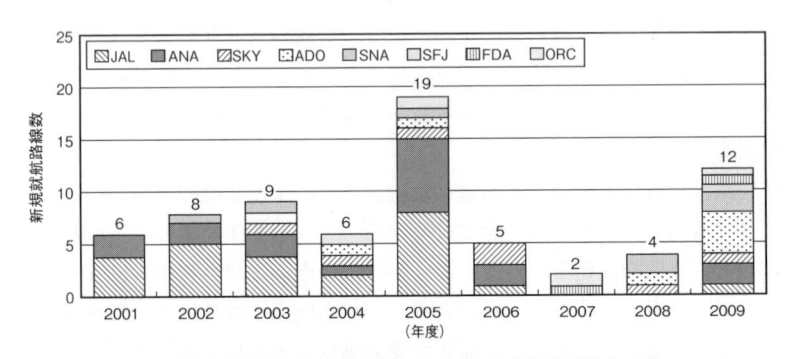

(注) 年間を通じて月50回以上運航している路線を就航路線と定義
(出所)「国内航空路線の撤退・存続に関する分析」(国総研資料 第697号、
丹生清輝、井上岳、山田幸宏、内門光照)

図10-6 就航年度別の新規就航路線数【2001～2010年】

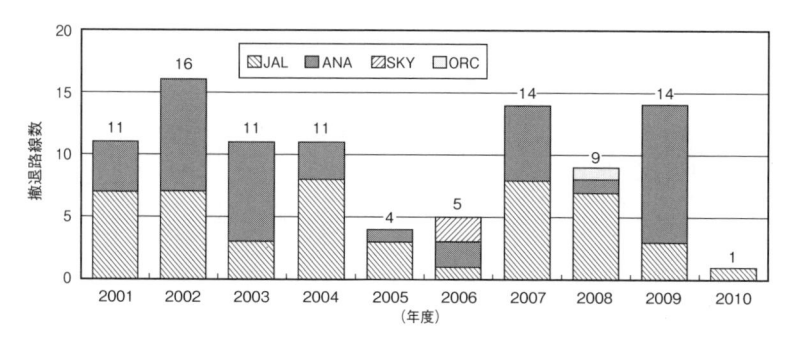

## 10.3 航空需要の「キーポイント」

(注) 年間を通じて月50回以上運航している路線を就航路線と定義
(出所)「国内航空路線の撤退・存続に関する分析」(国総研資料 第697号、丹生清輝、井上岳、山田幸宏、内門光照)

図10-7 撤退年度別の撤退路線数【2001～2010年】

えるという相互作用がある。

### (5) 空港の発着枠制約

これまでも触れてきたが、空港の発着枠制約も航空需要を規定する重要な特徴である。わが国では羽田・成田・伊丹・関空の4空港が「混雑空港(=空港の使用状況に照らして、航空機の運航の安全を確保するため、1日／一定時間あたりの離陸または着陸の回数を制限する必要がある空港)」に指定されており、需給調整規制等の緩和後も混雑空港については発着を許可制とすることで、参入・撤退の規制が維持されている。

混雑空港を使用した運航の許可の基準としては「航空機の運航の安全上適切なものであること」、「競争の促進」、「多様な輸送網の形成」等を通じた利用者の利便に適合する輸送サービスを提供するもの」、「航空運送事業者の当該混雑空港の『従前の使用状況』に配慮」の3点があげられている。たとえば羽田空港では、競争促進策として、新規参入者への発着枠の優先配分を行いつつ5年に一度発着枠の配分を見直すこととされている。近年では拡張にともなう発着枠増分は新規参入者を優先に割り当てるように検討されてきた(図10-8参照)。

こうした発着枠の制約は航空路線の形成の大きな決定要因となっており、それが間接的に航空需要に影響を与えるという構造になっている。

198　　　　　　　　　　第10章　地域と航空需要

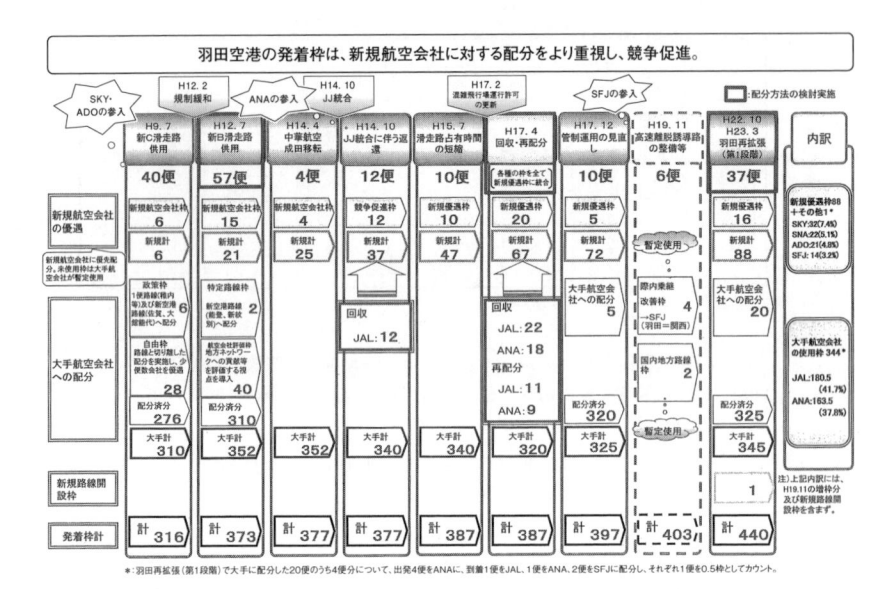

(出所) 羽田空港発着枠の現状と検討課題 (国土交通省航空局、平成24年7月)

図10-8　羽田空港の国内定期便の発着枠の配分の経緯

### (6) 総合的に考える必要性

以上の (1)～(5) で航空需要を考えるうえでのキーポイントを整理してきた。読者には、航空需要が他の交通機関と比較しても非常に複雑な要因で規定されていることが理解いただけたのではないかと思う。そのうえでもうひとつ強調すべきことは、「航空需要はこうした要素を総合的に考えて理解する必要がある」ということだろう。特に地方空港の経営という視点で航空需要をみた場合、「とにかく路線が張られれば需要が発現する」といった単一的な思考に陥りがちである。そうではなく、本源的需要は何か、その季節変動はどうか、競合交通機関との関係はどうなっているか、航空企業の経営戦略と合致しているか…といった多様な視点を常に意識しつつ、考える必要がある。

実はこうした「総合的な思考」を助けてくれるのが、航空需要を数学的に記述し予測する「航空需要予測モデル」なのである。このモデルについて、次節で解説する。

## 10.4 航空需要をどう予測するか

10.3で指摘したような多様で複雑な要因に規定される航空需要をどう予測するかは、交通工学や土木計画学において重要な研究テーマのひとつとされている。わが国の航空需要予測ではそうした研究成果も反映した予測モデルが構築されている。本節では国土交通省が構築している航空需要予測モデルの概要を紹介するとともに、その長所と限界について整理する。とかく需要予測では「当たるか当たらない」が議論の焦点となりがちであるが、航空需要予測の本来の目的は、あくまで空港を中心とした地域計画等を検討していく際の「検討材料」を提供することである。そのことを念頭に、本節の議論を展開していきたい。

### (1) 国土交通省の航空需要予測モデル

国土交通省の航空需要予測モデルについては、国土交通省航空局のウェブサイトに詳しい (URL：http://www.mlit.go.jp/koku/15_bf_000020.html (2014年1月時点))。国土交通省のモデルでは、国内航空旅客、国際航空旅客、国内航空貨物、国際航空貨物のそれぞれについてモデルを構築し将来予測を実施している。ここでは、国内航空旅客の需要予測モデルに焦点を当て、そのエッセンスを概説する。なお、国土交通省は本モデルを用いて国内全体の航空需要を予測しているが、個別空港の需要予測も同じ構造のモデルで実施されるケースが多いため、個別空港の需要予測を検討するうえでも参考になる。

航空需要予測モデルはおもに以下の7つのパート（段階別のモデル）から構成される。

① 全国発生モデル：総人口や1人あたりGRP（地域内総生産）およびアクセシビリティ指標から全国の幹線旅客流動の発生量（全交通機関合計値）を予測するモデル。ここで、アクセシビリティ指標とは、交通利便性を総合的に表す指標であり、以下の各段階でも同じ言葉で表現されるが、各段階で数値は異なる。なお、全国発生モデルは全目的一括の発生量を予測するが、地域別発生シェアモデル以下のモデルはすべて旅行目的（業務、観光、私用等）の3区分別に構築されており、3区分別の需要が予測される。

② 地域別発生シェアモデル：全国発生モデルで得られた全国の旅客発生量

第10章 地域と航空需要

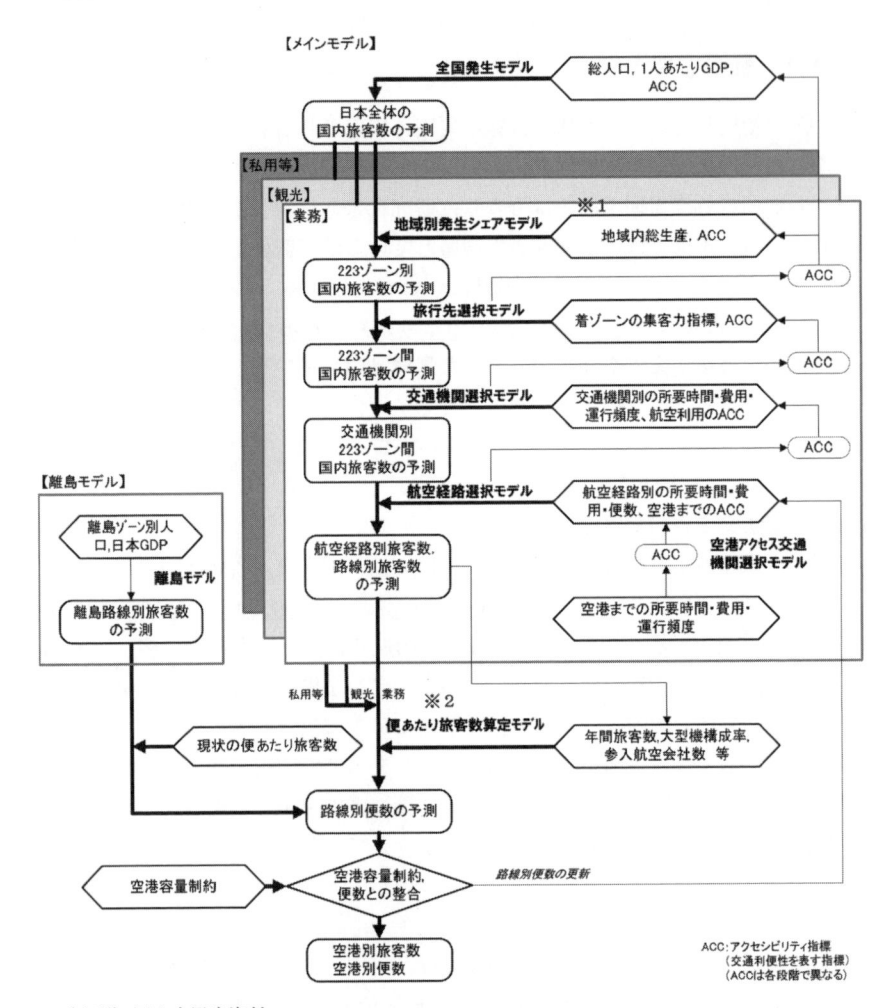

(出所) 国土交通省資料

図10-9 国土交通省の航空需要予測モデル (国内旅客)

を、居住地別の発生交通量に分割するモデル。このシェアは居住地別の地域内総生産、アクセシビリティ指標によって説明される。なお地域は全国207の生活圏 (日常生活とその延長 (遠出しない余暇や娯楽など) を営む空間と定義される) をベースに、空港の位置や首都圏・関西圏の空港間競合を考慮して、首都圏や関西圏などのゾーンを細分化した全国223ゾーン

に区分されている。

③ 旅行先選択モデル：地域別発生シェアモデルで得られた居住地別の発生交通量が、どの地域を旅行先として選択するかを予測するモデル。旅行先の選択要因として、「着ゾーン（旅行先）の集客力指標」と「出発地から旅行先までのアクセシビリティ指標」が利用される。ここで集客力指標としては、旅行目的ごと、旅行先ゾーンごとの旅客集中量（現状値）の対数換算値が適用されている。これは、現状の旅客集中量が、旅行先地域の業務機能や観光資源の魅力度を表現すると解釈されるためである。

④ 交通機関選択モデル：旅行先選択モデルまでで得られた「居住地－旅行先」間の幹線交通需要が、航空、鉄道、幹線バス、幹線旅客船、自動車の5交通機関のいずれを選択するかを予測するモデル。代表的な交通機関の選択要因として、「所要時間」、「費用」、「運行頻度」「選択肢交通機関固有ダミー」が利用される。「選択肢交通機関固有ダミー」はその他の要素では表現できない交通機関固有の快適性等を表現するためのダミー変数である。

⑤ 航空経路選択モデル：「居住地－旅行先」間の航空需要が、利用可能な経路のうちどの経路を選択するかを予測するモデル。航空経路の選択要因として、おもに「所要時間」、「費用」、「運航頻度」、「滞在可能時間」、「アクセス・イグレス交通におけるアクセシビリティ指標」が利用される。ここで、滞在可能時間は「居住地を朝5時以降に出発して翌日1時までに居住地まで日帰りできるルート・便を使うことを条件に、旅行先での滞在可能な最長の時間」と定義されており、利用者にとってのスケジューリングのしやすさを表現する指標と考えられる。

⑥ 空港アクセス交通機関選択モデル：航空経路選択モデルで選択された空港に対して、どの交通機関を利用して移動するかを表現するモデル。空港アクセスに要する各機関の所要時間、費用、ダミー変数などで表現される。

⑦ 便あたり旅客数算定モデル：航空経路選択モデルによって計算される路線別の年間旅客数を、路線別の「1便あたり旅客数」をもとに便数に変換するモデル。日便数＝｛年間旅客数（人／年）÷365（日／年）｝÷1便あたり旅客数（人／便）。ここで「1便あたり旅客数」は、「路線別の年間旅客数」、「路線特性（路線距離や競合企業数）」、「運用機材構成（大型機構成率）」によって説明されることとしている。

①〜⑦の一連の計算の結果、路線別便数が⑦の「便あたり旅客数算定モデル」により出力されるが、ここで得られた便数が空港の発着枠制約を超えた場合などは、路線別の便数をあるルールに則って減便するという処理を施し、再度計算することとなる。

なお、各モデルにおいて、各要因の選択結果に対する影響の度合いを表す変数（「パラメーター」と呼ばれる）は、重回帰分析や最尤法等の統計的手法により推定される。またモデルの入力変数となる GDP や人口等は政府の発表した将来予測にもとづき設定され、便数や運賃等は JTB 時刻表にもとづき客観的に設定されている。

### (2) 6つの「キーポイント」との対応関係

さて、この航空需要予測モデルと、2.3 であげた6つのキーポイントとの対応関係をみていこう。

まず、「(1) 航空需要と本源的需要の結びつき」は「①全国発生モデル」、「②地域別発生シェアモデル」、「③旅行先選択モデル」のそれぞれにおいて、総人口、GDP、地域内総生産、集客力指標といった変数を介して表現されている。本源的需要の変化は、マクロ経済の視点から、人口や地域内総生産といった経済変数の変化と密接に結びついていると考えられるからである。「②地域別発生シェアモデル」、「③旅行先選択モデル」は旅行目的別に構築されているため、目的による利用者特性の違いも配慮されている。しかしながら、先述した「ヘビーユーザー」「マジョリティ」といった利用特性別の分析はこのモデルではなされていない。もし個別空港のマーケティングとしてモデルを活用したければ、アンケートを実施して当該空港の利用特性を明らかにし、別の分析を組み合わせる必要がある。

「(2) 航空と他交通機関との競合」は、まさに「④交通機関選択モデル」、「⑤航空経路選択モデル」で表現されており、所要時間や費用、頻度によって競合関係が変化することがわかる。しかし、先述した「利用者の認知」の構造については明示的に表現されておらず、「キャプティブ層」もそうでない層もまとめてひとつのモデルで選択行動が表現されている。また「旅行パッケージ」の存在も明示的には表現されていない。こうした要素の導入は今後の課題として残されている。

「(3) 日変動・季節変動と価格による需要コントロール」については、本モ

デルはあくまで年間の航空旅客需要量を予測するためのモデルであるため、分析の対象外となっているといえるだろう。こうした変動も考慮した分析については別途調査を実施する必要がある。

「(4) 航空会社の経営戦略」については、「⑦便あたり旅客数算定モデル」において運用機材構成が変数として考慮されており、今後見込まれる機材の小型化にともなう変化を把握できる。しかし、急激に需要を変化させうる新規路線就航や撤退、あるいは就航便数の増減といった航空会社の経営判断はモデルでは明示的に考慮されていない。この点は国土交通省も課題と認識しており、関連研究も開始されているが、かなり高度な分析が必要となり、すぐに実務的な分析に導入するのは難しい。今後の研究の蓄積が期待される。

「(5) 空港の発着枠制約」は最終的に出力された路線別便数の空港別合計が発着枠制約を超えないように調整するメカニズムがはいっており、整合性は取られている。

「(6) 総合的に考える必要性」については、まさしく以上の要素をなるべく体系的にモデル化したものがこの需要予測モデルであり、総合的な検討の基礎資料を提供するモデルとなっているといえよう。

### (3) 航空需要予測モデルの利用方法

国土交通省はこの需要予測モデルを「将来の空港・航空政策の検討の基礎資料」と位置づけており、基本的には年間の全国の航空需要を把握するものとしている。また、個別空港に類似の構造を持つ需要予測モデルが適用される事例も多い。これらは、予測結果を各空港の整備計画や運営計画への反映することが意図されていると考えられる。

しかしながら、これまでみてきたように、航空需要は複雑な要因に規定されており、モデルはその要因をかなり単純化して取り込んだものに過ぎない。特に個別空港の需要予測については、期待されている路線が就航するか、就航した航空会社の経営状態が健全であるかなど、需要予測モデルでは考慮されていない要因で需要が大きく変動する可能性がある。したがって、地方空港の経営という視点で検討を行う場合、航空需要予測モデルはあくまで参考資料のひとつとして位置づけ、本源的需要の活性化や航空企業の誘致については別途マーケティング的な手法を用いて検討する必要がある。

## 10.5　空港経営とは航空需要の追求である

　以上、本章では航空需要をどのような視点で検討するかを考えてきたが、最後にまとめにかえて、特に地域経営と航空需要の関係からいくつかの論点を提示しておきたい。

　まず、冒頭に述べたように、「わたしはなぜ、航空機に乗るのだろうか」、空港の計画・運営から言い換えれば「なぜ旅客は航空機を利用するのだろうか」という疑問を常に念頭において考える必要がある。地域経営に空港を生かすためには、その空港に対する需要が地域において発生することを確証を持って語れる必要がある。そのためにも行政、地域住民を含めた空港運営に対するコミットメントが必要であり、その結果としての地域の経済活性化が航空需要の喚起、さらには航空路線の誘致にも結びつく。LCCの誘致についても、空港使用料の減免といったインセンティブも重要だが、最終的には安定した需要が論点になるとされる。

　また、航空需要の喚起について、より広域的な視点からの検討が必要である。たとえば東北六県には各県に空港が存在するが、各県単独で需要喚起施策を実施し、航空需要のシェアを奪い合うような関係は望ましくない。地域ブロックくらいの単位での空港間の役割分担や連携が必要と考えられる。

# 第11章　航空・空港と観光

## 11.1　航空と観光

### (1) 航空・空港と観光のかかわり

　航空や鉄道などの交通事業は観光と密接にかかわっている。さまざまな交通手段の発達が人びとの観光地への移動を容易にし、各地域の観光振興に大きく寄与してきた一方で、観光輸送を担う交通事業も観光地や観光産業の発展によってその経営を支えられてきた。このように、交通事業と観光は切っても切れない関係にある。

　そのような交通事業のなかでも、航空輸送は他の交通機関との比較において高速性という絶対的な強みを持ち、長距離旅行や海外旅行の移動手段として非常に大きな役割を果たしてきた。たとえば、北海道や沖縄への観光客の大半は航空機を利用しているが、これらの地域の観光産業の発展や観光振興は、航空という移動手段の発達がなければ成立しえないことは明らかである。

　一方で、航空輸送のインフラである空港もまた、観光という面からとらえることができる。空港には多くの観光客が降り立ち、そこから地上交通を利用して目的地に向かっていく。また、空港で地域の観光情報を収集することも可能である。このように、空港もひとつの観光拠点として機能している。さらに、空港には航空機の利用のためではなく単に見物目的で訪れる人もいる。この意味では、空港はひとつの観光地としてみることもできる。

### ① 観光の移動手段としての航空

　わが国は周囲を海に囲まれた島国である。そのため、国際観光の移動手段としては航空輸送か海上輸送に限られる。『観光白書（平成25年版）』によれば、わが国の国際観光の利用交通機関は航空が圧倒的である。図11-1に示すように、インバウンド（訪日外国人）では94.5％、アウトバウンド（出国日本人）では実に99.1％が航空機利用となっている。

　一方、国内観光は国際観光とは異なる状況にある。国内輸送ではJR（新幹線）という航空と競合する交通機関が存在するからである。一般的に旅客輸送に占める航空のシェアは、その高速性ゆえに遠距離になればなるほど高くなる傾向がある。たとえば、新幹線で所要時間が3〜4時間の区間までは新幹線の

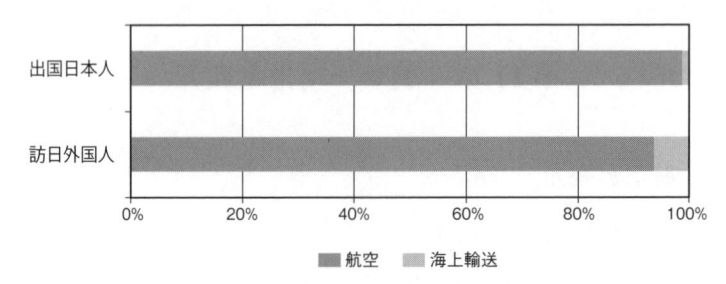

(出所)『観光白書（平成26年版）』より作成

図 11-1　国際観光の旅客輸送の状況（2013年）

表 11-1　航空と新幹線の輸送シェア

| 区　間 | | | 新　幹　線 | | 航　空 | |
|---|---|---|---|---|---|---|
| 東京 | ～ | 大阪　　553 km | 71% | （2時間30分） | 29% | （1時間10分） |
| 東京 | ～ | 広島　　894 km | 54% | （4時間） | 46% | （1時間20分） |
| 東京 | ～ | 福岡　1,175 km | 8% | （5時間） | 92% | （1時間50分） |

(注) 区間距離はJRの営業キロである。またカッコ内は平均的な所要時間である。
(出所) 国土交通省旅客地域流動調査（平成23年度）より作成

方が優位であるが、それ以上の長距離区間では航空の方が優位となる。表11-1は航空と新幹線の区間ごとの輸送シェアを示しているが、東京を起点とすると広島までは新幹線の方がシェアは高いが、福岡までになると9割以上が航空機の利用となっている。

② 観光拠点としての空港

　インフラである空港は、観光という面からみると航空輸送（一次交通）と地上交通（二次交通）をつなぐ結節点としての役割を持っている。航空機で到着した観光客は、空港からバスやレンタカーなどの地上交通に乗り換えそれぞれの目的地に向かっていく。特に大都市の空港では空港から各方面への地上交通アクセスが充実しており、空港は地上交通のターミナルとしても機能している。空港からの交通アクセスとしては空港連絡バスのような空港〜市街地間のアクセスが一般的であるが、福岡空港のように空港と周辺都市や観光地を結ぶ高速バスが頻繁に運行されている空港もある。この福岡空港の事例は、空港が高速バスターミナルとしても機能している好例である。

　また空港では、周辺の観光地や交通手段の情報を入手することもできる。地

方空港のなかには到着ロビーにその地域の観光地や名産品を紹介するスペースを設けている空港も多く、空港に到着した観光客はそこでさまざまな情報を入手することができる。このように、空港はひとつの観光拠点にもなっているといえるだろう。

#### ③ 観光施設としての空港

羽田空港国際線ターミナルの中の商業施設

航空などの交通需要は多くの場合、派生需要である。すなわち、交通需要は交通利用そのものを目的としたものではなく、交通は他の目的のための移動手段として利用されるのが一般的である。しかしながら、航空インフラである空港には航空機の利用ではなく、観光目的で訪れる人もいる。休日になると家族連れやカップルが空港の展望デッキで航空機の離発着を眺めている。また、2010年10月の羽田空港の新国際線ターミナルの開業時には、大勢の人びとが新ターミナルの見物に訪れて話題になったことは記憶に新しい。こうした光景は空港が単なる航空インフラとしてではなく、ひとつの観光施設として存在していることを示している。

### (2) 航空の発達と観光振興

航空輸送の発達は国内や海外との人びとの移動を容易にし、各地域の観光関連産業の発展や観光振興に大きな役割を果たしてきた。

わが国の国際観光では、1964年に観光目的の海外渡航自由化が契機となり海外旅行者数が増加していった。さらに1970年代に入ると、ジャンボジェット機（B747）の導入による機材の大型化やツアー料金の低廉化、高度経済成長にともなう所得増加などにより海外旅行者数は急速に増加した。その後も、運輸省（現国土交通省）のテン・ミリオン計画（1987年）や円高などの諸要因が海外旅行の促進を後押しした。ここ数年はリーマンショックの影響で落ち込んでいた日本人出国数も、最近では、わが国のオープンスカイ（航空自由化）政策を背景とした国際線の路線便数の拡大、国内外のLCCの就航の影響もあり、図11-2に示すように回復傾向にある。前述したようにこのうちの大半は航空利用者であり、航空輸送が日本人の海外旅行に果たす役割の大きさを理解

第11章 航空・空港と観光

図11-2 出国日本人数の推移

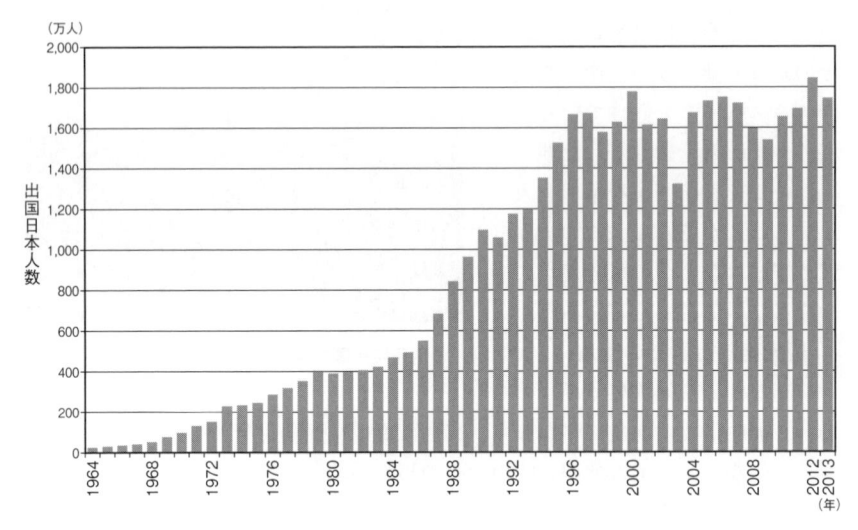

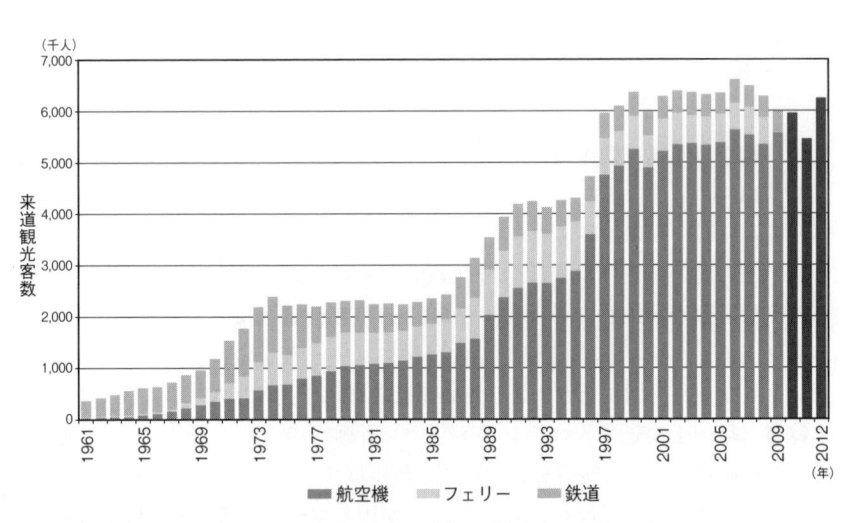

(出所) 法務省データより作成

(注)(1) 1997年度と2010年度に調査方法を変更、前年度との比較は不可
　　(2) 2010年度以降は合計数のみ公表
(出所) 北海道経済部観光局データより作成

図11-3 北海道への観光客数の推移

できる。

　一方、国内観光でも、北海道や沖縄といった地域ではその地理的要因から航空への依存度が高く、航空輸送の発達が地域の観光関連産業を支えてきたといっても過言ではない。図 11-3 のグラフは北海道の来道観光者数の推移を示したものであるが、1970 年代以降、航空機利用の観光客が急速に増加し、北海道全体の観光客数のなかで大きな割合を占めていく状況がみてとれる。1970～1980 年代は国内各地の空港でジェット化が進み就航機材の大型化が図られたが、道内各地の空港も同様にジェット化が進み、航空輸送の高速化と大量輸送が可能となった。また、2000 年前後からの航空の規制緩和による新規航空会社の就航や最近の LCC の就航によって、航空利用による北海道の観光客は一段と増加し、最近では観光客全体のうち 85％が航空機利用となっている。

### (3) 航空と観光のこれから
#### ① LCC と観光需要

　海外での LCC の台頭を受け、わが国でも 2007 年から海外 LCC の乗り入れが始まり、国内でも LCC の利用者が増加するとともにその認知度も高まっていった。LCC 元年と呼ばれる 2012 年には国内の本格的 LCC であるピーチ・アヴィエーション、ジェットスター・ジャパン、エアアジア・ジャパン（現バニラ・エア）が就航を開始し、わが国でも LCC の時代が到来した。

　こうした LCC の台頭は、アウトバウンド、インバウンドといった国際観光だけでなく、国内観光の動向にも大きな影響を与えている。国際観光においては、最近、中国や韓国からの観光客が伸び悩むなかで、東南アジアからの訪日旅行者が大幅に増加しているが、その背景として、ビザの発給要件の緩和に加え、東南アジアからの LCC の就航が大きく寄与している。また、日本人にとっても安価で気軽に海外旅行を楽しめるため、若年層を中心とした海外旅行者の増加に期待がかかる。国内旅行についても、安価での移動が可能となるため、潜在的な誘発需要に加え、旅行回数の増加や観光地での支出増加をとおした観光関連産業への波及効果が期待される。

　わが国の観光政策においても LCC に対する期待は大きい。政府の『観光立国推進基本計画』（2012 年 3 月 30 日閣議決定）では、インバウンド増加に向けた国際拠点空港の整備のための施策として「成田空港の LCC の受入体制の強化」や「関西国際空港の LCC の拠点化」という文言が盛り込まれており、

政府としても LCC の受け入れが国際観光の重要の施策のひとつと考えていることがわかる。

**② 国際チャーター便による観光需要の創出**

　欧米では国際チャーター便を専門とする航空会社が多数存在し、一定のチャーター便需要が存在するが、わが国では国際チャーター便の市場は小さく、どちらかといえば馴染みの薄い存在である。しかしながら、インバウンド、アウトバウンドの両方において国際チャーター便が国際観光に果たす役割は大きい。一般的に、国際チャーター便を利用したツアーは通常のパッケージツアーよりもやや高めの料金設定となることが多いが、利用者が乗り継ぎをせずに目的地の空港まで直行でき、大幅な移動時間の短縮が図れるというメリットは非常に大きい。このようなメリットがあるにもかかわらず、わが国で国際チャーター便の利用があまり進まなかった原因は、国際チャーター便の運航にかかわる各種規制の存在であった。それらの規制のために、国際チャーター便を利用した旅行会社のツアー造成が妨げられてきた。

　そのため、国内の旅行業界は以前より、欧米と比較して規制の多いわが国の国際チャーター便に対する規制緩和を求めてきた。こうした業界の声を受けて、国も国際チャーター便の運航手続きの簡素化、個札販売（個人へのばら売り）の制限緩和、他の旅行会社への座席の卸売り解禁といった規制緩和を段階的に進めている。このような国際チャーター便の規制緩和によって、より利用価値の高いツアー商品の造成と新たな観光需要の創出につながることが期待されている。

**③ 東京オリンピックへ向けた首都圏空港の対応**

　2020年の東京オリンピックの開催は、わが国のインバウンド誘致にとっては千載一遇のチャンスであり、その輸送を担うことになる航空や空港に対する期待も高い。

　首都圏空港（羽田・成田）の発着枠は、わが国のオープンスカイ政策の流れのなかで段階的に拡大されてきた。今後の予定では、両空港の発着枠は2014年度までに最終的に年間74.7万回まで拡大されることになっている。しかしながら、2020年の東京オリンピックの開催決定を受けて、今後海外からの旅行者が大幅に増加することが予想されるため、国土交通省では首都圏空港の中長期的な発着枠の拡充策の検討を開始した。

　ただし、現状の施設ではこれ以上の発着枠の拡大は物理的に望めないため、

実際に発着枠を拡大するには滑走路の増設や空域の拡大等の抜本的な対策が必要である。その場合には、空港周辺地域での騒音問題への対応も必要なことから、今後の慎重かつ開かれた議論が求められる。

## 11.2　空港の魅力と観光

### (1) なぜ、人は移動するのか

　なぜ、地域間の移動が生じるのか。それは、人びとが高い効用を得るため、自地域にないものや、よりよいものを他地域に求めるからである。たとえば、郊外居住者の都心部のデパートにおける買い物、ベッドタウンに住む大学生の都心部の大学への通学である。こうした都心部の持つ機能を中心性と呼び、周辺地域から中心部への流動が生じる。経済地理（地域経済）学では、こうした地域間の移動や都市の階層性（中心性）が研究されてきた。

　また、地域間の移動を説明するために、重力モデルをはじめとするモデルによる解明が積み重ねられてきた。重力モデルは、基本的に移動の目的がビジネスであっても観光であっても、移動数を出発地と目的地の規模（人口など）と地域間の距離で説明する。出発地や目的地の規模が大きいほど移動が多くなり、距離が離れるほど移動の抵抗となる。現実の移動には第10章で解説したように複雑な要因がからみ、出発地や目的地の規模には人口以外に経済活動や観光などの変数を考える。これらの変数は、出発地側としては移動を発生させる要因という意味でプッシュ要因と呼び、目的地側としては移動先の決定要因となるからプル要因と呼ぶ。

　本章の後半ではこの応用例であるハフモデルを利用して観光需要を説明する。重力モデルもハフモデルも「どの出発地から移動してくるか」を推定できるため、地域や店舗などの勢力圏を表すことができる（実際に、ハフモデルは小売業やサービス業の店舗立地のモデルとして用いられる）。そこで、本章ではこの考え方の「空港の魅力」への応用を試みる。

　さらに、都市規模にかかわる代表的な研究として、クリスタラーの中心地理論がある。クリスタラーは財の市場圏（到達範囲）の大きさから財の階層性に着目し、市場圏の大きい財を供給している中心地は、それ以下の市場圏を供給する中心地を兼ねるという仮定を置いて、都市を階層に分類した。換言すれば、デパートの市場圏を持つ大都市には、スーパーやコンビニなどより小さい市場

圏しか持たない都市の市場圏が含まれる。わが国を例にとれば、東京・大阪・名古屋の三大都市圏→地方中枢都市（札幌、仙台、広島、福岡）→地方中核都市（県庁所在都市等）という序列がみられ、これがクリスタラー型であるという見解が一般的である（詳細は、須田（2007）等を参照）。

空港は、地域間移動のための航空サービスを提供するインフラであり、その勢力圏も設定できる。たとえば、空港は、鉄道駅ほど数が多くないことから、交通インフラのなかでも勢力圏が大きくなる。上述した地域間移動や都市の階層性の考え方でいえば、空港のある地域間で人口移動が生じ、かつ勢力圏の大きい空港がある地域は空港のない周辺地域を包含し、それら周辺地域から／までの利用客を集客していることになる。つまり、空港と地域は相互に密接な関係にあり、空港がなければ地域から／までの集客はないかも知れないし、地域にプッシュないしプル要因がなければ空港の利用者も減少する。ここでは、このことを念頭に置き、空港の魅力について考えてみたい。

### (2) 空港の魅力

空港の魅力とは何か。空港は航空機を使った移動の起終点（ターミナル）であり、移動に対する空港の影響を考える。そこで、重力モデルの考え方を空港に援用しつつ、空港の魅力を提案するのが本章の目的である。空港は出発地、目的地の双方にあり、移動行動に影響を与えるからである。

#### ① 本源的魅力：路線や便数の多さ

第一の魅力は、空港の路線数や便数の多さである。これは重力モデルとは無関係で交通需要そのものの特徴といってよい。また、地域との観点でいえば、地域（の経済活動）が空港に影響を与えることになる。つまり、経済力や観光資源に恵まれる後背地があれば、その規模に応じて空港の路線や便数も増える。路線と便数が多ければ、人びとは多くの地域に待たずに行ける。当然、旅客数も多くなるから、多様なテナントを誘致できるため、空港の快適性や娯楽性が高まる。

#### ② 旅行者の選択肢を増やす魅力：プッシュ効果

空港は、航空路線を使って短時間で目的地に行くことを可能にし、人びとは空港がなければ行けなかったところに行くことができる。これをプルとプッシュというふたつの観点から説明しよう。

旅行時間は空港利用者のコストであり、それを節約できる意義は大きい。観

光客は目的地への旅行時間を節約し、その分多くの時間を観光地で過ごすことができるからである。つまり、出発地からみて人びとを旅に誘う（人びとの背中を押す）プッシュ要因のひとつが地元の空港であり、これを第二の魅力と呼ぶ。実際に、重力モデルを用いて国際間の観光客の移動と交通インフラの関係を推定した研究では、空港は観光需要の創出において相対的に重要な要素であることが示されている。

この魅力は移動を考慮した空港の魅力であり、旅行者の視点からみた空港の存在意義といってもよい。また、旅行会社は多様なツアーを組むこともできるから、送客数が多くなり、旅行商品として行き先の観光地の価値を高めてくれる。つまり、出発地の空港からの航空路線による外部効果もある。

③ **目的地の吸引力を高める魅力：プル効果**

さらに、目的とする観光地から短時間で行ける空港の魅力は大きく、その意味で、空港があることによってその観光地を選ぶという人もいる。つまり、観光地のある地元（目的地側）からすれば、空港があれば誘客の際にアクセスの利便性をアピールできる。空港が観光の吸引力となっており、プル効果としての空港、つまりこれを空港の第三の魅力と呼ぶ。

もちろん、地域そのものの魅力はすべての本源であるが、たとえば、空港と至近距離にあるということも観光地の魅力を高める。もちろん、ビジネスに関しては空港から目的地までの所要時間がかかれば、飛行時間とあわせた移動費用は増加し、目的地の魅力は大きく減じられる。そして、観光地と空港とのアクセス交通が不便であれば入込客数は減少する。

スペインのマヨルカ島のリゾート地を例に、空港から離れたリゾート地ほどパッケージツアーの価格が安くなることを明らかにした研究もあり、観光において空港からのアクセスが重要であることがうかがえる。したがって、第三の魅力をさらに高めるためには空港アクセス・イグレスの整備が不可欠である。航空ネットワークで考えれば、往復旅行の場合も含め出発地と目的地は入れ替わる。したがって、プル効果とプッシュ効果は表裏一体の関係であるといってよい。

このように、空港の魅力とは、目的や行動形態などにより変わる。また、時代ごとの社会経済環境や価値観の変化にも影響を受けるだろう。しかし、空港はゲートウェイであり、利用者がスムーズに航空サービスを利用して移動できるようにさせる空港は魅力的である。また、乗り換えなどによって空港にとど

まる必要がある場合、その時間が短いことが望ましいが、滞在時間が長くなる場合にはその時間が快適であるようサービスを提供することも求められる。

空港の設置管理者は、こうした利用者の視点に立って空港の運営を考える必要がある。また、いずれの空港の魅力にも航空会社が一定の役割を果たす。航空会社は路線開設にあたっては、需要の規模、機材サイズと航空機の運用および需要の持続性など多くの要因を考慮する。多くの自治体は路線開設を航空会社に陳情しており、誘客に関しても航空会社と地元との連携がある。地元にも多くのプレイヤーがおり、都道府県庁の担当部署だけではなく、地域交通の担当部署、地元の経済界や空港ビルも出資する利用促進協議会などの調整も必要になるだろう。

本節では、ここであげた3つの空港の魅力を軸に、いくつかの観光地を事例として考察し、今後の空港の魅力とその活用について検討したい。

### (3) 観光における社会経済環境の変化と空港

まず、観光における社会経済環境の変化と空港の関係について考えてみよう。観光にかかわる社会経済環境の変化には、観光形態そのものの変化と外生的変化のふたつが考えられる。

観光形態の変化とは、観光行動の変化でもある。1990年代前半ごろまで、旅行の主流は団体旅行であった。大型ジェット機を導入した航空会社は、搭乗率を上げるため旅行会社に低価格で座席を販売した。旅行会社は、団体の受け入れ可能な宿泊施設と連携し、往復の交通手段も含めたパッケージ商品を販売した。空港が近くにある観光地は移動のしやすさゆえ、競争上有利であった。

しかしながら、1990年代後半には個人旅行が主流となった。インターネットも普及し、個人が交通機関や宿泊施設を予約できるようになった。観光客の価値観も変化し、団体宿泊と大型バスを使った観光地めぐりから、個人が計画し、まち歩きや土地固有の文化や雰囲気に触れる旅が好まれるようになった。

その結果、観光で大量輸送を利用する必要性は小さくなった。同時に航空機も燃料費の上昇をうけ、燃費に勝る中・小型機への転換が進み、航空会社の経営悪化がその傾向に拍車をかけた。こうして、空港にも団体旅行に代わって、個人旅行に適した役割が徐々に求められるようになった。そのため、空港において周辺観光地の情報を得て宿泊予約も可能にし、レンタカーの営業所を空港内や空港近隣に設置するということが普通のこととなった。

外生的変化とは、ミクロ経済学では価格以外の変化のことをいい、多くは需要曲線のシフトで表現する。これを観光にあてはめると、特定の地域が何らかの理由で注目されることがある。たとえば、NHK大河ドラマの舞台になれば、地域には多くの観光客が訪れる。大河ドラマで「篤姫」が放映された2008

鹿児島空港内の集客施設

年には、舞台となった鹿児島への観光客数は増加した（平成20年鹿児島県観光統計）。
　そのほかにも、新幹線開通などの交通モードの変化による入込客数の変化がある。鹿児島県の場合、2008年の利用交通機関別の県外からの観光客数をみると、自動車41.8％、航空29.7％、鉄道17.7％となっており、航空のシェアは自動車に次いだ。九州新幹線が全線開通した2011年には、自動車50.6％、鉄道22.1％、航空18.9％と航空のシェアが減少し、また鉄道利用者は前年比で60.7％増加しており（平成23年鹿児島県観光統計）、新幹線開通の影響は大きかった。しかし2013年には、航空のシェアは21.4％になり前年比13.0％ポイント増加した。この理由として、県は鹿児島－台北線の就航やLCCの就航などの影響が考えられると述べている。
　このように、新幹線の開通による航空への影響は大きいが、2013年の鹿児島空港のように新規路線の開拓や新規航空会社の参入により、新たな市場を獲得できる可能性もある。今後、北陸新幹線や北海道新幹線の開通が予定されているが、空港は航空への影響を踏まえ、航空会社や地域とともに新規路線の開拓や新規航空会社の参入を促す戦略の実行が不可欠である。そのほかにも、全国的な事象、たとえば、所得の上昇による観光客の増加もこれに含まれる。とりわけ、観光はビジネスに比べて所得の変化に影響を受けやすい。

### （4）外生的変化と空港の魅力　―旭山動物園を例に
　ここで、外生的変化と空港の魅力について、北海道旭川市にある旭山動物園を例に考察してみる。旭山動物園は、行動展示という動物の生活や行動を見せ

る展示方法により全国的な人気を得て、2007年度には入園者数300万人を記録した。この入園者数は上野動物園の入園者数に匹敵する。

図11-4は、東京－旭川の旅客数と旭山動物園の入園者数の推移を示したものである。ここでは、旭川空港のなかで最も旅客数が多く、航空利用が一般的と考えられる東京の旅客（羽田－東京）の推移を示す。なお、全国の航空旅客数とローカル線の旅客数の推移も参考に示した。

旭山動物園が行動展示に着手したのは1997年である。同年に鳥が巨大な鳥籠を飛び回る「ととりの村」が完成し、以後、ぺんぎん館、ほっきょくぐま館など、多数の行動展示施設をオープンさせた。また、1999年度からは冬期開園を開始した。2004年度には入園者数100万人を突破、2006年度には300万人を突破した。この間、入園者数が大きく伸びた要因のひとつとして、2006年にドラマ化されたことがあげられるだろう。2007年度は開園40周年を迎え、過去最多の入園者数を記録している。羽田－旭川の旅客数と旭山動物園の入園者数を比較すると、2003年度を境に入園者数が羽田－旭川路線の旅客数を上

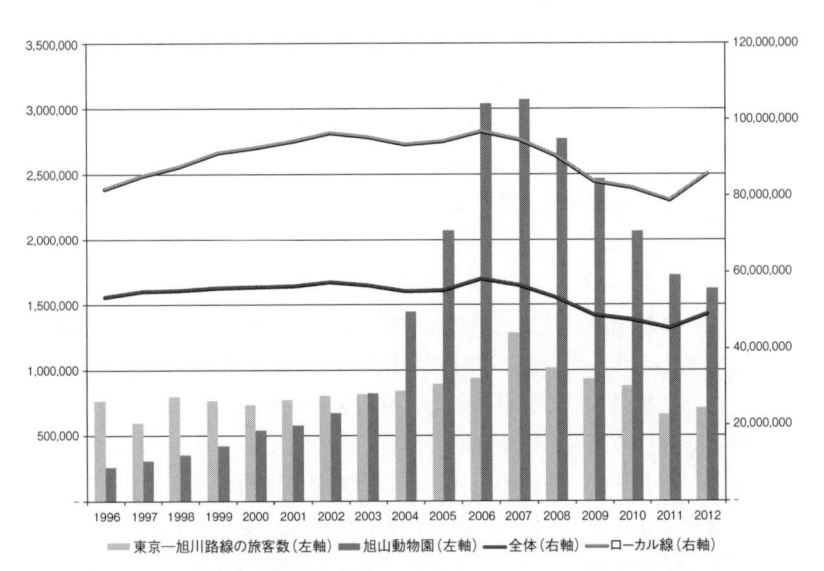

（出所）旭川－羽田線旅客数、国内線全体とローカル線の推移は航空輸送統計年報、旭山動物園の来場者数の推移は同園ホームページ「旭山動物園入園者数の推移」にもとづき筆者作成

図11-4　羽田－旭川の旅客数と旭山動物園の入園者数の推移

回っている。また、羽田－旭川路線の旅客数も2007年度までは増加傾向にある。もちろん、すべての旅客が旭山動物園を来訪することが目的ではないし、他の要因も考慮しなければならないが、これまでの推移から旭山動物園の人気による効果とみて差し支えないであろう。

2008年度以降は、羽田－旭川路線の旅客数は減少に転じており、同時に旭山動物園の入園者数も減少している。羽田－旭川路線の旅客数と旭山動物園の入園者数の減少傾向がほぼ同じであることから、旭山動物園の入園者数が航空や空港に及ぼす影響が大きいことがうかがえる。

このような事実から、旭川空港の魅力をどのように考えればよいのか。これまでの分析では、旭山動物園が旭川空港の本源的需要であり、その活性化によって航空旅客も増加したと説明されてきた。この考え方は空港の第一の魅力でもある。しかし、同時にここでは、移動あるいは旅行者の視点から空港を考えてみたい。

旭山動物園は当初から全国からの観光客の誘客を狙っていたわけではない。しかし、アトラクションの努力の結果として人気が上昇し、全国から観光客が来園することになった。当然、利用者は航空を利用しなければならないが、そのときには他の観光地と比較しているはずである。こうして、上述の3つの空港の魅力のうち②、③が旭山動物園の魅力に寄与したことは間違いない。

まず、旅行会社は旭川空港を利用する旅行商品を組成できたため、送客を増やしたことになり、これは空港のプッシュ効果と考えられる。そして、旭山動物園の来場者は、旭川空港から動物園への便利なアクセス（バスで40分程度）を享受できた。もし、旭山動物園の近くに空港がなければ、これほどの来訪者があったであろうか。おそらく、その答えはノーである。動物園側も周辺からの来場者のみでは、入園者数の増加は望めなかっただろう。旭山動物園の人気が高まるにつれて観光スポットとしての知名度が高まり、旭山動物園をキーワードに観光振興が図られる。つまり、これが空港のプル効果であり、旭山動物園や旭川市は空港の恩恵にあずかったのである。

さらに、旭川の集客力が高まると、航空会社は他の空港から旭川への路線を新設したり、増便するだろう。これは副次的なプッシュ効果であり、その効果は空港のある地域にもたらされ、さらに多くの人が旭山動物園、旭川市を訪問地として選択する可能性が高まる。こうして空港の魅力（プル効果とプッシュ効果）は相乗的に地域に便益をもたらす。

### (5) 空港の魅力と地理的特性 ―松山空港と高松空港を例に

　空港の魅力と地理的特性の関係を、松山空港と高松空港を事例に考えてみよう。西日本各地から松山市への所要時間をみると、大都市圏からの陸路によるアクセシビリティは隣県である香川県高松市と比べて劣る。大阪からの所要時間は、自動車で約4時間、鉄道で約5時間である。また、直線距離では至近にある福岡からは、鉄道や高速船のモード間の乗換を要する。他方、高松には大阪から自動車、鉄道いずれでも約2時間半で到着できる。そして、福岡からの所要時間は松山と大差がないものの、モードは新幹線と鉄道である。このことを考えれば、松山市への移動の摩擦は大きく、高松と比較して劣位にあることは明らかである。

　他方、陸路の不便さがかえって松山空港の第一の魅力を高めていることは、モード間競争という点で興味深い。伊丹（関空）－松山間からはJALが一度は撤退したものの、2社の路線が維持されているのに対し、大阪－高松には航空路線がない。福岡－松山については1日8往復が維持されているが、福岡－高松便はない。羽田便は両空港の最大規模の就航路線であるため、松山空港は東京、大阪および福岡の3都市を就航地としている。これに対し、高松から大阪や福岡に行く場合には高松空港を利用する選択肢はない。つまり、陸路の不便さが空港における旅行者の選択肢を増やし、空港の魅力を大きくしている。

　そこで、松山空港と高松空港の利用者特性を紹介し、そこから空港の魅力をあらためて確認したい。

　まず、国土交通省「航空旅客動態調査」を用いて松山空港の利用者の特性を明らかにする。ここでは観光客が多い休日を対象にする。利用者特性を定量的に把握するために、マーケティング戦略のひとつであるセグメンテーション分析を試みた。これは、空港の利用者に関係する要素、たとえば、空港までの最終アクセス手段、所要時間、費用、出発地、最終目的地、旅行目的などを用いて、空港利用者を区分（グループ化）する分析である。

　図11-5は、松山空港利用者の出発地の割合を都道府県単位で示したものであり、いわば空港の勢力圏とみることができる。松山空港の利用者は二分され[1]、セグメント1の利用者は帰省・私用目的が多く、彼らは松山や周辺部か

---

[1] 分析手法は、セグメンテーションを行う際に最もよく利用される手法のひとつであるクラスター分析である。分析に使用したソフトはSPSSであり、Two Stepクラスター分析（質的データと数量データを併せて分析可能）を行った。

## 11.2 空港の魅力と観光

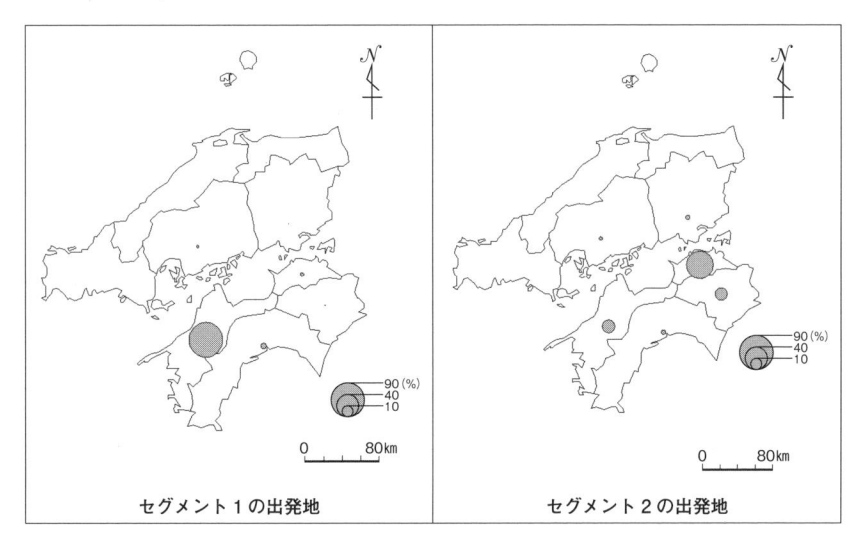

図 11-5 松山空港から出発した航空利用者の出発地（都道府県単位、休日）

ら自家用車で空港にアクセスする。

　他方、セグメント2の利用者には観光目的が多く、松山とその周辺部のほか香川県からのアクセスもある。アクセス手段は、空港バス、タクシー、自家用車およびレンタカーであり、セグメント2の利用者には周遊行動の傾向がみられる。つまり、利用者は航空の利用目的によって利用する空港を選択し、それがアクセス選択にも影響を与えている。空港間競争のある場合、利用者は空港の近接性だけではなく、路線や便数の多さによって選択している可能性が高い。特に、香川県からの利用者は高松空港ではなく松山空港を選択しており、路線や便数の多さが影響していることがうかがえる。

　最初にあげた空港の魅力に置き換えれば、松山空港の路線や便数が多く（第一の魅力）、第一の魅力が大きい空港があることによって旅行が企画され（第二の魅力：プッシュ効果）、空港が観光客を吸引した結果（第三の魅力：プル効果）と考えることができる。プッシュ効果では、出発地側は松山空港があることで空港周辺地域のみならず他県の観光地を含めた計画が可能になっているだろう。

　観光客は、なるべく多くの時間を観光地で過ごすことを目的としている。たとえば、香川県の観光地をめぐるツアーでも、高松空港の利用に限定すれば、

多くの時間を観光地で過ごすことは難しくなる場合もある。しかし、隣県に松山空港があることで香川県での滞在のほか松山での滞在も可能になり、総じて多くの時間を観光地で過ごすことができる。つまり、観光客にとって、限られた時間のなかで主目的である観光を満喫することができ、旅行会社にとってはそうしたツアーを組成することで観光客の需要をとらえることが可能になる。プル効果では、松山空港があることで周辺の観光地は観光客を誘客することが可能になる。その観光地を主目的にする場合もあるが、周遊観光で松山空港から帰る場合にも立ち寄れる観光地は魅力的である。立ち寄ることができるのは観光地から空港へのアクセスが便利だからであり、観光地にとっても空港へのアクセスのよさをアピールすることで誘客のチャンスに恵まれる。こうした点で、松山空港は周辺観光地への観光客の吸引力となっているだろう。

次に、両空港の利用者の目的地を確認しよう。図11-6は、航空旅客動態調査にもとづいて両空港の利用者の最終目的地を都道府県単位で示したものである。両空港ともに路線の就航先と重複する結果であるが、休日の方が目的地は分散しており、乗り換え需要の大きさを示唆している。さらに、高松空港の主要就航地をみた場合、平日と休日で沖縄には差があるものの、首都圏のシェアに大差がない。これに対し、松山空港の休日の京阪神や福岡のシェアが低下している。これらの路線のビジネス利用のシェアが大きいことと符合している。

このように、平日と休日では空港を利用する旅行者の目的や最終目的地は異なる。交通需要には波動性があるため、ピーク時とオフピーク時の差を埋めて安定を図る必要がある。空港の場合、休日の需要を高めるためには、観光目的による航空利用者が重要であるといえよう。さまざまな地域への航空路線がある空港であれば、利便性は高く、空港の第一の魅力があるといえる。

また図11-5とも関連するが、最終目的地までの路線がある、あるいは乗り換えがしやすい空港までの路線がある空港の存在は、旅行会社がツアーを企画する場合にも魅力となろう。つまり、これは第二の魅力であるプッシュ効果にもつながる。図11-6を見れば、休日の方が目的地は分散する傾向にあるが、松山空港の旅行者の目的地がさまざまな地域に分かれている。その割合は高松空港よりも大きく、休日でも交通手段として航空は重要であることを示唆している。このことも、松山空港の路線の多さ（第一の魅力）、松山空港の存在によるプッシュ効果（第二の魅力）を間接的に示している。

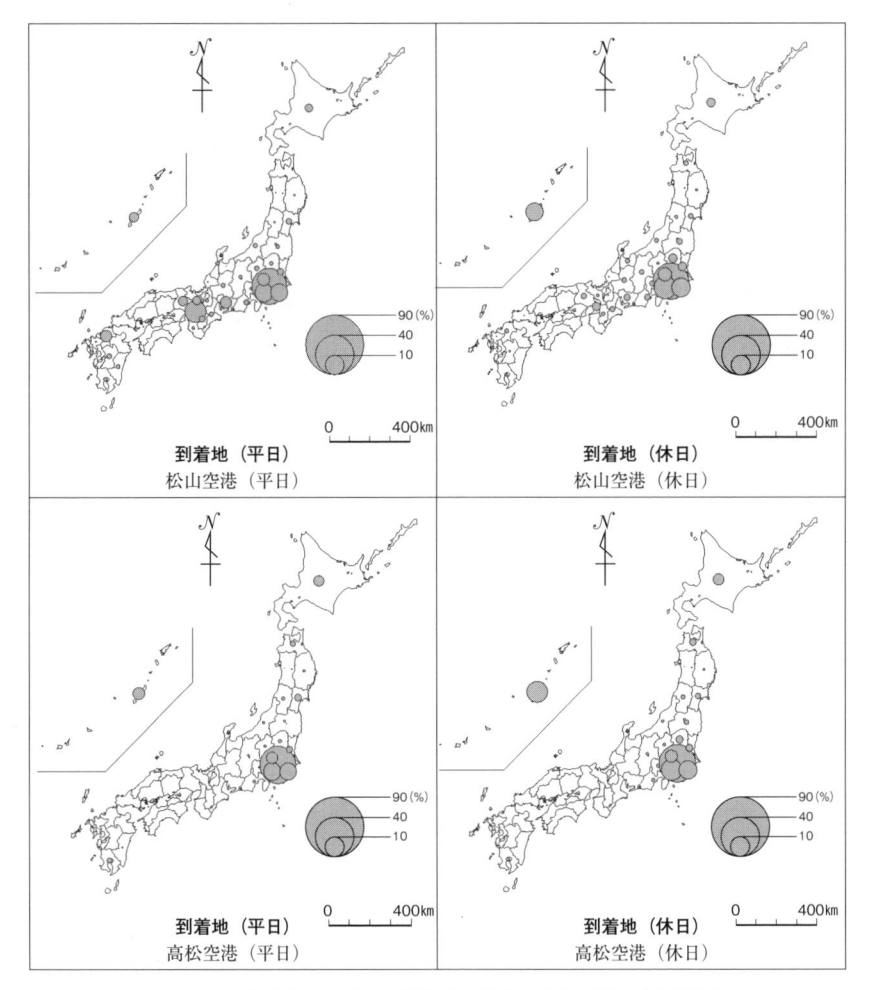

図 11-6 各空港を出発した利用者の最終目的地（都道府県単位）

## (6) 空港の魅力と観光地の魅力 ――道後温泉を例に

　松山空港と高松空港を例に、空港の魅力について考察した。松山空港はその地理的特性を活かし、航空需要を取り込んでいると考えられる。しかしながら、航空需要の多くは派生需要であるため、空港の近隣に本源的需要となる目的地がなければならない。とりわけ観光の場合、観光地の魅力が大きければ、観光客はそこを訪れるために移動する。その移動手段として航空が選択されるため

には、空港の魅力も不可欠である。

ここでは、空港の魅力と観光地の魅力について、愛媛県松山市にある道後温泉を例に検討する。

道後温泉は、『じゃらん』が2012年に実施した「全国人気温泉地ランキング」では7位にはいり、中国・四国エリアでは

人気の温泉地、道後温泉

1位に選ばれた。地元はかなり前から積極的な誘客活動を行っている。直近では、集客力向上事業の一環として道後温泉旅館組合が中心になり「赤ちゃんに優しい温泉地づくり」に取り組んでいる。2013年2月には1泊2日のモニターツアーを実施した。東京都と神奈川県在住の30組が参加し、彼らは羽田空港から松山空港まで航空を利用した。この実績は、第三の魅力を意味する。つまり、松山空港の存在がこのツアーを可能にし、地元の集客事業が実現の運びとなったのである。

道後温泉への交通アクセスをみると、松山空港からは空港バスで約40分、松山市中心部からも路面電車で20分ほどであり、アクセスもしやすい。しかしながら、県外から松山市までのアクセスは恵まれた環境にあるとはいえず、航空が重要なアクセス手段である。このとき、温泉地の魅力に関し、交通アクセスは、観光客の来訪にどのように影響するだろうか。

交通アクセスを考慮した来訪確率の研究は、小売店舗の商圏分析（集客範囲）で進められてきた。そのなかでも代表的なモデルがハフモデル（Huff, 1964）であり、ある消費者がある店舗を選択する確率は、当該「店舗の魅力」とその「店舗までの距離」によって説明できるという考え方にもとづく（古川・守口・阿部（2011））。一般的に式（1）により求められる。

ここでは特定の店舗の魅力を $a$ という係数で示しており、これが大きいほど選択確率が大きくなるが、$d$ の $1/\lambda^n$ を乗じることから、結果的にふたつの相対的な大きさで決定される。「距離抵抗係数 $\lambda$」は、当該財・サービスの消費における距離の影響度を表す変数であり、卵などの日用品（低次の財）ほど値は大きく、家具などの買回り品（高次の財）ほど値は小さくなるとされる。経

験的に、日用品では λ ＝ 2.0 前後であることが知られている。

$$\pi_{ij} = \frac{a_j \cdot d_{ij}^{-\lambda}}{\sum_j a_j \cdot d_{ij}^{-\lambda}} \qquad 式（1）$$

π：i に居住する消費者が店舗 j を選択する確率　　a：店舗 j の魅力
d：i から店舗 j までの距離　　λ：距離抵抗係数

　ハフモデルは、小売店舗以外にもさまざまな分野に適用されており、観光分野にも研究がある。道後温泉を含む日本の代表的な 32 温泉地を対象に各温泉地の集客圏を推定し、温泉地の集客圏とそれにともなって生じる競争をみてみよう。集客圏は、上述の選択確率と同様に、観光地の魅力と居住地から各温泉地までの交通アクセス（所要時間など。費用や物理的距離を用いることもある）により導出される。このことは、観光地の魅力が高く（低く）とも居住地から各温泉地までの交通アクセスが不便（便利）であれば、集客圏は小さく（大きく）なることを意味する。

　分析では、「魅力」に、日経産業消費研究所（2003）『全国主要温泉地の魅力度調査—専門家アンケート事例』が提示した「総合魅力度」を用いた。道後温泉の「総合魅力度」は 6.8 であり、分析対象の 32 温泉地のなかでも 5 番目に高い。「距離」は、各都道府県庁を出発地として対象温泉地までの所要時間（Yahoo! ロコによる検索）を用いた。この所要時間とは、一般的に使用するだろう交通モードで算出したものである。出発地および温泉地により、交通モードは異なるが、温泉地までのアクセス時間といってよい。また、推定した集客圏と実際の集客圏を比較するため、実際のデータとして「宿泊旅行統計調査」の 2008-2011 年の 4 年分のデータを使用した[2]。

　図 11-7 は、ハフモデルによる推定値と宿泊旅行統計調査にもとづく統計値を、日経産業消費研究所（2003）の温泉地の魅力度順に示したものである。なお、「距離抵抗係数 λ」は、1,504 の組み合わせ（47 都道府県×32 温泉地）に対しハフモデルによる推定値と宿泊旅行統計調査にもとづく統計値を求め、そ

---

[2] 宿泊旅行統計調査の結果について、分析対象である 32 温泉地のすべての宿泊施設の宿泊客の都道府県別発地データが入手可能というわけではない。統計値は、従業員が 100 名以上の宿泊施設を対象とする第 3 号様式の調査票にもとづく都道府県別発地データが存在する温泉地について、未回答の宿泊施設については収容定員で拡大した数値を、上述した第 3 号様式の調査票にもとづく都道府県別発地データにもとづき配分した推計値であることに留意が必要である。

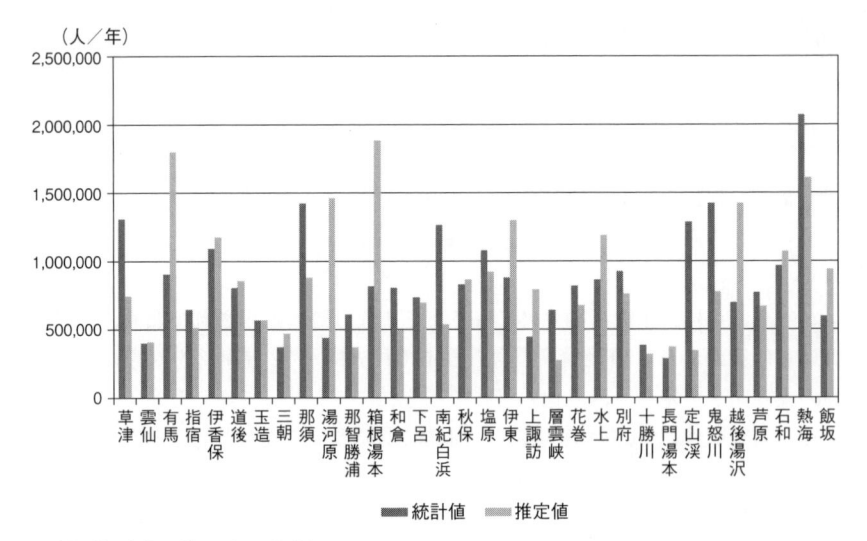

(出所)味水・鎌田（2013）図2

図11-7 集客圏にもとづく観光客の推定値と統計値の比較

の差の二乗和を最小化して導出した。その結果、平均は1.76であった。このことは、温泉という観光地は比較的距離抵抗が小さく、魅力のある温泉地であれば遠くても訪れるということを意味している。つまり、観光地の魅力を重視して選択される傾向がある。

推定結果を概括すると、人口規模の大きい都市部からのアクセスに恵まれた温泉地ほど推定値が大きくなる傾向がある。たとえば、有馬、湯河原、箱根湯本および熱海などである。ただし、この分析では交通アクセスを所要時間のみで表しており、運賃などの費用が反映されていないことに注意が必要である[3]。

道後温泉の集客圏にもとづく観光客数は推定で約80万人となり、宿泊旅行統計調査」の値よりわずかに大きい。道後温泉の総合魅力度は32温泉地中で5番目に高いが、推定した集客圏にもとづく観光客数の順位は後退する。このことは、温泉地の魅力は高くとも、交通アクセス（居住地－観光地間の所要時間など）により集客圏が小さくなっていることを意味している。

図11-7の道後温泉の推定値と統計値はほぼ同値である。すでに述べたよう

---

[3] なお、推定値と実際値の差の要因分析には至っておらず、現在も研究は進行中である。

に、集客圏は観光地の魅力と居住地からの交通アクセスにより導出したものである。また、分析で用いた交通アクセスは所要時間であり、そこに直接的には費用は含まれていない。しかし、道後温泉は県外からのアクセス環境が恵まれているとはいえず、たとえば東京からは航空による手段が主であり、他のモードではアクセスしにくい。そのような状況から、航空運賃も高く、アクセスにかかる所要時間のみならず、費用も高いと考えてよい。こうして交通アクセスにかかる費用を考慮すると、図11-7に示した道後温泉の推定値はさらに小さくなる可能性もある。

　分析結果から、観光地の魅力が高く、交通アクセスがよければ集客圏は大きいことがわかる。このことから、さらに道後温泉の観光客数を伸ばすためには、すでに誘客活動の取組みがなされているものの、道後温泉の魅力の向上と交通アクセスの改善が必要だろう。交通アクセスの改善は、具体的には、航空路線の増加や出発・到着時間帯の充実と航空も含めた交通にかかる費用の削減となる。空港の魅力に置き換えれば、路線の増加などは第一の魅力である。さらに、交通アクセスが改善されれば、目的地側では、時間と費用の両方からみたアクセシビリティが改善し、松山空港を利用して道後温泉に行く観光客が増加する、プッシュ効果が生まれるだろう。また、道後温泉側は、プル効果として、航空によるアクセスが主である地域での誘客活動でアクセスのよさをアピールすることができるだろう。

### (7) 今後の空港の魅力と観光

　2013年9月、2020年のオリンピック・パラリンピック開催地として東京が選出された。開催による効果は、さまざまな面から期待されている。ここでは、東京オリンピック・パラリンピックの開催についても空港の魅力という視点から考察し、今後の空港政策についての私見を述べる。

　東京オリンピック・パラリンピックの開催により、先に述べた3つの空港の魅力は大きく変わるだろう。首都圏からのアクセスを活かした旅行商品や旅行ルートが提供されれば、東京オリンピック・パラリンピックの訪問客を取り込むチャンスとなる。このとき、首都圏から遠い観光地ほどアクセス手段として航空は重要になり、到着空港から観光地までのアクセシビリティも評価される。いまから他の主体と連携を図り誘客ルートを検討し、さらに誘客のターゲットを観光地の魅力と照らし合わせて絞ることが重要である。このことは、

吸引力の強化、つまり空港の第三の魅力の強化にほかならない。

　さらに、東京オリンピック・パラリンピックを起爆剤として地方でも積極的に誘客を展開するのであれば、空港関係者は本源的魅力であるの第一の魅力の強化を考えるべきであろう。それには、地域における本源的需要を高めるという仕事が残されている。

　基本は利用者が利用しやすい空港にすることである。たとえば、標識は日本人のみならず訪日外国人にもわかりやすい、Wi-Fi環境を整え情報アクセスを容易にする、といったユニバーサルデザインを備えた施設を考えるべきだろう。このほか、近隣の観光地までのアクセシビリティの改善も必要であろう。また、一部ではショッピングモール化やカジノなどの娯楽施設の整備の必要性が指摘されているが、施設整備を先行するのではなく、今後を含めた利用者（観光客）の特性を見極めるべきである。

　これら以外にも、もちろん検討、実行するべきことはある。東京オリンピック・パラリンピックの「ために」何かをするのではなく、東京オリンピック・パラリンピックの開催を契機として、空港の魅力を考えていくことが必要なのである。

【参考文献】
11.1
〔1〕観光庁(2014)『観光白書(平成26年版)』
〔2〕観光立国推進基本計画(2012年3月30日閣議決定)
〔3〕杉田由紀子(2011)『航空と観光 ―観光交通としての航空産業―』、くんぷる。
11.2
〔1〕Alegre, J., M. Cladera and M. Sard (2013) Tourist areas: Examining the effects of location attributes on tour-operator package holiday prices. *Tourism Management*, 38, 131-141.
〔2〕Khadarooa, J. and B. Seetanah (2008) The role of transport infrastructure in international tourism development: A gravity model approach. *Tourism Management*, 29, 831-840.
〔3〕奥瀬善之(2008)「クラスター分析によるマーケット・セグメンテーション」、中村博編『マーケット・セグメンテーション　購買履歴データを用いた販売機会の発見』、白桃書房、第3章、33-53ページ。
〔4〕神頭広好(2011)「日本の3大都市圏における空港立地と外国人観光旅行者行動」、『日本の空港と国際観光』、愛知大学経営総合科学研究叢書36、1-18ページ。
〔5〕須田昌弥(2007)「都市システム」、山田浩之・徳岡一幸編『地域経済学入門　新版』、有斐閣、第8章、129-151ページ。
〔6〕古川一郎・守口剛・阿部誠(2011)『マーケティング・サイエンス入門　市場対応の科学的マネジメント　新版』、有斐閣。
〔7〕三浦英俊(2004)「交通インフラ整備が地域来訪者数増減に与える影響分析―旅行者の移動

にハフモデルを仮定して—」『都市計画論文集』、39(3)、673-678 ページ。
〔8〕味水佑毅・鎌田裕美(2013)「温泉地の立地と集客力に関する一考察」『第 28 回日本観光研究学会全国大会学術論文集』、169-172 ページ。
〔9〕味水佑毅・鎌田裕美・山内弘隆(2012)「観光地の商圏分析—温泉地を例として—」『交通学研究/2011 年研究年報』、93-102 ページ。

# 第 12 章 空港アクセス

空港アクセスを考える際には、利用空港が最終目的地ではないことに注意が必要である。移動者は、アクセス手段から利用航空で航空便に乗り継ぎ、目的地空港へと旅立つ。その後、さらに次の航空便に乗り継ぐケースもあるだろうし、バスや鉄道に乗り継いで最終目的地へと向かうケースもあるだろう。いずれにせよ、空港へのアクセス移動は「派生需要」ということになる。派生需要であれば、アクセス時間が短縮され、金銭的費用が安くなるほど「一般化費用」[1]が少なくなり、移動者にはより望ましいアクセス移動となる。

しかしここで、移動者のニーズにもとづいたアクセス移動を考える場合、このような時間や費用に加えて、さらに考慮しなければならない点は多い。たとえば、利用予定航空便とアクセス手段がどのような乗り継ぎ時間で接続しているのか、出発地域での活動をいつ終わらせて空港へ向かわなければならないのか、これらスケジュール調整の問題は、移動者にとって非常に重要である。

ここでは、移動者のニーズから空港アクセスをとらえるために、個人の行動を対象とする交通行動分析の考え方を用いて、一般化費用にスケジュール調整コストを含めて考察していきたい。

## 12.1 わが国における空港アクセスの概要

空港アクセスの利便性は、空港および航空輸送サービスの魅力度評価に直接つながることになる。この節では、わが国における空港アクセスの現状を「平成22年度航空旅客動態調査(平日)」の結果をもとに概観する。

表12-1は、2011年の年間国内線乗降客数が10万人以上で、離島を除いた空港への主要なアクセス交通手段をまとめたものである。表12-1にある各空港へのアクセス所要時間は、「平成22年度航空旅客動態調査(平日)」から得られた「出発空港別アクセス所要時間」における各カテゴリー時間に中央値を当てはめ、それらを加重平均したものである。また、上位シェア手段とは、同調査から得られた「出発空港別最終アクセス手段」の割合が1位、2位の手段をまとめたものである。ここで、最終アクセス手段とは、各空港の出発旅客が、

---

[1] 移動時間に時間単位を乗じた「時間費用」と料金等を合計した費用をいう。

## 12.1 わが国における空港アクセスの概要

### 表12-1 各空港におけるアクセス交通の概要

| 平成23年年間国内線乗降客数 | 空港名 | 鉄道アクセスあり=○ | アクセス所要時間（分） | 上位シェア手段（最終アクセス手段のみ）1位 | 2位 | 駐車場料金有料=× | 中心市街からの直線距離 |
|---|---|---|---|---|---|---|---|
| 1,000万人以上 | 新千歳 | ○ | 66.4 | 鉄道・モノレール（53.1%） | 自家用車（22.4%） | × | 41.3 km（札幌駅） |
| | 東京国際（羽田） | ○ | 69.2 | 鉄道・モノレール（61.0%） | 空港バス（18.8%） | × | 14.7 km（東京駅） |
| | 大阪国際（伊丹） | ○ | 60.0 | 空港バス（35.9%） | 鉄道・モノレール（26.2%） | × | 11.1 km（大阪駅） |
| | 福岡 | ○ | 52.8 | 鉄道・モノレール（54.2%） | 自家用車（19.8%） | × | 2.6 km（博多駅） |
| | 那覇 | ○ | 56.4 | 貸切バス（27.2%） | 自家用車（26.3%） | × | 3.0 km（沖縄県庁） |
| 100万人以上 | 函館 | | 38.1 | 自家用車（42.4%） | タクシー（17.9%） | × | 7.3 km（函館駅） |
| | 仙台 | ○ | 68.4 | 自家用車（41.0%） | 鉄道・モノレール（36.6%） | × | 13.8 km（仙台駅） |
| | 秋田 | | 62.5 | 自家用車（48.1%） | 空港バス（21.5%） | × | 14.0 km（秋田駅） |
| | 成田 | ○ | 60.5 | 自家用車（28.3%） | 鉄道・モノレール（24.4%） | × | 56.7 km（東京駅） |
| | 小松 | | 53.6 | 自家用車（49.4%） | 空港バス（30.1%） | △ | 28.7 km（金沢駅） |
| | 中部国際 | ○ | 96.1 | 鉄道・モノレール（35.7%） | 貸切バス（27.8%） | × | 35.2 km（名古屋駅） |
| | 関西国際 | ○ | 77.8 | 鉄道・モノレール（48.1%） | 空港バス（24.0%） | × | 37.6 km（大阪駅） |
| | 神戸 | ○ | 68.0 | 鉄道・モノレール（52.3%） | 自家用車（27.5%） | 無料 | 7.1 km（三宮駅） |
| | 岡山 | | 56.8 | 自家用車（56.0%） | 空港バス（27.2%） | 無料 | 12.0 km（岡山駅） |
| | 広島 | | 76.0 | 空港バス（44.8%） | 自家用車（28.6%） | × | 41.0 km（広島駅） |
| | 高松 | | 58.3 | 自家用車（41.3%） | 空港バス（21.5%） | × | 14.9 km（高松駅） |
| | 松山 | | 48.1 | 自家用車（40.1%） | タクシー（23.5%） | × | 4.5 km（松山駅） |
| | 高知 | | 56.3 | 自家用車（44.9%） | 空港バス（20.1%） | × | 12.3 km（高知駅） |
| | 北九州 | | 51.2 | 自家用車（56.9%） | 空港バス（28.2%） | × | 14.6 km（小倉駅） |
| | 長崎 | | 56.8 | 空港バス（38.0%） | 自家用車（30.9%） | × | 18.6 km（長崎駅） |
| | 熊本 | | 54.8 | 自家用車（49.4%） | 空港バス（19.8%） | × | 16.5 km（熊本駅） |
| | 大分 | | 73.8 | 空港バス（43.6%） | 自家用車（32.2%） | × | 29.5 km（大分駅） |
| | 宮崎 | ○ | 52.1 | 自家用車（42.2%） | 鉄道・モノレール（20.0%） | × | 4.5 km（宮崎駅） |
| | 鹿児島 | | 67.9 | 自家用車（41.5%） | 空港バス（30.2%） | × | 26.6 km（鹿児島駅） |
| 5万人以上100万人未満 | 女満別 | | 53.7 | 自家用車（60.3%） | 空港バス（15.5%） | × | 4.0 km（女満別駅）17.2 km（網走駅）22.6 km（北見駅） |
| | 旭川 | | 52.7 | 自家用車（58.4%） | 空港バス（18.8%） | × | 12.8 km（旭川駅） |
| | 釧路 | | 53.6 | 自家用車（56.4%） | 空港バス（19.9%） | × | 16.3 km（釧路駅） |
| | 帯広 | | 47.5 | 自家用車（77.4%） | 空港バス（9.7%） | 無料 | 20.7 km（帯広駅） |
| | 青森 | | 57.0 | 自家用車（43.3%） | 空港バス（21.7%） | × | 10.8 km（青森駅）23.2 km（弘前駅） |
| | 新潟 | | 61.1 | 自家用車（40.9%） | 空港バス（21.3%） | × | 6.4 km（新潟駅） |
| | 富山 | | 39.6 | 自家用車（56.3%） | タクシー（13.2%） | 無料 | 6.8 km（富山駅） |
| | 徳島 | | 44.4 | 自家用車（55.2%） | 空港バス（15.4%） | × | 8.2 km（徳島駅） |
| | 出雲 | | 46.9 | 自家用車（53.9%） | 空港バス（21.4%） | 無料 | 17.1 km（松江駅） |
| | 山口宇部 | | 48.4 | 自家用車（57.4%） | タクシー（17.9%） | 無料 | 32.7 km（山口駅）32.6 km（下関駅） |

| | 空港 | アクセス時間(分) | 第1位手段 | 第2位手段 | 料金 | 最寄駅までの距離 |
|---|---|---|---|---|---|---|
| 5万人未満 | 稚内 | 38.3 | 自家用車 (50.0%) | レンタカー (31.6%) | 無料 | 9.6 km (稚内駅) |
| | 中標津 | 47.8 | 自家用車 (60.8%) | レンタカー (20.3%) | 無料 | 57.6 km (根室駅) |
| | 札幌 (丘珠) | 35.5 | タクシー (44.6%) | 自家用車 (30.4%) | × | 5.3 km (札幌駅) |
| | 三沢 | 48.1 | 自家用車 (32.8%) | タクシー (29.0%) | 無料 | 4.1 km (三沢駅) / 21.2 km (八戸駅) |
| | 大館能代 | 45.0 | 自家用車 (47.5%) | レンタカー (20.0%) | 無料 | 18.7 km (大館駅) / 28.9 km (能代駅) |
| | 花巻 | 62.6 | 自家用車 (43.6%) | 貸切バス (30.8%) | 無料 | 31.2 km (盛岡駅) |
| | 庄内 | 29.0 | 自家用車 (59.5%) | レンタカー (13.8%) | 無料 | 12.8 km (酒田駅) / 9.4 km (鶴岡駅) |
| | 山形 | 47.4 | 自家用車 (61.7%) | タクシー (25.5%) | 無料 | 18.3 km (山形駅) |
| | 福島 | 68.7 | 自家用車 (70.3%) | レンタカー (12.7%) | 無料 | 19.6 km (郡山駅) / 58.8 km (福島駅) |
| | 茨城 (百里) | 56.3 | 自家用車 (80.4%) | 空港バス (17.6%) | 無料 | 22.4 km (水戸駅) |
| | 能登 | 63.8 | 自家用車 (28.1%) | 貸切バス (28.1%) | 無料 | 24.6 km (和倉温泉駅) |
| | 静岡 | 72.1 | 貸切バス (42.6%) | 自家用車 (38.3%) | 無料 | 27.5 km (静岡駅) / 15.3 km (焼津駅) / 42 km (浜松駅) |
| | 名古屋 (小牧) | 54.2 | 自家用車 (67.2%) | 空港バス (17.9%) | 無料 | 10.0 km (名古屋駅) |
| | 鳥取 | 37.9 | 自家用車 (57.0%) | タクシー (15.9%) | 無料 | 6.3 km (鳥取駅) |
| | 米子 (美保) | 54.2 | 自家用車 (53.0%) | 空港バス (12.3%) | 無料 | 12.0 km (米子駅) |
| | 佐賀 | 48.7 | 自家用車 (59.0%) | 貸切バス (10.7%) | 無料 | 12.3 km (佐賀駅) |

(出所)「平成22年度航空旅客動態調査(平日)」、「平成23年空港管理状況調書」および各空港のホームページ、Googleマップより筆者作成。なお、この調査結果は、国内線旅客のみを対象としている。

空港到着時に利用した最終交通手段を表す。なお、表12-1では「JR特急」、「JR在来」、「私鉄・地下鉄」、「モノレール」については、すべて「鉄道・モノレール」とした。鉄道アクセスの存在する空港は、11空港となっている[2]。

鉄道アクセスを有する空港では、那覇空港を除いて最終アクセス手段の上位シェアに「鉄道・モノレール」が入っている。これに対して、鉄道アクセスのない空港では、自家用車または空港バス、もしくはタクシーが主要なアクセス手段となっている。

表12-1では、アクセス時間が60分を超えるものに着色している。ここから、一般的に、都心や中心市街地から離れた空港は、アクセス時間も長いことが確認できる。たとえば、新千歳、中部国際、関西国際、花巻、静岡、広島、大分の各空港である。さらに、多くの路線および便数を提供する拠点空港や、一部の地方空港は、複数の県や市町村から乗客が集まるため、アクセス時間が長いものもある。特に、中部国際空港は、名古屋駅からの所要時間は鉄道で30分

---

[2] 鉄道アクセスの有無は、軌道系公共交通機関が空港の敷地内に乗り入れている、または駅と空港ターミナルビルが連絡通路などで直接つながっているかどうかで判断している。

程度であるが、表 12-1 のアクセス時間は約 96 分である。これは、出発地を名古屋市とする旅客が約 20％と少なく、静岡県や三重県などからの旅客が多いからである。このような広域利用は、年間乗降客数が 1,000 万人以上の新千歳、羽田、伊丹、福岡の各空港でも同じである。

一方、アクセス時間が 40 分以内の空港は、函館、稚内、札幌丘珠、庄内、富山、鳥取の各空港である。これら空港は、札幌丘珠や函館のように中心市街地に近いことも影響しているが、乗客の出発地域が空港周囲に集まっていることも影響している。たとえば、庄内空港の場合、空港からほぼ十キロ圏内にある酒田市と鶴岡市からの乗客が約 78％を占める。

道路混雑を避けながら定時性や速達性を確保し、大量輸送しなければならない大都市圏にある空港では、鉄道の利用率が高い。一方で、仙台空港や宮崎空港は、自家用車がおもに利用されている。このような地方都市では、出発地が分散し、利便性の高い公共交通サービスが十分ではないため、ドア・トゥ・ドアで移動できる自家用車やタクシーおよびレンタカーがおもに利用されている。また、年間乗降客 100 万人以上の地方空港では、空港バスサービスも充実しているため、空港バスの利用率も高い。このように、各空港の乗降客数と空港サービスが提供される圏域規模に応じて、利用率の高いアクセス手段が異なる。

鉄道と航空の競争の場合、空港アクセスの改善が航空需要に大きく影響する。航空による移動には、アクセス時間を含め、機内での時間、空港の待ち時間、搭乗手続き時間などが発生する。この場合、鉄道に比べて航空の高速性をいくらアピールしても、鉄道のアクセスのしやすさや手続きの手間のなさから、移動にかかる総時間で航空利用の魅力は低下する。そして、中心地域と空港が地理的に遠く離れている場合、アクセス時間の短縮には限界がある。アクセスサービスの改善には、各空港のおかれた環境とアクセス手段の特性を把握し、空港利用者のニーズに応じた施策が求められる。そして、アクセス交通事業者と航空会社と密な連携をとり、ニーズを踏まえた改善策の検討と、その具体化が必要である。

## 12.2　アクセス手段選択の要因

ここでは、交通行動分析の観点から、空港アクセス手段の主要なサービス要因として、「アクセス手段と利用航空便の接続のしやすさ」、すなわち移動者の「スケジュールの利便性」について考察する。なお、ここでの考察、および

12.3における実証分析の紹介に先立ち、交通行動分析についてその目的と、この分析の主要なツールである手段選択モデル、およびSPデータついて簡単に説明する。

### (1) 交通行動分析の目的

交通行動分析とは、その言葉どおり、各個人の移動（交通行動）にともなうあらゆる意思決定を分析することにより、移動需要について科学的に検証しようとするものである。

交通行動分析の目的は「さまざまな交通課題の解決を目的とする有効な施策の立案・実施・評価のために、人びとの交通行動（移動需要）に影響を与える社会的要因・心理的要因を明らかにすること」とまとめられるだろう。ここでの交通課題とは、交通サービスの提供および享受にともない発生する交通混雑や交通事故などの社会問題や、騒音・排気ガスといった環境問題などが人や社会へ与えるコスト、移動の出発地や目的地における施設整備、個人や地域へのモビリティー確保、交通企業のマーケティングなどさまざまなものを含んでいる。このような課題解決のためには、人びとがどのように行動、すなわち移動するのかを十分に理解することが重要な研究テーマとなる。交通行動分析では、このような課題解決のために、おもに次の4つの観点から分析されるだろう。

① 個人またはその集合体の行動観察による実態把握（誰がどのように移動しているのか）
② 個人またはその集合体の行動予測（環境・状況変化に、誰がどのように移動パターンを変えるのか）
③ 個人またはその集合体の交通にかかわるニーズ把握（誰がどのように移動したいのか）
④ 個人またはその集合体の行動制約の解明（誰がどのように移動していないのか）

上記からもわかるように、交通行動分析は、顕在化移動需要のみを扱うのではない。たとえば、移動需要の将来予測や、交通行動の背後にあるニーズや欲求、あるいは行動制約の解明といった、顕在化していない需要も分析対象とする。このような行動理解のためには、個人に影響を与えるさまざまな要因を探る必要がある。

たとえば、個人の行動には、年齢・所得・職業・居住地域といった人口統計

的・社会経済学的な要因が影響を与えることもあるだろうし、その人のライフスタイルや個人的嗜好、主義といったものも強く影響を与えるであろう。さらに個人の行動は、個人の自由な判断のみにもとづくのではなく、個人が所属している集団や地域の文化、社会的規範や道徳的観念、集団間の関与の度合いや関係性などからも影響を受ける。

交通行動分析は、個人の複雑な行動理解のために、従来から人間の行動についてその背後にある因果関係の分析を試みている「経済学」、「心理学」、「社会学」などのさまざまな学問領域からの理論を援用しており、学際的な色合いが強い。そして、複雑な個人の行動の背後にある因果関係や法則性を見出し、より抽象化された単純な理論やモデルを用いて科学的に現実の実証化を試みるものが多い。

**(2) 交通手段選択行動モデル**

個人の行動は、日常的な行動、習慣的な行動を除いてその多くが何らかの選択行動の結果から成り立っていると捉えることができる。個人の行動の解明とは、このような個人の選択行動を、選択結果、さらに選択に至るまでの行動心理や動機づけ、または制約などの選択プロセスから解明することでもある。

交通行動分析で主要な手法のひとつに、選択行動モデルがある。このモデルの中心的な概念は「確率効用最大化原理」である。これは、「個人は与えられた選択肢のなかから限られた予算内で最も満足する（効用が高い）ものを選択する」というものである。この概念を主軸に、分析者側が、選択肢集合と選択肢を説明する各属性を特定化しモデルを構築することで、行動予測や選択へ影響を与える要因を探ることができる。この場合、モデル内の被説明変数は、「選択する」か「選択しない」かの「0」か「1」の離散量で表されることが多く、そのため「離散選択モデル（discrete choice model）」と呼ばれることも多い。

特に、交通行動分析では、交通手段選択モデルを用いた研究が数多く存在する。交通手段選択モデルとは、選択肢集合が、鉄道、バス、飛行機といった各種交通手段から構成され、それら手段は、運賃や移動時間といった各手段のサービス変数で表されたものとなっている。たとえば、図12-1は、個人の交通手段選択における意思決定プロセスを、国際空港アクセス手段選択を例に、シンプルに図で示したものである。一般的に、交通手段選択モデルとは、選択肢集合を特定化したうえで、図12-1で示す「代替案評価」の段階から「選択」

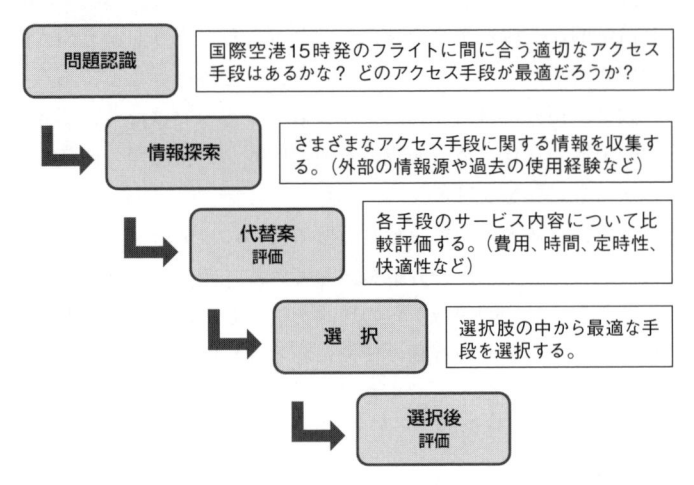

```
問題認識 ──→ 国際空港15時発のフライトに間に合う適切なアクセス
              手段はあるかな？ どのアクセス手段が最適だろうか？
   ↓
情報探索 ──→ さまざまなアクセス手段に関する情報を収集す
              る。（外部の情報源や過去の使用経験など）
   ↓
代替案評価 ──→ 各手段のサービス内容について比
                較評価する。（費用、時間、定時性、
                快適性など）
   ↓
選 択 ──→ 選択肢の中から最適な手
            段を選択する。
   ↓
選択後評価
```

図12-1　交通手段選択における意思決定プロセス

の段階へと向かう個人の意思決定をモデル化したものである。

　ここで、交通行動分析で用いられるデータは、個人の「選択結果」が、実際の「行動結果」であるのか、「意思結果」であるのかによっておもに次の2種類に分類される。ひとつはRP（Revealed preference data）、もうひとつはSPデータ（Stated preference data）である。RPデータとは、実測データとも言い換えられ、現実の状況における個人の「行動結果」を観測したものである。すなわち、これは個人の実際の金銭的支払い、もしくは一般化費用の支払いに裏付けられた選択結果であり、市場行動と一致するものである。これに対して、SPデータとは、個人の実際の場面における「行動結果」ではなく、実験または調査上において、調査者側が提示する仮想の状況について個人が想像し、そのとき行うであろう選択を回答した「意思結果」を観測したものである。このようなSPデータは、選択するか・しないかといった「選択結果データ」だけではなく、回答形式によっては、いくつかの仮想の選択肢を好ましい順番に並べた「順位付けデータ」や、好ましさの点数をつけた「評点付けデータ」も存在する。そして、SPデータを収集するための調査をSP調査という[3]。

---

[3] SPデータの長所やSP調査の有効性や信頼性についての詳細は、森川（1990）を参照。

## (3) アクセス手段選択におけるスケジュールの利便性について

アクセス手段の選択にあたり、移動者はおもに次のようなサービス要因を考える。①利用空港へのアクセス時間、②アクセスにかかる費用、③空港への希望到着時刻に適切に接続するアクセス便、④定時性、⑤乗り換え回数、⑥快適性、⑦安全性などである。

どのアクセス手段にするかの決定は、各手段間で上記のサービス要因を比較検討したうえで判断される。たとえば、移動者は「空港リムジンバスは、鉄道と比較して時間がかかり運賃も高いが、乗り換え移動がないため便利である」とか、「自家用車の方が、運行スケジュールに縛られず便利である」などの検討をしているだろう。もしくは、このような検討以前に、自宅近くから空港までの鉄道サービスがない、自家用車を保有していない、空港まで送ってくれる人がいないなどの選択肢自体が制限されている状況もありえる。

選択行動モデルを用いた空港アクセスに関する実証研究においても、①や②は、必要不可欠なサービス変数として従来から取り入れられている。その一方で、RPデータを用いる場合、③～⑦などのサービス要因は、利用可能なデータが存在しなかったり、個人の主観的評価に依存するため数値化が難しかったりと、実証分析に取り入れているものが乏しい。

ここでいま、本章のおもなテーマである③のサービス要因に焦点を当てて考察してみよう。通常、移動者は、利用航空便を事前に決めており、これに乗り遅れることはできない。それが国際線となればなおさらである。アクセス手段のサービス頻度が少ないと、利用航空便とうまく接続できるアクセス手段がなくなり、出発地域や利用空港で長時間待たされたり、出発地域での活動時間を犠牲にすることになったりする。さらには、遠方から国際空港へアクセスする場合、状況によっては、利用空港近くで前泊してでも必ず搭乗予定の飛行機に乗る場合もある。そのため、空港へのアクセス便が、利用航空便とどのような乗り継ぎ状況で接続しているのか、その乗り継ぎの利便性、すなわち「スケジュールの利便性」は重要なサービス要因となる。

したがって、空港へのアクセス手段選択モデル構築の際に、このような「スケジュールの利便性」の重要性を考えて、これを表す変数としてサービス頻度を加えることが一般的である。これは、従来から、十分な頻度が確保されれば、出発地域や利用空港での待ち時間が削減されると一般的に確認されているためである。しかし、移動者には、アクセス便の頻度が、たとえば1日2便から3

便に増加しても、それが利用航空便との接続に関係のない時間帯での増便であれば、まったく意味がない。すなわち、サービス頻度ではなく「スケジュールの利便性」を表すサービス変数を選択モデル内に直接用いて分析する必要がある。航空需要分析において、このような「スケジュールの利便性」の概念を取り入れた研究はいくつか存在する[4]。これらは、移動者の希望到着時刻「Preferred arrival time（以下PATと略）」と、その時刻PATに最も近接した時刻表上での実際の到着時刻「Actual arrival time（以下AATと略）」の差を「Scheduled Delay（以下SDと略）」と定義し、これが移動者の追加的コスト（SDコスト）を生じさせているとして、このSDコストから上記の「スケジュールの利便性」の実証分析を試みたものである。

このSDコストは、朝の自家用車通勤における出発時刻選択モデルにも応用され、PATに対する早着を「Scheduled delay early（以下SDE）」、遅着を「Scheduled delay late（以下SDL）」としてふたつの要素に分解し、個人のスケジューリング行動を分析している。これらSDEやSDLの概念を図式化したものが図12-2である。ここで、SDEの状況（ケース1）に対して、"Early"という用語をあてているのは、PATよりも"早く"到着しているためである。逆に、SDL（ケース2）の"Late"とは、PATよりも"遅く"到着しているためである。この研究では、希望時刻よりも早く着く、もしくは遅く着くことによっても、移動者は負効用を得ると考えている。そして、これら負効用を最小化するように移動者は出発時刻を選択するという考え方にもとづいてモデルを設定している[5]。

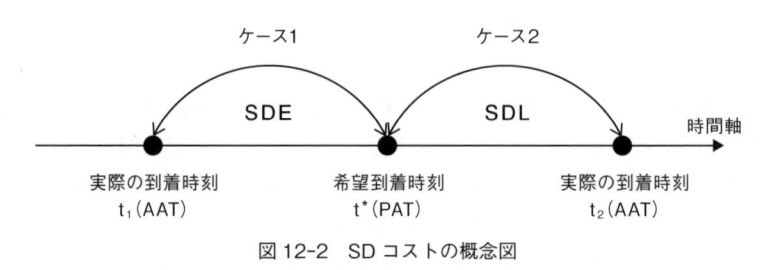

図12-2 SDコストの概念図

---

[4] この概念を初めて航空需要に取り入れた研究にDouglas and Miller（1974）がある。
[5] 詳しくはSmall（1982）参照。同研究では、PATを職場への希望到着時刻とし、移動者の負効用は、総移動時間T（自宅出発時刻に依存）、SDE、SDLにより影響を受けるとしている。また、この研究では、T、SDE、SDLにかかるパラメータ値を$\alpha$、$\beta$、$\gamma$とすると、その大きさは、絶対値で$\gamma > \alpha > \beta$という関係であることを明らかにしている。

## 12.2 アクセス手段選択の要因

　上記概念を用いた近年の研究では、アムステルダム発 NY 行きという仮想的フライト選択というシナリオにもとづいて、乗客の SDE および SDL コストを実際に計測しているものがある[6]。この研究により、アムステルダム発 NY 行きへの希望到着時刻 PAT は、午後着ないし夕刻着であることがわかった。しかし、この結果に対して、当時運航されていたアムステルダム−NY 便（直行便）の到着時刻は、3 便中 1 便のみがこの PAT に近い到着時刻であり、その他 2 便は、乗客に対して SD コストがもたらされていたことが確認された。さらに SDE と SDL のそれぞれの時間節約価値（これら時間の短縮に対する個人の支払意向）を計測すると、SDL の方が SDE よりも高い値となり、移動者は PAT より早く到着することよりも、遅れて到着することを嫌がることが確認された。

　その他、この概念を取り入れた研究に Rietveld and Brons（2001）がある。この研究は、空港利用者にとってのハブ空港の利便性を「スケジュールの利便性」の観点から比較分析したものである。対象空港は、ヨーロッパの 4 つの主要なハブ空港（ヒースロー、シャルル・ド・ゴール、アムステルダム、フランクフルト）である。同研究は、各ハブ空港の待ち時間の不便さは、単純に各空港の発着便数（すなわち運航頻度）の多さでは決まらないということを明らかにしている。一般的に、ヒースローやシャルル・ド・ゴール空港は運航頻度が高いため、平均待ち時間は短くなることが想定される。しかし彼らは、ハブ空港での待ち時間の不便さを表すように設計されたスケジュール調整度合いの指標から、最も頻度の低いアムステルダム空港が、そのパフォーマンスが高いという結果を導出している。

　先の分析結果からも得られたとおり、たとえ頻度が少なくても、希望出発（到着）時刻にうまく接続するようなフライトが存在する場合、個人の SD への負効用は低水準に抑えられる可能性がある。そして、手段選択における意思決定では、移動者は、あくまで移動前後の活動時間にもとづき、希望出発（到着）時刻を考慮に入れて手段を選択しており、利用手段のサービス頻度が 1 日または週あたり何本であるかといったことは、考慮していないことも十分に考えられる。より厳密に個人の手段選択における意思決定プロセスを反映したモデル構築を行うのであれば、サービス頻度では不十分であろう。

---

[6] 詳しくは Lijensen（2006）参照。

さらにSDは、移動者にとって短縮したい追加時間ともなり、これは個人の機会費用（ここではSDコスト）を発生させている。この場合、SD短縮のために移動者はどの程度の支払意向があるのか、すなわち金銭評価をする必要がある。このためには、③のような「スケジュールの利便性」を頻度で表すことには限界がある。これらを考え合わせると、上記のようなSD変数を組み入れて手段選択モデルを推計する必要がある。次節では、このSDの考え方を用いて、地方発国際ハブ空港へのアクセス交通手段選択をケースに、移動者の観点からアクセス手段に求められるサービス要因について分析する。

## 12.3　地方都市から国際ハブ空港へのアクセス手段のケース

本節では、定期国際線のない空港を持つ地方都市から、国際ハブ空港へアクセスするケース（内際乗り継ぎのケース）に限定し、航空便と高速バスを選択肢とするアクセス手段選択の決定因について分析する。特に、先述したSDコストの考え方を踏まえて、アクセス移動にともなう出発地域または国際空港での機会費用、すなわちスケジュール調整コストの観点から分析を試みたい。

### (1) アクセス手段選択におけるスケジュール調整コストについて

地方都市から海外旅行や出張をする際には、おもに次のような課題がある。そして、移動者には、これら課題により、後述するようなスケジュール調整コストが生じやすい。

A．アクセス航空の運航頻度の少なさ
B．出発地域と国際ハブ空港が地理的に離れている

Aは、搭乗予定の国際線に最適なタイミングで接続するアクセス航空が極めて少ないことによる不便さを示す。たとえば、移動者が国際ハブ空港15時発の国際線を利用する際に、ハブ空港へのアクセス便が、10時着と16時着の1日2便のみの場合、利用可能な便は10時着のものしかない。この場合、搭乗手続き・出国手続き等で約1時間かかるとしても、10時から14時までの間、国際空港で長時間過ごすことになる。特に、地方空港からアクセス航空を利用する場合、運航頻度の少なさから、このような状況が発生しやすい。アクセス航空のフライト時間が圧倒的に短くても、結局、国際空港で長時間待たされるのであれば、車中時間が長くても、運賃が安く最適なタイミングで接続する高速バスのほうが、移動者には好ましい手段となりえる。このような場合、先述

したような移動者のSDEやSDLといったスケジュール調整コストを考慮せず、単純に移動時間の短縮だけで航空運賃を決定してしまうと、移動者にとって飛行機は割高なサービスであると感じられてしまうであろう。

　Bは、午前発国際線を利用する際に、出発地域から遠方に国際空港があるために、これに間に合わせようと自宅を早朝に出発するか、国際空港近くで前泊して過ごすような不便さを示す。出発地域と国際ハブ空港間のアクセス時間が長くなればなるほど、この問題は深刻になる。たとえば、午前10時発の国際線に搭乗予定の場合、自宅から国際空港までの総アクセス時間が5時間かかるとすれば、出発時刻の2時間前の8時に国際空港に着くために、単純計算でも自宅を早朝3時に出発することになる。そもそも、早朝出発のアクセス手段が存在しない場合もある。このように自宅早朝出発を強いられる状況や、国際空港近くで前泊を余儀なくされる状況では、移動者にスケジュール調整コストが生じる。このような状況下では、これらコストを回避できるアクセス手段が好まれると考えられる。

　地方から海外へ出かける場合、国際空港を夜間に出発する状況を除けば、大方の人が、出発当日の自宅外活動時間を、移動時間や待ち時間などに割り当てていると捉えても差し支えないだろう。朝の自宅内活動時間（特に睡眠時間）は、通常、日々固定された時間枠にあるとすれば、自宅を早朝に出発する場合、移動者は、ライフスタイルを大幅に変更することになる。このことにより、移動者には、国際空港近くで前泊する場合も含めて、スケジュール調整コストが発生する。

　自宅出発時刻は、搭乗予定の国際線が出発する時刻から、待ち時間や搭乗手続き時間などを含めて、全移動プロセスにかかる総所要時間を差し引くことで求められる。出発地域での活動時間（睡眠時間など）、そして国際空港での出発時刻が固定されているとすれば、これら活動時間と空間距離の制約から、自ずと先述した総所要時間は、ある程度、その範囲が定められる。アクセス手段の所要時間も、たとえば、高速バスであれば3時間、飛行機であれば40分といった具合に、技術的な特性から決まっている。このように総所要時間がある程度固定されたもとでは、移動者は可能なかぎりその時間範囲内に納まる手段を好むものと考えられ、その時間節約のための支払意思は高くなることが想定される。

　一方で、国際空港を午後に出発する状況では、移動者は、自宅を早朝に出発

する必要がなくなり、自宅内活動時間の制約がなくなることで早朝出発ほどは総所要時間が固定されず、時間節約にそれ程反応しないかも知れない。

このBの状況を、高速バスと飛行機を例に、移動スケジュールを時間・空間の2次元で示したものが、図12-3と図12-4である。両手段ともに、国際空港を午前10時に出発する航空便を利用するケースを示している。高速バスの

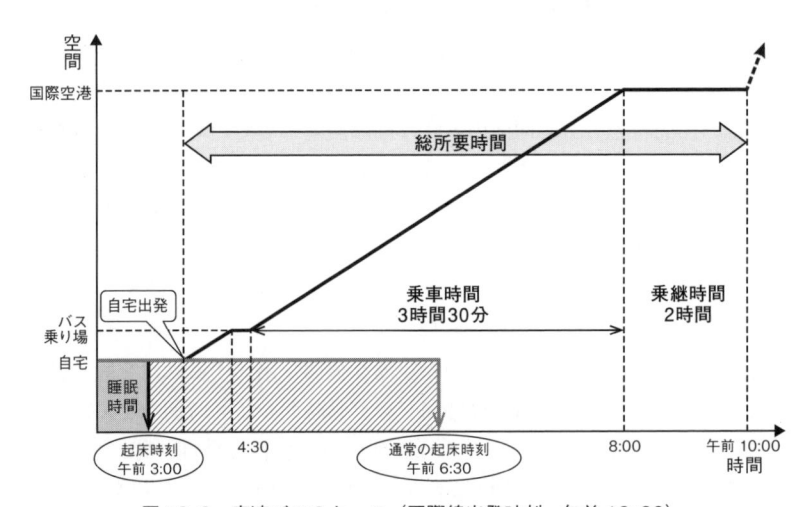

図12-3 高速バスのケース（国際線出発時刻＝午前10:00）

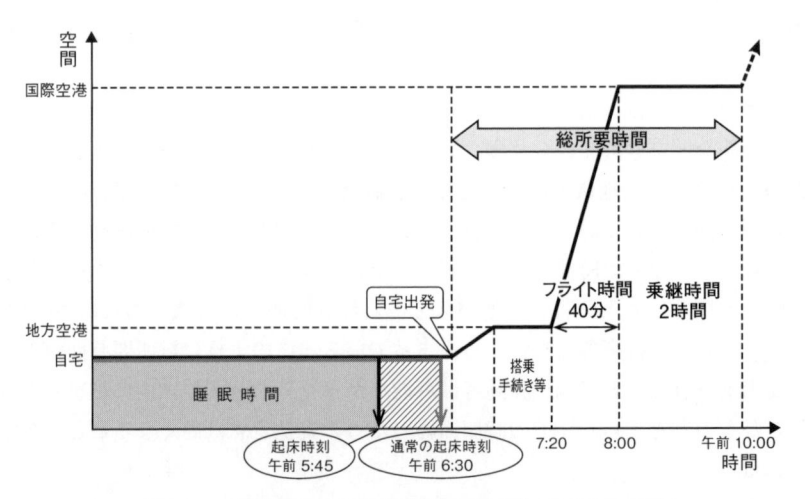

図12-4 飛行機のケース（国際線出発時刻＝午前10:00）

## 12.3 地方都市から国際ハブ空港へのアクセス手段のケース

代表的な空港アクセス交通

車中時間は3時間30分、飛行機のフライト時間は40分として、国際空港での乗り継ぎ時間には2時間を設定している。さらに、あくまでも一例として「通常の起床時刻」を午前6時半とし、高速バス・飛行機利用の際の起床時刻を各々設定している。これら図より、総所要時間がより短い手段のほうが、通常のライフスタイルを大幅に変更せずに済むことが確認できる。

上記AやBの状況は、国際空港での待ち時間であったり、出発地域での活動時間の削減であったりと、移動者が、スケジュール調整コストを負担していることを示す。これらコストを考慮すると、移動者にとって好ましいアクセス手段とは、各手段の車中時間や運賃のみで判断されるのではなく、各移動者の移動状況によって異なることが考えられる。

### (2) 香川・徳島－関空便のケース

ここで、AやBのような移動状況ごとの移動者の選好の違いについて、2006年に我々が行ったSP調査の結果をもとに考察する。この調査は、香川・徳島両県から関西国際空港（以下、関空）へのアクセス移動を対象に、飛行機・高速バスのふたつの手段を仮定した手段選択モデルを用いて、スケジュール調整コストの影響について検証を試みたものである。

両県ともに、かつては関空までの定期航空便があった。しかし、現在は両便とも運航停止となっており、主要な関空へのアクセス手段は高速バスとなっている。これにより、仮想的なSP調査においても、調査対象者がふたつの手段について、より現実に近い具体的イメージを持ちながら回答できると考えた。この調査では、両県の各空港から関空へのアクセス航空便があり、回答者の誰もがわかりやすいJR高松駅・徳島駅から高速バスが出発すると仮定して調査

を設計している。調査対象者の移動目的（ビジネスまたはレジャー）の選別は、今回の調査が仮想的移動にもとづいているため、あくまでも回答者自身が考える「過去の利用において実際に回数の多い」、または「今後、可能性の高い」移動目的を、調査の最初の段階で選んでもらい、その回答結果に従っている。

まず、Aの移動状況による移動者の選好の違いを検証するために、上記ふたつの手段を仮定した選択モデルに、関空における乗り継ぎの利便性を表すSDE変数とSDL変数を組み入れて分析した。ふたつの変数は、先述した「スケジュールの利便性」を示すSD概念を、地方発内際乗り継ぎのケースに応用したものである。この分析におけるSDEやSDLの概念図は、図12-5および図12-6のとおりである。

この分析におけるSDEとは、移動者が関空への希望到着時刻（PAT）よりもアクセス便が早く着く状況を示し、関空での乗継ぎ時間の増加分を示す。実際の乗継ぎ時間をAATとすれば、SDEはAATからPATを引いた時間差となる。この変数は、すなわち、関空で長時間余分に待たされることによる負効用を示す。逆に、SDLとは、PATよりも実際のアクセス便の到着時刻が遅く

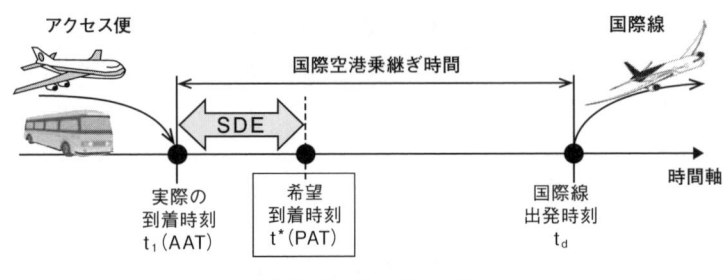

図12-5　SDEのケース

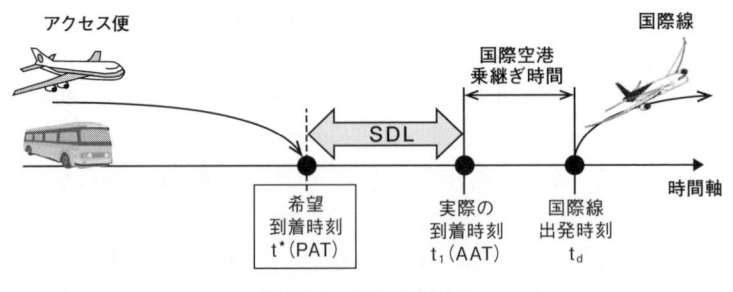

図12-6　SDLのケース

なっている状況を表しており、SDL は AAT から PAT を引いた時間差となる。この場合、個人が必要と考えている乗継ぎ時間が確保されず、国際線に乗り遅れるリスクが高まることや、苛立ちや不安といった負効用へとつながる。

なお、今回の分析では、調査票内で飛行機・高速バス各々の利用時における関空への希望到着時刻（PAT）について直接回答させる質問項目を設けており、ここで回答された PAT を用いて、SDE や SDL を導出している。回答者には実際の移動を想定して PAT を回答してもらうために、「アクセス便が遅れることや、空港内での移動も考慮した場合」と質問票に明記した。PAT の値は、飛行機・高速バスいずれの利用においても、各空港会社や航空会社が示している国際線出発時刻の1時間半～2時間前の範囲で設定する回答が多かった。

香川・徳島両県で得られた SP データをすべて合わせて、移動目的別にアクセス手段選択モデルの推計を行った。ビジネス旅客のサンプル数は842、レジャー旅客のサンプル数は2,727である。なお、今回の分析で用いた変数とその定義は、表12-2のとおりである。

A の検証には、飛行機の効用確定部分に定数項を含み、表12-2の Access time から Income までのすべての変数を用いており、B の検証には、同じく飛

表12-2　変数名と変数の定義

| 変数名 | 単位 | 変数の定義 |
|---|---|---|
| Total time（総所要時間） | 分 | 高速バス・飛行機に乗車・搭乗するための手続き時間、余裕時間、関空での乗継ぎ時間を含めた、自宅出発時刻から国際線出発時刻までの総所要時間 |
| Access time | 分 | 調査票で回答された、各個人の自宅から地方空港（高松空港／徳島空港）・バスターミナル（JR高松駅前／JR徳島駅前）までの移動時間 |
| IVT | 分 | 関空までの片道乗車／フライト時間（In-Vehicle Time）　*調査票で設定された値 |
| Travel cost | 円 | 片道運賃　*調査票で設定された値 |
| SDE | 分 | PAT-AAT　max（0, SDE）　すなわち SDE が負のときはゼロとなる |
| SDL | 分 | AAT-PAT　max（0, SDL）　すなわち SDL が負のときはゼロとなる |
| Income | 万円 | 年間世帯所得（世帯内の年収の合計）<br>各回答カテゴリーの中央値として 250万、400万、600万、850万、1,250万、1,750万、2,250万という数値を与えている |

この場合、PAT は、回答者が答える関空での望ましい乗り継ぎ時間、AAT は調査票上で提示される関空での実際の乗継ぎ時間となっている。

行機の効用確定部分に定数項を含み、Total time と Income および Travel cost を用いてモデルを推計している。旅行者の効用を左右する各要因について想定される符号条件は、Access time＜0、IVT（In-Vehicle Time）＜0、Travel cost＜0、SDE＜0、SDL＜0、Income＞0、Total time＜0 となる[7]。

Aの検証結果について、ビジネス旅客では、全変数において想定される符号条件を満たし、統計的に有意な結果となった。モデルの説明力を示す数値も、良好な結果を得た。特に、IVTに対するパラメータ値が他のものと比べて相対的に大きな値となった。パラメータ値の大きさが、手段選択における相対的重要度を示すと考えられるため、ビジネス旅客は、IVTの短縮を他の要因よりも重視していることがわかる。一方、レジャー旅客を対象に行った推計結果では、モデルの説明力について、ビジネス旅客の数値より劣るものの、ある程度、妥当な値となった。さらに、IVTの符号条件を満たすことはできなかったが、そもそもこの変数はアクセス時間とともに統計的に有意な結果とはならなかった。

今回の分析で注目すべきことは、ビジネス・レジャーともに、乗り継ぎの利便性を示すSDEおよびSDLが、仮説のとおり、アクセス手段選択において有意なサービス要因となることが確認できたことである。特に、ビジネス・レジャーともにSDEのパラメータの絶対値は、他のものと比べ相対的に大きな値となった。今回の分析では、SDEとSDLのパラメータ値を比較すると、ビジネス・レジャーいずれにおいてもSDEのほうが大きくなり、これは先行研究と逆の結果を示している。この結果の要因として、この調査では、回答者に、乗り遅れのリスクや、その他予期せぬトラブルを考慮し、通常のPATに余裕時間を追加して回答してもらっていることの影響が考えられる。つまり、回答者は、乗り遅れのリスクを小さく捉え、乗継ぎ時間の短縮はむしろ高く評価する影響が考えられる。今回の分析では、その要因を解明することはできないため、追加的な検討が必要だろう。

さらに、この分析では、IVTおよびSDE、SDLの各時間に対する移動者の時間節約価値（VTTS：Value of travel time savings）を計測している。この値は、一単位の時間節約に対する個人の支払い意向とも解釈される。一般的に、離散選択モデルでは、時間節約価値は、効用関数を線形と仮定した場合、

---

[7] 推計結果の詳細はKeumi and Murakami（2012）を参照。

### 12.3 地方都市から国際ハブ空港へのアクセス手段のケース

**表12-3 アクセス手段選択モデルから導出された主観的時間節約価値**

(単位:円/時)

|  | ビジネス旅客 | レジャー旅客 |
|---|---|---|
| IVT | 7,140 | - |
| SDE | 4,122 | 3,068 |
| SDL | 2,414 | 1,453 |
| 総移動時間(関空午前発便を利用) | 4,320 | 3,111 |
| 総移動時間(関空午後発便を利用) | 2,066 | 1,422 |

(注)レジャー旅客のIVTに関する係数推定値は統計的に有意とはならなかった。
(出所)Keumi and Murakami(2012)、Table 7から一部抜粋

　IVT、SDEおよびSDLといった各時間局面のパラメータ値を、移動費用のパラメータ値で割ることによって計測可能となる。この分析で得られたビジネス、レジャーのIVT、SDE、SDLの時間節約価値は表12-3のとおりである。

　ビジネスのIVT、SDL、SDE時間節約価値を比べると、IVTが最も高い値となり、IVTの短縮により高い支払い意向を示すことが確認できた。既存研究においても、都市間移動でのビジネス旅客のIVT時間節約価値は、高い値となることが指摘されている。次に、ビジネスとレジャーのSDL、SDE時間節約価値を比べてみると、ビジネス旅客のほうが両時間節約価値ともに1,000円ほど高くなった。このような結果も、既存研究と整合している。さらに、SDE、SDL時間節約価値との比較では、ビジネス、レジャーともに、前者のほうが高い値となった。一方で、これまでの既存研究ではSDLのほうが高くなっている。しかし、今回の分析のように、国際空港での乗換えを分析対象とし、SDEとSDLを推計した先行研究は入手可能な範囲で見当たらないため、結果の単純比較には注意が必要である。このような結果となった要因のひとつに、多くの回答者が、関空の希望到着時刻PATに、アクセス手段が遅れることやその他トラブルを意識して余裕時間を含めて設定している影響が考えられる。また、今回の分析のような内際乗り継ぎのケースは、既存研究とは異なり、PATが最終目的地のものではないということも注意が必要である。

　次に、Bの移動時間帯による移動者の選好の違いを検証するため、今回の分析では、利用国際線が関空を12時までに出発する「午前」と、12時以降に出発する「午後」とに移動状況を2分割し、そのふたつのケースでの総所要時間節約価値を推計した。その結果は表12-3のとおりである。関空午前発便・午

後発便への総所要時間節約価値を比較すると、午前発便のほうがビジネス、レジャーともに各々2,200円／時、1,600円／時ほど高い値となった。

　この分析から、明らかとなった点は下記のとおりである。まず、Ａの検証結果から、ビジネス・レジャーともに国際ハブ空港へのアクセス手段の選択要因には、乗り継ぎの利便性を示すSDEおよびSDL変数が強く影響を与えることが明らかとなった。特に今回の分析において、レジャー旅客の場合、アクセス手段選択にSDEとSDLは影響を与えている一方で、IVTは影響を与えていないという結果となったことには注意が必要である。なぜなら、地方都市から国際ハブ空港へのアクセス航空便を開設し、たとえIVTが短縮されたとしても、ハブ空港での乗り継ぎの利便性が悪い場合、旅行客にとってそれらは魅力的な手段とはならない可能性が高いからである。一般的に、地方都市からのアクセス便の場合、需要規模の小ささから高頻度は確保されにくく、国際ハブ空港での乗継ぎの利便性が悪くなる可能性が高い。この場合、単純に既存交通手段からのIVT短縮のみを考え、SDEコストを考慮せず、航空便の価格を設定したのでは、想定どおりの航空旅客を確保できないだろう。一方、ビジネス旅客の場合には、SDE、SDLとともに、IVTの短縮への時間価値も高いため、やはりすべて時間の短縮を重視していることがうかがえる。しかし、空港で待たされる時間SDEに対する節約価値もまた高い値となっている点は興味深い。

　次にＢの検証結果から、関空午前発、午後発便へのアクセス移動を比べた場合、総所要時間に対する節約価値は、ビジネス・レジャーともに午前のほうが高い。これは、早朝出発を強いられると、出発時刻を少しでも遅らせたいという意向を表していると考えられる。すなわち、移動者にとって、通常どおりの活動開始時刻で間に合う手段があれば、その手段への支払い意思のほうが早朝出発を強いられる手段よりも高い。高速バスに比べてIVTが圧倒的に短縮できる航空便は、自宅出発時刻をその時間だけ遅らせることができる。そのため、関空午前便へのアクセスの場合、午後アクセスのときよりも、航空便に対して移動者の選好はより高くなることがわかる。このように、午前と午後での移動者の移動時間節約に対する支払い意思が異なることを考慮すれば、同じIVTの航空便であっても、時間帯の違うアクセス便に、同価格を設定するのは、必ずしも適切なものといえない。

　これらの結果から、地方から国際ハブ空港へのアクセス手段について、移動者のニーズを反映すると、次のことが示唆できる。まず、乗り継ぎの利便性を

考慮して、運航頻度の少ない航空便であれば、国際ハブ空港の海外出発便のピーク時に、うまく接続できるように航空便を設けることが、非常に重要であることが確認できる。そして、そのフライトが、地方を朝に出発し、かつハブ空港での接続が良い乗客に対しては、航空便の優位性である移動の速達性が維持されているため、相対的に高い価格を設定することが可能であろう。しかし、同じフライトであっても、国際線との接続が悪く、ハブ空港でかなりの待ち時間が発生する場合、SDE コストを意識した価格設定が必要となってくるだろう。さらに、地方を早朝に出発しなければならないようなアクセス手段であれば、朝の時間帯の時間節約価値が相対的に高いことや、出発地域での活動時間短縮によるスケジュール調整コストを考慮し、これらコスト分を割り引いた価格が設定されなければならないだろう。

## 12.4 空港アクセスの今後の課題

12.3 では、地方都市発、国際ハブ空港へのアクセス手段選択における決定因について、乗客の「スケジュールの利便性」の観点から、交通手段選択モデルを用いて分析を試みた。この分析結果から、たとえ運賃や IVT が同じアクセス手段あったとしても、アクセス便と搭乗予定国際線との接続状況や、自宅出発時刻といった移動時間帯によって、アクセス手段選択の決定因も異なることが確認できた。さらに、遠方から国際ハブ空港へアクセスする際には、アクセス手段のサービス頻度の少なさや、空間的な距離の影響により、出発地域や目的地空港でかなりのスケジュール調整コストが発生していることも確認できた。

なお、本稿ではとりあげることができなかったが、アクセス手段の快適性や、アクセス移動にともなう乗り換え回数、または個人の荷物の多さなども、アクセス手段選択では重要な決定因となるであろう。現実においても、空港アクセスにおいて、鉄道と空港バスの手段選択の場合、乗り換え移動の負担や荷物を持ち運ぶ手間を意識してか、空港バスが選択されることも多い。鉄道アクセスが、運行頻度および速達性といったサービス内容において高速バスよりも優れているにもかかわらず、乗客が後者を選択しているとすれば、上記の要因が大いに影響しているものと考えられる。このことからも、アクセス手段選択におけるサービス要因は、単純にアクセス時間や運賃といった一面からは捉えにくい。

本章で確認したように、出発地域やアクセス手段の特性、空港の立地条件、さらには個人の嗜好や移動状況に応じて、望ましい空港アクセスのあり方は異なる。本稿ではおもに、空港へのアクセス移動に焦点を当てて考察を行ったが、空港から目的地へのイグレス移動においても移動状況が異なるため、当然、望ましい手段は異なる。そして、空港アクセスの改善に対して、時間短縮のみに焦点を当てた捉え方だけでは、移動者のための真の改善にはつながらず、想定するほどの効果が得られにくい。移動者のニーズをより考慮するならば、たとえ同一手段で同じサービス内容であったとしても、移動にともなうさまざまな金銭的・心理的・肉体的コストを考慮に入れながら、フレキシブルに価格を変化させる必要があるだろう。そして、移動者にとって、よりコスト障壁が低く利便性の高いアクセス手段が提供されれば、航空需要を増加させることにつながり、結果として空港経営にもプラスにつながる。さらに移動者は、航空利用にともなうアクセス・イグレス移動、空港利用、航空便利用について、個々バラバラに評価することはなく、すべて一連の航空サービスとして捉えて評価している。すなわち、アクセスサービス改善のためには、アクセス交通事業者、航空会社、空港間の密な連携のもとに、移動者のニーズを探り、発見されたニーズから具体的な施策へ実行していく積極的なマーケティング努力が必要となるだろう。

【参考文献】
[1] Ben-Akiva, M. and S. Lerman (1985) *Discrete Choice Analysis: Theory and Application to Travel Demand*, MIT Press, London, U.K.
[2] Keumi, C. and H. Murakami (2012) The role of schedule delays on passengers' choice of access modes: A case study of Japan's international hub airports, *Transportation Research Part E* 48(5), 1023-1031.
[3] Douglas, G.W. and Miller, J.C. (1974) Quality competition, industry equilibrium, and efficiency in the price-constrained airline market. *American Economic Review* 64, 657-669.
[4] Lijesen, M.G., (2006) A mixed logit valuation of frequency in civil aviation from SP-data. *Transportation Research Part E* 42(2), 82-94.
[5] Rietveld, P. and Brons, M. (2001) Quality of hub-and-spoke networks: the effects of timetable co-ordination on waiting time and rescheduling time. *Journal of Air Transport Management*. 7(4), 241-249.
[6] Small, K.A. (1982) The scheduling of consumer activities: work trips. *American Economic Review* 72(3), 467-479.
[7] 北村隆一・森川高行編著 (2002)『交通行動の分析とモデリング』、技報堂出版.

〔8〕国土交通省航空局(2011)『平成22年度　航空旅客動態調査―集計結果―』
〔9〕森川高行(1990)「ステイティッド・プリファレンス・データの交通需要予測モデルへの適用に関する整理と展望」『土木学会論文集』、413(Ⅳ-12)、9-18ページ。

# 第13章　地域振興と空港経営

## 13.1　地域と空港

### (1) 地域と交通

　交通は地域の社会経済活動の発展に欠かすことのできない存在であり、その交通を支えるインフラの発展は、地域が立地する地理的な条件、文化や経済活動の成り立ち（地域間のつながり）に左右されることが多い。

　わが国は四方を海で囲まれ、外国との人や物の移動は航空や海上輸送に依存している。昨今、これらの国際的な移動を円滑にするための首都圏空港や戦略港湾などの産業インフラの強化が求められている。

　一方、国内交通は、わが国が東西南北約3,000 kmの範囲に大小の島々により構成されることや、新幹線や高速道路など地上交通機関が発達していることから、利用される交通手段は地域によって特徴がある。図13-1は、非日常的な移動として、居住地域外への移動先の構成比と、移動に利用される交通手段を示している（関東居住者であれば、関東以外への移動先（左図）と、関東以外への移動で利用される交通手段の構成（右図）を示している）。

　三大都市圏（関東、中部、関西）居住者はこれら相互の移動が多く、交通手

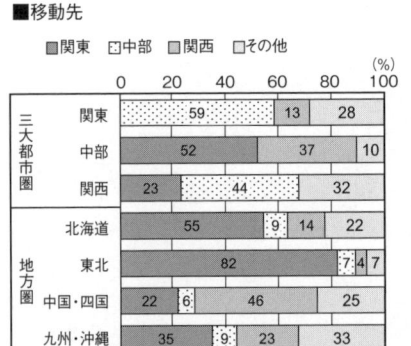

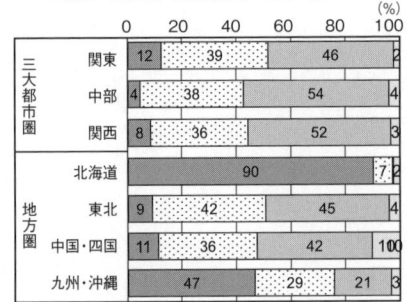

（出所）全国幹線旅客純流動調査（2010年度）にもとづき筆者集計

図13-1　居住地域外への移動先と交通手段の構成比

13.1 地域と空港

段として鉄道、乗用車などが利用されている。一方、地方圏についてみると、北海道、九州・沖縄の居住者は移動先として関東が多いことから、交通手段として航空がおもに利用されている。

図 13-2 は居住地以外への航空と鉄道の利用者数について、人口あたりの利用者数を算出したものである（地域ごとの交通利用者数÷居住人口）。全国平均では航空利用者数は人口あたり 0.5 人、鉄道は 1.4 人が利用されており、航空に比べ鉄道の利用者が多い。居住地別にみると北海道、九州・沖縄では航空利用者数が他の地域と比べて多く、鉄道利用者数との関係も全国的な傾向と逆転している。このように地域間交通は、整備されているインフラに応じて交通手段の利用経験は異なる。

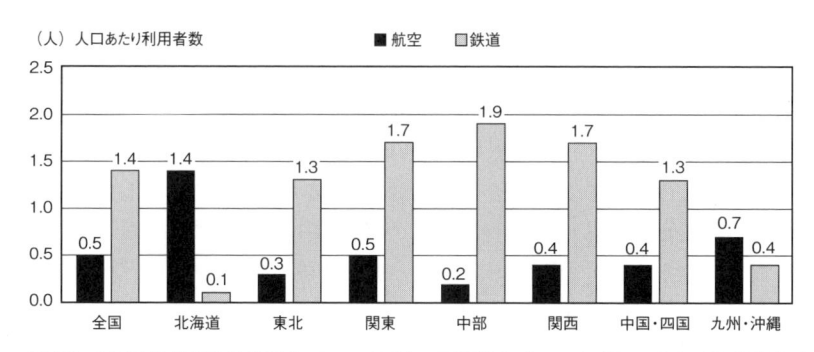

(出所) 全国幹線旅客純流動調査 (2010 年度)、国勢調査 (2010 年度) にもとづき筆者集計

図 13-2　居住地域以外への移動に関する人口あたり利用者数

表 13-1　地域別新幹線駅の数および空港の数

| | | 新幹線駅 | | | 空港 | | |
|---|---|---|---|---|---|---|---|
| | | | 新幹線駅 | ミニ新幹線駅 | | 離島以外 | 離島 |
| 三大都市圏 | 関東 | 15 | 15 | | 9 | 4 | 5 |
| | 中部 | 19 | 19 | | 10 | 9 | 1 |
| | 関西 | 7 | 7 | | 6 | 6 | |
| 地方圏 | 北海道 | | | | 14 | 11 | 3 |
| | 東北 | 32 | 17 | 15 | 9 | 9 | |
| | 中国・四国 | 12 | 12 | | 14 | 13 | 1 |
| | 九州・沖縄 | 13 | 13 | | 35 | 11 | 24 |
| | 合計 | 98 | 83 | 15 | 97 | 63 | 34 |

(出所) 新幹線駅、空港の所在地にもとづき筆者が整理 (2013 年 10 月現在)

表13-1はわが国の地域別の新幹線駅と空港数を示したものである。わが国には2013年10月現在97空港があるが、ほぼ同数の新幹線駅があることはあまり知られてない。新幹線駅は東北、中部、関東の順で多く、空港は九州・沖縄、中国・四国、北海道の順で多くなっている。また、わが国の空港数の約3分の1は離島空港であり、島民の日常生活（冠婚葬祭、通院、医師の移動などを含む）を支えていることに留意する必要がある。

次に交通手段（交通市場）という観点から地域との関係について考える。旅客の移動は双方向が基本であるため、たとえば、北海道〜関東間の交通手段であれば北海道居住者と関東居住者の両者が利用している。しかし、図13-1で示したとおり、北海道居住者にとって関東は主たる移動先であるが、関東居住者にとってはそうではないため、居住地によってその交通手段の捉え方は異なる。

北海道民にとってはビジネス、進学・就職、帰省、友人訪問、観光・レジャーなどあらゆる面において関東との交通手段は重要な意味を持つ一方で、多くの関東住民にとって北海道へ移動する機会は多くなく、その交通手段の状況は大きな問題にならない。これは他の地方圏にとっても同様であり、地方圏にとっての大都市圏との交通手段の重要性は、大都市圏にとっての地方圏よりも相対的に大きくなる。このため、地域における交通手段の必要性や利便性の評価は、それぞれの立場で考えることが求められる。

**(2) 地域における空港の役割**

空港は需要量、立地・気象、運用条件に応じて規模・形状が実に多様である。日本一の航空需要を取り扱う羽田空港の面積は1,522 ha（滑走路4本）であるのに対して、東京都の新島空港は18 ha（滑走路1本）しかない。また、アメリカのコロラド州デンバー空港の面積は約13,700 ha（滑走路6本）であり羽田空港の約9倍である。空港によって滑走路、誘導路、ターミナル地域の配置が異なり大変興味深い（図13-3）。

また、空港は地域の玄関口として、ターミナルビルのデザイン、レイアウト、内装は空港によって個性が見受けられる。これらは空港を利用する需要特性とも関連しており、観光客を多く取り扱う国際空港やリゾートの空港では地域性（ローカリティ）やホスピタリティが強調されている。一方、ビジネス客が多い空港や生活路線として利用されている離島空港はシンプルな構造、動線とな

13.1 地域と空港

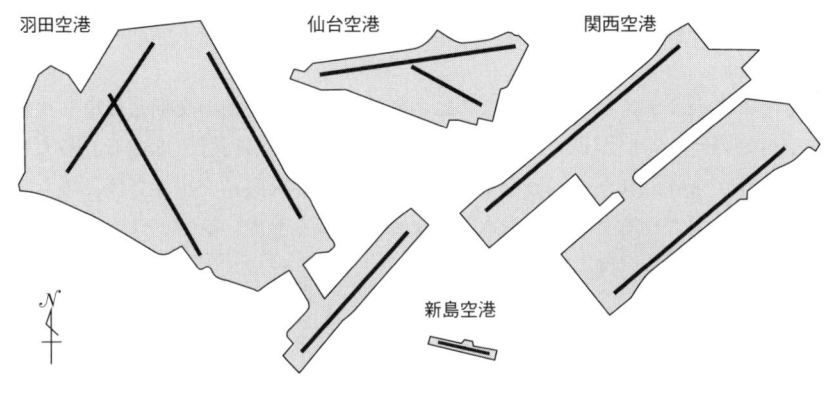

羽田空港　　仙台空港　　関西空港

新島空港

（出所）筆者作成

図 13-3　さまざまな規模・滑走路の配置の空港

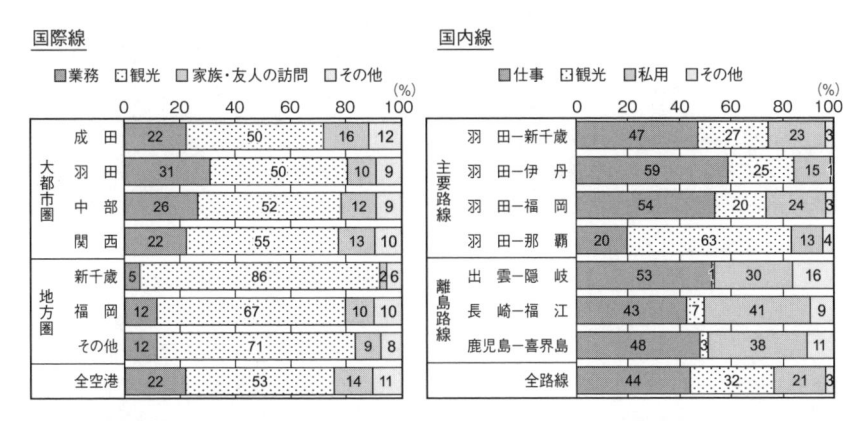

国際線
■業務　□観光　□家族・友人の訪問　□その他

| | | 0 | 20 | 40 | 60 | 80 | 100 (%) |
|---|---|---|---|---|---|---|---|
| 大都市圏 | 成　田 | 22 | | 50 | | 16 | 12 |
| | 羽　田 | 31 | | 50 | | 10 | 9 |
| | 中　部 | 26 | | 52 | | 12 | 9 |
| | 関　西 | 22 | | 55 | | 13 | 10 |
| 地方圏 | 新千歳 | 5 | | 86 | | | 2 6 |
| | 福　岡 | 12 | | 67 | | 10 | 10 |
| | その他 | 12 | | 71 | | 9 | 8 |
| | 全空港 | 22 | | 53 | | 14 | 11 |

国内線
■仕事　□観光　□私用　□その他

| | | 0 | 20 | 40 | 60 | 80 | 100 (%) |
|---|---|---|---|---|---|---|---|
| 主要路線 | 羽田－新千歳 | 47 | | 27 | | 23 | 3 |
| | 羽田－伊丹 | 59 | | 25 | | 15 | 1 |
| | 羽田－福岡 | 54 | | 20 | | 24 | 3 |
| | 羽田－那覇 | 20 | | 63 | | 13 | 4 |
| 離島路線 | 出雲－隠岐 | 53 | 1 | 30 | | 16 | |
| | 長崎－福江 | 43 | 7 | 41 | | 9 | |
| | 鹿児島－喜界島 | 48 | 3 | 38 | | 11 | |
| | 全路線 | 44 | | 32 | | 21 | 3 |

（注）国際旅客は日本人、外国人の合計、国内旅客は平日を5日、休日を2日とした場合の週間平均値
（出所）国際航空旅客動態調査（2010年度）、航空旅客動態調査（2010年度）

図 13-4　空港利用者の旅行目的

る傾向にある。

図 13-4 は日本における空港利用者の旅行目的を示したものである。国際線はおもに観光で利用されている一方、国内線は仕事で利用されている。また、空港や路線によってもその利用のされ方に特徴がある。国際線では羽田利用者は成田利用者に比べて業務の割合が多い。国内線では羽田〜伊丹路線はおもに

仕事、羽田〜那覇路線の利用者は観光での利用が中心である。離島路線は私用目的が多い。

　空港のターミナルビルが多様なのは、航空機の利用が他の交通と異なり比較的空港での待ち時間が長く、単なる通過点ではない点も影響している。多くの航空会社が乗り入れ、飛行機を乗り継ぐ旅客が多い国際ハブ空港では、待ち時間を快適に過ごせるよう樹木や水辺による空間づくりや、レストラン・カフェを充実させている（図13-5）。

シンガポール：チャンギ国際空港　　　バンコク：スワンナプーム国際空港

（出所）筆者撮影
図13-5　乗継客が多い国際ハブ空港における待合室の例

スリランカ：バンダラナイケ国際空港　　エジプト：ボルグエルアラブ国際空港

（出所）筆者撮影
図13-6　開発途上国における旅客ターミナルビルの例

## 13.1 地域と空港

オーストラリア：マッカイ空港　　オーストラリア：ケアンズ空港

（出所）筆者撮影
図 13-7　椅子とテーブルをセットにした配置の例

　国や地域が変わると空港利用者の特徴も変化する。開発途上国では先進国への出稼ぎ労働、イスラム圏では聖地への巡礼のために航空が利用されている。日本の援助により整備したスリランカの空港では、スリランカ人が出稼ぎ先で稼いだ外貨を空港到着時に消費できるよう到着動線上にテレビや冷蔵庫など大型家電を販売する店舗が軒を連ねている（図 13-6）。

　また、日本の空港（特に地方空港）では待合室に椅子のみが配置されている空港が多いが、オーストラリアの空港では、旅客の消費行動を分析し、椅子に加えてテーブルも併せて配置することで、空港利用者がコーヒーや軽食などを購入しやすい環境づくり（これにともなう非航空系収入の増加）を行っている（図 13-7）。

　このように多様な規模・形状を有する空港であるが、空港の根源的な機能は航空機を安全に離着陸させることであり、いずれの空港も共通して航空路と地域、あるいは航空路同士の交通結節点としての役割を果たしている。

　表 13-2 は、空港を離着陸する航空機（回転翼機を含む）を、地域への役割を念頭に分類したものである。一般的には旅客・貨物輸送の役割が馴染み深く、航空会社が運航する航空路の結節点としての役割である。また、空港には救難用の航空機が常駐していたり、災害支援など防災拠点としての役割を有していたりと公共的な役割もある。東日本大震災発生時において東北地方の空港が救難活動や支援物資の受け入れなどで活躍したことは記憶に新しい。その他、航空機を使用する産業（航空機使用事業）として、航空測量、報道、写真

表13-2 空港を離着陸する航空機（回転翼機を含む）の分類

| 地域への役割 | 役割に応じた航空機の例 |
|---|---|
| 旅客・貨物輸送 | 定期航空、不定期航空（チャーター便） |
| 救難・災害支援 | 警察、消防、海上保安庁、自衛隊 |
| 産業・観光振興 | 航空測量、報道、写真撮影、農薬散布、レジャー航空など |

（出所）筆者作成

撮影などがあり、わが国の東日本では調布飛行場、東京ヘリポート、西日本では八尾空港、岡南飛行場がこれらの拠点となっている。

　いずれの役割も空港を離着陸する航空機があってこそ機能する。空港は、航空機の離着陸や旅客（貨物）の乗降（積卸）が円滑にできるように需要量、航空会社のビジネスモデル、航空機材の変化などに応じて整備・運営することにより、地域における交通結節点としての役割を維持・向上させることが求められる。

　しかし、空港を整備しても必ずしも航空会社は航空路線の開設や、既存路線の増便などのサービス向上を図るとはかぎらない。交通需要の大部分は、業務、観光、友人訪問などの本源的な需要を支える派生需要であり、移動自体を目的とする需要は多くない。空港が需要を生み出す機能は極めて限定的である。すなわち、空港整備により、新たに需要が発生するのではなく、空港が立地する地域間において経済活動などにもとづく本源的な需要があるということである。つまり、航空需要は本源的なニーズを満たすために航空会社よりサービスが提供される派生需要として捉えることができ、空港はその結節点として機能している。

　また、空港は新幹線や高速道路のように線で結ばれなくても、航空会社が空港間に就航することによって地域間が結ばれることから、わが国の地方空港は大都市圏との地上交通が不便な地域から先行して整備されてきた。しかし、地上交通の整備の進展や時代の変化とともにその役割も変化してきており、近年では定期便が就航していない弟子屈飛行場、広島西飛行場、枕崎飛行場が廃港となっている。

　交通結節点としての空港は、基本的には航空会社や航空機の利用者が受益者であるが、昨今、わが国の空港（特に地方空港）では空港とその周辺地域住民との交流を促進する取組みが各地で進められている。これは空港において地域の産直品の販売やイベントなどを定期的に開催し、航空機を利用しなくても地

## 13.1 地域と空港

表13-3 地方空港における地域住民参加の催しの例

| 空　港 | 催し内容の例 |
|---|---|
| 丘珠空港<br>(札幌飛行場) | ➢就航地の産直市、コンサート、寄席<br>➢丘珠空港アカデミー（空港関係者による講義・施設見学） |
| 茨城空港<br>(百里飛行場) | ➢七夕まつり、地ビール祭り、移動水族館・動物園<br>➢アニメとのコラボ企画 |
| 能登空港 | ➢空港駐車場での名車イベント<br>➢ミニコンサート、お茶会、太鼓<br>➢地元小学生の書道展、児童によるダンス |
| 北九州空港 | ➢空港新鮮市（毎週末に開催）、物産展、菊花展 |

（出所）各空港のホームページ情報にもとづき筆者整理

域の交流の場として空港を活用することを目指すものであり、表13-3ではその取組みの一例を示した。

### (3) 空港の効果

　空港が地域にもたらす効果は、空港を利用する航空機が輸送する旅客、貨物の効果ということになる。表13-4は、空港整備事業の事業評価に用いられる効果の例である。空港整備事業は利用者効果（旅客・貨物）を中心に、空港整備にともなう航空サービスの拡充による旅行時間の短縮や旅行時間の軽減などを定量化して評価している。また、地域企業・住民効果は、航空サービスの拡充にともなう観光入込客の増加（これにともなう地域への消費の増加）、雇用機会の増大、税収の増加といった点で地域への効果としてわかりやすい面があり、空港が地域にもたらす経済波及効果として別途計算される場合がある。

　近年、わが国の空港ごとの収支が国土交通省などで公表されるようになり、空港単体では赤字の空港が多いと報道されている。しかし、空港整備は、空港単体での収益性（供給者効果）だけではなく、表13-4に示した利用者効果を中心に事業が評価されていることと、交流人口の拡大による地域の活性化など、地域企業・住民効果（外部効果）も忘れてはならない。

　国土交通省航空局では「航空輸送の果たす役割」として、表13-5の4点をあげている。空港は航空輸送の結節点として、航空機を直接的に利用することによって得られる所要時間の短縮効果などの便益、あるいは航空会社から得る着陸料などの収入以外にも多くの社会的経済的効果を地域にもたらしている。

　わが国では将来的に人口の減少が見込まれるなか、成長しているアジアの活

表 13-4 空港整備事業の効果の例

| 利用者効果（旅客・貨物） | 地域企業・住民効果 |
|---|---|
| 旅行・輸送時間の短縮<br>旅行・輸送費用の軽減<br>定時性の向上・就航率の向上<br>運航頻度の増加<br>安全性の向上 | 観光入込客の増加<br>空港来訪者の増加<br>雇用機会の拡大<br>地域所得の増大<br>企業生産の増大 |
| 供給者効果 | 税収上昇<br>空港周辺の土地利用の促進<br>空港跡地の有効活用<br>資産価値の増大<br>騒音などの変化<br>均衡のとれた国土形成への寄与<br>地域シンボルの形成<br>地域安全性の向上 |
| 空港管理者の収益増加<br>ターミナルビル管理者の収益増加<br>アクセス交通機関事業者の収益など増加<br>エアラインの収益増加 | |

（出所）国土交通省航空局、空港整備事業の費用対効果分析マニュアル

表 13-5 航空輸送の果たす役割

| 1. 国際交流の拡大、観光立国の推進 |
|---|
| 国際ネットワークの拡充とサービス向上により、わが国を訪れる外国人旅行者を倍増、観光立国を推進。これらによる地域経済への波及効果によって地域経済の活性化を促進。 |
| 2. 地域間交流の拡大、地域の活性化 |
| 国内ネットワークの拡充とサービス向上により、航空輸送が国民の足として定着し、都市と地方の交流、地域間交流を拡大、国内観光を振興。これらによる地域経済への波及効果によって地域経済の活性化を促進。 |
| 3. 都市の再生 |
| ボーダレス化が進展し、都市間の国際競争が激化するなか、航空輸送は、都市の国際競争力強化のための戦略的基盤。 |
| 4. わが国の経済社会の活性化・国際競争力の向上 |
| 航空輸送は、地域間交流の拡大、国際交流の拡大、都市の再生などを促進し、わが国の経済社会を活性化、国際競争力を向上。 |

（出所）国土交通省航空局ホームページ

力を取り込むことが全国的な課題となっている。わが国の訪日外国人の約75％がアジアからであり、近隣の韓国、中国、台湾、香港で約65％を占める（2012年）。とりわけ、台湾は2011年11月に成立した日本と台湾間のオープンスカイ協定の締結以後、地方空港への定期航空路線の開設、増便、チャーター便の運航が相次いでおり、これにともなってわが国の地方への訪日旅行者が増加している。

表 13-6 地方空港発着の台北路線(定期路線)の週あたり便数

| | 釧路 | 旭川 | 新千歳 | 函館 | 仙台 | 静岡 | 富山 | 小松 | 岡山 | 広島 | 高松 | 福岡 | 鹿児島 | 宮崎 | 沖縄 | 石垣 |
|---|---|---|---|---|---|---|---|---|---|---|---|---|---|---|---|---|
| 2010 | | | 14 | 4 | | | | 2 | | 6 | | 18 | | 2 | 14 | |
| 2013 | 1 | 4 | 19 | 6 | 2 | 4 | 4 | 7 | 2 | 7 | 2 | 28 | 4 | 2 | 28 | 4 |

(出所)各年10月の時刻表にもとづき筆者整理

表13-6は地方空港からの台北路線の開設状況および週あたり便数について2010年と2013年を整理したものであるが、乗り入れ地点数は7空港から16空港に、週あたり便数は60便から124便に大幅に増加している。空港が立地する地方自治体では、より多くの交流人口の増加を図るため、航空路の開設や増便など航空サービスの拡充を目指し、地域の観光資源のプロモーション、航空会社へのセールスなど空港の利用促進を図っている。台湾に関しては、2013年は1〜8月の間に日本の都道府県知事のうち14名(約30%)が地域の物産・観光PRなどで台湾を訪問しており、台湾では近年まれにみる日本の地方との"交流ラッシュ"と報じられている。

### (4) 航空・空港の利用促進

航空や空港が地域にもたらす効果を最大化するため、各地域においてはこれらの利用促進に向けた各種取組みが実施されている。具体的な取組み内容は、毎年、国土交通省東京航空局および大阪航空局において『航空・空港の利用促進のための取組調査』としてまとめられている。表13-7は利用促進の取組み内容を分類したものであるが、空港ごとの取組み内容は、各地域で空港が担っている役割などに応じて、国際線に重点を置いている空港、空港アクセスの利便向上に重点を置いている空港などさまざまである。

また、表13-8のように、近年では地域の観光資源や文化などを空港の愛称に加えることによって、地域をプロモーションする空港が増加している。これらの愛称が時刻表や旅行商品のパンフレットへ記載され、あるいは航空機内・空港でのアナウンス、報道のたびに地域の観光資源などが宣伝されることとなる。

これらの利用促進に関する取組みの実施主体は、空港が立地する自治体(おもに都道府県)である。空港によっては、地域の市町村、企業で構成する協議

表 13-7 航空・空港の利用促進の分類

| 大 分 類 | 小分類（抜粋・加工） |
|---|---|
| 航空ネットワークの維持 | ➢着陸料・停留料など、空港ターミナルビル施設使用料に対する減免・補助<br>➢保安検査費・X線検査機器などの購入に関する補助 |
| 航空・空港を活用した観光資源、航空需要の開拓 | ➢空港利用者（個人、団体、修学旅行など）に対する取組・補助<br>➢観光などツアーの企画・商品造成・商品広告に関する取組・補助<br>➢定期便の誘致、チャーター便導入、航空貨物に対する取組・補助 |
| 空港利用者便益の増進 | ➢空港施設のバリアフリー化、ユニバーサルデザインに対する取組・補助<br>➢空港アクセス（バス・タクシーなど）改善などに関する取組・補助<br>➢空港内施設の充実を図るための取組・補助<br>➢サービス向上（CIQ、保安検査場など待ち時間短縮）のための取組・補助 |
| 空港と地域との交流促進 | ➢イベント・交流会などの取組・補助 |

（出所）国土交通省航空局（2013年7月） 航空・空港の利用促進のための取組調査（東京航空局管内）

表 13-8 地方空港における空港の愛称の例

| 地方 | 空港名 | 愛 称 | 地方 | 空港名 | 愛 称 |
|---|---|---|---|---|---|
| 北海道 | 釧路空港<br>紋別空港 | たんちょう釧路空港<br>オホーツク紋別空港 | 四 国 | 徳島飛行場<br>高知空港 | 徳島阿波おどり空港<br>高知龍馬空港 |
| 中 部 | 富山空港<br>能登空港<br>静岡空港 | 富山きときと空港<br>のと里山空港<br>富士山静岡空港 | 九 州 | 佐賀空港<br>熊本空港<br>対馬空港<br>種子島空港<br>徳之島空港 | 有明佐賀空港<br>阿蘇くまもと空港<br>対馬やまねこ空港<br>コスモポート種子島<br>徳之島子宝空港 |
| 関 西 | 但馬飛行場<br>神戸空港 | コウノトリ但馬空港<br>マリンエア | 沖 縄 | 新石垣空港 | 南ぬ島石垣空港 |
| 中 国 | 岩国飛行場<br>美保飛行場<br>出雲空港 | 岩国錦帯橋空港<br>米子鬼太郎空港<br>出雲縁結び空港 | | | |

（出所）筆者作成

会を設立し、各者が連携しながら実施している。

　利用促進に関する取組みは、大都市圏空港よりも地方空港において実施されている。これは大都市圏空港の利用促進に関する取組みの重点が、地域のプロモーションよりも空港容量の拡大に置かれているためである。また、地方においても、新幹線が整備されている地域とそうでない地域など、地域の交通インフラの整備状況によって航空・空港の利用促進に対する重点度は違う。

　このような航空・空港の利用促進が本格化したのは2000年代になってからである。これはわが国における航空の自由化が契機となっている。2000年2

## 13.1 地域と空港

表13-9 2000年以降に開港したおもな地方空港

| 空港 | 開港年月 | 利用促進の取組みなどに関する特徴 |
|---|---|---|
| 天草 | 2000年3月 | ➤地域が中心となり航空会社（天草エアライン）を設立。 |
| 能登 | 2003年7月 | ➤搭乗率保障制度（地域と航空会社が共同で営業努力、利用促進を図る制度）を導入。<br>➤台湾などからの国際チャーター便を誘致。<br>➤空港を「道の駅」として登録。空港ビルは行政施設との合築。 |
| 神戸 | 2006年2月 | ➤スカイマークが関西の拠点として位置づけている。 |
| 北九州 | 2006年3月 | ➤旧空港からの移転により新たに開港。<br>➤スターフライヤーが本拠地としている。<br>➤24時間空港の特徴を活かした国際線（貨物便を含む）の誘致。 |
| 静岡 | 2009年6月 | ➤地元企業がフジドリームエアラインズを設立し、路線を開設。<br>➤国際定期便・チャーター便を誘致。利用者の約45％が国際線利用者。 |
| 茨城 | 2010年3月 | ➤自衛隊との共用空港として開港。<br>➤ローコストキャリア（LCC）に対応した空港ビルを整備。中国のLCC（春秋航空）、国際チャーター便を誘致。 |
| 岩国 | 2012年12月 | ➤米軍との共用空港として開港。 |

（出所）筆者作成

月の改正航空法の施行にともない、航空路線の路線設定、増減便、運賃の設定が、原則航空会社の経営判断に委ねられるようになった。このため、空港を抱える自治体、経済界などは、航空サービスの維持・向上や利用者利便の向上を目指し、航空会社への働きかけ、地域住民・就航先へのプロモーション、インセンティブの付与、アクセス交通の改善などの活動を行ってきた。

航空の自由化にともない、大手航空会社（JAL、ANA）以外にもスカイマーク、北海道国際航空、ソラシドエア、スターフライヤーなど新たな航空会社が設立された。また、2012年はわが国のLCC元年と称され、ピーチ・アヴィエーション、ジェットスター・ジャパン、エアアジア・ジャパンが相次いで運航を開始した。わが国に限らず、近隣国においても新たな航空会社が設立されており、これにともない地方空港への航空会社の誘致に向けた取組みが活発化し、地域間あるいは空港間競争の様相を呈するようになっている。

特に2000年以降に開港した空港は、空港が開港しても十分な航空サービスが提供されない可能性があるとの危機感もあり、自空港を拠点とする航空会社の設立・支援や航空路線の維持・誘致を含め、地域をあげて利用促進に取り組んでいる。これらの空港は、地域との交流活動にも熱心な空港が多い（表13-9）。

## (5) 地域と空港、地域間の連携

　航空ネットワークの拡充は、地域ばかりではなく日本全体としても日本再興戦略（2013年6月）において『観光資源などのポテンシャルを活かし、世界の多くの人々を地域に呼び込む社会』の実現に向けた重要施策となっており、オープンスカイの戦略的推進、LCCの参入促進などが記載されている。また、航空輸送の結節点である空港の経営改革も航空ネットワークの拡充による交流人口拡大を目指した施策のひとつとして進められている。空港の経営改革は、現在、国や地方自治体が管理運営している滑走路、エプロン（駐機場）などと、民間企業が経営しているターミナルビルとで運営主体が別々であるため、これらを民間企業により経営一体化を目指すものである。

　国管理空港における事業ごとの地域のかかわりを整理すると表13-10のとおりとなる。なお、本整理は一般的な例であり、前述のとおり個別空港ごとに地域のかかわり方は、地域における空港の役割に応じて異なる。

　表13-10のうち空港に関する事業は、空港事業、ターミナルビル事業、駐車場事業、給油事業の4つであり、これらの経営改革（経営一体化）を進めることによって空港の交通結節点としての機能が高まると期待される。民間のノウハウを活用して経営が効率化することにより、着陸料など航空会社が支払う空港使用料の低減や、より多くのフライトを受け入れるためのスポットアサインの柔軟な対応など、航空サービスの拡充に寄与する効果が期待できる。空港使

表13-10　国管理空港における事業別地域のかかわり

| 事業・区分 | 事業主体 | | 地域のかかわり |
|---|---|---|---|
| 空港事業（滑走路などの管理運営） | 国土交通省 | 空港経営改革 | ➢整備方針など地元としての検討を行い、国へ要望を提出。<br>➢施設に応じて一定の整備費用を負担 |
| ターミナルビル事業 | ビル会社 | | ➢出資（第三セクターが多い）、経営参画 |
| 駐車場事業 | 財団法人・社団法人・民間企業 | | ➢地域の観光関連団体が参画 |
| 給油事業 | 給油会社 | | － |
| 航空運送事業 | 航空会社 | | ➢路線誘致、サービス向上を目指しセールスを実施 |
| アクセス事業 | バス会社 | | ➢運行支援（空港によって異なる） |
| 利用促進事業 | 協議会（地元自治体・企業などで構成）、自治体 | | ➢地域の観光資源、魅力のPR<br>➢集客対策・情報提供（旅行商品、広告） |

## 13.1 地域と空港

用料の低減はコスト意識が高い LCC にとって事業拡大に向けた好材料となり得る。また、スポットアサインの柔軟な対応は、施設の狭隘化が進む混雑空港において有効な手段となると考えられる。海外の民営化された空港では、旅客の消費行動も考慮しながらスポットのアサインがされている空港もあり、航空系事業と非航空系事業のシナジー効果も期待される。

しかし、航空ネットワークの拡充にとって、空港コストの低減、運用の効率化は重要な要素ではあるものの、航空会社が航空路線の開設・維持にあたって最も重要とするのは彼ら自身の収益性である。地域間に需要がなければ、空港コストが安くても路線開設は難しい。需要の創出には、地域の観光資源などの PR や空港アクセスの改善などこれまで交流人口の拡大のために地域が担ってきた取組みが必要となり、空港の経営改革後においても、地域の活性化に資する航空ネットワークの拡充に関しては、地域と空港運営者が連携して取り組むことが求められる。裏を返せば、空港運営者の取組みのみでは、地域の活性化に向けた取組みに限界があるということである。

地域間の需要の創出は、空港の立地や利用者特性により喚起対象となる需要が異なり、それに応じた取組みが必要となる。たとえば、空港後背地の人口集積が少ない地域の空港ではアウトバウンドの大幅な創出が難しいため、地域の観光資源の開発、プロモーションの促進によるインバウンド需要の喚起に重点が置かれる。一方、大都市圏近郊の空港では空港アクセスの改善などにより大都市圏からの利用者を呼び込むことによる需要の創出が考えられる。海外では、大都市圏空港やその近郊に立地するセカンダリー空港を LCC が拠点とし、空港の利用者を伸ばしている例もある。

地域と空港とが目的意識を共有するためには、ターゲットとする需要の分析（市場分析）や、その結果を踏まえたビジョンや戦略の策定（目標・計画）が必要となり、関係者が適切な役割分担の下で需要の創出、航空会社などへの提案・交渉を進めていかなければならない。加えて、地域の活性化につなげるためには、需要の創出のみならず、観光政策と連携して 1 人あたりの消費額を高める取組みも必要となる。

また、海外からの観光客の誘致については広域的な地域の連携が求められる。これまで地方空港は近隣の北東アジア（韓国、中国、台湾）との航空路の開設を目指し、近年、それが実現してきた。現在、地方への観光客の誘致のターゲットは東南アジアに拡大しつつあるが、東南アジアとの航空路線は、北東ア

ジアと比較して日本との距離が遠くなることで、地域の知名度が低下するとともに需要も少なくなる。航空機の性能面でも、170席クラスの小型ジェット機より大型の機材でなければ就航できない場合もある。

　ここでいう広域連携は、観光客は周遊をすることから必ずしも隣接する地域とはかぎらないし、観光客の誘致という点で空港が立地する地域以外との連携も含まれる。また、空港は地域にとっては観光客を呼ぶための交通手段のひとつであり、新幹線、高速バスなど、他の交通手段との連携も視野に入れるとともに観光拠点としての活用にも目を向けるべきであろう。

　今後、交流人口の拡大による地域の活性化に向けて、交通と観光の重要性はますます高まってくる。各地域は達成すべき観光客数や消費額などの目標を定め、そのために必要となる航空サービスの拡充、空港経営の効率化を含む地域への交通アクセスの向上と、観光資源などのマーケティング、プロモーションの効率的な実施を通じた地域の魅力の向上を両輪とし、いっそう地域の関係者が連携をして各種取組みを実行していくことが求められる。

### 13.2　空港と地域整備

#### (1) 空港立地にともなう地域整備の意義

　空港が整備され、供用されると、空港やその周辺地域において、どのような影響や効果があるだろうか。

　空港は、航空機に乗降するための施設であることから、空港が供用されると、航空機が発着し、航空利用者が出入りする。航空利用者は、これまでは行くことができない、あるいは行くことはできても非常に時間・費用を要した地域に、航空機を利用して行くことができる、これまでよりも短い時間・少ない費用で行くことができるといった航空サービスの向上による時間短縮・費用節約などの効果がもたらされる。この効果は、交通施設である空港の根源的な効果である。さらに、航空機の発着、航空旅客の乗降などを取り扱うさまざまな機能をもつ空港内事業所・施設の稼働によって、空港内事業所・施設で働く従業者の雇用効果が生じるとともに、空港内事業所・施設が提供する財・サービスを来港者が消費することによる消費・生産効果が生じる。これらの雇用、消費・生産効果にともない地方自治体には税収効果が生じる。

　また、経済効果だけではなく、航空機の発着、航空利用者・従業者の出入りにともなう航空機騒音の発生や交通量の増大などによって、騒音・大気汚染な

ど周辺地域の生活環境の悪化や変化がもたらされる。

さらに、航空サービス向上や空港内事業所の稼働などの空港供用の直接的な効果が波及し、後背圏地域における居住条件、企業立地条件を向上させ、人口・産業集積、都市機能拡充、地域構造変化等の間接的な効果をもたらす。

周辺地域に対して、このようなさまざまな効果・影響を及ぼす空港が稼働し、その機能を発揮するには、空港機能を支える空港内の施設・設備が必要であるほか、空港と周辺地域とをつなぐさまざまな施設・設備が必要になる。具体的には、空港と後背地域を結ぶ鉄道、道路、海上等のアクセス交通施設、空港内事業所が稼働するために必要なエネルギー、上下水道等の供給施設、情報通信施設、廃棄物処理施設、空港内事業所従業者の住居などがあげられる。また、航空機騒音の影響を軽減するため、周辺地域において緩衝緑地の整備、防音施設・設備の整備などが必要になる場合もある。

さらに、空港立地による直接的効果を地域に波及させ間接的な効果を積極的にもたらすためには、空港の利活用が地域の成長を促し、地域の成長が航空需要を生み出すという空港と地域の互恵的な関係を強化する方策が必要となる。したがって、広く後背圏において、内外との交流拠点の整備、観光産業の振興、地域の魅力向上などの航空需要の創出施策のほか、航空交通の特性である広域性、迅速性、先進性などを活用する高次都市機能整備、高付加価値産業・情報交流産業の振興などの地域振興事業も必要となる。

以上のように、空港立地にともなう地域整備の意義としては、ひとつは空港がその機能を円滑に発揮できるようにすること、もうひとつは周辺地域の生活環境への負の影響を軽減、防止すること、さらに空港の維持・発展のため後背圏の航空需要の増大や地域の振興を図ることがあげられる。

## (2) 空港立地による関連地域整備の事例
### ① 成田国際空港における空港関連地域整備の事例

1978年に開港した成田空港では、1969年の空港事業の整備着手に並行して、必要となる公共施設の整備を行うこととした。このため、まず空港周辺地域における公共施設を計画的かつ総合的に整備するため、関係地方公共体の財政負担軽減措置を定めた成田財特法(「成田国際空港周辺整備のための国の財政上の特別措置に関する法律」1970年3月制定) を定め、同法にもとづき、「成田国際空港周辺地域整備計画」が、千葉県知事の案にもとづき国において決定さ

れた。計画では、空港と都市を結ぶ道路・鉄道のアクセス交通施設のほか、上下水道、農業用水事業、空港関連従業者が居住するニュータウン等市街地整備事業などを関連の公共施設として位置づけた。同計画には、地域振興を図るための施設も含まれているが、対象事業の地理的範囲は、アクセス交通施設を除いては、空港近傍の周辺市町村に限定されており、また地域振興事業も空港関連の人口増加に対応する施設整備が中心であり、全体としては影響対策事業的な色合いが濃い。

② 関西国際空港における空港関連地域整備の事例

1) 3点セット

一方、1994年開港の関西空港では、1974年に泉州沖が最適との航空審議会答申が出された後、空港整備事業に対する地元合意のための資料を国から関係自治体に提示した段階から、3点セットといわれる「空港計画案」、「環境影響評価案」、「地域整備の考え方」の3つの資料が準備されていた。これは、成田空港における反対闘争や大阪空港の航空機騒音公害訴訟などを背景として、空港整備事業に対する住民の拒否反応が大きな時代において、空港の影響対策と地域振興施策を早くから示すことによって、空港と地域が共存共栄することを印象づけたかったものと思われる。この「地域整備の考え方」では、空港アクセス施設については国が主体的に整備に関与していくとともに、地域振興的な施設整備については、地方が主体的に計画・整備していくことを打ち出しており、成田空港の周辺整備計画より、地方公共団体の役割・関与の程度が大きくなっている。

2) 関西国際空港関連施設整備大綱

具体的な関西空港に係る地域整備計画としては、3点セットの「地域整備の考え方」を踏まえ、まず1985年12月に国の関係閣僚会議において「関西国際空港関連施設整備大綱」が決定され、開港時点を目途に整備を進める関連施設を基本方針に示した。大綱に示された関連施設は、道路・鉄道・海上アクセスのアクセス交通施設のほか、住宅地・公園・上下水道・土取跡地整備・空港対岸部整備などの基盤施設、行政サービス施設などである。表13-11に示すように関連施設の概算事業費は、1985年から開港時点までで2兆4,800億円（1992年に3兆4,300億円に変更）に上った。施設種類別では、アクセス道路が事業費全体の約7割を占めている。

## 13.2 空港と地域整備

表13-11 関西国際空港関連施設整備大綱に係る事業費

(単位:億円)

| 項　目 | 概算事業費<br>(大綱策定時) | 概算事業費<br>(平成4年8月<br>更新時) | 備　考 |
|---|---|---|---|
| アクセス交通施設関係 | 18,900 | 25,600 | |
| 　道　路 | 17,800 | 23,800 | |
| 　鉄　道 | 700 | 1,000 | |
| 　その他 | 400 | 800 | 海上アクセス施設<br>交通安全、市街地開発 |
| アクセス以外の基盤施設関係 | 5,700 | 8,400 | |
| 　住宅地、公園、下水道、水道 | 2,700 | 3,600 | |
| 　河川総合開発、河川・砂防・海岸 | 1,000 | 1,100 | |
| 　その他 | 2,000 | 3,700 | 漁業・農業施設<br>空港対岸部整備 |
| 行政サービス施設関係 | 200 | 300 | 警察・海上保安施設<br>消防・救急業務施設 |
| 合　計 | 49,400 | 68,300 | |

(出所) 国土庁資料より筆者作成

### 3) 府県の関連地域整備計画

　大阪府、和歌山県の空港周辺の府県においても、この大綱を踏まえ、空港立地による影響を活用した府県独自の地域整備計画(大阪府「関西国際空港関連地域整備計画」、和歌山県「関西国際空港地域整備計画」)が1986年12月に策定された。これらの地域整備計画では、空港を核とした新たな都市核を近畿圏南部に整備することによって、これまでの国土軸に対抗する南北軸を強化し近畿圏の圏域構造を再編するという圏域レベルの整備目標を内包している。また、大綱に示された基盤施設のうちの都道府県関連分のほか、都道府県の独自の空港を活用した地域振興、産業振興のための施設整備等が、整備時期を区分して示された。

### 4) 関西国際空港を活用した広域国際交流圏整備計画

　さらに、関西空港の第2滑走路を整備する2期事業の事業着手が認められた時期においては、今後増大する国際的な人・物・情報の流れを活用した地域整備計画が策定された。1999年10月に国土庁をはじめとする5省庁により、「関西国際空港を活用した広域国際交流圏整備計画」が策定され、これに対応し大阪府では「関西国際空港を活用した地域振興ビジョン」を1999年12月に策定した。これらの計画においては、内外と関西圏・大阪との交流・連携を産み出

すための関西・東アジア一日圏交通ネットワークなどの国際交流基盤整備、交流・連携の戦略拠点整備などによって、関西圏・大阪を世界的な大都市圏にふさわしい国際ビジネス、文化創造、研究開発などの高次都市機能を備えた圏域として発展させることが構想されている。

以上のように、関西空港の空港関連地域整備は、国における事前調査の段階から国土計画を担当する国土庁が中心となって進められた。整備の目的は、単に空港機能の円滑な発揮だけではなく、活発化する内外との交流を戦略的に活用し、長期低落傾向が続く関西圏の復権とポテンシャル向上にあった。そのため国際ビジネス機能などの高次都市機能強化、国土軸以外の新たな都市軸や新たな地域核の整備による地域構造の再編などの圏域の総合的な成長発展の方策が計画に盛り込まれたことは特筆すべきことであろう。

### (3) 空港立地による周辺地域への経済効果の事例

これまで空港立地による経済効果と、その経済効果を地域に波及させるための関連地域整備の事例について紹介してきた。

ここでは、具体的な空港立地による経済効果の事例をみていくこととする。

#### ① 関西空港および関連施設の建設投資による経済効果

関西空港の建設事業の投資によって、建設産業の受注、建設資材の購入などが地域の産業に及ぼす経済効果である。

推計方法としては、空港建設投資額を、対象とする地域の産業連関表を使った産業連関 (Input-Output, IO) 分析で、地域の生産誘発額を推計するものである。投入する産業連関表の対象地域の大きさによって波及効果の大きさは異なるが、大阪府の産業連関表を使った事例では、投資額の約1.8倍の生産誘発額（直接＋1次波及＋2次波及）が生じると推計されている。関西空港の建設投資額は、1期で1兆4,582億円（1994年12月時点）、関連施設事業は3兆4,300億円（施設整備大綱、1992年変更時点）に達しており、空港周辺地域、関西圏、全国に建設投資による巨額の経済波及効果をもたらした。

#### ② 関西空港の供用による経済効果

関西空港の供用により、来港者が空港内のコンセッションやアクセス交通等において飲食・物販・交通利用などの財・サービスの消費を行い、この消費が地域の産業に及ぼす経済効果である。推計方法は、建設投資額の代わりに空港内消費額を産業連関表に投入することで行われる。事例調査では、関西空港の

開港時ごろの空港内消費による直接効果だけで、年間2,000〜4,000億円と推計されている。

**③ 関西空港の供用による雇用効果**

関西空港の供用により、航空機の離着陸の支援、来港者サービス、航空貨物取扱サービス、空港の保安管理などの業務を行う各種の空港関連事業所で雇用される従業者の経済効果である。

具体事例としては、関西空港の空港内事業所の従業者数は、図13-8に示すように開港直後の1995年3月時点で約17,900人、最新時点の2011年11月で約12,400人となっており、目立った産業集積がない大阪府の泉南地域においては、非常に大きな雇用効果を有している。

**④ 関西空港の供用による空港周辺地域の経済効果**

行政区域に関西空港の空港用地・施設が存在する大阪府泉州地域の泉佐野市、泉南市、田尻町の3市町には、前述の建設投資による経済効果、来港者消費による経済効果、空港内事業所従業者の雇用効果が、空港周辺地域のなかでも集中的にもたらされた（図13-9）。関西空港の開港前後における泉州地域3市町の人口と固定資産税の伸びは、大阪府下のほかの地域や全国と比べても、大きく突出している。

このように関西空港の開港による直接的な雇用効果と税収効果は、空港が立地する泉州地域3市町（泉佐野市・泉南市・田尻町）の狭い範囲では顕著である。そして、空港立地・運用による直接効果は府県レベルのような広い後背圏

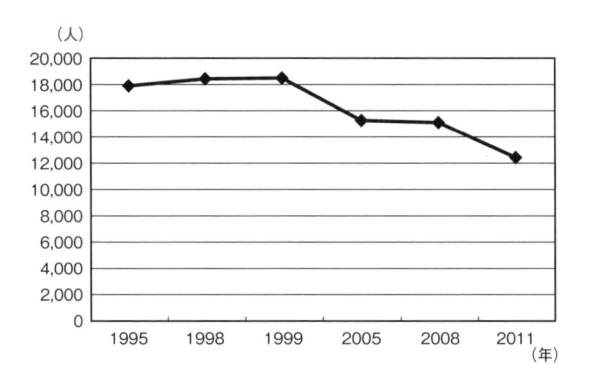

（出所）新関西国際空港㈱資料より筆者作成

図13-8 関西空港空港内事業所従業者数の推移

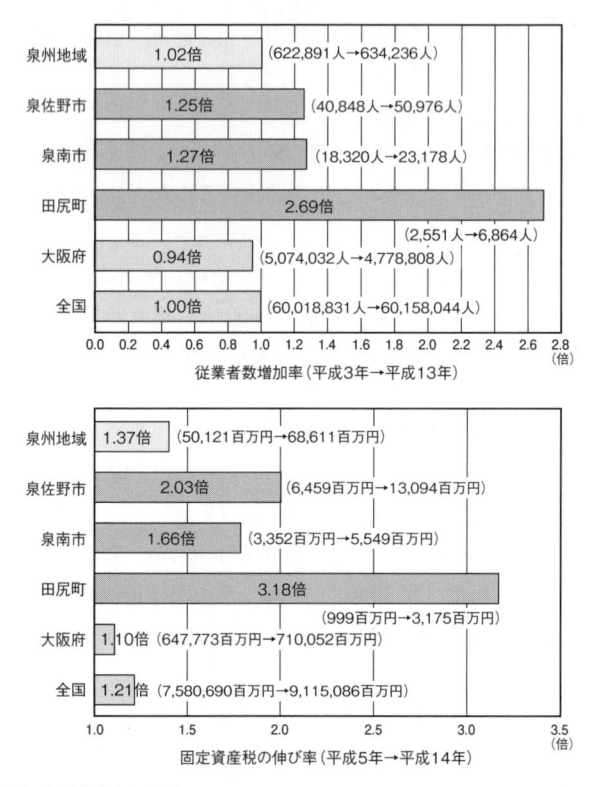

## 従業者数増加率(平成3年→平成13年)

|  |  |  |
|---|---|---|
| 泉州地域 | 1.02倍 | (622,891人→634,236人) |
| 泉佐野市 | 1.25倍 | (40,848人→50,976人) |
| 泉南市 | 1.27倍 | (18,320人→23,178人) |
| 田尻町 | 2.69倍 | (2,551人→6,864人) |
| 大阪府 | 0.94倍 | (5,074,032人→4,778,808人) |
| 全国 | 1.00倍 | (60,018,831人→60,158,044人) |

## 固定資産税の伸び率(平成5年→平成14年)

| 地域 | 伸び率 | 金額 |
|---|---|---|
| 泉州地域 | 1.37倍 | (50,121百万円→68,611百万円) |
| 泉佐野市 | 2.03倍 | (6,459百万円→13,094百万円) |
| 泉南市 | 1.66倍 | (3,352百万円→5,549百万円) |
| 田尻町 | 3.18倍 | (999百万円→3,175百万円) |
| 大阪府 | 1.10倍 | (647,773百万円→710,052百万円) |
| 全国 | 1.21倍 | (7,580,690百万円→9,115,086百万円) |

(出所) 文献〔3〕より抜粋

図13-9 関西空港の開港前後における周辺地域の従業者数、固定資産税の伸び

において間接的効果をもたらすと期待された。後背圏では、居住条件や企業の立地条件が向上し、人口や事業所が増加するとともに、地方公共団体には人口増加や企業立地にともなう住民税、固定資産税等の税収増加などをもたらすと期待された。しかし、間接効果の性質もあり、その効果は確認できない。

また、泉州地域3市町は、空港の建設、立地による経済効果のみを享受したのではない。空港島埋め立て造成事業による海面の消失、空港アクセス交通を中心とした交通量増加による沿道の生活環境の悪化などのほか、関連施設事業の市町負担、独自の地域振興事業の実施などによって、自治体の財政需要は大きく膨らんだ。その結果、泉佐野市は、2008年度決算から財政破綻の懸念のある「財政健全化団体」となったように、マイナスの影響も生じている。

## ⑤ 関西空港の供用による関西圏の経済効果

　関西国際空港を活用した広域国際交流圏整備計画でも触れたように、今後の大都市圏では国際ビジネス、文化創造、研究開発などの高次都市機能の強化が、世界的な地域間競争に勝ち抜くためには重要である。そして、この高次都市機能の強化には、人材と企業のグローバルな移動と交流が必要不可欠といわれる。たとえば、専門職、科学技術職、管理職などの人材が1％増加すると、航空需要は4％増加するとの報告があるように、高次都市機能に係る人材と航空需要には密接な関係がある。

　関西空港は、開港前（1993年度）の大阪空港と比較し、2012年度実績で国際旅客数は約2倍となったが、首都圏空港の成田空港と羽田空港の合計した2012年度の国際旅客数は、関西空港の約3倍となっている。これは国際ビジネス機能などの高次都市機能に関係する外資系企業立地数、国際会議の開催件数などで、関西圏は首都圏に大きく水をあけられていることが、その一因と考えられている。関西空港開港後の一時期は国際旅客数の全国シェアが上昇したものの、その後はほとんど変化はみられないように圏域レベルでの経済効果は確認が難しい。今後、関西圏の航空需要を拡大するためにも、バイオ、ロボット、バッテリーなど関西圏がグローバルな強みを持つ成長分野の産業の成長発展と、関連する人材の集積が望まれる。

### (4) 地域振興と臨空産業

　空港立地にともなう地域整備事業の事例でも紹介したように、空港が立地する地域においては、空港や航空輸送を活用して、産業が集積し、地域経済が活性化することへの期待が大きい。このような空港・航空機能に関連した産業群を、「臨空産業」と呼ぶことがある。

　ここでは、空港内事業所を中心とする空港機能を補完・支援する産業だけでなく、航空機・航空輸送に関連する産業および航空輸送の特性を活用した産業も含めて、「臨空産業」と定義することとする。このような定義にもとづき、産業を分類したのが図13-10である。

　空港関連産業は、空港機能を補完・支援する産業群で、その大半は空港内に立地するが、一部は空港周辺地域や後背都市圏の拠点などに立地する場合もある。空港関連産業には、空港の維持管理等を担う「空港業務関連」産業、航空機のフライトの準備を支援する「地上支援サービス関連」産業、航空旅客・送

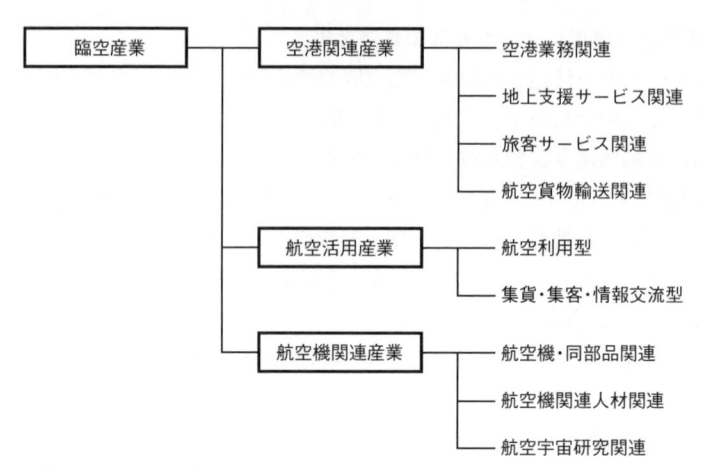

```
臨空産業 ─┬─ 空港関連産業 ─┬─ 空港業務関連
         │                ├─ 地上支援サービス関連
         │                ├─ 旅客サービス関連
         │                └─ 航空貨物輸送関連
         │
         ├─ 航空活用産業 ─┬─ 航空利用型
         │              └─ 集貨・集客・情報交流型
         │
         └─ 航空機関連産業 ─┬─ 航空機・同部品関連
                          ├─ 航空機関連人材関連
                          └─ 航空宇宙研究関連
```

(出所) 文献〔1〕から抜粋

図 13-10　臨空産業の分類

表 13-12　航空輸送依存度が高い貿易品目（貿易額による貿易化率）

| 輸出品 | | 輸入品 | |
|---|---|---|---|
| 品　目 | 航空化率（％） | 品　目 | 航空化率（％） |
| 衣　類 | 48.9 | 生きた動物 | 87.4 |
| 医薬品 | 78.8 | 工業用ダイヤモンド | 94.3 |
| 真　珠 | 97.2 | 医薬品 | 90.0 |
| 映像機器 | 79.1 | 航空機用内燃機 | 97.2 |
| 半導体等電子部品 | 88.9 | 半導体等電子部品 | 93.9 |
| 電気計測器 | 43.8 | 電気計測器 | 80.7 |
| 科学光学機器 | 59.7 | 科学光学機器 | 76.1 |
| 時　計 | 85.3 | 時　計 | 88.6 |
| 輸出品合計 | 26.5 | 輸入品合計 | 20.9 |

(出所)「数字でみる航空 2013」（航空振興財団）より筆者作成

迎者等へのサービスをする「旅客サービス関連」産業、航空貨物の積卸・運搬の支援などを行う「航空貨物輸送関連」産業などがある。

　航空活用産業は、航空輸送の特性である高速性、広域性、先進性を活用する産業群である。このうち、「航空利用型」産業は、航空輸送への依存度が高く、高付加価値、高時間価値を有する製品を製造する産業などが属する。具体例としては、表 13-12 のような貿易額において航空輸送依存度（＝航空化率）が高

いハイテク製品、高級品、短時間輸送を必要とする商品を製造する産業があげられる。一方、「集貨・集客・情報交流型」産業は、内外の人・モノ・情報の集散・交流がビジネスの対象となる産業群であり、具体例としては、コンベンション関連、流通業務関連、リゾート・エンターテイメント関連の業務の産業などが属する。航空活用産業にとって航空輸送は必要不可欠な手段ではあるが、空港関連産業ほどには空港の近接性を必要としない。

航空機関連産業は、航空機そのものに関連する産業群である。「航空機・同部品関連」には、航空機およびその部品の開発・製造・補修などを行う産業が属する。「航空機関連人材関連」には、航空パイロット・整備士・客室乗務員など、航空輸送を担う人材を養成・訓練する産業が属する。「航空宇宙研究関連」には、航空宇宙の機材・機器などを研究開発する機関や関連団体が属する。

空港立地は、空港関連産業を除き、臨空産業にとっては産業立地条件の決め手ではなく、必要条件のひとつに過ぎない。したがって、空港が立地したからといって自動的に「臨空産業」が集積するわけではない。臨空産業を成立させるマーケット、インフラ、人材、都市機能などが揃わなければ、集積は難しく、そこをにらんだ地域整備が必要である。

**(5) 今後の空港活用による地域振興戦略について**

2008年に空港整備法が空港法に改正された際に、国土交通省は空港は「整備」から「運営」の時代に変わったと宣言した。

首都圏の成田空港、関西圏の関西空港が整備・供用された1980年代から1990年代は、大都市圏を中心として空港容量が大きく不足していた時代であり、新規の空港整備に対する地域の欲求・要望は大きく、同時に、空港整備による地域の発展・成長への過剰な期待があった。そのため空港が供用されれば、地域は自動的に発展するという思い込みも一部ではみられた。

しかしながら、空港も高速道路や高速鉄道と同様に広域交通施設であり、これらの広域的な交通施設を活用して地域が発展・成長できるかどうかは、地域側が展開する活用施策にかかっている。なぜならば、これまでも繰り返し出てきているように、交通需要は「派生需要」であり、交通需要の源泉は、交通の目的地となる後背地の経済・自然・歴史・人などの地域資源にあるのである。

また、空港そのものを目的地とする交通需要（＝「空港需要」）の源泉は、航空路線を運航する航空会社が提供する路線・便数などの航空サービスである。

規制緩和により事業参入・撤退が自由化された今日においては、航空会社が空港を選択する時代となっており、航空会社が就航したいと思う空港機能、施設料金、アクセス交通などの空港施設サービスの内容と後背圏の航空需要が、航空会社の就航の意志決定を左右する。

　したがって、空港活用による地域振興には、航空需要の創出につながる地域活性化と航空会社の誘致のために後背地と空港運営者が連携・協力したマーケティングと戦略・方策が必要となる。つまり、地域と空港運営者が明確な目的意識を持って、能動的に動かなければ、地域と空港の互恵的、持続的な発展は担保されず、空港の明るい将来はないということである。

　今後の空港を活用した地域振興戦略としては、以下のような考え方が必要となる。

　第一に、当該地域が獲得したい航空需要は、観光かビジネスか、海外か国内か、個人か団体かなどターゲットをはっきりさせる必要がある。これまでの各地における航空需要の振興方策は、成功した他の地域・空港の例をそのまま持ってくるような方策がみられ、地域、利用者、航空会社の特性・実情にきめ細かく応じたものとはなっていないケースが多くみられた。したがって、ターゲットにもとづいて、需要創出に有効な地域資源を洗い出し、地域資源の利活用に必要な機能・施設を整備する必要があろう。さらに、需要側に働きかけるためのプロモーション活動、インセンティブ施策など、ソフト面での支援も必要になる。このように需要と地域資源が有効にリンクされた施策が望まれる。

　第二には、これまでの空港の活用に係る施策については、航空政策は国が、航空需要は航空会社と旅行会社が、空港経営は空港管理者が、観光は地域と観光業者が、主たる関係者として、それぞれ施策を実施・展開してきた。今後、空港経営の民営化、自治体の財政制約が進行すれば、各関係者が実行可能な施策はさらに限定されるとともに、各関係者間の連携は弱まるおそれがある。したがって、空港活用施策を連携・統合して効率的、戦略的に実施しなければ、このような制約は突破できない。

　このため、空港立地自治体は、空港活用と地域の将来像を関係者に提示することによって、活用施策の方向性を示し、地域の住民、団体、企業、空港運営者、空港関連事業所、航空会社等の施策を束ね、戦略的に組み立てることが必要である。また、空港の機能を、広域交通施設としての機能だけでなく、都市機能や防災機能などの地域にとって有用な機能を付加させることによって、空

港周辺住民を空港の発展のイコールパートナーとしての能動的な役割も担ってもらうことが求められる。

## 13.3 航空貨物と地域経済

### (1) 航空貨物の特性

しばしば、地域や地方空港の振興策として、貨物便の誘致や航空貨物基地が構想される。関西空港や中部空港といった大型の拠点空港においても、貨物は重要な柱と位置づけられているし、小松空港における Cargolux の誘致や、那覇空港における ANA の貨物ハブ構想なども地方自治体の後押しによる、航空貨物を通じた空港振興策の一例といえる。果たして、航空貨物は、地域経済とどのような関連があるのか、また、航空貨物の誘致には何がポイントになるのか、本節では、特に国際航空貨物の特性とわが国における実情を踏まえて、初期的な考察を行う。

航空貨物には、旅客機のスペースを活用するベリー便と、貨物専用機であるフレーター便の2種類があり、その分担は表13-13に示すとおりである。事業としての収益性は、断然旅客便が勝っているので、貨物専門会社を除く航空会社では、旅客のニーズや戦略が、貨物のそれに優越することが一般的である。また、わが国の場合、空港の設計や運用にあたっても、一部の例外を除いては、旅客用の施設や動線が優先されているので、必ずしも貨物のハンドリングに適しているとはいえないケースが多い。したがって、貨物は旅客に対して従属的・副次的に扱われがちだが、当然ながら、その動態は大きく異なっており、旅客のフレームワークで貨物の振興を考えることには限界がある。

それでは、航空貨物の特性、特に旅客との違いとしてはどのようなことが考えられるのか。

表13-13 機種別の国際航空貨物の分担 (2008年)

| 機種 | トンキロ | シェア |
| --- | --- | --- |
| 貨物専用機（フレーター）：旅貨兼業航空会社 | 74,071 | 44.8% |
| 旅客機（ベリー） | 65,364 | 39.5% |
| インテグレーター | 13,133 | 7.9% |
| 貨物専用機（フレーター）：貨物専門航空会社 | 12,745 | 7.7% |
|  | 165,313 | 100% |

(出所) P.S.Morrell (2011) Moving Boxes by Air、73ページより作成

第一に片荷傾向が考えられる。すなわち「旅客は行けば必ず帰ってくるが、貨物は行ったきりで戻ってこない」。わが国全体では、2002〜2011年の10年間の平均をみてみると、重量ベースで、積（輸出）47.5％、卸（輸入）52.5％と表面上は比較的往復のバランスがとれている（国土交通省「平成23年空港管理状況調書」）。しかし、現実に個々の路線、フライトのレベルでは、往路は満載でも、復路はロードファクターが極端に低くなる、あるいはスペースを埋めるために運賃の廉価販売をせざるを得ず、トータルでは採算割れが生じるといった現象が起きている。

　第二に、航空貨物は、高付加価値で小ロットのものを主たる対象としているが、それに加えて、季節性や緊急性に左右される、いわば非定常性にその特徴がある。ボージョレヌーボーのような極端な季節波動や、海上貨物の代替としての緊急輸送ニーズなどがその典型である。

　第三には、時間帯があげられる。近年では、羽田の24時間化にともない、深夜早朝発着の国際旅客便もポピュラーになってきたが、航空貨物にとっては、夜間を含む空港の24時間活用は重要である。単純化していえば、輸出では、生産した製品を常時出荷すること、輸入では、夜間に到着した貨物をその朝から市場に並べることが可能になる。また、深夜早朝の時間帯を活用すれば、継越オペレーションも容易になる。たとえば韓国・仁川空港の貨物空港としての成功の一因は、中国や東南アジアから到着した貨物を、夜間に北米便に積み替える仕組みを構築したことにあったといえる。

　第四は、フォワーダー（混載業者）の役割が大きいことである。貨物については、旅客と異なり、航空会社が荷主に直販するケースはほとんどなく、航空会社＝製造・生産、フォワーダー＝卸・小売りという分担が明確になっている。したがって、フォワーダー自身の事業戦略が空港の選択・選別にも大きな影響を持つ。

　第五に、業務プロセスに特徴がある。航空貨物は、ULD（Unit Load Device）と呼ばれるパレットあるいはコンテナに混載することが一般的である。したがって、航空機への搭載の前工程として、発荷主からの集荷・保管・輸出通関・ULDのビルドアップが、仕向け空港到着後には、ULDのブレイクダウン・輸入通関・検疫・着荷主への配送といった後工程が発生する。こうした業務プロセスをこなすために、上屋などの貨物関連施設が必要となってくるが、空港内敷地に制限のある成田空港などでは、後述のとおり、空港外の近隣

地区にフォワーダーが運営する関連施設が集積している。

　第六に、そのフォワーダーにとっては、スケールメリットを活かしていくことが重要だという点である。これは上述のとおり、貨物関連施設の稼働率を上げるというだけではなく、容積や重量の異なる多様な貨物を効率的に組み合わせる混載差益こそが彼らの収益源であり、したがって、貨物を集約したオペレーションにメリットが大きい。

### (2) 成田空港への集中とその課題

　次に、わが国の航空貨物の事情を一瞥してみる。

　わが国発着の航空貨物は、1990年には輸出入あわせて158万トンだったものが、2004年には、ほぼ倍増の318万トンに達していることが示すとおり、急激に市場規模を伸ばしてきた（「数字でみる航空2011」より）。そのなかで、成田空港は1978年の開港以来、一貫してその成長を牽引してきており、2002〜2011年の10年間の平均をみても、重量ベースで積（輸出）の66.8%、卸（輸入）の67.7%を分担するなど、いわば「一極集中」となっている。こうした集中傾向は、わが国全体の貨物量の増減にかかわらず、むしろ、全体の貨物量が大きく落ち込んだリーマンショック時（2009年）に、積（輸出）で70%、卸（輸入）で71.3%と最も高い分担率を記録しており、不況期に成田空港への集中が促進されたことが示唆されている。

　参考までに、海上貨物（コンテナ）における、主要港湾への集中度をみてみると、東京湾36.8%、大阪湾25.9%、伊勢湾19.1%と、航空貨物と比較すると分散しており、航空貨物における成田空港への集中傾向が際立っている（「数字でみる物流2012」より）。

　こうした状況において、地域との関連で着目すべき点は、空港近隣における貨物関連施設の集積である。成田空港では、空港内に十分な貨物地区が確保できなかったこともあり、開港以来、いわゆる「仕分け基準」が設けられ、千葉県市川市原木（東京エアカーゴターミナル）での通関を並行的に実施してきたが、1996年の同基準撤廃以降、成田での通関が一気に加速化した。そのため、フォワーダー各社は、保税蔵置やULDのビルドアップ・ブレイクダウンを行う自社施設を、空港に隣接する芝山町（南部工業団地など）や成田市（野毛平工業団地など）に建設・運営するようになり、その規模は年々増加していった。現在では、空港内の貨物地区の上屋面積が約20万$m^2$であるのに対し、42社・

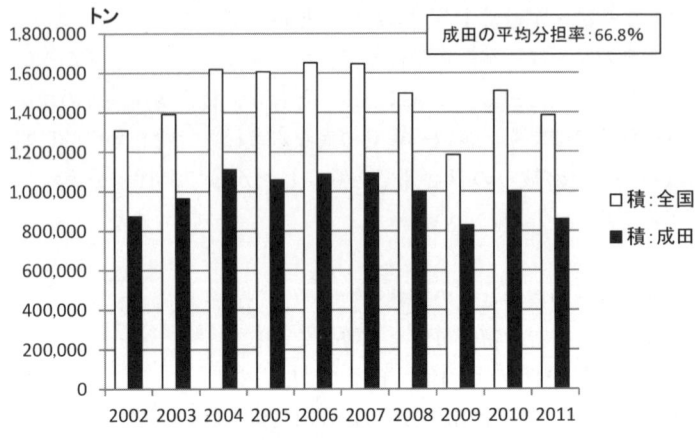

278　第13章　地域振興と空港経営

図13-11　積（輸出）貨物の取り扱い量
（出所）平成23年「空港管理状況調書」より作成
成田の平均分担率：66.8％

図13-12　卸（輸入）貨物の取り扱い量 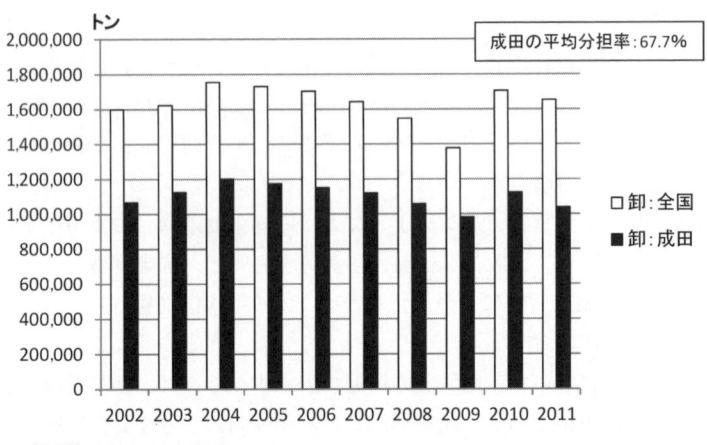
（出所）図13-11と同じ
成田の平均分担率：67.7％

47か所で約40万$m^2$に達しているといわれる（成田国際空港㈱作成パンフレットより）。こうした集積が地域の雇用などに与える好影響は小さくないが、一方で、トラックの交通量増加などが周辺住民にもたらす問題も無視できなくなっている。

航空貨物拠点としての成田空港の課題は運用時間帯（6時〜23時）の制限である。上述のとおり、航空貨物にとって深夜早朝時間帯の活用は極めて重要であり、いわばそうした成田空港の時間的な補完を実現するべく、2010年の羽田再国際化に際して、成田・羽田の一体的運用の枠組みが打ち出された。すなわち、貨物専用機（フレーター）については、「昼間は成田、夜間は羽田」という棲み分けによって、首都圏における24時間発着体制を実現する構想である。これにもとづいて、成田・羽田両空港間のアクセス改善や、東京湾岸地区などの中間拠点の活用などが検討された。しかし、本来はひとつの空港で実現されうるべき機能が、ふたつに分割されている非効率性は克服しきれなかった。多くのフォワーダーは、現状ではほぼベリー便に限定されている羽田での積卸貨物についても、成田空港周辺の自社施設に一旦集約し、ULDビルドアップ・ブレイクダウンや通関を行うケースが少なくない。

## (3) 地域と空港の結びつき―国際航空貨物動態調査から

さて、成田空港への集中状況を踏まえ、航空貨物と地域との関連をより詳細に分析するために、国土交通省が実施する「国際航空貨物動態調査」（2011年10月19日実施）を利用する。同調査は2年に1回、フォワーダー各社の協力

表13-14 主要空港と仕出地域

(単位：kg、（ ）内はシェア)

| | 成田空港 | 羽田空港 | 中部空港 | 関西空港 | その他空港 | 合　計 |
|---|---|---|---|---|---|---|
| 北海道 | 10,165<br>(47.8) | | | 513<br>(2.4) | 10,578（千歳）<br>(49.8) | 21,256<br>(100) |
| 東　北 | 120,273<br>(93.5) | 2,567<br>(2.0) | 625<br>(0.5) | 3,613<br>(2.8) | | 128,647<br>(100) |
| 関　東 | 963,149<br>(90.6) | 47,104<br>(4.4) | 1,433<br>(0.1) | 33,538<br>(3.2) | | 1,063,413<br>(100) |
| 中　部 | 479,047<br>(62.4) | 17,692<br>(2.3) | 103,414<br>(13.5) | 136,533<br>(17.8) | | 767,821<br>(100) |
| 近　畿 | 96,397<br>(19.5) | 11,061<br>(2.2) | 3,474<br>(0.7) | 370,623<br>(75.1) | | 493,745<br>(100) |
| 中国・四国 | 15,455<br>(10.4) | 1,806<br>(1.2) | | 104,618<br>(70.3) | 15,418（小松）<br>(10.4) | 148,847<br>(100) |
| 九州・沖縄 | 31,015<br>(25.1) | 6,835<br>(5.5) | | 33,576<br>(27.0) | 48,435（福岡）<br>(39.1) | 123,773<br>(100) |

(出所) 平成23年「国際航空貨物動態調査」より作成

表13-15 主要空港と仕向地域

(単位:kg、( )内はシェア)

| | 成田空港 | 羽田空港 | 中部空港 | 関西空港 | その他空港 | 合　計 |
|---|---|---|---|---|---|---|
| 北 海 道 | 2,762<br>(40.9) | 509<br>(7.5) | 0 | 3,156<br>(46.7) | 326（千歳）<br>(4.8) | 6,753<br>(100) |
| 東　　北 | 89,755<br>(94.2) | 4,366<br>(4.6) | 37<br>(0.0) | 122<br>(0.1) | | 95,267<br>(100) |
| 関　　東 | 1,216,765<br>(88.9) | 73,076<br>(5.3) | 7,250<br>(0.5) | 42,715<br>(3.1) | | 1,368,242<br>(100) |
| 中　　部 | 148,690<br>(34.9) | 25,687<br>(6.0) | 136,109<br>(31.9) | 79,069<br>(18.5) | | 426,384<br>(100) |
| 近　　畿 | 30,547<br>(6.1) | 6,247<br>(1.3) | 2,890<br>(0.6) | 436,024<br>(87.4) | 13,999（小松）<br>(2.8) | 498,611<br>(100) |
| 中国・四国 | 1,813<br>(2.5) | 815<br>(1.1) | 3,005<br>(4.2) | 58,802<br>(82.1) | 1,785（福岡）<br>(2.5) | 71,643<br>(100) |
| 九州・沖縄 | 7,152<br>(5.0) | 3,482<br>(2.4) | 514<br>(0.4) | 26,628<br>(18.5) | 99,724（福岡）<br>(69.1) | 144,267<br>(100) |

(出所)表13-14と同じ

のもと行われる一日調査であるが、これにより、都道府県別の仕出地・仕向地と積卸空港の紐付けが可能になる。ここでは、便宜上、わが国を7つの地域(北海道、東北、関東、中部、近畿、中国・四国、九州・沖縄)に分類し、それぞれの地域から、どの空港を通じてどの程度の貨物が動いているかを明らかにする。

表13-14には輸出貨物、表13-15には輸入貨物の取り扱い量が示されている。ここからは、成田空港に加え、同じ首都圏の羽田空港、さらに関西空港・中部空港の4空港で輸出の94.4%、輸入でも92.2%を占めており、国際航空貨物については、こうした大型拠点空港に集約されていることが確認された。また、同調査中にも、各地域と空港の関連について一定の考察がなされているが、改めてそれぞれの特徴を述べると、以下のとおりである。

北 海 道　(輸出)成田空港と千歳空港が、ほぼ二分して分担している。
　　　　　(輸入)成田空港と関西空港で拮抗している。輸出とは異なり千歳空港の分担率は低い。
東　　北　(輸出)成田にほぼ集中している。　(輸入)成田にほぼ集中している。
関　　東　(輸出)成田にほぼ集中している。　(輸入)成田にほぼ集中している。
中　　部　(輸出)中部空港の分担率は低く、6割以上が成田空港から積み出されてい

## 13.3 航空貨物と地域経済

る。ちなみに、愛知県発貨物に限定しても中部空港の分担率は23.5％にとどまっている。
（輸入）成田空港・中部空港がそれぞれ約3割、関西空港が約2割と、バランス良く分担されている。

近　畿　（輸出）関西空港が約8割を分担しているが、約2割が成田へ流れている。
（輸入）関西空港にほぼ集中している。

中国・四国　（輸出）約7割を関西空港が分担しているが、成田空港に加え、小松空港が補完的に分担している点が特徴的。
（輸入）関西空港が約8割を分担している。

九州・沖縄　（輸出）福岡空港が約4割、関西・成田の両空港がそれぞれ約3割弱とバランス良く分担している。
（輸入）福岡空港が、約7割を分担している。

同調査は一日調査であり、この結果から一般的な傾向を判断するには限界はあるが、以下が示唆される。

成田空港が東北と関東の、関西空港が近畿と中国・四国の輸出入ニーズをほぼ取り込んでいることから、各地域と距離的に近い大型拠点空港の結びつきが強いと考えられる。

一方、北海道や九州・沖縄のように、大型拠点空港からの距離が遠い地域では、千歳や福岡のような近隣空港を一定の役割で活用している。

しかし、中部空港は、地元のニーズを取り込めておらず、成田空港、関西空港がおもに分担していることから、距離以外の課題（サービスの頻度など）があることが想定される。

これ以外の地方空港では、那覇空港が、ほぼ全地域からの発着貨物を分担しているが（輸出で全地域の2.4％、輸入で全地域の3.1％）、これは後段で触れる全日空の沖縄貨物ハブによるものと推定される。

### (4) 航空貨物と地方空港振興

それでは、こうした状況を踏まえたうえで、航空貨物を通じた地方空港の、ひいては地域経済の活性化を進めるにはどうするべきか。

まず、関西空港については、2002〜2011年の10年間平均をみても、重量ベースでわが国航空貨物のうち、積（輸出）の24％、卸（輸入）の22.8％を分担しており（国土交通省「平成23年空港管理状況調書」）、成田空港を除けば、突出した規模である。広義には成田空港の補完的役割を果たしているとい

えるが、そもそも関西経済圏を背景にしている点、完全24時間運用可能な滑走路など、成田空港に勝るインフラを有している点から、いわゆる地方空港とは別の戦略で振興策を議論するべきであろう。

また、ANAが主導する那覇空港の貨物ハブ構想は、沖縄の地理的ロケーションの特殊性に着目したユニークなものである。沖縄を仕出地あるいは最終仕向地とする国際貨物は極めて限定的だが、①飛行4時間圏内にアジアの主要都市がカバーできること、②積み替えに深夜早朝時間帯を活用できること、③国内の他空港との旅客便（ベリー）ネットワークが活用できること、といった独自の優位性を活かそうとした試みであると評価されよう。もちろん、こうした構想を実現するにあたっては、地方自治体やCIQを担務する関連官庁の協力・支援が不可欠であることはいうまでもない。

一方、その他の空港についてはどうか。一般に、定期便のネットワークがあれば、航空貨物は増え、空港の活性化につながる、と考えられている。航空貨物の定常性に着目すると、定期路線が出荷地の近隣空港にあれば、荷主にとっては安定出荷が担保されるし、航空会社にとってはベースカーゴとなりうる。ただし、そのためには、その荷主からの相応の輸出量が見込まれることに加え、復路（輸入）の貨物の確保できる見とおしがあることも条件になってくるので、ハードルが高いのが現実である。さらに、仮に定期路線が張られたとしても、たとえば1日1便では、バックアップに不安があり、緊急出荷には十分対応しきれない懸念がある。したがって、荷主はどうしても選択肢の多い（＝路線の多い）成田や関西などの大型拠点空港を利用する傾向がある。

しかし、航空貨物の非定常性に着目すると、緊急時など、必要なときだけサービスを柔軟に利用できることは、荷主にもメリットがあると考えられる。したがって、運用の自由度が高い空港、すなわち24時間運用、大型機材が受け入れ可能な施設、さらにスピーディーな通関・検疫が担保されれば、チャーター便などの非定期便の就航機会は増すと考えられる。実際に、航空会社やフォワーダーによるチャーター便への規制が漸次緩和されており、荷主のスポット需要に焦点をあてることで、地方空港振興の取掛りとすることは考えられる。

以上より、航空貨物における地方空港の活用パターンとしては以下が想定される。

① 大型拠点空港の地域的補完：北海道や九州といった大型拠点空港からの

遠隔地における、地元の輸出入ニーズ取り込み（千歳空港、福岡空港）。
② 大型拠点空港の時間的・容量的補完：成田空港での発着ができない夜間の時間帯の活用、混雑空港では発着枠の確保や運用が難しい貨物専用機・チャーター便の誘致など（北九州空港、小松空港）。
③ 中継拠点化：地理的特性を活かし、アジアや北米への中継地としての潜在性を活用（那覇空港）。

このように、地方空港の振興にあたっては、わが国の航空貨物に関するマクロ観を十分認識しつつ、地域経済の特性、地理的ロケーション、インフラの特徴を踏まえた施策を検討していくべきであろう。

【参考文献】
〔1〕関西空港調査会(1994)「関西国際空港開港に伴う影響基礎調査　その2」、財団法人21世紀ひょうご創造協会。
〔2〕関西空港調査会(2004)「関西国際空港2期事業の社会経済的効果等調査」、関西国際空港用地造成株式会社。
〔3〕山内芳樹(2014)「空港立地による経済効果」『ESTRELA』239、公益財団法人統計情報研究開発センター。

# 第14章 結びにかえて ── グローバル時代の航空・空港政策

## 14.1 わが国の航空政策と関西

　いまから16年前の1998年、航空会社3社が新たに参入し、それまでの3社体制に終止符が打たれた。これは35年ぶりの国内定期航空運送事業への参入であり、わが国の航空事業の大きな分岐点となった。16年間の航空・空港をとりまく状況の変化は大きく、それにあわせて政策も大きく変わった。

　新規航空会社の参入からさかのぼることおよそ30年前の1970年、大阪では万国博覧会が開かれた。観光客を乗せたジェット機が伊丹空港を離発着し、伊丹の存在感は増した。当時の国際線乗降客数は171万人であり、2012年実績の12％にすぎず、飛行機の旅は贅沢（奢侈）サービスであった。もちろん、海外旅行などは多くの国民にとって高嶺の花であった。

　しかし、皮肉にも万博を契機に騒音問題が顕在化し、大阪国際空港訴訟が提起された。さらに、航空・空港政策として、伸びゆく関西の需要をまかなうために新空港の整備が推進された。さまざまな経緯を経て1994年に関西国際空港が滑走路1本で開港され、伊丹から国際線は消えた。そして、いま、滑走路が2本になった関空から国際線が飛び、しかも、LCCが活気をもたらしている。LCCは何よりも飛行機の旅を廉価にし、利用者の選択肢を増やした。LCCは国内線だけではなく、国際線も飛んでいる。ビルや駐車場を含めた伊丹空港は関西国際空港株式会社と統合され、これらをあわせた運営権が民間に売却されようとしている。いまや、関西空港は全国の国管理空港の実験場といってもよい存在になっている。

　では、神戸も含めた関西空港の課題とは何か。2010年の関西の域内総生産は9,170億ドルであり、その規模は世界16位と韓国と変わらない[1]。経済規模はわが国の2割を占め、首都圏に次ぐ経済拠点である。こうした指標からすれば、関西からも世界的なネットワークが構築され、わが国のみならず、世界各地の需要を受け止める空港機能を維持できるはずである。地理的にもアジアに

---

[1] ここに示すデータは近畿経済産業局のホームページからとっている。生産額は「近畿経済の概要（平成25年10月）、貿易については「関西経済の成長を支える重点施策（平成23年7月）、文化財については「平成24年度近畿地域新産業戦略策定調査」である。

近いが、輸出は67.7％、輸入は58.6％（全国はそれぞれ56.1％と45.3％）と、中国を含めたアジアに依存する比率が高い。したがって、アジアとのネットワークのいっそうの強化が必須であり、これは急増する訪日観光客の受け入れ窓口としての機能を充実させることにもなる。

　世界文化遺産のおよそ4割、国宝のおよそ6割、重要文化財のおよそ5割が関西にある。また大学や研究機関の蓄積も多く、クリエイティブ産業が集積している。そして、すでに大阪と京都の訪日外国人の訪問比率は東京に次ぎ、関西研究はすでに花盛り状態であり、進むべき道は示されている。地域の自治体や経済界は連携を密にして資源を十分に利活用した地域戦略を実行することが望まれる。関西広域連合のような連携を実のあるものとし、各自治体は国際的な文化集積地としての関西を世界にアピールし、訪日観光客にとって魅力ある地域として醸成させる必要がある。

　当然、外国人の足はLCCを含む航空会社であるが、LCCには乗り越えなければならないハードルがあり、その可否が関西空港の盛衰にも影響を与える。今後のLCCの課題は何か。

　それは、乗員（パイロット）問題である。パイロットの流動性は高く、その確保には相応のコストが必要であるが、日本航空の経営破たんによって需給が一時的に緩み、LCCは彼らを雇った。その反動で乗員の平均年齢は高く、2017年ごろに多くが定年を迎える。しかし、わが国のLCCではピーチ・アヴィエーションが自社養成を始めたばかりである。2012年度決算でLCC全社が営業ベースで赤字であり、現時点では彼らに乗員を確保できる余力は小さいように思われる。このままでは路線・便数を維持できない。実際、2014年4月、関西空港を拠点とするピーチ・アヴィエーションがパイロット不足のために5月～10月に欠航を予定していることが発表された。5月には同じ理由でバニラ・エアの欠航も明らかになった。懸念が予想よりも早く現実になった格好だが、パイロットの確保もLCCの経営課題であることが再認識されることになった。

　訪日外国人数は、2013年に目標であった1,000万人を突破した。空港は外国人にとってのゲートウェイであり、就航路線の数や頻度を増やすことが、いわゆるインバウンド旅客の伸びともなる。乗員不足による供給制約は、わが国へのインバウンド観光のボトルネックともなる。

　航空サービスの生産には生産要素が必要で、資本（航空機や空港）とエネ

ギーにくわえ、労働力としての乗員や整備士が生産要素なのである。生産要素の不足は民間の航空会社が対応することであって、政策マターではないことがふつうである。通常、コストを負担できない会社はサービスの生産ができなくなり、無理に生産すれば価格競争に敗れて市場からの撤退を余儀なくされる。ところが、政府はLCCなどの航空会社をサポートし、官制競争ともいえる状態を維持している。

ここにわが国のディレンマがある。そもそも、航空・空港政策の基調は自由化にある。自由化の目的は市場に委ねることによって経済の効率性を改善することであるから、競争に敗れて退場する企業を生きのびさせれば、効率性を歪める。ところが、こうした状況を放置して航空会社の数が減れば航空運賃は上昇し、運賃幅の拡大を通じた利用者数の増加というメリットは小さくなる。

以上のように、現時点では、乗員の養成が政策課題のひとつとならざるをえず、自衛隊操縦士の民間採用をはじめ、中長期的なプランが提示されている。今後は航空会社の自立という視点を忘れず、プランの着実な実行が望まれる。

## 14.2　首都圏の空港政策と地方路線

図14-1は外国人を含めた空港別の出入国者数を示す。わが国の国内航空旅客の7割は羽田空港を利用しており、図からもわかるように、国際航空旅客の6割以上が首都圏空港（成田と羽田）から出国している。これは航空ネットワー

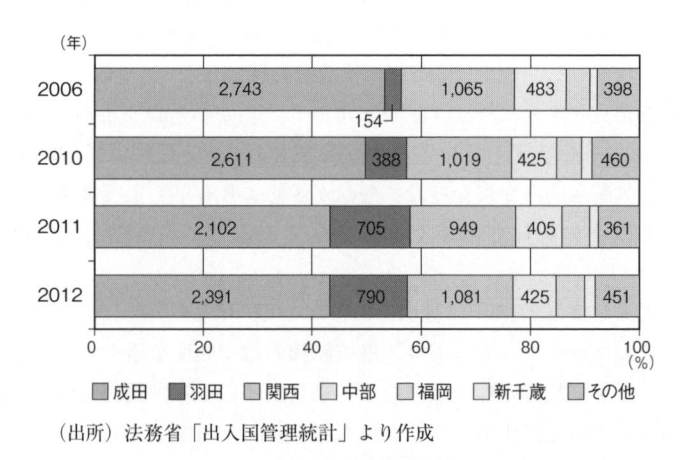

| (年) | 成田 | 羽田 | 関西 | 中部 | 福岡 | 新千歳 | その他 |
|---|---|---|---|---|---|---|---|
| 2006 | 2,743 | 154 | 1,065 | | 483 | | 398 |
| 2010 | 2,611 | 388 | 1,019 | | 425 | | 460 |
| 2011 | 2,102 | 705 | 949 | | 405 | | 361 |
| 2012 | 2,391 | 790 | 1,081 | | 425 | | 451 |

（出所）法務省「出入国管理統計」より作成

図14-1　空港別出入国者数（単位：万人）

## 14.2 首都圏の空港政策と地方路線

クの偏重とか弱点とみる向きがある。けれども、内内乗り継ぎでわが国のほとんどの地域に飛べ、羽田に来れば際内乗り継ぎもできるというシンプルなネットワーク構造を利用することこそ、地方振興策、航空ネットワークの維持策である。訪日客はいつまでも東京、富士山、京都だけでは喜ばないし、リピーターはなおさらであろう。

　成田空港ではこれまでは首都圏の需要と内際分離の政策を背景に路線が形成されてきた。けれども、羽田の国際化によって状況は大きく変化しており、乗り継ぎ需要の獲得も必要になっている。そのためには航空会社とともに離発着時間帯を見直し、乗り継ぎ利便性を高めなければならない。オープンスカイを実施しているものの、成田では日米航空会社の既得権以外では第五の自由（以遠権）は認められておらず、この規制の見直しも課題のひとつである。

　また、成田空港会社が外国の空港の運営に参加すれば、それはOD（出発地と目的地）の運営を同一会社が担うことになる。その結果航空会社との交渉力は飛躍的に向上する。少なくとも、航空会社と空港会社には利益相反関係があるのだから、航空会社に対する交渉力が高まるような戦略を採ることも考えるべきである。成田空港会社には国管理空港にはない基本施設などのエアサイドと空港ビルなどのランドサイドを一体的に経営してきたノウハウがある。それをテコに収益力を高めることも選択肢のひとつである。

　なお、首都圏容量の拡大策と同時に外部不経済の受忍問題がある。東京の上空通過による空域の拡大はそのひとつであり、実現も政策に対する人びとのパーセプション次第ではある。羽田にあれほど航空機が飛んでいるのに、東京都内上空で飛行機を見る機会はほとんどない。大阪や福岡の上空で飛行機を見るのとは対照的である。羽田周辺の騒音問題は依然として残されているが、東京は空港の最大の受益者であることも忘れてはならない。

　首都圏空港は地方路線のODでもあり、首都圏空港の政策は地方路線対策と重なる。ただし、地方路線といっても、離島路線と都市間路線とは区別して考える必要がある。政府は前者に対し、従来から離島路線補助を実施している。路線収支が厳しい離島路線は生活路線であり、1島に1路線というかたちで補助が継続されている。航空会社は補助によっても支出を十分にまかなえないとされるが、これを軸に今後の維持策が考えられることになろう。

　都市間路線のなかでもいわゆる local-to-local 路線の収支は厳しいとされる。このことは近年の休廃止路線をみれば明らかである。従来は、航空会社が収益

力のある路線からの内部補助で維持してきたが、航空会社の体力は落ちてきている。政府は従来から航空会社の体力の底上げや羽田の発着枠の配分を通じた路線維持策をとっており、直近ではLCCの参入の促進というムチをふるう一方で、航空機燃料税の3分の1を軽減し、この施策は2014年度も継続される。

　羽田空港の国内線発着枠の増加分の配分は、これまで5年に1度の割合で検討されてきた。たとえば、空港整備の進行による容量拡大や日本航空と日本エアシステムの合併による占有率の上昇にともなって既存の配分枠を回収し、それを再配分してきた。そこでは、小規模（保有機材12機未満の）会社には優先的に枠が配分され、乗降客数の少ない羽田路線の維持や新規誘発をめざしたルールが設定されてきた。ルールの代表は1便ルールと3便ルールであり、図14-2は2013年冬ダイヤの就航先の空港を示す。前者は「減便路線の転用後の便数が、当該路線を運航する全航空会社の便数合計で1便未満になる場合、当該枠を回収し、運航を希望する航空会社を募集」するというものである。後者は、「少便数路線（3便以下）をグループ化し、減便時には他の少便数路線にのみ転用可能」とする路線である。この手法は直近の配分（2012年）でも維持された。さらに、2013年に政府は地方自治体と航空会社が路線維持・地域振興策を提案し、それを評価するというコンテストを実施し、3つの発着枠を地方路線へ配分した[2]。

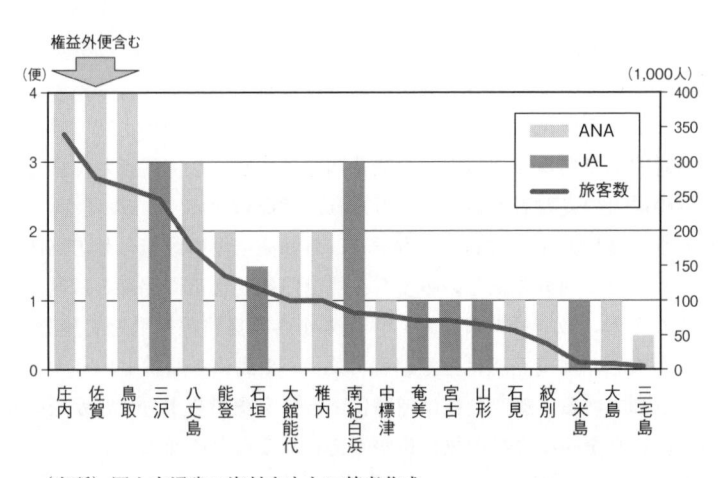

（出所）国土交通省の資料をもとに筆者作成

図14-2　羽田空港の1便ルールと3便ルールによる就航先（2011）

以上のように、わが国の航空・空港政策が航空会社を過保護にするあまり、経済の効率性が歪められている可能性もある。規制緩和以降の航空・空港政策は自由化の方向にあるとはいえ、JAL の破綻後の数年は若干後戻りした感がある。たとえば、「当面の間」空港整備にあてられている航空機燃料税の軽減が実施されているものの、税そのものの必要性に対する議論は不足している。ほかにも、航行援助施設使用料の負担をはじめ、世界のトレンドをにらみながら継続的な政策の点検が求められる。

## 14.3 空港経営と地域

　空港の立地する自治体には、航空需要が派生需要であるという性質に立ち返ってほしい。それが「地域」という名称を入れた本書の意図のひとつである。航空旅客が伸び悩み、便数が減少するのは、地域における本源的需要の不足が最大の理由であるから、地域の活性化こそが解決策なのである。また、これまでの経験からイベント・リスクは常に存在する。自治体は景気を冷やすイベントや海外渡航や航空機の利用にブレーキをかけるようなイベントによって需要が収縮したときの対応を考えておく必要がある。

　これまで、自治体は航空会社に「陳情」し、路線維持策のひとつとして利用促進費を投入してきた。利用促進協議会を通じた支援を含めると、航空・空港を支援していない自治体などないのではないだろうか。けれども、今後は航空会社や旅行会社頼みの施策ではなく、自律した持続可能な航空・空港政策を持つことが求められている。なぜなら、自治体や空港の事情がそれぞれに異なっており、施策は地元をよく知る自治体が考えることが一番合理的だからである。つまり、自治体は独自の道を切り拓いてゆくしかないのである。

　地方自治体が航空会社にとって「よい人」になることはたやすい。路線の誘致や維持のためにお金を出せばよいからである。けれども、航空会社とのタフな交渉と就航先における活発な営業活動こそが合理的な路線の誘致・維持策であることを忘れてはならない。また、利用促進費が旅行会社に支払われると安いツアーが組成される。安さを魅力に感じる旅行者がリピーターになるかも知

---

[2] 3つの発着枠とは、2007 年の高速離脱誘導路の整備等にともなう増枠のうちの国内地方路線枠2つと 2010 年の羽田再拡張にともなう 37 枠のうち新規路線開設枠（チャレンジ枠）1 枠である。そして、これらのコンテストに応募したのは、山形、鳥取、石見および佐賀であったが、評価の結果、山形、鳥取および石見が上位3位にはいり、2014 年3月から羽田便が増えた。

れないが、高い価格を支払ってでも来る旅客こそが地元にお金を落とすし、リピーターになる。利用目的がビジネスであればなおさらである。そこでまず費用とそこから得られる集客のメリットを比較するという施策の評価が必要である。もし効果を大きくできる工夫があれば、すぐにでも行うべきである。

　また、航空会社や旅行会社との交渉や意見調整には、地域外との積極的な接触がもとめられる。しかも、底流には人的な信頼関係があり、新任の担当者が一朝一夕にできる仕事ではない。自治体内部の調整あるいは地域内のみの調整ではないし、相手が民間企業であるから迅速な意思決定が求められるのである。そのために、航空や空港を理解した人材の育成という長期的なビジョンも必要である。

　そのうえで、自治体は継続的な地域資源の調査研究と地元空港のネットワークの相対的な位置づけを分析することから始めなければならない。たとえば、旅客数が年間200万人を超える空港は韓国、中国、台湾、香港、極東ロシア地域を含む東アジアを中心としたネットワーク展開の潜在力を有している。これらの国や地域からの訪日観光客は全訪日客の約6割を占めており、彼らを受け入れる観光基盤整備を整えるとともに、関係者が各地を訪問してグローバル化の果実を獲得することが必要である。また、こうした空港のほとんどが国管理空港であるため、コンセッションも含めて、民間の知恵と資金を活用した柔軟な空港経営を実現し、路線、就航便数の拡充を図る必要がある。何よりも、運営権を売却できなくとも、効率的な空港経営に関する研究をみずからの地域で始めてほしい。

　旅客数が100万人〜200万人の空港では、韓国をはじめとした東アジア地域の一部への路線を展開できる可能性がある。このような空港では、単独で多方面の国際ネットワークを展開することは困難である。グローバル化の恩恵を受けるためには他の空港や地域との連携を含めた回遊型観光ルートの開発や外国人や外国企業の受け入れ態勢を確立する必要がある。また、定期便だけに頼るのではなく、季節性や地域性を勘案したチャーター便を設定し、就航便数を増やす努力が求められる。この場合、地域単独ではなく、他地域との連携によるプログラムチャーターの実現も選択肢に含めるべきである。

　旅客数が100万人に満たない空港は、直接的にグローバル化の恩恵を受ける素地は小さい。これらの空港における国際線はチャーター便の運航を中心に、季節や地域に応じて観光客を受け入れなければならない。この場合も、他地域

との連携によるプログラムチャーターの実現を視野に入れることが必要となろう。このクラスの空港では国際線運航もさることながら、国内線ネットワークの維持にも困難をきたすものがある。このような空港を抱える地域としては、急がば回れの精神で、地域産業の振興、観光資源・ルートの発掘、開拓を地道に行うことによって地域の魅力を高め、本源的需要の開発を進めることによって航空輸送という派生需要の増大に力を入れる必要がある。

　以上のように、観光を含めた本源的需要の増加には、ほとんどの地域がこれまでの都道府県レベルから都道府県連携を筆頭に広域的な視点を持つ必要がある。インバウンド旅客は複数地点を訪問するため、すでに来日と離日の空港が異なるツアーが一般的になりつつある。国内旅客でも羽田乗り換えなどを組み合わせることによって鉄道から航空へのシフトを容易にし、新たに旅客を創出することを考えてはどうか。乗り換えの運賃は廉価であるにもかかわらず、利用者に周知されていないし、出発地と到着地の双方における地道な営業活動を続けるべきである。運営権の売却という巨額な事業だけではなく、こうした地道な努力こそ、民間企業（航空会社や旅行会社）との官民連携なのである。そのほかにも、知恵を絞ることが重要で、空港の活性化には即効薬はないと考えるべきである。筆者は地元の地道でも息の長い取り組みを願ってやまない。

【参考文献】
〔1〕航空政策研究会(編)(2009)『今後の空港運営のあり方』、航空政策研究会.
〔2〕加藤一誠(2014)「パーセプションで考えるグローバル時代の航空・空港政策」『運輸と経済』、74(2)、139-141ページ.

## あとがき

　本書の第1章においても触れられているように、2013年の「民間の能力を活用した国管理空港等の運営等に関する法律」（いわゆる民活空港運営法）の成立によって空港管理と空港運営（経営）の分離が謳われ、民間資本による空港経営が可能となった。いわゆる「空港運営の民営化」と呼ばれているが、「民営化」の意味するものは何か、なぜ民営化なのか、空港経営の中身は何なのか、そもそも空港ではどのような業務が必要で個々の業務はどのような主体によって実施されているのか、といった根本的な内容が紹介されずに漠然と民間資本による商店経営のような語感で「民営化」が独り歩きしているように思える。
　そもそも空港や港湾などの大規模な社会資本は市場の手に委ねていては地域社会にとって必要な量が十分供給されないことから国や自治体が税金を投入して整備してきた準公共財である。そのような準公共財である空港は地域社会にとってどのような存在価値を持つのか、民間資本による空港運営は本来の地域社会にとっての空港としての存在価値を損なわずに運営できるのか、といったことが人びとに十分理解されているのだろうか。
　本調査会では調査会の使命のひとつでもある「地域社会における空港の役割の推進」を多方面から研究・議論しその成果を広く普及することを目的とした自主研究のひとつとして、平成24年度に「空港経営と地域研究会」を組織し、調査・研究を進めてきた。その研究成果はすでに平成24年度に「空港経営と地域研究会論集」として冊子にとりまとめ関係者に配布したところであるが、この成果をより広く知っていただくために、研究会のとりまとめ役を担っていただいていた加藤一誠教授と引頭雄一教授および本調査会の山内芳樹参与にご無理をお願いして本書の出版編集委員をお引き受けいただき約1年をかけて原稿のとりまとめをお願いし、今般の出版の運びとなった次第である。
　「まえがき」にも記載されているように、本書を企画した狙いは「空港と地域のかかわり」を平易に解説することである。空港は海港と同様に、「人と貨物の輸送結節としてのターミナル機能」が本来の機能である。そこでは、CIQ（税関、入出国管理（国際空港・開港のみ）、検疫・検数）などの官庁業務をはじめ、乗降客の待合・昇降チェック、セキュリティ・チェック、貨物の仕分けおよび荷役、航空機や船舶の管制・誘導・航行支援、燃料・飲料水供給など、空港・港湾を利用する航空機や船およびそれらの利用貨客への各種サービス業

務が一体となって機能している。これらの業務は公務員のみならず多様な民間会社の職員によって担われており、一般の目に触れる業務以外に空港ではさまざまな業務が展開されている。空港や港湾における多様な業務運営は「公」だけでなくすでに多くの民間部門によって遂行されているのである。空港や港湾では、このような複合業務が一体となって貨客へのサービスが提供されているが、近年では、さらにこのような本来機能以外の機能も空港や港湾が果たすようになってきている。すなわち、空港や港湾といった「場」が生み出す非日常的空間としての機能である。空港によってはPTBのなかに学習機能を提供するものもあるし、各種イヴェントの場を提供する空港もある。このような空港の多機能化は地域社会にとっても不可欠な役割として機能していることも多い。

　本書ではこのような視点から、空港とは何か、空港と地域はどのような結びつきがあるのかなどをできるだけ平易に解説いただいている。願わくば、本書が専門家のみならず、多くの方々の「空港とわが町」との関係を再考いただくきっかけになれば幸いである。

　最後に、本書を執筆いただいた方々を記してこの場を借りて深甚の謝意を表する次第である。

平成26年7月

一般財団法人関西空港調査会<br>理事長　黒田　勝彦

# 索　　引

## 【欧文】（和欧混合も含む）

45/47 体制 ………………………………… 5, 6
AAT：Actual arrival time ……………… 236
ACI：Airport Council International …… 110
ADP ………………………………………… 167
ANA ………………………………………… 2〜6
B727 ………………………………………… 4
B737 ………………………………………… 5
B747 ………………………………………… 6
BA4 ………………………………………… 167
Bermuda Agreement：Bermuda Ⅰ …… 63
CACT ……………………………………… 105
CAT ………………………………………… 105
Chicago Convention …………………… 63
Convention on International Civil Aviation
　………………………………………………… 63
CRS ………………………………………… 118
CV880 ……………………………………… 4
DC8 ………………………………………… 4
DEA：data envelopment analysis
　………………………………… 115, 118, 119
discrete choice model ………………… 233
DMU：decision making unit …………… 115
dual till ………………………………… 141, 149
EBITDA：Earnings Before Interest, Taxes,
　Depreciation, and Amortization … 136, 137
FFP ………………………………………… 84
EW-TFP 法 ………………………… 116, 123, 125
FedEx ……………………………………… 39
FSC：Full Service Carrier ………… 76, 85, 86
General Obligation Bond ……………… 160
GSE ………………………………………… 103
ICAO ……………………………………… 63
International Air Services Transit
　Agreement ……………………………… 63
International Air Transport Agreement … 63
IO 分析 …………………………………… 180
JAL ………………………………………… 2〜6
LCC ………………………… 13, 49, 76, 82, 85, 86
MOC ……………………………………… 46

Multimarket Contact …………………… 92
Mutual Forbearance …………………… 93
OD ………………………………………… 287
PAT：Preferred arrival time ………… 236
PFI：Private Finance Initiative ……… 164
PFI 法 ……………………………………… 164
PFSC：Passenger Facility Service Charge
　………………………………………………… 153
PPP：Public Private Partnership ……… 164
Revenue Bond …………………………… 160
RP：Revealed preferece date ………… 234
SCS ………………………………………… 39
SD：Scheduled Delay …………………… 236
SDE：Scheduled delay early ………… 236, 242
SDL ………………………………………… 242
single till ………………………………… 141, 149
SP：Stated preference data …………… 234
SPC：Specific Purpose Company ……… 153
UPS：United Parcel Service …………… 38
US エア …………………………………… 89〜91
VRS ………………………………………… 118
VTTS：Value of travel time savings …… 244
Warehouse ……………………………… 40
YS11 ……………………………………… 5

## 【ア行】

アウトバウンド ………………………… 205
旭川空港 ………………………………… 33
アジア・ゲートウェイ構想 …………… 24, 65
アジア地域 …………………………… 50, 56
アシアナ航空 …………………………… 10
アメリカウエスト航空 ……………… 89, 90
アメリカン航空 …………………… 86, 179
イールド ………………………………… 8, 9
一県一空港政策 ………………………… 29
一次交通 ………………………………… 206
一般会計 ………………………………… 156
一般化費用 ……………………………… 228
一般財源保証債 ………………………… 160
移動需要 ………………………………… 232

稲盛和夫……………………………… 12
茨城空港……………………………… 28
岩国空港……………………………… 28
インセンティブ・パッケージ……… 43
インターネット割引………………… 10
仁川国際空港………………………… 142
仁川国際空港会社…………………… 148
インバウンド………………………… 205
エアアジア・ジャパン………… 14, 81
エアサイド………………………… 25, 107
エアトラン………………………… 91, 177
エアライン・ハブ…………………… 38
エプロン……………………………… 103
オークション………………………… 68
大館能代空港…………………… 22, 23
オープンスカイ…………… 7, 14, 36, 207
オープンスカイ協定………… 62, 65, 74
オープンスカイ政策………… 14, 62, 66
小笠原空港…………………………… 22
丘珠空港……………………………… 12
岡山空港………………………… 21, 117
隠岐空港……………………………… 23
オペレーションセンター…………… 104

【カ行】
海外空港事業体……………………… 142
海外渡航自由化……………………… 207
介護帰省割引………………………… 10
会社管理空港………… 30, 108, 129, 152
外部効果……………………………… 257
外部便益………………………… 144, 149
貨客サービス機能…………………… 105
貨客取扱サービス機能……………… 104
格納庫………………………………… 103
確率効用最大化原理………………… 233
鹿児島空港…………………………… 215
カボタージュ…………………… 2, 79
貨物サービス機能…………………… 104
貨物ターミナルビル………………… 104
貨物ハブ空港………………………… 38
環境影響評価案……………………… 266
観光立国推進基本計画……………… 209
関西・東アジア一日圏交通ネットワーク… 267

関西国際空港（株式会社）
　………… 11, 21, 22, 28, 35, 145, 174, 266
関西国際空港関連施設整備大綱…… 266, 267
管制施設………………………… 104, 129
幹線旅客純流動調査………………… 185
管理運営施設………………………… 104
気象施設……………………………… 103
機体整備場…………………………… 46
北日本航空…………………………… 4
機内食工場…………………………… 103
機能施設……………………………… 107
基本施設………………………… 107, 129
キャプティブ層……………………… 193
給油事業……………………………… 262
供給者効果…………………………… 257
供給処理施設………………………… 104
共用空港………… 15, 28, 108, 129, 154
供用廃止空港………………………… 172
極東航空……………………………… 3
拠点空港………………… 15, 30, 129
空港アクセス…………………… 228, 241
空港アクセス交通機関選択モデル…… 201
空港運営………………… 33, 166, 168
空港運営のあり方に関する検討会…… 25
空港会社管理………………………… 16
空港間競争…………………………… 184
空港経営………… 95, 96, 166, 250, 289
空港経営改革の実現に向けて……… 25
空港債………………………………… 160
空港支援機能………………………… 106
空港システム………………………… 177
空港施設整備………………………… 150
空港周辺施設………………………… 107
空港使用料……………… 141, 152, 155
空港整備勘定
　………… 13, 31, 114, 150, 153～155, 157, 162
空港整備五箇年計画（空整）……… 18, 128
空港整備事業………………… 257, 258
空港整備特別会計（法）
　……………………… 18, 31, 114, 128, 131
空港整備法………………… 18, 30, 128
空港動力施設………………………… 103
空港取扱施設使用料………………… 152

索　引

空港内事業所……………………………… 175
空港の設置及び管理に関する基本方針
　　………………………………… 25, 134
空港別収支…………………………… 134, 162
空港別出入国者…………………………… 286
空港別旅客数…………………………… 16, 17
空港法……………………………… 30, 128
空港メンテナンス施設…………………… 104
空港用地…………………………………… 108
空港利便向上機能………………………… 105
国管理空港
　…15, 30, 36, 108, 129, 136, 137, 152, 262
国直轄事業負担金………………………… 156
クールノー競争…………………………… 73
グローバル・アライアンス……………… 59
ケアンズ空港……………………………… 255
経営一体化………………………………… 262
経済効果…………………………… 268〜270
広域国際交流圏整備計画………………… 267
公共施設等運営権制度…………………… 163
航空化率…………………………………… 272
航空機給油施設…………………………… 103
航空機サービス機能……………………… 103
航空機支援機能…………………………… 103
航空機使用事業…………………………… 255
航空機整備機能…………………………… 103
航空機燃料税……………………… 13, 155, 289
航空協定…………………………………… 62
航空系事業……………………… 25, 136, 137, 143
航空系収入…………………………… 128, 141
航空経路選択モデル……………………… 201
航空憲法(45/47体制)…………………… 6
航空サービス……………………………… 273
航空需要予測モデル…………… 198〜200, 203
航空灯火…………………………………… 103
航空保安機能……………………………… 103
航空保安施設……………………………… 107
航空輸送依存度…………………………… 272
航空輸送の果たす役割……………… 257, 258
航空機関連産業…………………………… 273
航行援助施設利用料……………………… 155
後進地域の開発に関する公共事業に係る国
　の負担割合の特例に関する法律………… 156

交通機関選択モデル……………………… 201
交通結節点………………………………… 255
交通行動…………………………………… 232
交通行動分析…………………………… 231, 232
交通サービス水準………………………… 194
交通手段選択……………………………… 234
交通手段選択モデル…………………… 233, 247
神戸空港……………………………… 22, 23, 28
小型航空機による二地点間輸送の解禁方針… 4
国際空港評議会…………………………… 56
国際航空運送協定………………………… 63
国際航空貨物動態調査…………………… 279
国際航空貨物ネットワーク…………… 52, 54
国際航空業務通過協定…………………… 63
国際航空政策……………………………… 59
国際航空ネットワーク…………………… 50
国際航空の振興並びに国内航空の整備に関
　する方策………………………………… 4
国際チャーター便………………………… 210
国際民間航空機関………………………… 63
国際民間航空条約………………………… 63
国際旅客数…………………………… 50, 51
小口貨物輸送……………………………… 38
国土交通省成長戦略……………………… 162
国土交通戦略……………………………… 140
国有財産使用料…………………… 153, 156
コミューター空港………………………… 28
雇用効果…………………………………… 269
今後の空港及び空港保安施設の整備に関す
　る方策について………………………… 24
今後の航空輸送の進展に即応した航空政策
　の基本方針……………………………… 5
今後の国際拠点空港のあり方に関する懇談
　会………………………………………… 24
混雑空港……………………………… 11, 145, 197
コンセッション………… 25, 35, 36, 140, 163
コンチネンタル航空……………………… 177

【サ行】
最終消費財………………………………… 40
最小二乗法………………………………… 56
財政投融資…………………………… 31, 33, 156
サウスウエスト航空………………… 78, 84, 177

佐賀空港……………………………… 23
雑収入等……………………………… 156
サプライチェーン・ソリューションズ…… 39
ザベナ航空…………………………… 11
産業連関(Input-Output, IO)分析 ………… 180
自衛隊共用空港……………………… 30
ジェット機対応空港………………… 30
ジェットスター……………………… 14
ジェットスター・ジャパン………… 14, 81
ジェットブルー……………………… 86, 87
シカゴ条約…………………………… 63
時間節約価値……………………… 237, 244, 245
静岡空港…………………………… 22, 28
事前購入割引………………………… 8
指定管理者制度……………………… 110
私鉄型鉄道ビジネス……………… 142, 146
市内貨物ターミナル施設…………… 105
市内チェックイン施設……………… 105
仕向地域……………………………… 280
社会資本整備事業特別会計空港整備勘定… 31
社会資本整備重点計画(第1次)……… 23
社会資本整備重点計画(第2次)……… 25
社会資本整備重点計画(第3次)……… 28
シャルル・ド・ゴール空港………… 167, 237
住民サービス機能…………………… 105
重力モデル………………………… 55, 59, 211
需要コントロール…………………… 195
春秋航空日本……………………… 15, 81
上限制約……………………………… 188
消費者余剰…………………………… 67
照明施設……………………………… 103
新石垣空港…………………………… 28
新関西国際空港会社………………… 143
新北九州空港………………………… 23
新空港開港効果……………………… 55
新東京国際空港(成田国際空港)…… 19
スイス航空…………………………… 11
推測的変動…………………………… 91
垂直的分業…………………………… 57
スカイ・チーム……………………… 59
スカイネットアジア航空…………… 9, 10
スカイマークエアラインズ………… 9, 10
スケジュール調整コスト… 228, 238, 239, 241

スケジュールの利便性…… 235, 236, 238, 247
スター・アライアンス……………… 59, 178
スピル・オーバー…………………… 55
スポットアサイン…………………… 262
スロット・オークション…………… 66
スワンナプーム国際空港…………… 254
性能発注方式………………………… 34
セカンダリ空港…………………… 81, 177
全国発生モデル……………………… 199
全日本空輸(全日空)………………… 2〜6
戦略的環境…………………………… 71
戦略的新航空政策ビジョン………… 24
早期購入割引………………………… 8
総合的民間委託……………………… 110
相互自制状態………………………… 93
その他の空港……………………… 15, 108
ソラシドエア………………………… 9
空の自由……………………………… 64
存廃調査…………………………… 172, 173

【タ行】

ターミナルビル……………………… 129
ターミナルビル事業………………… 262
第1次空港整備計画………………… 19
第一種空港…………………………… 18
第2(セカンダリ)空港……………… 177
第2次空港整備計画………………… 19
第二種空港…………………………… 18
第3次空港整備計画………………… 20
第三種空港…………………………… 18
第4次空港整備計画………………… 20
第5次空港整備計画………………… 21
第6次空港整備計画………………… 22
第7次空港整備計画………………… 23
大韓航空……………………………… 10
タイム割引…………………………… 10
ダブルトラック……………………… 8
地域航空会社………………………… 49
地域振興…………………………… 250, 271
地域振興機能………………………… 105
地域整備……………………………… 264
地域整備の考え方…………………… 266
地域別発生シェアモデル…………… 199

索　引

地上支援機器·················· 103
地方管理空港
　　　······ 15, 30, 108, 129, 138, 154, 165
地方空港·················· 33, 261
地方空港振興·················· 281
地方公共団体工事費負担金······ 152, 156
着陸帯·························· 103
着陸料·························· 150
チャンギ国際空港·············· 254
駐機機能······················ 103
中国春秋航空···················· 15
駐車場事業···················· 262
駐車場料金収入················ 152
中心性························ 211
中部国際空港················ 11, 23
直営事業収入·················· 152
データ包絡法·················· 115
弟子屈空港······················ 28
撤退路線······················ 197
デルタ航空·········· 64, 74, 87, 89〜91
テン・ミリオン計画············ 207
東亜航空························ 5
東亜国内航空···················· 5
東京国際空港(羽田)·········· 19, 145
独占···························· 69
特定地方管理空港··· 15, 16, 30, 108, 129, 154
特定便割引······················ 8
特別目的会社·················· 154
都市間国際貨物流動数············ 50
都市間国際旅客流動数······ 50, 51, 55
突然割引························ 10
取扱い規模別空港数·············· 17
トリプルトラック················ 8

【ナ行】
内生加重 TFP 法·········· 116, 123, 125
内部化························ 145
長崎航空························ 4
中日本航空······················ 4
成田空港······················ 277
成田国際空港·············· 11, 146
成田国際空港(株)会社········ 142〜144
成田国際空港周辺整備のための国の財政上

の特別措置に関する法律········ 265
成田財特法···················· 265
二次交通······················ 206
日東航空························ 4
日本エアシステム············ 7, 11
日本貨物航空···················· 6
日本航空···················· 2〜6
日本航空(旧)···················· 2
日本航空システム················ 11
日本国内航空···················· 4
日本国内航空運送事業運営に関する覚書······ 2
日本資本による国内航空運送事業許可の覚書
　　　·························· 2
日本ヘリコプター輸送············ 3
ネットワーク・ハブ······· 38, 49, 50, 55, 59
能登空港························ 23

【ハ行】
バースデー割引·················· 10
破壊的イノベーション············ 77
派生(的)需要······· 145, 147, 186, 228, 273
八丈島空港······················ 23
発着枠··················· 8, 66, 145
バニラ・エア·············· 15, 81
羽田空港···················· 11, 252
羽田空港沖合展開整備事業········ 24
羽田空港沖合展開整備·············· 20
羽田空港再拡張事業·············· 24
幅運賃制度······················ 8
ハブ(拠点)性···················· 55
ハブ機能························ 40
ハフモデル················ 211, 222
バミューダ協定·················· 63
パンアジア航空·················· 9
ハンガー······················ 103
バンダラナイケ国際空港········ 254
バンドリング·················· 165
ヒースロー空港············ 167, 237
ピーチ・アヴィエーション
　　　········· 14, 80, 81, 98, 209, 261, 285
非航空系事業········ 25, 137, 143, 145
非航空系収入·········· 141, 142, 148
ビバ・アエロバス·············· 178

| | |
|---|---|
| 百里基地 | 28 |
| ヒューストン空港システム | 178, 182 |
| 広島西空港 | 28 |
| びわこ空港 | 22 |
| 便あたり旅客数算定モデル | 201 |
| フェデラル・エクスプレス | 39 |
| 福島空港 | 12 |
| 複数空港一体運営 | 165 |
| 複占 | 70 |
| 富士航空 | 4 |
| 富士山静岡空港 | 34, 165 |
| 藤田航空 | 4 |
| 附帯施設 | 4, 5, 129, 130, 150〜154 |
| プライシング | 68 |
| フリークエントフライヤープログラム | 84 |
| ベルトラン競争 | 72 |
| 防災拠点 | 255 |
| ポート・オーソリティ(空港公団) | 41, 177 |
| 保守管理施設 | 107 |
| 北海道国際航空 | 9, 10 |
| ポラリス | 178 |
| ボルグエルアラブ国際空港 | 254 |
| 本源(的)需要 | 145, 186〜189 |

【マ行】

| | |
|---|---|
| マイレージ | 84 |
| 枕崎飛行場 | 28 |
| マッカイ空港 | 255 |
| マッチング運賃 | 10 |
| マルチタスク制 | 83 |
| マルチマーケットコンタクト | 92〜94 |
| マルムキスト指数 | 115 |
| ミッドウェイ空港 | 168, 178 |
| 民活空港法 | 140, 164 |

| | |
|---|---|
| 民間資金等の活用による公共施設等の整備等の促進に関する法律 | 164 |
| 民間の能力を活用した国管理空港等の運営等に関する法律 | 140, 164 |
| 無線通信施設 | 103 |
| メインハブ | 38 |
| メンフィス国際空港 | 39 |

【ヤ・ラ・ワ行】

| | |
|---|---|
| 誘導路 | 103 |
| ユナイテッド航空 | 11, 45, 46, 86, 177 |
| 余剰 | 67 |
| ライアンエア | 77 |
| ランドサイド | 25, 108 |
| 離散選択モデル | 233, 244 |
| 離着陸機能 | 103, 106 |
| 利便施設 | 107 |
| 留保価格 | 67 |
| 利用者効果 | 257 |
| 旅客サービス機能 | 104 |
| 旅客ターミナルビル | 104, 254 |
| 旅客取扱施設利用料 | 145 |
| 旅行サービスパッケージ化 | 195 |
| 旅行先選択モデル | 201 |
| 臨空産業 | 271, 272 |
| ルイビル国際空港 | 38 |
| 礼文空港 | 28 |
| レベニュー債 | 160 |
| ローカリティ | 252 |
| ロジスティックス | 39 |
| 我が国定期航空運送事業のあり方 | 5 |
| 我が国の民間航空の再建方策 | 3 |
| 割引制度 | 8 |
| ワン・ワールド | 59 |

# 執筆者一覧

【執筆者略歴】(五十音順、敬称略。＊は平成24年度空港経営と地域研究会メンバー)

＊朝日　亮太(あさひ　りょうた)　第4章2・3節
1985年生まれ。神戸大学大学院経営学研究科博士課程後期課程修了、博士(商学)。福山平成大学経営学部講師、九州産業大学商学部講師を経て、現在、九州産業大学商学部准教授。

井尻　直彦(いじり　なおひこ)　第2章1節
1968年生まれ。日本大学大学院経済学研究科博士後期課程単位修得満期退学、修士(経済学、ノッティンガム大学)。静岡英和学院大学人間社会学部専任講師、日本大学経済学部専任講師、同准教授を経て、現在、日本大学経済学部教授。

＊引頭　雄一(いんどう　ゆういち)　第1章、第14章
1950年生まれ。成城大学大学院経済学研究科博士課程前期課程修了、修士(経済学)。㈱日本空港コンサルタンツを経て、現在、関西外国語大学外国語学部教授。

小熊　仁(おぐま　ひとし)　第7章3節
1978年生まれ。中央大学大学院経済学研究科博士後期課程修了、博士(経済学)。㈶運輸調査局副主任研究員、金沢大学人間社会研究域附属地域政策研究センター助教を経て、現在、高崎経済大学地域政策学部観光政策学科准教授。

＊加藤　一誠(かとう　かずせい)　第2章1・3節、第9章2節、第14章
1964年生まれ。同志社大学大学院経済学研究科博士課程後期満期退学、博士(経済学)(同志社大学)。関西外国語大学外国語学部助教授、日本大学経済学部教授などを経て、現在、慶應義塾大学商学部教授。

＊鎌田　裕美(かまた　ひろみ)　第11章2節
1976年生まれ。一橋大学大学院商学研究科博士後期課程修了、博士(商学)。西武文理大学サービス経営学部専任講師、淑徳大学経営学部専任講師を経て、現在、一橋大学大学院経営管理研究科准教授。

＊毛海　千佳子(けうみ　ちかこ)　第12章
1977年生まれ。神戸大学経営学研究科博士後期課程修了、博士(商学)。大阪成蹊短期大学経営会計学科専任講師、同准教授を経て、現在、近畿大学経営学部商学科准教授。

小島　克巳（こじま　かつみ）　第11章1節
1965年生まれ。慶應義塾大学大学院商学研究科後期博士課程単位修得満期退学、修士（商学）。航空会社、国土交通省国土交通政策研究所等を経て、現在、文教大学国際学部教授。

西藤　真一（さいとう　しんいち）　第7章1節
1977年生まれ。関西学院大学大学院経済学研究科後期博士課程単位修得満期退学、修士（経済学）。㈶運輸調査局副主任研究員を経て、現在、島根県立大学総合政策学部准教授。

杉山　純子（すぎやま　じゅんこ）　第4章1節
1975年生まれ。立教大学大学院ビジネスデザイン研究科博士前期課程修了、修士（経営管理学）。外資系航空会社等を経て、現在、㈱日本空港コンサルタンツ国内業務本部計画部主任研究員。航空・空港政策立案に向けたコンサルティング業務に従事。

高橋　芳夫（たかはし　よしお）　第8章
1983年生まれ。東京大学経済学部卒業。みずほ銀行入行後、国土交通省（航空局）出向を経て、みずほ銀行証券部調査チーム。PPP/PFIやインフラファイナンス関連の調査に従事。

田村　幸士（たむら　こうじ）　第13章3節
1965年生まれ。慶應義塾大学法学部卒業。三菱商事㈱入社後、物流部門勤務、国土交通省航空物流室長、三菱商事ロジスティクス㈱代表取締役社長などを経て、現在、同社物流事業本部長。

土谷　和之（つちや　かずゆき）　第10章
1977年生まれ。東京大学大学院工学系研究科修士課程修了、修士（工学）。現在、㈱三菱総合研究所次世代インフラ事業本部インフラマネジメントグループ主任研究員。公共事業評価、インフラ整備の経済効果分析、ソーシャル・インベストメント等を専門とする。

錦織　剛（にしきおり　たけし）　第13章1節
1978年生まれ。法政大学工学部土木工学科卒業。現在、㈱日本空港コンサルタンツ国内業務本部計画部主任研究員。国内外の空港プロジェクトの計画、事業評価、航空市場分析、路線誘致等、各種調査業務に従事。

古瀬　東（ふるせ　あずま）　第5章
1961年生まれ。福井大学大学院工学研究科博士課程前期修了、修士（工学）。現在、㈱日本空港コンサルタンツ国際業務本部マネージング・コンサルタント。主に空港の経済・財務分析、民営化関連業務に従事。

松本　秀暢（まつもと　ひでのぶ）　第2章2節
1969年生まれ。京都大学大学院経済学研究科博士後期課程修了、博士（経済学）。民間会社、神戸商船大学商船学部助手、同講師、神戸大学海事科学部講師、同助教授、神戸大学大学院海事科学研究科准教授を経て、現在、同教授。

村上　英樹（むらかみ　ひでき）　第4章2・3節
1964年生まれ。神戸大学大学院経営学研究科博士課程前期修了、博士（商学）。経済企画庁経済研究所客員研究員、神戸大学経営学部助手、神戸大学大学院経営学研究科助教授、同准教授を経て、同教授。

*山内　芳樹（やまうち　よしき）　第9章1節、第13章2節、第14章
1950年生まれ。大阪大学大学院工学研究科博士課程前期修了、修士（工学）。民間シンクタンク、一般財団法人関西空港調査会参与兼調査研究グループ長、大阪大学非常勤講師、関西大学大学院非常勤講師、関西外国語大学非常勤講師を歴任。

湧口　清隆（ゆぐち　きよたか）　第7章2節
1972年生まれ。一橋大学大学院商学研究科博士後期課程修了、博士（商学）。㈶国際通信経済研究所研究員、九州大学大学院比較社会研究院客員助教授、相模女子大学学芸学部講師、同助教授、同大学人間社会学部准教授を経て、現在、同教授。

*吉田　雄一朗（よしだ　ゆういちろう）　第3章、第6章
1969年生まれ。ボストンカレッジ大学院修了、Ph. D.（経済学）。ブリティッシュコロンビア大学客員研究員、国際大学講師、政策研究大学院大学助教授、同准教授を経て、現在、広島大学大学院国際協力研究科教授。

*米崎　克彦（よねざき　かつひこ）　第3章
1977年生まれ。同志社大学大学院経済学研究科博士後期課程修了、博士（経済学）。京都大学経済研究所研究員などを経て、現在、横浜市立大学グローバル都市協力研究センター特任助教。

## 空港経営と地域
### ―航空・空港政策のフロンティア―

2014年8月28日　初版発行
2021年1月28日　3版発行

| | |
|---|---|
| 編著者 | 加藤一誠・引頭雄一・山内芳樹 |
| 監修者 | 一般財団法人　関西空港調査会 |
| 発行者 | 小川　典子 |
| 印　刷 | 倉敷印刷株式会社 |
| 製　本 | 東京美術紙工協業組合 |

定価はカバーに表示してあります。

発行所　株式会社 成山堂書店

〒160-0012　東京都新宿区南元町4番51　成山堂ビル
TEL：03(3357)5861　　FAX：03(3357)5867
URL　http://www.seizando.co.jp

落丁・乱丁等はお取り替えいたしますので，小社営業チーム宛にお送りください。

©2014　（一財）関西空港調査会
Printed in Japan　　　　　　　　　　ISBN978-4-425-86241-2

# ■成山堂書店の航空関係書籍■

### 世界の空港事典
岩見宣治・唯野邦男・傍士清志 編著
B5判・816頁・定価9000円

### 災害と空港
－救援救助活動を支える空港運用－
轟 朝幸・引頭雄一 編著
A5判・212頁・定価2800円

### リージョナル・ジェットが日本の航空を変える
屋井鉄雄・橋本安男 共著
A5判・224頁・定価2600円

### 交通ブックス307
### 空港のはなし（2訂版）
岩見宣治・渡邉正巳 共著
四六判・264頁・定価1600円

### 航空法（改訂版）
－国際法と航空法令の解説－
池内 宏 著
B5判・402頁・定価5000円

### 空港オペレーション
－空港業務の全分野の概説と将来展望－
ノーマン・J. アシュフォード ほか 共著
柴田伊冊 著
B5判・392頁・定価6000円

※定価はすべて税別です。